人際傳播

The Interpersonal
Communication
Book

Joseph A. DeVito／原著

沈慧聲／譯

The Interpersonal Communication Book

— Seventh Edition —

Joseph A. DeVito

Chinese edition copyright © 1998
by Yang-Chih Book Co., Ltd
Printed in Taipei, Taiwan, R.O.C.
For sale in Worldwide

ISBN:957-8446-61-6

The
Interpersonal
Communication
Book

Seventh Edition

原　序

　　爲一本廣受敎授與學生歡迎的書寫序，實在是我的榮幸。經過多次的修正，本書已經可以對人際傳播這個領域作一完整的呈現。其內容應可與急速進展的研究走向，與當前學生的需要相契合。

　　第七版以過去最受讀者稱許的部分爲基礎，同時也在內文上更新及修正了幾個重要的部分。

　　本書的基本精神仍然是抉擇這個觀念。抉擇對人際傳播來說是極重要的。因爲不管是傳送或接收訊息的人，甚至傳播分析者，都必須在傳播的各個階段中，不斷地面對抉擇的問題。

　　這本書提供讀者在不同人際傳播情境作出抉擇的方法。同時也探討了相關理論、研究與證據據以供讀者參考。因此，讀完此書後，讀者應能作出較合理與有效的傳播決定。

本　文

　　本書的內容提供讀者完整的機會學習人際傳播的理論與如何執行一個研究，同時也可讓讀者學習如何從事有效的人際互動。

　　章節的劃分方式仍和前面幾個版木相關。因爲，學生喜歡簡短的長度，和每章清楚且集中的焦點。這種方式讓讀者容易閱讀及復習，因此和前幾個版本一樣，本書仍將所有章節歸類成：序言、訊息與關係三大部分。

　　每章一開始都包含了章節主題及目的，藉以點出了這章要討

論的主題及讀完本章後，讀者應該學會的技能。章節目的中也提醒讀者最適切的原則及技巧。摘要則置於每章文的後面，再次以簡潔的方式提醒讀者在該章內所提到的主要概念。至於要深思的問題則是希望借以提出一些值得討論的議題。

這些議題含蓋了理論、研究、技巧及人際傳播上的作用。該部分最後一個問題，則著重發掘在人際傳播或人際關係中各類的問題。

第七版

在第七版中，作者在以下方面作了修正：

(1)文化的考量已融合在本書的每一個部分。在過去的版本中，文化的議題是獨立於一個單元。讀者也可發現在這個議題上，第七版也增加了許多新的素材。譬如：

- 跨文化傳播的原則：情境、個人和集體的方向（第二章）
- 文化敏感度視爲一種人際傳播的能力（第六章）
- 非語文傳播行爲，可能在不同國度產生問題（第十三章）
- 文化差異表現在非語文傳播行爲（第十三章）
- 交談的文化箴言（第十五章）
- 世界各國的交談禁忌（第十五章）
- 自我表白的文化差異（第八章）
- 種族主義、性別歧視、異性歧視（第十一章）
- 種族中心主義（第十二章）
- 性別差異（散佈各章）

(2)和許多課本一樣，本書也強調批判性的思考，讀者會發現在本書的各個章節中，我們提出許多有關人際傳播的問題，以訓練讀者用批判的角度來看待這些問題。譬如：認知（第三章）、傾聽（第四章）、效率（第六章）、語言障礙（第十二章）和非

語言傳播（第十章、第十三章、第十四章）。

(3)第七版已大幅增加了研究的部分。其中包含最近的研究，和過去十年足以反應人際傳播領域變遷的研究。強調研究的特色也反應在每章後面所提出來的問題裡，同時在輔助教材學習傳播的研究的部分，也充分強調了研究的精神。

(4)新單元，人際傳播中的偏差行為（第二十二章）是本版所新增加的單元。其中介紹了言語的辱罵、耽溺於某種關係和性騷擾的問題。因為過去我們完全忽略了偏差行為的討論，而只著重在正當行為。

(5)本書中談自我的章節從原來的二章增加為三章。其中包含了自我、自我意識和自尊（第七章）、自我揭露（第八章）、焦慮與專斷（第九章）。

(6)在第十九章中，本書加入關係的維繫和修復這個單元。為了反應在這方面日益增加的研究，我們分幾個部分來探討：

・第十七章，關係的發展與投入
・第十八章，關係的惡化及解除
・第十九章，關係的維繫和修復

(7)原本有關朋友和愛人的二個部分已經合併為一章（第二十三章），如此安排是要強調二者之間相同與相異之處，除了減少重複的部分，也能藉此增加研究的部分。

(8)我們擴增了在前幾個版本中廣受歡迎的自我測試的部分，本書中包括了二十二個自我測試，一些新的題材包含了：言語挑釁、爭論、言語虐待、肯定、成癮關係。

(9)其他增減或修改的部分包括了：

・本書增加了四個有趣的部分：(a)助長自我揭露的方法（第八章）；(b)階段性的談話（第十六章）；(c)性騷擾（第二十二章）；(d)愛與傳播（第二十三章）
・擴增傾聽為五個階段（第四章）

- 關於空間的理論及影響空間距離的因素（第十四章）
- 視專斷為傳播行為（第九章）
- 原有關係模式中加入了關係修復（第十六章）
- 第十七章、十八章、十九章均增加了相關理論
- 友誼開始（第十七章）
- 友誼與愛情的規範（第十八章）
- 關於衝突的迷思及衝突前後該如何做（第二十一章）
- 整合積極與消極衝突策略（第二十一章）
- 增添一些關係策略：複合（第十九章）、抵制順從（第二十章）、關係的維繫（第十九章）
- 不同情境的文化差異、個人主義與集體主義（第二章）
- 言語挑釁和爭辯與衝突之關聯（第二十一章）
- 自尊與自我概念（第七章）
- 與殘障人士或受創傷人士的溝通（第六章、第十一章）

Joseph A. DeVito

譯　序

　　這些年來，傳播環境在社會變遷、傳播科技急速進展的雙重影響下，變化之快，著實讓傳播學術圈中的你我不知如何是好。傳播學和其他社會科學一樣，原本是要解釋與預測傳播行為與現象，沒有料到傳播生態的急速變化，讓傳播學者不僅無暇仔細檢視引發變遷的各個變項，更不可能先整理與歸納出法則出來。國外學者所遭遇的困境，國內傳播學術圈也不能避免。

　　然而，最近幾年在國內傳播學術也因傳播環境變化與發展，也呈現一片欣欣向榮。這種繁榮景象不僅顯示在學校與學生人數之增加，更表現在傳播學專書的著作與翻譯，無可否認，這些專書的質與量，這些年來也都有長足的進步。

　　在偶然的機會裡，得到翻譯這本書的機會。無其他目的，只是想把一本好書藉此機會介紹給國內的學子。在教學、研究與行政工作的重重壓力下，接下了翻譯這本書的工作，坦白講，日常性的工作要挪出時間來，著實有些困難。因此也特別謝謝揚智文化葉總經理在時間上的寬容，以及在翻譯的過程中，蔡宗浩、游俊鵬、李靜慧、王澤蘭等同學的協助，以及陳建安、陳毓麒二位同學最後階段協助校稿，更要謝謝閻富萍小姐在編輯工作上的鼎力相助。翻譯過程仍有不盡理想之處，懇請方家不吝指正。

沈慧聲　謹識

一九九七年八月

目　　錄

第一篇　人際溝通的預備行為

第三篇　研究人際關係

第一篇
人際溝通的預備行為

在著手處理你的人際溝通研究之時，請牢記以下的準則：

- 人際溝通的研究和理論，包括方法和應用，尋求兩者的平衡點，以增強你對理論的瞭解進而增進你的技巧。

- 有效力的人際溝通並非天生的，而是經由學習和經驗而來的，不論你展現的技術層面是什麼，你可以藉由這裡討論的原理的應用來增強你的效果。

- 人際溝通中的理論和研究並不能提供所有的答案，幸運地，一種活潑式的研究課程正推出中，我們將會有迅速的理解。

- 本書中討論的原理和技巧（方法）都直接和我們日常與人溝通相處有關，你所學的是適用於自己的，並從你自己的互動中去認同所舉的實例，在這裡被考慮的想法。

- 人際溝通像其他的學科一樣，有它自己的字彙、新字彙將會協助你注意重要的觀念，而更清楚的思考你自己的人際溝通。

第一章
人際溝通的一般概念

單元目標

閱讀完本章之後你應該能夠：

1. 用兩者的（關係的）和發展的定義來定義人際溝通。
2. 繪出這一章人際溝通的模式和標出各部分來。
3. 定義下列人際溝通的要素：傳播者—接收者、寫碼—譯碼、傳播能力、管道、傳播障礙、訊息、回饋、前饋、情境、效果和倫理。
4. 解釋人際溝通的目的。

人際溝通是一種每天你都用得著的工具：

· 交朋友。

· 約會。

· 求職。

· 對一種恭維的回應。

· 成為一個專注的聆聽者。

· 對新進者的指導。

· 說服朋友去打保齡球。

· 發展人與人之間的新關係。

· 維持與修復人與人之間的關係。

· 解決人與人之間的關係。

瞭解這些相互作用是高等普通教育重要的一部份，就像一個受過教育的人必須知道世界地理和歷史，或者科學和數學，你必須去認識如何、為什麼和什麼是人類的溝通，它的確是世上重要的一部分。此外，人際溝通是一種十分實際的藝術，你的朋友、夥伴、同事或經理人，將依憑你人際溝通的技巧來感受它的效力。

瞭解人際溝通的理論和研究進而熟練於它的技巧是相互作用的，也就是說，你越熟悉人際溝通技巧，越能洞查什麼能力可以有效解決問題，而什麼無法發生作用，這個重要的知識將會增進你運用這些原則去解決特殊情況的能力。當你擁有越多的人際溝通技巧，在任何狀況下選擇的方式會越多，也因為這些附加的選擇，你成功的希望也就愈大。

同時，瞭解人際溝通技巧對你自己所擁有的授與權也是相當重要的，人與人之間溝通的成功，是帶給你達到目標的力量——像交朋友，建立和維繫成功的相互關係，晉身到組織團體的階層之上，去調節新的和不同的各種狀況和與你不同文化的人們有效的相互作用等。這個技巧非常重要，以致於美國勞工部門、選定人

與人間的互動技巧是國家與個人成為經濟上競爭的五大重要技巧之一（《紐約時報》，1991年7月3日）。本書所強調的是你對人際溝通的瞭解，它的理論、研究和實際操作情形。事實上，人際溝通的兩面——理論研究和技巧——常被認為是一體的，當我們經由人際溝通的幾個要素，傳達口語和非語言的訊息，或者發展、維繫、修復，甚至解決人與人之間的關係時，都是經由兩者的交互運用。

人際溝通中兩者關係的定義

二者間關係的定義，人際溝通是指發生在兩個人之間建立的一種關係上的溝通，人們之間總是有關係的。人際溝通的產生包括父子、主僱、姊妹、師生、戀人、朋友等之間。

你可能會反駁說不可能有一個人的溝通，那不能稱為人與人間的互動關係。然而肯定的是某些關係上，二者間的相互作用是存在的，如同一個陌生人向住在社區的居民詢問道路的去向，只要一個信息被傳送出來，也就可以定義為一種和居民間的關係，這種人與人之間的（但非親密的）關係將會影響兩個人如何互相交互作用。

一、最根本的二者關係

縱使你有三人間的關係（三個人一組），二者間（二個人的關係）仍然是最根本的，二者之間仍是人際關係中最主要的。想想下面例子的情形，Al和Bob（兩個一組）在大學頭兩年裡是室友。但是花費愈來愈多，所以邀請Carl加入他們，於是形成了三位室友。現在三人一組的狀況存在了，但是原來二人一組的關係並沒有消失，事實上現在有三種二人關係：Al和Bob、Al和Carl、

關於人際溝通中你篤信什麼？

回答下列問題，若是你認為是對的請答 T(ture)，若是你認為是錯的請答 F(false)：

_____1.你溝通得越多，你的溝通技巧會更精進。

_____2.以「你好嗎？」、「今天天氣很好」或「借個火好嗎？」為開頭語，對人與人間的互動沒什麼意義。

_____3.在你的人際溝通裡，追尋好的指導方針是敞開胸懷、專注和支持。

_____4.當口語的和非口語的訊息互相牴觸時，人們總是相信口語的傳遞。

_____5.和不同文化的人們溝通時，最好的遵循方針是不要理會文化間的差異，看待他們就像對待和你文化相同的人一樣。

_____6.揭露你的感情總比克制自己的情緒好。

_____7.有效的人際溝通不仰賴武力策略。

_____8.羞於啟齒是有害的，必須去克服消除。

_____9.有衝突時，你的人際關係就是陷入棘手的。

_____10.溝通較多的夫妻比溝通較少的夫妻更容易相處在一起。

計分：以上十題的答案都是 F，當你閱讀這本書時，不只會發現為什麼這些敘述都是錯的，而且若是你錯誤使用這些陳述，問題便會呈現出來。

Bob和Carl。Al和Bob是棒球選手，經常在球賽上相互較勁，Al和Carl同樣是唸傳播課程，所以談論的都是班上的事情，而Bob和Carl屬於相同的宗教團體，也常常討論著教會裡的活動，當然偶爾他們三人也會有互動關係，不過談話的主題也會決定誰主要是在跟誰說話。若主題是球賽，主要就是Al和Bob兩個人的談話，

Carl就是一個局外人。當主題是課業上的問題時，那麼Bob就成為局外人了。

　　你幾乎能在每個大團體看到最原始的二者關係，譬如，當你檢視家裡的成員，工廠的工人，公寓大樓裡的鄰居，班上的學生，將會發現每個大團體有時候可分為一連串的二者之間的關係。而這些兩者間關係的形成，自然是依不同的狀況而有所改變。就以Al、Bob和Carl的情形來講，依照相互作用的天性，於是就形成了不同的二者間的關係。

二、二者間的聯盟

　　二者間的聯盟是一種二個人為了達到一個共同需求的利益或目標而形成的關係。在一個多於二個人的大團體中，二個人間的聯合常常是自然形成的，不論在家族中、朋友間或工作上，聯盟可能是有利的也可能沒有效果。也就是說，二個工作夥伴可形成一種聯盟來推展員工士氣提昇的計劃，二位老師可一起來執行研究工作，事實上，這種合作方式不只有利於個人的投入，同時對團體中的成員都是有益的。

　　有些時候，聯盟是沒有益處的，祖父和孫子展開結合來對抗小孩的父親可能會引起家裡許多的棘手問題，父母親的怨恨、猜忌和對小孩的罪惡感只是其中的一部份而已。尤其是在婚姻出現狀況的時候，丈夫或妻子可能和他們其中的一個小孩聯合起來，這常常導致夫妻關係的疏離，而小孩無法和父親（或母親）保有親密的關係。

三、二者間的意識

　　除了你所說的和做的之外，你的人際關係是依據你自己想像的關係，當你的關係展開時，一種二者間的意識就呈現出來。你開始認為自己是一對、一隊或一雙中的一部份。當第三個夥伴加

入意象時，此時不再只是你和另外一個人，而是你、另外的人和彼此的關係，當彼此關係變得更熱絡時，那麼這第三個夥伴就顯得更加重要了。許多人常常會犧牲他們自己的渴望或需求來維繫更好的關係。

人際溝通中發展的定義

在發展的研究中，溝通是被視為從與個人無關的一端到另一個熟悉的一端，連續發展的存在性。人際溝通可以用三種因素來和與個人無關的溝通區分。

一、心理上的資料

在人與人之間相互作用上，人們大都以心理學上的數據來揣測對方──也就是說用這種方法來區隔團體中的一員。在非個人的相遇上，人們主要是以所屬班級或團體來互相對應，例如：剛開始你回答大學教授問題，就像回應一般大學教授一樣，同樣的，大學教授回答你的問題也和回答別的同學一樣，可是當你們的關係變得更個人的時候，你們兩人之間的對應不只是團體中的一分子，也是獨特的個體。以另一個角度來看，在非個人的相遇上，個人的社會、文化上的角色主導你的交互作用，當個人的或人與人之間的相遇時，每個人心理上的獨特性會告訴你如何互相影響。在美國和大部分的歐洲文化裡，從社會數據到心理上的數據，這一般性的演變是真實的，而在許多亞洲和非洲文化裡，個人在團體中會員的身份也是很重要的。因此，在這些國家文化裡，一個人的會員身份（一個人的社會資料）──甚至最親密的關係──是非常重要的，常常比個人的或心理上的特性更重要（Moghaddam, Taylor，and Wright, 1993）。

男人和女人對最根本的二者關係，二者間的聯盟和二者間的意識，會有相同的反應嗎？譬如：對於關係的發展男人和女人會同時發展二者間的意識嗎？他們會有相同的期望嗎？他們同樣希望形成二者關係，或發展二者之間的聯盟？

二、說明的理解

　　相互影響是建立在進一步的瞭解上，從外在的描述，經由預測到你們的關係進入更親密的程度來作說明。在非個人的關係上，你可以同時描述一個人或這個人溝通的方式，當你較熟識了某人之後你就可能預知他或她的行為，倘若你非常瞭解這個人，那麼你就可以解釋行為的發生。大學教授在與個人無關的關係上，可能會記述你的遲到或許會預測每個星期五的課你將會遲到五分鐘。在人與人的關係的情況下，教授可能會超越這些層級去解釋這些行為，為什麼你會遲到。

三、個人建立的規則

在與個人無關的情形之下，相互作用的原則是建立在社會、學生與教授準繩下，師生間的互動——在非個人的狀態下——是依據他們的文化和社會建立的標準，無論如何，師生之間的關係變得更密切時，社會的規則就不再規範彼此間的互動，學生和教授彼此就建立他們自己主要的規則，因為他們開始視對方為獨特的個人，而不是特殊社會團體的一份子。

這三種特性依其理解程度的不同而有所變化，依你們在心理上資料的互相回應有多少，來預測人的行為多少是建立在理解上的說明，而你們互相的影響與其說是幾分社會規則的建立，不如算是互相共通準繩的建立。

就像稍前的說明一般，一種發展性的研究顯示，從高度與個人無關到非常的親密；而溝通也隱含了一種連續性的發展。雖然每個人自設的範疇不同，然而，人際溝通在這種連續性的發展裡佔有極大的範圍。

人際溝通中二者之間（dyadic）和二者發展的這兩種方法是密不可分的，這兩種方法都可幫助用來解釋人際溝通是什麼，每一種都會帶給人類行為模式不同的觀點。發展的定義強調的是對人們相當重要的相互作用的類型，關係越親密的類型，在你的生活中就會有極顯著的差異，二者之間關係的定義所強調的交互作用也代表了人際溝通中一種極寬廣的觀點。藉著**表1-1**作主要的區分或不同的範疇的定義，可獲得人際溝通中附加的觀點。

人際溝通的要素

檢視人際溝通的要素時，我們有許多長久以來的資料可以描

表 1-1　人際溝通的範圍和關係

一般範圍	主題的選擇	相關學術範疇
人與人之間關係的相互影響	有效的特性 對話性的進展 自我表白 主動性的傾聽 談話中非語言訊息	心理學 教育 語言學
健康溝通：專業保健和病人之間的溝通	談論愛滋病 增加醫師和病人間的效果性 溝通和年齡 治療性的溝通	醫學 心理學 諮詢
家庭溝通：家族體系間的溝通	家族中的威權 家庭功能不健全 家族衝突 異性戀和同性戀家庭 親子溝通	社會學 心理學 家庭研究
不同文化的溝通：不同種族、國家、宗教、性別和世代的溝通	世代間的溝通 男女間的溝通 黑人-西班牙人-亞洲人-高加索人間的溝通 溝通的偏見與陳腔爛調 不同文化間溝通的障礙	人類學 社會學 文化研究
商業和組織公會的溝通：工人在組織機構環境內的溝通	面談的技巧 性騷擾 對上級和對下級的溝通 增進在商業上有效的經營上領導能力	商業 管理 公共關係
社會和個人關係：親密關係的溝通，如友誼和愛情	關係的發展 關係的破裂 關係的修補 關係中的性別差異 親密關係的增進 口語騷擾	心理學 社會學 人類學

這裡不是企圖將這個範圍形成一種類型，而是依指南方針的方式去定義一些一般人際溝通和關係主題下重要的範圍。這六個人際溝通的部份並非個別獨立而是相互影響部份重疊。例如：人與人間相互作用是其他部份中的一部份，同樣的，不同文化間溝通也能夠在其他的範圍中存在，在相關學術性範圍中建議的是相關範圍的研究。

寫，政治科學家Harold Lasswell——提出一種最受歡迎的分析法，他認為溝通包含了五種基本的問題：

- 誰（Who）
- 說什麼（Say what）
- 利用什麼管道（In what channel）
- 對誰（To whom）
- 有什麼效果（With what effect）

這種關於溝通的解釋是直線的，它隱含著溝通始於一端，經過不連續的步驟移向另一端，無論如何像這種直線溝通的看法（意見）是有太多的限制，因為他們忽視了溝通本身循環的特性，而沒有注意到每個人在溝通的行為中同時都在收送信息。這些事實都必須被反應在溝通的全部觀點中。

圖 1-1 代表的模式是一種人際溝通中更確實的反應，在這裡討論的每一個觀念可能被視為是一般性，它也正代表著全部人際溝通的行為。

一、傳播者—接收者

人際溝通至少包含二個人，每一個人形成和輸送訊息（資料來源作用）同時也知道和理解訊息（接收者作用）。來源—接收者（source-receiver）這兩個連起來用的字，是強調這兩個機能在人際溝通中是互相作用才會完成的。

你是誰，你知道什麼，你相信什麼，你的價值觀為何，你要什麼，你被告知過什麼，你的態度又如何等等，這些全會影響你說什麼，你如何說它，你接收了什麼訊息，你又如何接受到它們的。每一個人都是獨立的個體，溝通的方式也是獨一無二的。

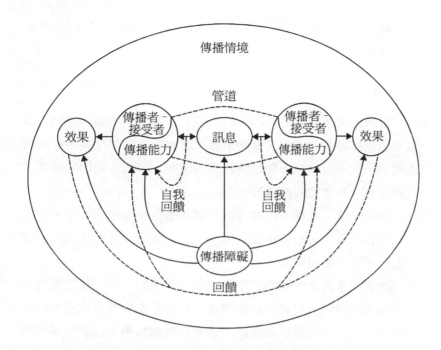

圖1-1　人際傳播一些基本概念

二、製碼—解碼

　　製碼是依據行為產生的訊息，譬如說話或書寫，解碼是一種
瞭解訊息的行為，藉著聲波傳達你的理念，你正將這些理念變成
一種符號，這就是（把文字）改為密碼。藉著聲波的翻譯成為想
法，你正將這些想法從密碼中提煉出來，這就是所謂的譯解密碼。
因此，說話和寫作者被稱為改密碼者，聆聽者和讀者是譯解密碼
者。帶有連字符號的語詞改為製碼—解碼（encoding-
decoding）是被用來強調這兩個活動是被每個參與者所混合使
用的，人際溝通的發生訊息必須是被改為密碼和譯為密碼。譬如，
當一個父親（或母親）對著一個閉起眼睛、戴著耳機的小孩說

話，此時人際溝通就沒有發生效用，因為語言和非口語的訊息，並沒有被接收。

三、傳播能力

有效的溝通能力是你的人際才能。例如，在某個內容的知識和某個聆聽者，在一個適當的主題下才會顯示你的才能，否則無法顯示出來。理解關於非口語行為的原則，例如：適切的觸摸，音調的高低和身體的接近等。

總而言之，人與人間的權限包括藉著相互作用的背景，別人和你互相的關係，而知道如何去調整你的溝通，其他許多的因素將在這本書中繼續討論。

學習許多溝通的能力就像你學習如何用刀叉——藉由觀察別人，明確的說明，和嘗試錯誤等等。有一些人學習得比別人好，這些人就是一般你認為較有趣而容易談話的對象，他們似乎知道如何、何時去做什麼才對。

最近的一些研究顯示，如果在人際能力上受到肯定的話，就會表現在學業和工作的滿意度上。許多學業和職業生活都依賴溝通能力，從初次和其他學生、老師或同學的會面交流，到交換問題、消息或辯論其他研究等，都可以發現與別人相處能力強的人，比較不會感受到焦慮、沮喪和孤獨。人際能力能夠使你增進和維持有意義的一些關係，減少害怕缺乏友誼和情愛關係的焦慮與沮喪。

本書中主要的目標是讓你從課程中理解人際能力的功能，進而增進你自己的能力，藉著你能力的增進，將會有許多適合你的選擇表達，就像是生字的學習，生字知道得愈多，如何表達你自己的方法也就愈多。

這種理論和方法的互相依賴就像：

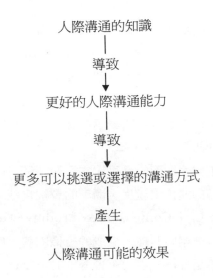

人際溝通的知識

導致

更好的人際溝通能力

導致

更多可以挑選或選擇的溝通方式

產生

人際溝通可能的效果

・**文化和權能**

　權限對一種既有文化是特殊的。有效的溝通原則是隨不同文化而有所變化，在一種文化證明有效的溝通方式，可能在另一種文化中是無效的。例如：在美國公司經理主管人員通常延長開會的時間來互相社交，試圖去瞭解對方。因此被美國文化影響之下的溝通原則，是建議參與者要在開會的前五分鐘之內記下會議事項，而在日本文化影響之下的溝通原則，是建議參與者直到大家都充分的社交而感到足夠認識來協調時，才開始事務的討論，不管這種原則是對或錯的，每一種原則在它自己的文化裡是有其效果的，而在別的文化裡卻是沒有用的。

　本書中特殊人際溝通中所給的建議是從美國一般文化的觀點來看，所謂「美國一般文化」的認知是非常多元化的文化。在這些重要文化差異下的溝通習慣和原則也會融入在本書中。

四、訊息

　人際溝通中的訊息必須被傳遞和接收，符號對接收者是一個

刺激品。訊息可能是聽覺、視覺、觸覺、嗅覺、味覺，或是混合的，人際溝通不一定是口語的，你可以用手勢觸摸和聲音來表達。

事實上，你所穿的衣服可以傳達給別人，也可以表現你自己的方法，你走路的樣子所表達的，就像你和別人握手、歪著頭、梳著頭、坐著、微笑或皺眉所表示的意思是一樣的。這些訊號都是你人際溝通的訊息。

人際溝通不需面對面的發生，它可憑藉著電話、監獄的隔牆或經由電視電話的連接來產生，漸漸的會被電腦網路所取代，如同America On-Line Compuserve，Prodigy，Genie，和許多對特殊電腦網路有著相同興趣所組成的組織團體，例如，在「談天的模式」中螢幕是分為二半的，螢幕上的一半是你的訊息，另一半是新進來的消息，同時也注意到訊息不需故意被傳達經由你的失言，體香或抽筋也可傳送意思。

你可以創造訊息去談論關於這個世界、人們、事物和其他的訊息。而這些由你本身所創造延伸出來的訊息，我們稱它為「後訊息」，而它幾乎每天都會被你呈現在生活之中。注意下面的描述如何被解釋為其他的訊息，「你瞭解了嗎？」「我說得對嗎？」「你說什麼呢？」「它是公平的嗎？……」「我要你誠實地說」「那不合乎邏輯」。隱藏性訊息的兩個特殊而重要的類型是反饋與回饋。

㈠反饋

經由人際溝通的過程中，你同時也作了反饋的交流──反饋的傳送是說話者對所說訊息的反應 (Clement and Frandsen, 1976)。反饋是告訴說話者他或她給聽者的效果如何。在這種反饋的基礎上，演講者可以調整修正加強，再強調或改變訊息的內容或形狀。

反饋可來自你自己或別人，在一般溝通的圖表中 (圖1-1) 箭頭從來源—接收到效果，和從一個來源—效果到其他的來源

—效果，從兩個方向指出反饋的概念。當你送出一個訊息——和別人說話——你同時也聽到自己的說話。也就是你從自己的訊息中得到反饋；你聽到了你說什麼，你感覺到你進行的方法，也瞭解你寫了什麼。除了這種自我回饋外，你也會得到別人的回饋。這種回饋也可能有許多形式，一個皺眉或微笑，是或不是，在背後拍打或重鎚一下等都是回饋的類型。

回饋可以用四個非常重要的字眼來看待，肯定—否定，即刻—延遲，低度檢查（監聽）—高度檢查，和批評—支持。為了能使自己有效的做回饋，你必須開始去教育自己該如何去做選擇與決定。

1.肯定—否定

回饋可能是肯定的——當你讚美或因某人做好一件事而拍打他的背——或是否定的——當你批評說話者所說或所做的，或當你做了一些否定的反應動作。肯定的回饋告訴說話者（他或她）在正確的軌道上而應該繼續在同樣重要的事物上溝通。否定的回饋告訴說話者有些事情不對，應該做適度的調整。例如，聽眾臉上顯現的疑惑可能給演說者的建議，讓他在一個詞句或概念作更詳細的解釋。

2.立即—延遲

一般來說最有效的回饋是立即性的回饋。人與人之間關係情形上來說，回饋最常常在訊息被接收到後立即傳遞。回饋就像派援兵一樣，時間拖太長就失去它的有效性。例如：你拖得愈久的時間去稱讚或責備，那麼讚美或懲罰的效果就愈低。

無論如何在其他溝通情形來講，回饋可能會被延遲，所提供的回饋遠不及上課一開始立即回饋。

當你鼓掌或問演說者問題時，這回饋已經被延遲了。面談的情況回饋可能是在幾個星期之後。媒體的情形是一些回饋立即直接經由尼爾森（Nielsen）制度，而其他回饋較遲，來自觀察和購

買模式。

3.低──高檢查回饋

高──低回饋是多樣的，可以從自然而不做作的和完全真實的
反應（低回饋），到小心的設計反應到達到一個特定的目的（高
度檢查回饋）。大部分人與人之間的情況，你可能很自然的給一
個回饋，你允許你的反應是沒有任何檢查的。當你的老闆問你對
工作的喜好時，或你的爺爺問你對他的新摩托車裝備的意見時，
你可能比較有警覺心。

4.批評──支持

批評的回饋是一種評價，它是一種判斷。當你給批評的回饋
時（不論正面或負面的），你就是判定某人的行為，例如一場演
說的評價或訓練某人學習一種新的技術。回饋也可能是支持的，
當你安慰別人時，即使只是鼓勵他人說出來或給予他人自我的肯
定。

㈡前饋

前饋是一種在你傳輸原來資訊之前所給予的訊息（Richards,1951）。前饋透過出有關訊息的來到。例如：前饋包括一本書
的序文或內容綱要，一篇文章的開頭語，電影的預告片，雜誌的
封面和公關演講的介紹等。前饋有四個主要的功能：打開溝通的
管道、資訊的預估、放棄和角色變換。

1.打開溝通的管道

在他具影響力的論文「原始語言中意思的問題」（The
Problem of Meaning in Primitive Languages）中，人類學家
Bronislaw Malinowski（1923）製造的新語詞「phatic com-
munion」*，認為與其強調消息的溝通，不如打開溝通的管道。而

---

* phatic communication 是人際關係中重要一環，它是人與人溝通之前所建構出來的氣
  氛。它可能是點頭或交換一些無意義的問候語，如「今天天氣不錯」等等，以維護
  人際間的社會接觸。

phatic communion就是前饋一種完美的例子。這種訊息告訴我們一般所期待和所接受的人與人之間的規則將會被運用，而phatic communion告訴我們其他的人也願意來溝通。

　　phatic訊息在人與人之間開始互動時是重要的，尤其是和陌生人時。著名的「開頭語」（「借個火吧？」或「我們曾見過面？」）就是phatic communion明顯的例子。如果這些phatic訊息沒有加在最先的人與人之間互動之前，我們會發覺到溝通氣氛不對，這可能導因於說話的人缺乏溝通的基本技巧。

2.事先勘察訊息

　　前饋訊息常常事先勘察其他的訊息。他們用許多方法這樣做，例如前饋可能先大概敘述內容（我恐怕要告訴你壞消息），重要性（在你離開前聽聽這消息），形成或類型（我要告訴你全部的事實），和正面或負面一連串的消息（你會覺得不高興，但這是我所聽到的）。

3.否認

　　否認是一種敘述方式，其目的在確認你的訊息將會被瞭解而不會對自己有負面的反應，並嘗試去說服聽者你想要人家聽的消息而使他人同意自己的說法，第十五章將有更深入的探討。

4.角色改變

　　前饋慣於將接收者放在一個特殊的位置上，而要求接收者藉著假裝的角色回應給你。這個過程就是要求接收者經由一個特殊的角色，甚至某人，傳達你的訊息——這就是著名的角色變換（Weinstein and Deutschberger,1963；McLaughlin,1984）。例如，你可能問一個朋友：「身為一個廣告經理，你所認為正確的廣告是什麼？」這個問題將你朋友的角色投射在廣告經理上（而非是父母親、民主黨或浸信教徒），它是詢問你的朋友一項問題，而期盼他從一個特殊的觀點回答。

　　我們可能也要求別人從假定的角色來臆測，但對他們來說卻

十分陌生。這裡有幾個例子。

- 如果你是本書的作者，你如何解釋前饋的過程？
- 如果錢不是問題，你會買什麼車？
- 如果你是她的爸爸，你會怎麼做？
- 如果你贏了彩券，你的生活會有什麼改變？

五、管道（Channel）

溝通管道是訊息傳送的媒介。管道當作連接來源和接收者的橋樑。溝通很少只經由一種管道發生，通常都是二、三或四種管道同時發生。例如：在面對面的交談中，你同時說和聽（聲音的──聽覺的管道），但是你同時也有手勢和接收者看得見的訊號（手勢的──視覺的管道），你發出的氣味和聞到別人的味道（化學的──嗅覺的管道）。你們常常會互相觸摸，這種接觸也是溝通（皮膚的──觸覺的管道）。

去思考關於管道的其他方法是將他們當作溝通的手段，例如：面對面的接觸、電話、電子的和傳統的郵件，電影、電視、廣播、煙霧訊號、傳真或電報。

六、噪音（Noise）

噪音會進入所有的溝通系統，不論多好的設計或多複雜的技術。噪音會曲解、干擾訊息的接收。在溝通系統中它表示所收到的管道，不同於放送出來訊息的程度。三個主要噪音類型是物質的、心理的與語意有關的。

物質本身的噪音妨礙物質的訊號或消息的傳達。像汽車的緊急剎車聲、電腦發出的雜音、演說者發出不清楚的聲音，或電話沒接好的聲音，都可以被視為物質的噪音，因為他們從一個人到另一個人干擾著訊號的傳送。

心理的噪音涉及到心理干擾的任何情形，這些情況能在消息的接收和進行中引入歧途。這類型的噪音常被發送者和接收者使用的包括成見和偏愛。封閉心扉可能是最典型的心靈噪音。

　　與語意有關的噪音發生在當接收者無法譯解發送者想要的意思。一種極端的與語意有關的噪音就是當兩人之間說不同的話語。而最常發生的情形是，當你用行語、特殊用語、技術性的和複雜的術語時，你的聽眾無法瞭解或當聽眾所理解的意思不同於你本來的意思（常常發生的情況是用曖昧不明或極其情緒化的用詞，你在不同種族、性別或異性的談話，在第十一章中討論）。

　　噪音是無可避免的，溝通本身都會包含一些噪音，當你無法完全消除它時，你可以減少噪音，而它是有效的。為了使你自己說的話更精確，而且讓自己發送或接收非口語的訊息更為清楚，我們必須去學習各種技巧，而增加自己本身的聽力與良好的回饋技術，也是減少噪音許多方法中的利器之一。

七、情境（Contest）

　　溝通都是在不同的情境中發生的，而溝通發生的情境，通常只要有溝通產生，或者利用溝通力量去產生傳播效果時，就會有「情境」產生。有時這種情境不是很顯著或是強制性的；它似乎是那麼自然，就像背景音樂常被忽略。

　　有些時候情境是被支配的，它限制或激發我們的溝通是很明顯的，例如，在家庭喪禮、足球場、幽靜的餐廳和搖滾音樂會等情境下，都會有不同溝通方式。溝通的情境至少有四個層面：物質的、時間的、社會—心理的，和文化的，每個可相互作用而互相影響（圖 1-2）。

　　物質層面是指確實的或具體的不同溝通環境，像在一房間、大廳或公園、會議室或家庭餐桌上都有不同的溝通情境產生。時間的層面不只有關在歷史上的日期和時間，也涉及一些特殊的消

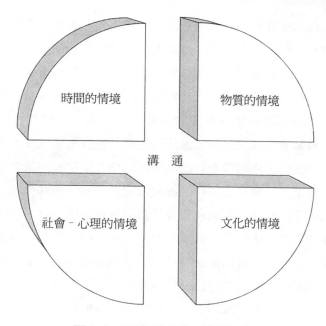

時間的情境

物質的情境

溝　通

社會－心理的情境

文化的情境

圖1-2　溝通過程的背景影響

息應適合一連串的溝通事件，例如：當你一開始便得知朋友病情後，立即用言語開他玩笑，效果絕對要比別人提過一連串同性質笑話之後要更好。

　　社會—心理的層面包括參加者間的社會地位關係，人所扮演的角色和手法（策略），社會或團體的規範和友誼，禮節或嚴謹的立場。

　　溝通也發生在文化的情境。這個簡單的觀察對人際溝通卻包含極大的意義。來自不同文化背景的人們，他們可能依照不同的溝通規則互相交流著，而他們卻常常不知道對方的溝通規則。這樣會導致困惑，無意的侮辱，不正確的評斷，和其他錯誤的溝通。

　　同樣的，溝通的技巧或方法，某一文化的人們認為是合理滿意的，對另一種文化的人們可能是侵犯或無禮的。

八、效果影響 （Effects）

　　每個溝通行為都有它的影響力，可能一個或兩個人有感受它的效果。當溝通影響環境或情境時，它同時也影響了人們。人們當是第一個感覺到溝通的效果，而且十分個人化的。即使許多效果是無法看見的（大多數），可確定的是每個人際溝通的行為都有它的效果，有一點像「每一個動作都有它的反動作」。

九、倫理 （Ethics）

　　因為溝通是求一個結果，因此在人際溝通中，亦隱含了倫理——即對與錯的溝通行為。溝通的倫理層面是比較複雜，事實上它是和每個人的人生哲學緊密交織在一起，而很難提出一個一般的準繩。儘管不容易，倫理也被包含在一般的人際溝通概念中（請參閱第五章）。關於溝通的選擇，你會被倫理的考量和影響力、滿意或其他因素所左右、引導。

人際溝通的目的

　　人際溝通可能會適合許多的目的。但人際溝通的目的不見得要有人際碰觸，甚至不一定要在有意圖下的碰觸，而在此的「目的」泛指有意識或次意識；有意圖的或無意的。

一、學習 （To Learn）

　　人際溝通讓你更瞭解外面的世界——世界的人、事、物。雖然許多的消息來自媒體。你可能經由討論和最後的學習或經由人與人之間的互動將資訊化為己有。事實上，你的信仰、態度、價值觀，藉著人與人之間的相遇比藉著媒體甚至正規教育更有具影

響力。人際溝通最重要的是幫助你自我的成長。藉著和別人談論你自己可以在你的感情思想和行為上獲得寶貴的回饋。經由這些溝通，也可以知道別人眼中的你是怎樣的——誰喜歡你，誰討厭你，為什麼。

二、相關（有關）（To Recate）

人類最需求之一是建立和維繫親密關係，你渴望被愛和喜歡，相反的你也要去愛和喜歡別人，這種關係可幫助減緩孤寂和沮喪，使你能分享和增進你的喜樂逐漸讓你更肯定自己。

三、影響（To Influence）

你影響別人的態度和行為多半是在你們相遇時的人際關係中，你可能期望他們用一種特殊的方法表決、嘗試一種新的減肥方法，買一本新書，聽一卷錄音帶，看一場電影，選一門特殊的課，用不一樣的方式來思考，相信某件事是對的或錯的，或對某些想法的評價——無法詳列。你大部分的時間可能都花在人際關係的信念上。

四、行動（To Play）

行動包括全部的活動，而愉悅是主要或唯一的目標。和朋友談論你週末的活動，討論球賽或約會，說說故事和笑話，一般來說，這種功能適合來消磨時間。這種目標是相當重要的，絕不是微不足道的事，它可以給你在許多你本身日常活動中，尋求一個必要的平衡；更可以讓你從一連串雜務的心靈中，獲取片刻的休息。每個人內心都有一個幻想的產物，讓這個產物有時間去活動。

五、幫忙（To Help）

不同種類的臨床醫學家，在看過許多人類互動模式後，提出

表 1-2　爲什麼你要參與人際溝通

目　　　的	動　　　機	結　　　果
學習：獲得自己的、其他的和世界的知識，獲知各種技術	需要去瞭解、去獲得知識、去學習	增加自己的、其他的和世界的知識，學得技術
相關：去建立和維繫人際關係	需要和其他的人建立關係、互動	關係的形成和維繫、友誼、情愛關係
影響：去控制、操作、方向	需要去控制、影響、領導、達到承諾、安穩的信條	影響、權利、控制、承諾、信條
遊玩：遠離工作、自我享樂	需要消遣、娛樂感官的滿足	喜悅、娛樂、滿意、滿足
幫忙：去幫助需要幫助和安慰的人	需要去慰問、幫助、交朋友、感覺被需要和得到滿足	指導、方向、態度和行爲的導正

一個人際互動的有效指導原則。每個人都會這樣的互動，你會安慰一位失戀的朋友，和其他的同學商量所選的課程，或提供同事關於工作上的意見。成功的達成這種幫助的功能，有賴於你在人際溝通的知識和技巧。

　　人際溝通的目的也可從其他兩個觀點來看（**表 1-2**），首先許多目的可能是被視爲參與人際溝通的動機，也就是說，你從事人際溝通爲的是滿足你學識上的需要或建立關係的需求。其次，這些目的可能被認爲是你要達到的結果。也就是說，你從事人際溝通以便增進你自己和別人的認知，或受到別人的影響或能力的超越。人際溝通經常藉由許多因素的混合和因果關係的組合被推動著，任何人際互動被獨特因素組合推動著，而能夠產生獨一無二結果的組合。

摘要		
人際溝通的定義	人際溝通的要素	人際溝通的目的
兩者之間的關係（關係的）：二者或一些相關個人之間的溝通。 進展：二人溝通建立在心理的資料，可理解的知識，和個人建立的準則。	來源－接收：輸送者－接收者間的訊息。 改為密號－譯解密碼：讓字義變成口語和非語言訊息的動作，從訊息未追溯意思能力，適當的運用自己的知識和能力在溝通系統上。 訊息：被視為可刺激接受者的符號；訊息可被解釋為其他的訊息，稱為可變換訊息。 前饋訊息：在其他訊息之前的消息，而要求聆聽者在某一情況下說出來未來的訊息。 管道：訊息通過經由的媒介。 噪音：自然的、心理的或與語意有關的干擾對訊息的阻礙。 情境：物質的、社會－心理的、時間的和文化層面的溝通方式的發生。 效果：溝通的結果。 倫理：溝通的道德層面。	學習關於自己、別人和世界。 與別人相關和建立關係 去影響或控制別人的態度和行為。 遊樂或自我享受。 幫助其他的人。

第二章
人際溝通的原理

單元目標

閱讀完本章之後，你應該能夠：

1. 解釋人際溝通處理的本質。
2. 解釋爲什麼溝通是必然的。
3. 解釋人際溝通是不可改變和不可重複的。
4. 解釋如何溝通是文化的特性和人際溝通中主要包含的文化。
5. 解釋爲什麼人際溝通包含調整的過程。
6. 解釋人際溝通的重點。
7. 區別對稱性和補充性的關係。
8. 區別人際溝通的內容和關係面。

在這一章中，我們藉著一些原理和通則的定義，繼續來探討人際溝通特殊的性質。這些原理已經被研究員Paul Watzlawick、Janet Helmick Beavin和Don D. Jackson等人，在他們的代表作"*Pragmatics of Human Communication*" (1967) 中呈現出來（第一章），這些原則說明了什麼是人際溝通的特性和如何使它發生作用。

這些原則雖然根據理論來詮釋人際關係的重要，但也以實際的方法去維繫人際關係，而這些方法提供人們內心每天可以去思考的議題。

- 爲什麼意見相左總是在一些芝麻小事上，而且似乎都無法解決？
- 爲什麼你都無法去讀，確實的瞭解別人在想些什麼？
- 溝通如何表達人與人關係的能力？
- 爲什麼你和同伴們爭論的原因總是那麼的不相同？

人際溝通是執行處理的過程

以執行處理的觀點來看，人際溝通可視爲二點：(1)一種過程。(2)許多因素是相互依賴的。

一、人際溝通是一種過程

人際溝通是一種過程，它不是靜態的，而是持續進行的，人際溝通中參與的每件事情都是在不斷轉變的狀態：你不斷在改變，和你溝通的人們也不斷地改變，而你所在的環境也在轉變著。有時候這種改變不會被發覺，然而有時他們卻會以很突兀的方式侵犯了我們。不過他們還是不斷的發生著。

人際溝通過程最好被描述為一個圓圈而不停的循環著。當你視溝通是從說話者到聆聽者之間的傳達訊息，你就暗示了這個過程是從說話者開始而結束在聆聽者，這種是直線的觀點。事實上，人際溝通是一種圓形的過程，也就是說，每個人同時是說話者也是聆聽者，是實行者也是反應者。

　　想想一種「簡單」的人與人之間的行為，你遇到某人而和他說話，因為它是便利的，你可能會說這種互動始於你開始說話或當你和某人相遇的時候。無論如何，這種分析太草率了，因為你們其中之一所說的是什麼，所反應的是如何，都依循許多因素，這些因素在無法確認的一段時間內持續進展著。例如：你的自信、經驗、恐懼、你的各種能力、期待、需求和許多其他因素。

二、許多因素是相互依賴的

　　人際溝通中的許多因素是相互依賴的，每一個要素——人際溝通的每一部分——都是和其他緊密相連在一起的。譬如，沒有來源就沒有訊息，沒有接受者就沒有回饋。因為許多因素是互相依賴的，所以任何一個因素的改變都會引起其他的改變。例如：你正和一群同學討論最近的一次考試時，老師也加入了。這種參與者的改變，將會導致其他的變化——可能改變你們談話的內容，可能改變你們對考試表達的態度。不管發生了什麼變化，卻已經導致了不同結果的產生。

溝通是必然的

　　溝通常被認為是有意圖的，有目的的、有意識的、有動機的。許多情況的確如此，但有些情形則不然。例如：想想一個坐在教室後面面無表情的學生，凝視著窗外，雖然學生可能會說她或他

人際傳播是不可避免的這個法則，引起許多的爭論（ Motley、1990a、1990b；
Bavelas、1990；Beach、1990 ）。某些人認為所有的行為都是傳播行為，因此
它是無可避免的。但此法則的原始用意在說明所有的互動狀態下的行為均傳
達某種訊息。比較合理的解釋是在互動狀態下的傳播是無可避免的。因為你
一直作出行為來，但行為必須要被感受才可稱為傳播行為。你要支持那一個
論點呢？

和老師沒有溝通，但老師可從這種態度中得到許多不同的訊息。
例如，這個學生缺乏興趣，學得無聊或擔心著某種事情。在某種
情況下，雖然學生無意圖去溝通，但老師也收到訊息。任何互動
的情形下，所有的行為都可能在溝通著。也就是說，若是別人給
了訊息的價值，你任何行為的樣子都可能在溝通著。另一方面來
說，如果行為（像學生眼睛看窗外）沒有被注意到，那麼溝通就
不會發生了（Watzlawick，Beavin，and Jackson, 1967；Mot-
ley，1990a，1990b；Bavelas, 1990;Beach, 1990）。
　　進一步來說，在人與人溝通的情形之下，你的反應都是有潛
在資訊的價值。例如，如果你發覺某人對你眨眼睛，你必須會以

一種方式來回應。即使你不公開的反應，缺乏回應也是一種反應和溝通（假如它被別的人看到了）。

溝通是不能改變和不能重複的

有些系統的過程是可被顛倒的。例如你可將水結成冰，然後以相反的過程將冰融成水。此外，只要你喜歡，你可一再重複冰和水的反覆動作。不論如何其他的系統是無法反逆的，這些系統的過程只能以一種方向移動，而不能再回復原來的樣子。例如，你可將葡萄釀成酒，但不能倒轉這過程，將酒還原成葡萄。

人際溝通是不能倒轉的。你已經傳達的消息仍然繼續傳達著，你無法停止傳達。雖然你可能試著去沖淡、取消或減低訊息的功效，但是一旦訊息被釋放和接收，它就無法再回復原狀了。

在人際互動上（尤其衝突時），你必須特別小心的不要說出你以後可能會收回的話。同樣的，像我愛你有關諾言的訊息，在說出口前，必須仔細審思，以免讓自己以後處於不自在的處境。

除了無法改變的情況外，人際溝通也是不能再重複的。理由很簡單，每個人和每件事情都不斷地在改變，以致你無法再獲得絲毫不差的狀況、心境或關係的原動力。例如，你無法重複第一次遇到一個特殊的人和經驗無法慰藉一個喪母之痛的朋友，或解決一件特殊的衝突。

當然，你能再試一次，當你說：「很抱歉我做得太急燥了，我們能否再試一次？」但必須注意的是，縱使你說了這些，仍無法抹煞原先的印象（可能是負面的）。做了這些以後，你試著去開拓更好的印象，希望能降低原有的負面效果。

溝通是文化的特殊性

各種文化的不同取決於他們的(1)導向（不論個別的或共同的）和(2)情境（不論高或低），對人際傳播有重要的影響。

一、個別的和共同的導向

這種文化情勢歸因於個人目標和慾望或團體的目標或慾望。

個人的和集體的趨勢並非相互的獨佔，它並不是一定而寧可只是一種強調。因此，你可能為了得最高的分數或為了得最有價值球員的獎盃，和你的籃球隊的其他球員競爭。無論如何，你在競賽中同時也表現出團隊的精神。在實際的操練中，個別的和共同的趨勢有助於每個球員和球隊成為一個整體，而來達成他們各自的目標。

有時這些意向可能會有些衝突，譬如說你會獨自投籃得分以致提高你個人的分數，或者你會將球傳給站在容易射球得分位置的球員，而有利於你的球隊？

在個人利己主義的文化上，你對自己親近的家人負責，在集體主義文化上，你要對整個團體負責。在個人主義的文化上，成功往往是衡量你超越其他隊友的程度，你會以站在人群中感到自豪。因此你的英雄人物是那些有獨特風格而和別人與眾不同的。在集體主義文化上成功的判定是取決於你對整個有成就的團體所作的貢獻，你和其他的團員都以你們的團體為榮，不同於那些個人主義文化的人，你的英雄人物大部份是在球隊中不是很突出的球員。

在個人主義文化裡你要對自己的良心負責，責任感是個人本質很重要的一部份，在集體文化裡，你要對社會團體的準則負責，

所有團員負責分擔一件事情的成敗。

在個人主義文化中產生了競爭,同樣的在集體主義文化中促進了彼此的合作,毫無疑問的,研究顯示在美國和加拿大(個人主義文化),人們獨自工作時會比較努力,但是在中國(集體主義文化),人們在團體中比獨自工作要努力得多。

在集體主義文化中區別集團內和集團外的成員是非常重要的一件事,而在個人主義文化裡只是獎勵個人獨特的特性,至於內集團和外圍集團的差異就不是那麼重要了。

二、高和低情境文化

高情境文化是一種包含情境和人的許多溝通上的訊息,訊息的獲得是經由先前溝通的分享,經由猜測參與者能夠互相吸引,和經由經驗的分享,資訊的傳達並不僅在語言上的明白陳述。

低情境文化是一種言語上非常確切陳述的訊息,和正式文字(契約)上的處理。

認識高和低情境間的差異,想想所要給的方向(投票中心在那裡)是給知道周遭環境的人和新來到這個城市的人,在某人認識周圍環境的情況下(一種高情境狀況),你會假設這個人熟悉附近的地界標,所以你可能會給個方向像「在主街洗衣店的隔壁」或「在Albony和Elm的轉角處」,對於新的市民來講(低情境狀況),你無法期待這個人能和你分享城市環境的任何訊息,所以你必須只能用一些陌生人能懂的方向來指示:例如「在下一個有停字的路口左轉」或「走兩個路口然後右轉」。

高情境文化也是共同性文化(Gudykunst,Ting-Toomey,and Chua, 1988),這些文化(如日本、阿拉伯、拉丁美洲、泰國、韓國、阿帕契和墨西哥)非常強調人與人之間的關係和口頭上的默契(Victor, 1992)。

低情境文化一樣是一種個人文化,而這種低情境文化,不管

你會把自己成長的文化傳統稱爲高情境或低情境呢？你會因情境不同而造成傳播上的困擾嗎？

在美國、德國、瑞士或挪威，都只是被放在強調寫與解釋的層面上，尤其是指商務上的合約。而低情境文化，像在美國，如果當兩者關係愈親密時，就與高情境文化愈相似。你和你的夥伴瞭解得愈深，你們愈不需要口頭上的解釋，Truman Capote曾經對愛的定義是「你無需說完你想要說的」。這是對高情境關係的一種巧妙的描述。因爲你對某人的深刻瞭解，所以你能對他想說的話作很正確的猜測。低情境文化的關係會變得和高情境關係類似。

　　高情境文化的成員在舉行重要會議之前都會利用很多時間來互相認識對方，因爲這種事前彼此的認識，許多訊息都彼此交換過，因此許多事情就不需要再被仔細的說明。低情境文化的成員利用很少的時間來認識彼此，因此，無法交換彼此的資訊，也必須用許多時間來解釋清楚。在高情境文化上的成員較依靠非言辭上的小動作以減少一些確定感。

對高情境文化的成員來說，假裝是溝通處理很重要的一部分。例如，沈默是非常重要的（Basso, 1972）。對低情境文化的成員來講，什麼被遺漏而產生含糊不清的情形，這些疑慮要藉由說明與直接的溝通來消除（Gudykunst，1983）。

當高和低情境的差異沒有被掌握時，誤解很容易就產生了。例如，低情境文化直接的特性可能會被高情境文化的成員認為是無禮的、無感受性的，或無益的。反過來說，對一個低情境文化的人來說，來自高情境文化的人的溝通，可能會產生曖昧不清、不明確的感覺；而更由於他或她的不願詳加解釋說明或不誠實的感覺，讓低情境的成員會想要更開放和直接溝通方式。

另一個常常發生誤解的來源能被追溯到高和低情境文化之間的差異是面子的顧全（Hall and Hall, 1987），高情境文化較強調保全面子；例如，他們重迴避和別人辯論以免失了面子，而低情境文化的成員（用他們個人特性的傾向）會用辯論來贏得勝利，同樣地，在高情境文化裡批評只應在私人場合內舉行，以保全個人的面子。低情境文化可能不會區分公衆或私人的場合。

在高情境文化的人總是不願對別人說「不」，因為怕觸怒了別人，而導致面子問題，例如對於一個日本主管的「是」。不同之處不在於字的用法，而是它們被用的方法，瞭解低情境的人如何直接解釋這種不情願顯然容易多了——該說不的時候就說不——像一個缺點或不願面對事實。

關於他們在人際溝通上的不同之處的摘要寫在**表 2-1** 上。當你看這個圖表時，想想看那些敍述你同意而那些敍述你不同意，這些摘要如何對你的溝通產生影響。

表 2-1 一些文化的差異

個人的（低情境）文化	共同的（高情境）文化
你的目標是最重要的。	團體的目標是最重要的。
你對你自己和你的良心負責。	你對整個團體和它的價值觀、規則負責。
成功是由於你超越了其他的人；強調個人競爭的重要。	成功是因為你對團體的貢獻；強調合作的重要。
領導者和隊員之間有著鮮明的區隔。	領導者和隊員之間沒有明顯的區別，領導權常常被輪流替換。
內集團和外集團的區分沒什麼重要性。	內集團和外集團的區分是非常重要的。
資訊都被清楚的說明著，沒有什麼遺漏的。	資訊常被含糊不清的留著，明確的陳述常被省略。
人與人之間的關係不是很重要的。因此，在會議上不會花時間在彼此的認識上。	人與人之間的關係是非常重要的。因此，在會議上會花許多時間認識彼此。
直接的陳述是被值得肯定，顧全面子就不是那麼重要了。	間接的提示是被尊重的，保全面子就是最大的考量。

人際溝通是調整適應的過程

　　人際溝通只能發生在能夠使用同樣符號系統的團體間的溝通。這顯然和使用二種不同語言說話的。你和別人的溝通由於不同的語言系統而有所阻礙。這個原則呈現特殊的關連性，當你瞭解兩個人無法分享一個特定的符號系統。父母親和小孩不只是有不同的字彙，更重要的是對一些日常用語也有不同的意思。不同的文化和社會團體，即使他們使用共同的語言，也常常在非口語

溝通系統上有極大的不同。受到這些不同系統的影響，溝通就無法時常完成。

　　部分人際溝通的藝術是學習別人的符號，他們如何使用，他們的意思是什麼。在親密的關係中——親近的朋友或浪漫的情人——人們明瞭學習對方的符號需要一段時間，而常常需要極大的耐心。若是你想要瞭解別人的意思——藉由一個微笑或說「我愛你」，或為了一些瑣碎的事情爭論,或藉著自己反對的調論——你必須學會他們的符號系統，更進一少說明也就是說你必須和別人分享你的符號系統，這樣別人才更能瞭解你。雖然某些人可能經由你的沈默和迴避的眼光明瞭了你的意思，但是有些人可能仍然還是不知道。你不能期待別人在沒有幫助之下來正確的解讀你的行為。

溝通是一連串強調的事件

　　溝通事件是連續的處理動作，沒有明顯的開端，也沒有明白的結束，在溝通行為中身為參與者或旁觀者，你將這連綿不斷的溝通之河分割成許多小片段。你將一些片段稱為原因或刺激物，而將其他片段稱為結果或反應。

　　試看這個例子：一對夫妻正參加宴會中，先生正和別的女子在調情，而他的太太正在喝酒，兩個人都向對方做出不高興的臉，而很顯然處於一種深沈不語的爭論中。之後來回想這種情況，可能是先生看到太太在喝酒，所以他就和沒喝醉的女子調情。太太喝得越多，先生就更加和別的女子調情。太太喝得越多，先生就更加和別的女子調情。他這種行為的唯一理由（他自己說的）是厭惡太太持續的喝酒。注意這一點也就是說他認為他的行為是對太太行為的一種反應。在同樣的事件中，妻子也可能會說她之所

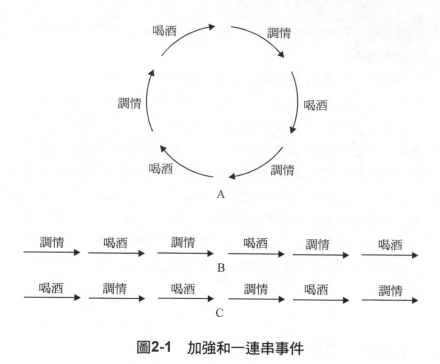

圖2-1　加強和一連串事件

以喝酒，是由於先生和別的女人調情，當先生和別的女子打得愈火熱，太太就喝得愈多。她本來沒有意圖要喝酒的，直到先生開始和別的女子調情。對妻子來說，先生的行為是起因，而太太的喝酒是一種回應，是先生引起太太的行為。因此，丈夫認為這一連串的事件源起於喝酒導致調情，太太卻以為由於先生和別的女子調情而造成她的喝酒。這個例子在圖 2-1 有清楚的描述。

　　圖 2-1 (a)中顯示實際上一連串事件就像連續不斷的動作一般，沒有特定的開始或結束。每個動作（喝酒和調情）都會互相影響，但是沒有被認定那個動作是起因。圖 2-1 (b)中表示了太太心目中一連串同樣的事情的順序，她認為這連串的事件始於丈夫和別的女子的調情，而她之所以喝酒是對這個刺激的一種反應。圖

2-1 (c)中是從丈夫的觀點來看同樣發生的事件，他以為這一連串的事情的順序都是由於太太的喝酒，而他和別人調情只是對她的一種因應罷了。

將溝通處理方法分為刺激和反應的順序的趨勢被稱作標點法（Watzlawick，Beavin，and Jackson, 1967）。每個人對連續事件的前後關係標示為刺激和反應是為了方便。此外，以上述丈夫和妻子為例，標點法通常都是以自身的利益和他和她本身的形象一致為出發點。

去瞭解他人如何去解釋某情境，或者他（她）對某情境的強調與否，在人際互動上，是一個重要的步驟。到達神入階段也十分重要（能感受別人所感受的）。在所有面對面的溝通中，除了特殊的衝突，試著去瞭解他人如何強調事件的原委。

人與人之間的關係可被視為對稱性或補充性的

人與人之間的關係可能被描述為對稱性的或補充性的。（Bateson, 1972；Watzlawick，Beavin，and Jackson, 1967）。在對稱性的關係中，兩個單獨的個體像照鏡子般的看到彼此的行為（Bateson, 1972），如果一個人是嘮叨的，那麼另一個人也是同樣的反應；若一人是熱情的，那麼另外一人也是熱情的；如果有一個人容易嫉妒，同時另外一個人也容易嫉妒；如果這個人是被動的，那麼另外一個人也是被動的，這種關係是相等的，兩個個體之間擁有最少的不同。

無論如何，在這種型態關係下問題可能會產生，試以兩個個性非常激進的夫婦的情況來看，一個人的積極心會助長另外一個人的侵略性，當這個循環逐漸增強，激進不能再被容納時，那麼彼此的關係只有被侵略性般的消耗掉了。

在互補的關係上，兩個個體擁有不同的觀點，某一人的態度被視為刺激另外一個人的互補行為，在互補的關係中，在不同團體中，顯現的相異之處是最為明顯的，每個人都擁有不同的社會地位，有人在上位，有人在下位，有人被動，有人主動，有人堅強，而有人是脆弱的。有時許多文化習慣也會建立一些關係，例如：老師和學生之間的互補關係，或雇主和受雇者之間的關係。

許多大學生所熟悉的互補性關係的問題非常嚴密的被製造出來，因此養育和保護的母親和獨立的孩子，同時是最重要的互補的關係，當孩子長大後同樣的關係對進一步的發展變成是一種障礙，這種改變對成人是很重要的，因此不被允許發生。

由調查人際溝通中受到限制的這些模式的結合，互補性和對稱性的關係可以得到一種有趣的觀點（Rogers-Millar and Millar, 1979 ;Millar and Rogers, 1987；Rogers and Farace, 1975），有九種模式被認定，三種和對稱性有關（相同類型的訊息），三種和互補性有關（對立類型的訊息），四種是變遷的（非相同也非對立類型的訊息）。

在競爭性對稱上，每個人總是想要去操縱控制別人（用往上的箭頭↑表示），每個溝通訊息都是搶先一步（試著去控制人的行為）：

派特：現在就去做。↑
克麗絲：當我準備好時我就會去做，否則你自己做。↑

在服從性對稱上，每個人的溝通是順從的（用往下的箭頭↓來表示）；訊息都是佔下風的（以別人的意見為意見）：

派特：晚餐你想吃什麼呢？↓
克麗絲：你吃什麼，我就吃什麼。↓

在中庸性對稱上，每個人的溝通是相等的，無論如何，沒有

人以競爭性地（領先的）或服從性地（佔下風的）來溝通（用水平線的箭頭→來表示）：

派特：佳積需要一雙新皮鞋。→
克麗絲：還要一件新夾克。→

在互補的關係上，一個人表現出掌控的欲望（領先的），而另外一個人則是順服的（佔下風的）：

派特：你看，親愛的，這樣做就對了。↑
克麗絲：好棒哦！你真聰明。↓

另一種互補的典型是上個型式的相反──開始於順從的訊息（佔下風的），緊接著是掌控（勝過）的訊息：

派特：對於教這堂新課，我需要一些建議。↓
克麗絲：簡單啦，我已經教了好多年了。↑

轉變的型態不包含先前訊息的相反陳述，溝通者不用順服的態度回應競爭性的訊息，或不用競爭性的態度回答順服性的訊息，這裡有四種可能轉變的型態：

(1)一個競爭性的訊息（領先的）不是被以競爭性的訊息或一種順服性的訊息來回應：

派特：我想去看電影。↑
克麗絲：這個周末有相當多的片子可以選擇。→

(2)一種順服性的訊息（佔下風的）不被以順服性或競爭性的訊息來回應：

派特：沒有工具我辦法做。↓
克麗絲：大部份的人都因為沒有工具而遇到難題。→

(3)一種變遷的訊息（交叉的）被以競爭性的（領先的）訊息
來回答．

派特：我們能以不同的方式來完成這項工作。→
克麗絲：那麼，這樣做就好了。↑

(4)一種轉變的訊息（one-across）被以順服性的（佔下風
的）訊息來回應：

派特：我們能以許多不同的方式來完成這項工作。→
克麗絲：不論你用什麼方法去作都很好。↓

在思考關於這些型態的同時也想想你自己的友誼、愛情和家
庭係等：

• 這些型態是嚴苛或具有彈性呢？例如，你和你的朋友共同
分享互控和順服，或者你們其中一人行使控制權，而另一
人只是順從的回應著。
• 你能指出你擁有的一種關係中，是使用那一種主要型式？
你扮演那種角色？在這種型態下你覺得舒適嗎？
• 你能指出在你的關係中你常常使用或大部份運用的一般型
態嗎？你滿意於這種習慣性表示的型態嗎？
• 你能指出你擁有的關係中開始於一種型態的溝通經過多年
以後就轉變成另一種型態？發生了什麼事？
• 這些模式和你的經驗裡彼此關係的滿意度有關係嗎？例
如，你依賴一種模式獲得較滿意的關係比你依靠任一種模
式所獲得的關係更好。

情境和關係層面的溝通

溝通常常是參照我們真實的生活，依據說話者和聽者兩個人一些外在的共同經驗，同時，也包含兩者在團體之間的關係。例如，法官可能對律師說：「馬上到我的推事室來」，這個簡單的訊息包含兩種意思，一種是內容層次，是屬於行為的回應期待（換句話說，律師要馬上去見法官），另一種是關係方面，就是說關於法官和律師之間的關係，這種關係的結果是，溝通如何被運用的。縱使簡單指令的使用也顯示二個夥伴之間也是有不同的身分地位。這種差異可能被認為極其正確的，要是你想像這個命令是律師下給法官的，這種溝通顯然是彆扭不合適的，因為它違反了法官和律師之間正常的關係。

在任何兩者的溝通中，內容層面可能是相同的，但是關係情勢可能不同，或者關係情勢可能相同而內容層面不同，例如，法官可對律師說：「你最好立刻來見我」或「我能盡快見到你嗎」，在這兩種情況本質上內容是相同的，也就是說，這訊息所期待的行為反應是一樣的，但是關係層面卻非常不同，第一個溝通意味著一種非常明確的上級對下級的關係，然而，第二個溝通卻表示一種較平等的關係，而顯示出對律師的尊重。

同樣的，有時候內容層面可能不同，但是關係情勢本質上是同樣的。例如，女兒可能對父母親說：「這個周末我可以出去嗎？」或者「今天晚上我可以用車嗎？」這兩個問題的內容顯然地非常不同，但是關係層面本質上是一樣的。它明顯地反應出長輩對晚輩的關係，只允許他們做安全的事情。

·情境和關係層面的意思

內容和關係層面主要包含的意思重點在衝突和它的效果的解決。人們之間許多的問題源起於缺乏認識溝通的內容和關係層面之間的差異。例如：一對夫婦為了派特已經計劃好周末和朋友一起研究而沒有先徵求克麗絲的同意而爭論，兩個人也可能都同意在周末作研究是項好的決定。因此，爭議之處主要並不是和內容方面有關，它主要是關係方面的，克麗絲期待為周末的計劃一起交換意見，派特否定了他們之間明確的關係而沒有這樣做。同樣的情形發生在一對夫婦的一方買東西、安排晚餐計劃，或請他人吃晚餐而沒有問另一方的意思。雖然另一方可能也同意這樣的決定，但只是夫妻倆利用爭吵來達成某些訊息的溝通。

以我個人為例，我媽媽來到我擁有的渡假地方停留一個星期。第一天，她掃六遍廚房的地板，雖然我一再的告訴她不需要一直掃地，因為我仍會從外面帶來泥沙的腳印，那麼她將會白費工夫的，但是她仍堅持的說地板很髒應該掃。以內容水平來說，我們說的是關於清潔廚房地板的價值觀，但是在關係平等上我們說了極其不同的事，我們兩個人都說「這是我的家」。當我瞭解到這點（雖然，坦白的講，那是在一連串的爭執之後），我不再抱怨掃那不需要再掃的地，無疑地，她也不再掃了。

想想下面的對話：

對　話	解　釋
他：明天我要去打保齡球。	他只注意到訊息的內容，而忽略了訊息裡所包含的任何關係。

對　話	解　釋
她：為什麼我們不一起做的事呢？	她最先（起初）回應在關係的平等上，忽略訊息所包含的內容層面，在他的決定中忽略了她表達她的不滿。
他：我們隨時都可以一起做事，但明天是他們組隊的一天。	同樣的，他幾乎只注意到內容的層面。

　　這個例子反應出研究發現，一般來講，男人比較注重內容層面，而女人比較注重溝通上的關係層面，一旦你理解這種差異，你可能較容易去除一些潛在障礙，藉著瞭解性別差異做較好的兩性溝通。

對　話	解　釋
他：工廠的同事要組一支保齡球隊，我非常想參加。明天我去參加組隊典禮你認為如何呢？	雖然著重在內容層面，他也知道將關係層面的訊息，包含在他的談論意見中--藉著承認他們的伴侶關係，尋求是否有意見，也表達了他的渴望多於他的決定。
她：聽來不錯，但我希望我們倆個可以做些事情。	她著重在關係層面，但仍認同他的內容定位。同時也注意到她並沒有，好像她必須去強調她自己對關係概念的意見。
他：我們在 Pizzahut 碰面如何？參加完組織隊伍會議後，我們可以一起吃晚餐怎麼樣？	他對兩個人之間的關係方面作了回應--沒有放棄他參加保齡球隊的渴望--而無形的將它合併在他的溝通中。

她：好極了，我最想吃 Pizza　　她對兩個訊息做了回應，贊
了。　　　　　　　　　　　　成他加入保齡球隊和他們
　　　　　　　　　　　　　　晚餐的約會。

　　在內容層面上的爭議是比較容易解決的，一般來說，你可以
在書上查到想要的資料，或可以詢問別人到底發生了什麼事，這
是比較容易證明爭論的事實。然而，在關係層面的爭論是比較難
以解決的，一方面因爲你可能不淸楚爭論事實的相關事項。一旦
你瞭解眞相，你就能適當而直接的處理彼此的爭辯。

摘要	
原理	含意
執行處理：人際溝通是一個持續進行事件的過程，而之間的因素是互相依賴的。	溝通是持續發生的行為，沒有明確的開始或結束；溝通的各種因素是隨時在改變的，無法尋求相同之處，互動關係因素也是一樣是變動的。
無可避免的（必然的）：在互動關係的情形之下，你不得不溝通。	儘可能試著控制你行為的許多方面，尋找許多不明顯的訊息。
不能改變的和不能重複的：你不得不溝通或明確地重複一種特有的訊息。	你可能之後想取消的訊息--例如，衝突和承諾的訊息。
文化-特殊性：溝通原理和原則隨著文化的不同而變化。	小心的假設別人也和你遵循同樣的原理和原則。
調整性：溝通依賴在參與者分享相同系統的訊號和意義。	擴展一般的領域和學習別人有系統的訊號，以增強人與人之間溝通的效果，和其他人分享你自己的系統訊號似乎很有意思。
標點法：每個人都會以他或他自己觀點為基礎，將溝通的前後關係分隔成刺激和回應。	視標點法為獨斷的，是竭取別人的觀點以增進深入和瞭解。
對稱性的和補充性的關係：人與人之間的互動可能會有相同或不同行為模式的刺激，這種關係可能被形容為基本的對稱性或補充性。	發展出一個可注意到的對稱性和補充性的關係，避免太嚴格的固守行為模式。
內容和關係的層面：參與者之間全部的溝通都和內容關係層面有關係。	那些不再有用和反映別人破壞性行為的，設法尋求也同時回應關係訊息和內容訊息。

第三章
人際溝通的認知

單元目標

在完成這章以後，你應該能夠：

1. 人際認知的定義和解釋它主要的階段。
2. 能解釋歸因的過程和被用來判斷因果的標準。
3. 定義和解釋下列和人際認知相關的語詞：
   個人理論的含意，自我實現的預言，認知的加強，最早—最新，
   一貫性和老調套用。
4. 確認重要的策略來減少對別人的不確定性。
5. 在增強人際認知正確性上至少能有五種指導原則。

認知是經由你的感覺：看、聞、嚐、摸、聽等各種讓你查覺到周遭的人、事物的過程。認知是一種主動的過程而不是被動的，你的認知源起於外面世界的存在和你自己的經驗、渴望、需求、愛恨等。

認知的過程

認知產生在三個階段，他們會互相連接和結合（**圖 3-1**）。

一、感覺器官刺激的產生

在這第一個階段，你的感覺器官被刺激——你聽到滾石你的音樂，你看到一個朋友，你聞到某人的香水味，你嚐嚐橘子汁，你感覺到別人的手在流汗。

當然，你不必對每件事情都感覺得到，寧可從事選擇性的認知，這種概括性的用語包括選擇性的注意和選擇性的揭露。在選擇性的注意中，你參加的一些事情是你期望的而會實現你的需要或可證明帶來快樂的。例如，當你在課堂上做白日夢時，你無法聽到老師在說些什麼，直到你的名字被叫到，你選擇性注意的技巧集中在你對自己名字的感覺。

在選擇性顯露方面，你揭露自己或訊息在別人面前，這樣能確認你的存在理念，能獻出你的目標或在某方面證明滿意度，例如，在你買了一輛汽車之後，你比較會去看，聽聽你所買的車的廣告，因為這些訊息會告訴你你做了正確的選擇。同時，你會迴避本來考慮想買最後卻被否決掉的車型的廣告，因為這些訊息會告訴你做了錯誤的決定。

你更容易察覺到比周遭環境更具強型對比的刺激，那些都是具有新奇的價值的刺激。例如，電視廣告的演出通常比一般節目

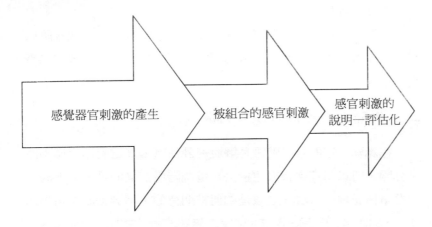

感覺器官刺激的產生　　被組合的感官刺激　　感官刺激的說明─評估化

圖3-1　認知過程的三階段

較刺激來吸引你的注意力，同事穿著較奇異的服飾也比穿著和一般人一樣容易受到你的注意，你也會很快的注意到在課堂上穿著燕尾服的人或在正式宴會上穿短褲的人。

　　這裡一個很明顯的暗示是，你只是看到你所能看到非常少的部分。就好像限制你能看多遠，同時也限制了任何時候，你感官所能承受的刺激數量。

二、被組合的感官刺激

　　在第二階段，你根據一些原則來統合感官的刺激，例如，根據接近原則，你察覺到一個團體的成員他們的身體是緊靠在一起的，你看待他們這樣是很普通的事情，例如，你可能看到家庭成員或俱樂部的會員們有相同的態度價值觀和信仰。根據類似原則，你會將外表相似的人歸為一類，而將他們和不相同的人區分出來。例如，你可能會認為同種族的人會有相同的價值觀和觀點，你可能會認為穿著相似的人（如穿著灰色西裝的經理人）會有相

同的態度或行為。

　　當然，注意這些原則都不需要產生正確的資訊，這些資訊只應被當作需要再進一步被查證的假說或可能性，而不應被作為事實的結論。

三、被解說—評估的感官刺激

　　在認知過程的第三階段是解說—評估（因為這兩種程序不能被分開，所以用連字號來連接）。這個階段無疑的是主觀上的，關於事情處理的方法或應該是如何被期待的，精神上的和情感狀態等，你許多的經驗、需求、慾望價值觀、信仰會對你的解說—評估產生極大的影響。很顯然的，這裡仍有許多歧見的存在，雖然我們可能都暴露在相同的外在刺激，但我們解釋—評估（和組織）的方法會因人而異，對同一個人也會因為時間的改變而不同。

　　介紹一下你是誰——你個人的特性，你現在的心情，你很好的生理狀況，你重要的過去，你的文化心態、信仰和價值觀，和有關你的任何事情——你的所有感覺將會影響你的解釋和評價。當你的小孩處於極端的困境，你對那些行為會有不同的、視各種情況而定的解釋和評估。例如，不論你正經由一天辛勤的工作準備回家，而又試著完成學期報告，或不論你正在通電話中而渴望找個藉口抽身。

認知關於認知和認知的檢驗

　　除了你對別人行為的感覺外（口語的或非口語的），你也能感受到你認為別人的感覺或想法（Laing，Phillipson，and Lee, 1966；Littlejohn, 1922）。例如，你能感受派特親吻克麗絲。這

是一種簡單的對一些行為的直接的相關感受，但是你也能感覺（或感知）──親吻的基礎──是派特愛克麗絲。注意這其中的差異，你看了親吻而沒感受到愛意（當然，你能以這種心情繼續探索，你的結論是派特愛克麗絲，派特不再喜歡泰瑞了，也就是你總是會以先前的結論來作為結果的基礎，這種過程是無結果的）。

這裡所要說明的重要的一點是，當你的感受是建立在能夠看到的事情（這裡是親吻）時，你描述這個親吻或甚至你解說和評估它時，你會有較大的正確性。而當你不再只是從表面上所能觀察到的線索去評估一件事時，你的精確度將會大打折扣，像當你在評估愛情時。

一般而言，如果你以他人的想法與立場去評估某些行為的話，會比單單觀察所得行為進行評估，其犯錯率會大很多。

能閱讀別人正確的感受能力是一種技巧而不容易達到的，有許多的因素能幫助一個正確的解釋。

在大部份基本形式中，認知的檢驗包含兩個階段（步驟）：

1. 描述（在試驗性的術語）你認為發生了什麼，試著描述（不是評估）你所形容的。
   - 你似乎很沮喪，對於失和你說你覺得很好，但是你看起來並不快樂。
   - 今天晚上你似乎不是很想出來。
   - 你似乎被他所說的給擾亂了。
   - 你好像不滿意我的計劃。

2. 詢問別人的認可，留意你徵詢認可的要求不要聽起來好像你已經知道答案了，所以要避免讓你的問題有防禦性的措辭，例如避免說：「你就是不想出去，對不對？」「我知道你不想看那些差勁的電視。」儘量用支持性的詢問確認

法來代替：「你想看電視嗎？」

- 對於分離你真的覺得很好嗎？
- 你想外出或喜歡留在家裡？
- 你覺得心情不好嗎？
- 我的計劃擾亂了你嗎？

這些例子指出認知檢驗的目的不是要證明你最早的感受是正確的，而是要探索別人更多的思考和感覺。

運用這個簡單的技巧，你會減少錯誤的解讀別人感情的機會，同時，你會給別人詳盡地說明他的或她的想法和感覺的機會。「主動聆聽」在第四章中討論，適合用於同樣的目的和同樣的技巧。

在閱讀有關你用在感受別人的特殊過程之前先藉著自我測驗「在人們的感知上你瞭解了多少？」檢視你自己感受的策略。

歸　因

試想下列的情形：

1. 一個女人在街上乞求。
2. 一位店主殺死了一個小偷。
3. 一位父親遺棄了他的孩子。

這些情形你將歸屬於什麼因素？乞求、殺害和遺棄，是由於事件中的人為因素或是情勢所逼？你回答這些問題的方法在歸屬理論裡都有修理地被解說著，歸屬理論裡說明著經由試著去瞭解你自己和別人的行為的過程，尤其是這些行為的原因和動機。

歸因會幫助你獲得你所認知的是什麼，在你的世界究竟發生

了什麼事（Zanden, 1984），它幫助你去強迫原有的秩序和邏輯去更瞭解你所看到許多行為可能的原因。

歸因也會幫助你去預測將會發生什麼事情，別人喜歡或不喜歡做什麼，如果你能很理性的確認，派特給錢是出於想要幫助窮人（也就是說，你能歸因這行為是想要去幫助的），然後，你能預測關於派特未來的行為。

一、外在和內在的調整

在你試圖去發掘別人行為因素的時候，第一個步驟是決定是單獨的或一些外在因素形成的原因。也就是，你必須先決定原因是內在的（例如，由於一些個人的特質）或外在的（例如，由於一些情形的成因）。外在的和內在的這兩種原因是和歸屬理論有關係的，注意當你的評估在某人的行為以外在的或內在的動機呈現時，將會影響你對那個人的評估。假使你以內在的因素評斷人們共同的行為（也就是說，以他們的個人特質的作為動機），你比較容易對人們想出一種正面的評價，而最後會喜歡他們。相反的，如果你以外在的因素判斷同樣的行為（例如，老闆留意的眼神會迫使人們有合作的態度），你較易於形成負面的評價，而最後不喜歡這個人（因為他或她不是「真正的」或「真實的」合作）。

試想其他的例子，你看到老師打成績的冊子上，在文化人類學科上被給了十個F的分數時，當你試圖去發現有關老師為何有如此行為時，首先你必須去發覺老師是否真正的對十個F分數的作業完全負責，或者給的分數只歸因於外在的因素，讓我們這麼說，你發覺考試的分數在學校的試務委員會已經作好決議，也設定了通過或不及格的標準，在這種情況下，你不能對這個別的老師歸屬於任何特殊的動機，因為這種行為不是內在的因素。

另一方面，讓我們假設以下的情形：這個老師在沒有任何輔

自我測試

你對別人的認知有多準確？

說明：如果下列的句子正確的描繪你的行為的話，就答「正確」，反之則答「不正確」。

——1.我對於一個人的印象，大部份根據與對方見面的前幾分鐘而來。

——2.當我知道一些別人的事時，也能據以推論出其他的事來。

——3.我通常都能準確的預測別人的行為。

——4.我很清楚的知道不同國家、種族和宗教之間的不同。

——5.我通常會把人們的態度和行為歸因到他們最明顯的生理、心理特性上。

——6.我會避免由別人外在的行為來推斷他心裡的想法。

——7.我會特別注意和我最初印象不同的行為。

——8.根據我對別人的觀察，我會願意去修正而不是永遠堅持我的看法。

——9.在我深入瞭解一個人之前，我不作最後判斷。

——10.在我對一個人有初步印象之後，我會藉問問題和收集資料來修正我的看法。

分數

這個簡單的認知測驗是用來探討本章所提到的一些議題。理想上，對於 1-6 題，你應回答「不正確」；對於 7-10 題，你應回答「正確」。

助，沒有系上或大學標準規定上決定了考試，也設了對考試通過或不及格的一套個人標準，你現在可能比較容易認為，這十個F是由於內在的因素（雖然可能不完全正確），於是更加強了你的信念，覺得這位老師有些個人的特質導致這種行為，如果你發現：

(1)沒有其他人類學的老師給那麼多的F分數。(2)這個特殊的老師經常在文化人類學上給F。(3)這個老師也經常在其他的課堂上給F。這三小點增加的訊息會讓你認為必定有某些因素引起這種行為的動機,你每天使用的形成這些因果判斷的三個原則:(1)一致的。(2)一貫的。(3)差異的。

㈠一致性的:和別人一樣的

當你的焦點集中在一致的意見的原則,基本上你會問:別人的反應或行為和我注意的焦點是一樣的嗎?也就是說,這個人的行為和一般人的看法一致,如果答案是否定的,你就會去歸因於某些行為外在的因素,以先前的例子來說,當你知道了其他的老師沒有給F的分數時,更增強了你認為某些外在因素導致給了F分數的信念。也就是不同於一般人的意見,當只有一個人和別人的標準不同時,你會歸因於是外在的動機影響了那個人的行為,假使全部的老師都給了許多F的分數(也就是說,如果有高度的認同),你就比較會去尋求除了老師本身以外的原因,你可能會下結論認為人類學科是用一種比較特殊的曲線來決定分數或學生本身就不聰明——或任何外部理由影響了這位特殊的老師。

㈡一貫性的:長期的相同性

當你注意在一貫性的原則,你會問:這個人是否在同樣的情形下就會重複著相同的行為,如果答案是肯定的,那麼就具高度的一貫性,你就會將這種行為歸於內在的動機,這位老師經常在文化人類學課上給F分數的事實,會讓你將這種因素歸在老師本身而不是外在的原因,另一方面,如果這個老師很少給F的分數,也就是有很低的一貫性,你就去找尋老師外在的理由,你可能會認為是這班學生特別不聰明,或者系上開始要求老師給F分數。也就是說,你會去尋求外在的成因如何去影響這些老師們。

㈢差異性的:在不同情況下的相似處

當你集中在差異性的原則時,你會問這個人在不同的情況下

表 3-1 在歸因因素情況下一致性、一貫性、差異性的概要

在哲學課上，學生抱怨所得到的分數，就什麼基礎上你會覺得這種行為是內在地或外在地因素？	
內在地因素	外在地因素
1.沒有人在抱怨（低一致性）。	1.許多人在抱怨（高一致性）。
2.這門課學生以前曾抱怨過（高一貫性）。	2.過去這門課學生從沒抱怨過（低一貫性）。
3.在別的課上學生曾抱怨其他的老師（低差異性）。	3.學生從未抱怨過其他的老師（高差異性）。

是否有相同的反應，如果答案是肯定的，那麼就稱低差異性，你會認為這種行為是由於內在的因素。老師在不同的情形下（其他的課程）有相同的反應（給許多F分數）會讓你覺得這門課並沒什麼特殊性，這種行為的動機無法在唯一的情形下被發現。進一步你會覺得這種行為必定是由於老師內在的動機，試想這其中的轉變：如果這位老師都在其他的課上都給高分而沒有F的分數（也就是，如果文化人類學的課是非常特殊的情形下），你會認為失敗的動機在於老師外在的因素和課堂上許多獨特的理由，**表3-1** 摘要出以上三種要素和重要例子。

讓我們回到我們開始討論歸因的三個例子，作為一致性、一貫性和差異性的原則的摘要方式，一般來說，你會想到三種動作的例子——乞求、殺害和遺棄——是源自於乞求的婦人、店主和父親，如果其他的人在相同的情形下卻有不同的作為（低一致性），如果以前一些人曾從事相同的行為（高一貫性），如果這些人在不同的情況下具相同的行為（低差異性）。在這些情形下，你會覺得人們對他們的舉止行為負責。

選擇其一的，你會認為這些行為會由於外在的因素改變人

們，如果許多人在同樣的情況下作相同的反應（高一致性），如果這些人從來沒有這樣的行為（低一貫性），或如果這些人從未在不同的情況下從事這種行為（高差異性），在這些情形之下，你可能會認為許多因素造成這些行為，而人們無法控制所以他們不必負個人責任。

二、能控制的和穩定的判斷

研究學家指出在歸因上扮演一部份的其他因素和人際溝通最具相關性的有能操縱的和穩定的（Weiner, 1985）。

㈠能操縱的？人們能控制行為？

讓我們說你的朋友在晚餐的約會中遲到了一個小時（cf. Weiner et al., 1987）。在下列兩種可能的道歉中，你有什麼樣的感受？

> 道歉一：我正在讀這本書，而無法將它放下，因為我必須要知道凶手是誰。
> 道歉二：一條主水管破裂，破壞全部的供電系統，所以我被困在地下鐵兩個小時。

很明顯的你對第一個道歉感到憤慨，而會接受第二個歉意。第一個道歉對於遲到所說的理由是可以控制的；你的朋友為了看完小說而選擇了遲到，因此，你認為你的朋友要為浪費你的時間負責，也缺乏體諒別人的心。第二個道歉所說的理由是無法操控的，你無法要求你的朋友因為地下鐵的故障遲到而負責。一般說來：具有無控制因素的藉口比那些含有可操控的因素的藉口更有效。你可能希望測試這種觀察來對照你自己編織藉口或獲得藉口的經驗。

㈡穩定性：行為是可變的或無法改變的？

讓我們這麼說，你正上一堂演說課，而你在第一次演講時得

了F，如果你被告知而相信下面任何一種的陳述，你想在剩下來的課程上你會如何表現：

意見一：演講是一種你可以擁有或者不具有的能力，若是你不想成爲引人注目的演說家，再多的練習和奉獻也是徒勞無功的。

意見二：大多數人的第一次演講都非常的糟糕，演說就像騎腳踏車，沒有人剛開始就能騎得很好，無論如何，只要正確的練習，你就可以成爲一個熟練的騎腳踏車的人或演說家。

意見一認爲你笨拙的演說行爲是由於已定的因素，那些因素長期且無法改變的意見二指出一些不穩定的因素（例如，缺乏練習和經驗），因素會隨著時間而改變。一般來說，如果你相信自己差勁的行爲的產生是由於已定的因素，你就不會試著去改善，進而有失敗主義者的傾向。相反的，如果你認爲自己差勁的行爲是由不穩定的因素造成的，你會比較願意盡其一切的去改進。

三、留意自私自利的偏見

自私的偏見會引導我們相信正面的作用而否定負面的影響力。因此，你較容易將自己不好的行爲歸因於情勢或外在的因素，例如，在一次考試後，得了個D的分數，你多半會歸因於考試太難或不公平，無論如何，你眞的將好的行爲歸因於內在的因素，例如，在考試後得了個A的分數，你會認爲這是由於自己的能力好或努力的結果（Bernstein，Stephan，and Davis, 1979）。

雖然自私自利的偏見可能會扭曲了歸因，但它至少有保護個人自尊的好處，將負面的行爲歸因於外在的和無法操控的力量，而將正面的行爲歸於內在的可控制的力量，這種傾向常會增強我們的自尊心。

流浪漢問題是現代社會中的悲劇之一。最大的問題是別人怎麼看待他們。你對他們的看法如何呢？是根據什麼？從歸因理論的角度來看，你會把流浪漢問題歸因於外在或內在因素？可控制或不可控制的因素？穩定或不穩定因素？這些不同的歸因如何影響你看待這些人。

認知的過程

　　某些過程影響你所感覺的和你所沒有感受到的，這些過程幫助你去解釋為什麼你作了一些預言而其他人沒有，也幫助你在許多的資訊強迫中侵害了你的感覺，他們使你在大量的資訊包圍下能簡單化、分類化，無論如何請注意這六個過程中的每一個都對

正確的認知存有潛在的障礙，某些情況下，他們會導致太簡單化或曲解了原意。

一、暗示性的性格理論（人格特質）

　　每一個人有一種潛意識或內在的規則系統，也就是說每個人的許多特性會和其他的特性結合在一起，這個原則在Edward Arlinton Robinson的"Mister Cory"的詩裡描述得相當好，旁觀者觀察到"Mister Cory"相當多的特性，然後以他們含蓄的或非正式個人的理論來填寫剩餘的部分。

> 無論何時Richard Cory走到城裡來，
> 在路旁的人們都會注視著他；
> 從頭到腳是個典型的紳士，
> 整潔的風味，和威嚴般地高挑。
>
> 他總是樸實地打扮著，
> 說話的時候總是非常優雅的，
> 但是他說「早安」的時候，
> 脈博弱而不規則的跳動著，而他走路的時候是很耀眼的。
>
> 他很有錢，比一個國王還富有，
> 每一種優雅的動作都是可讚嘆的訓練，
> 總之，我們認為他就是一切，
> 讓我們想擁有他的地位。
>
> 我們走著，等待著曙光，
> 不去想三餐，詛罵著麵包，
> 在一個寧靜的夏夜，
> Richard Cory走回家，一顆子彈貫穿了他的頭。

像人們觀察Cory先生一樣，當我們用這些理論對一個人填入短缺的部份時，我們常常會錯，例如，想想下列簡短的敍述，你認爲完成每個字句最好是括弧裡的那個字。

卡羅是活躍的，熱心的，和（聰明的，愚笨的）

金是膽量的，大量的，和（外向的人，內向的人）

喬是聰明的，熱情的，和（瘦的，胖的）

愛華是迷人的，聰明的，和（可愛的，不可愛的）

蘇珊的快活的，積極的，和（迷人的，不迷人的）

安琪是漂亮的，高的，和（軟弱的，強壯的）

某些字似乎是對的而其他是錯的，你的個人絕對的理論似乎認爲某些是對的，有系統的規則也會告訴你某些特性和其他特性是聯結在一起的，例如，你的理論可能會告訴你，一個精力充沛、熱心的人，一定是聰明的而不是愚笨的，雖然沒有邏輯證明愚笨的人不能是精力充沛、熱心的人。

廣泛地被考證的光環效用是絕對的個人理論的作用，如果你相信某人有一些正面的特質，你會推斷他也擁有其他正面的特質，也有一種反光環效果；如果你知道某人擁有一些負面的特質，你會推斷他也有其他負面的特性。

・關於絕對的個人理論批判性想法

小心的和精確的運用絕對的個人理論以避免：

・看到一個人的特性時你的理論會告訴你應該是存在的，他們事實上是不存在的，例如，你看到「善意」在朋友的大慈大悲的行動中而減稅可能才是眞正的動機。

・忽視或曲解不適合你的理論的特性，但是他們眞的存在在個人之中。例如，你可能會忽視你朋友的負面特性，而容易感受敵人負面的特性。

二、自我實現的預言

自我實現的預言達成，是在於你對自我實現做了預測，而你確實去執行且完成了它，而它也恰如其份的眞實，這就是自我實現。（Merton, 1957），在自我實現預測上有四個基本的步驟：

(1)你做個預測或明確地說明一個人或一種情況，例如，你預測派特和別人碰面時行爲都很笨拙。

(2)你學關於某人或某情況的舉動，好像那個預言或想法是眞的，例如，你仿效好像派特是笨拙的。

(3)因爲你的行爲好像這信念是眞的，它就實現了，例如，因爲你仿效關於派特的舉動，派特就變得緊張和笨拙了。

(4)你看到你的效果在某人身上或在最後的結果上，因此更增強了你的信念，例如，你看到派特笨拙的樣子，使你更相信派特本來就是笨拙的。

如果你期望人們一定都以某種方式行動，或者如果你對某種情況提出預測，由於是自我實現的預言，所以你的預測常常會實現。例如，人們常常認爲加入一個新的團體時其他的會員都不會喜歡他們，事實上他們的感覺幾乎是正確的，其他的會員眞的不喜歡他們，他們可能會助長負面反應方式來做，那些人實現了他們自己的預言。

自我實限的預言裡被大家所熟知的例子是比哥馬利恩效果，在一個研究裡，老師們被告知有一些學生的發展比較慢，但被期望做得相當的好，這些學生的名單是實驗學家以隨機抽樣造出來的，事實上，並不是隨機抽樣的結果，給老師們名單中的學生的表現都比其他的人還好，實際上這些學生的智商成績進步得比其他學生還多。老師們的期望可能促使他們對所挑選的學生更加用心，因此，他們的表現有了正面的效果（Rosenthal and Jacobson, 1968 ;Insel and Jacobson, 1975）。

自我實現的預言和期待的定律（law of expectations）類似，都是在陳述你的期望大部分會決定了你的行為（Kelley, 1979）。如果你期待是負面的（「如果今天晚上我晚回來了，我們將有得吵了！」或「這一頓晚餐將會很糟糕的」），你的行為將會助長這些負面的期望實現，如果你的期待是正面的（「這次的約會將會是最好的」或「這學期我要多交幾個好朋友」），你的行為會支持這些正面的期望實現。

• **自我實現預言的評斷**

自我實現的預測能讓批判性的想法發生短路現象和：

- • 影響別人的行為以致能順應你的預測。
- • 引導你去理解你所做的預測而不是事實的真相（例如，你認知到自己的失敗，其實是由於你原來的預測，而不是任何真正的錯失）。

三、認知的強化

當許多錢幣的圖案呈現給貧窮和富有的小孩後，然後要他們評估硬幣的大小，貧窮小孩所評估的大比會比富有小孩的還大，同樣的，飢餓的人對食物的外觀和用語比不飢餓的人們有更少的認知（不需要物質的線索）。

這個過程引導你去看你所期待的和你所想看的是什麼，你比較喜歡看面貌姣好的人，你比較喜歡看到聰明的人，你會加強或強調某件事，來滿足你的需要和願望：口渴的人會看到水中的海市蜃樓，喪失性能力的人會有性滿足的妄想。

• **關於認知的強化的批判性想法**

你所需要或需求的這種認知傾向會導致你：

- • 扭曲你真實的認知，以你所需要或需求的去認知而不是真

正的感受，也不去感知你不想去感受的。例如，你可能不
會感受到問題的迫切性，因為你只注意到你想要知道的。
- 過濾或曲解可能會傷害或威脅你的形象的訊息，因此嚴重
影響自我改善的機會。
- 在你自己身上看到別人負面的特質，被視為是一種防禦性
技巧的投射。
- 感受和記得好的性質多於壞的（被視為極端樂觀效果的現
象），這樣會扭曲了你對其他事的認識。
- 對某種行為的感受好像表示某人喜歡你只是因為你想要被
喜歡罷了。例如，一般的禮節和親切的態度，被用來作為
說服的策略（如推銷員），經常只是視為個人真正的喜
好。

四、最初—最近

假如你登記加入一門課中，一門課程非常的無聊，一門課程
非常的有趣，學期末的時候，你對課程和指導老師作評量，如果
無聊的課程放在學期的前半段，而有趣的課程放在後半段，你的
評價會比較好嗎？如果順序相反，你會覺得比較好嗎？如果什麼
最先受到影響，這就是最初的效果。如果什麼是受到最後（或最
近）的影響，那麼這就是最新的效果。

典型的研究在人際認知的最先—最近的效果上，Solomon
Asch（1946）看了一群學生列的一連串描述的形容詞，發覺到順
序的效果是很重要的，一個人被描述為「聰明的、勤奮的、任性
的、吹毛求疵的、固執的和嫉妒心強的」，是比被描述為「嫉妒
心強的、固執的、好吹毛求疵的、任性的、勤奮的、聰明的」較
使人有正面的評價。使用早期的資料來獲得有關一個人的一般印
象，而用最近的資料讓這種印象更深刻是一種趨勢，最初—最近
實際上明顯的含意是：你給的第一印象似乎是最重要的，經由這

樣的印象，別人將會篩選其他的資料來作為他們如何描述你的依據。

・**關於最先和最近批判性的想法**

加重早期的資訊而按照最初的印象來解釋新的訊息的趨勢，會曲解了你的批判性想法而導致：

- 以最初的印象為基礎來描繪一個人的樣子，可能不是典型的代表性或正確的（例如，由一般的緊張來判斷一位應徵者，在非常需要一個工作的面談上，他可能只會表現出很平常的緊張）。
- 減少或曲解一連串的認知，以致不會影響你的第一印象，例如，你可能不會看到你所喜歡的人欺騙的信號，因為你對他最初的印象。

五、一貫性（Consistency）

在感知或態度中維持平衡的傾向叫做一貫性，你期盼某些事情在一起而其他事情不在一起。例如，藉著你的期限在一種單純的直覺之下回答下列的句子：

(1)我希望我喜歡的人（喜歡，不喜歡）我。
(2)我希望我不喜歡的人（喜歡，不喜歡）我。
(3)我希望我的朋友（喜歡，不喜歡）我的朋友。
(4)我希望我的朋友（喜歡，不喜歡）我的敵人。
(5)我希望我的敵人（喜歡，不喜歡）我的朋友。
(6)我希望我的敵人（喜歡，不喜歡）我的敵人。

根據大部份一貫性的理論，你的期望會像下面所敍述的：(1)你會期望你喜歡的人也喜歡你，而你不喜歡的人不喜歡你。(2)你會期望你的朋友喜歡你的朋友，而不喜歡你的敵人。(3)你會期望

你的敵人不喜歡你的朋友，而喜歡你其他的敵人。這些全部的期盼的確是直覺性的。

更進一步來說，你會期望你喜歡的人擁有你喜歡的特性或讚美，而你會期望你的敵人沒有擁有你喜歡的特性或讚美。相反的，你會希望你喜歡的人沒有不好的特性，而那些你不喜歡的人擁有不好的特性。

・有關一貫性的批判性想法

不根據正確的假定一個人的一致性會導致你：

- 忽略或曲解那些和你對整個人形象不一致的行為的話，例如，你可能會曲解卡拉的不愉快，因為在你的印象裡卡拉是「快樂的、控制的和滿足的」。
- 如果你正面的解析其他的行為，那麼也會視基礎行為是正面的（光環效果），或者你解析其他的行為是負面的，那麼某種行為也是負面的（反光環效果）。

六、套用老調

人際認知中最常用的捷徑之一是套用老調，社會學或心理學的老調是對一群人既定的印象，我們都有已經定型的態度——國家的、宗教的、性別的、族群的或是犯罪的、妓女的、老師的或鋁管工。若是你在遇到某個特殊團體的成員時，已經有了固定的想法，剛開始你會視這個人是那個團體的成員，而分派那個團體的許多特性使用在他或她的身上。例如，若是你遇到一個妓女，有一大堆的特性你可以使用在這個妓女的身上，讓事情更複雜些，你看到這位妓女的刻板印象，只是妓女這團體表現於外的明顯特性，非其個人的。如果你不曉得她是妓女的話，你可能不用套用老調，曲解你對她的認知，而套用老調往往會讓人較不容易看清楚一個人的特性，而只是看清團體罷了。

使用本章所提到的六項認知過程來描述這兩個女人時,你會犯下什麼錯誤呢?也就是說你在使用暗示性的性格理論,自我實現的預言,認知的強化,最初和最近的效果,一貫性和刻板印象,會有何種錯誤產生。

- ## 關於套用老調批判性的想法

將人們分類而直接的視個人為團體一份子的趨勢會導致你:

- 看到一個人擁有那些特點(經常是負面的)你就會相信他或她的團體的特性,因此無法欣賞全部的人和團體的多方面的天性。
- 忽略每個人獨特的個性,也沒有注意個人的特殊貢獻,可能會招致對立的情形。

在人際認知上增加正確性

成功的人際溝通大部份仰賴你正確的人際認知,你可以藉著

(1)使用一些策略來減低不確定性，(2)依照一些建議指標來加強這種確定感。

一、減低不確定性的策略

　　人際溝通是包含逐漸減少彼此間不確定感的過程，經由每個互動，我們可以互相知道得更多，而逐漸在更有意義的層面上互相瞭解，達到減少不確定性的三種主要方法有被動的、主動的和互動的（Berger and Bradac, 1982）。

㈠被動的策略（Passive Strategies）

　　當你在完全不瞭解某人下作觀察時，你所使用的是被動的策略，你通常能在他們從事的活動工作觀察中知道得更多，較好的方法是和其他的人在社交的場合（非正式）中互動，在那種非正式的情況下，人們比較不會注意他們的行為，而容易洩露真實的自我。

㈡主動的策略（Active Strategies）

　　當你以任何形式主動的尋求某人的資料，而不是直接的和人們互動，你所使用的是主動的策略，例如，你會問別人關於這個人：「她喜歡什麼東西？」「他很累嗎？」「她和比她小的傢伙約會嗎？」你更可以操控某些情境，以便更瞭解他人在特殊情況下的表現，或者更多他本身的背景。面談雇用員工，聽劇場演唱和實習試教，是一些可以操控情況的方法，用來觀察人們可能的動作反應，以致減少對人們的不確定感。

㈢互動策略（Interactive Strategies）

　　當你和個人互相作用你是使用互動策略，例如，你可能會問：「你喜歡運動嗎？」「你認為電腦科學這門課怎麼樣？」「如果你被炒魷魚了該怎麼辦？」藉由說你自己的資訊時，也同時獲得別人的訊息，由於你自我的表白製造了一個輕鬆的環境，而鼓勵你想更瞭解的人一連串的表白吐露。

你可能經常使用這些策略去瞭解別人，可惜的是許多人在只有使用被動策略後就覺得已經完全瞭解一個人了，但是這三種類型策略是很有用的，使用這種策略可以強化你認知的正確性。

二、增強人際認知正確性的指南

除了認知檢查之前討論的認知過程的批判性想法，和使用三種減低不確定策略外，想想下列的建議：

㈠理解你在認知上的角色

你的情緒和生理的狀態會影響你給的認知的意義，當你肚子痛的時候，看到生蛤蠣可能身體會覺得不舒服，但當你飢餓時卻會流口水。

㈡假說的形成

以你對行為的觀察為基準形成的假定來試驗其他的資訊和證據，而不是你之後尋求正確的結論，延後結論的陳述直到你有機會進行更多更廣泛的線索。

㈢尋求多樣化的線索

在同一個方向上尋找更多的線索，較多的線索指向同樣的結果，表示你的結論是比較正確的，尤其要注意矛盾的線索，是來反駁你原先的假設，比較容易用認知的線索來證實你的假定，但是承認證據的矛盾是比較困難的。

㈣避免心靈解讀

不論你觀察多少行為，多麼小心的檢視他們，你只能猜測某人的心裡在想些什麼，一個人的動機不會打開來讓大家來檢查，你只能用明顯的行為來作臆測，用認知檢查（「你知道我的生日是上星期四嗎？」）來代替心靈解讀（「因為你真的不愛我才會忘了我的生日」）。

㈤注意你自己的偏見

知道你認知的評價會被你自己不當的偏見所影響，例如，對

你喜歡的人只有正面的認知，而對你不喜歡的人只有負面的認知。

㈥**尋求確認**

　　比較你的認知和別人的，別人看事情也和你一樣嗎？如果不一樣，你的認知是否可能被曲解了。

摘要			
定義	過程		正確性
認知：你認識外在世界的事物的過程。認知發生的三個過程：1.感官刺激的發生；2.感官刺激的組織；3.感官刺激的解說評量。	個人理論的含意：期待某種特性和某種其他特性。 自我實現的預言：預測行為的影響。 認知的加強：去認知你期待認知的意向。	最早－最新：第一印象（最早的）影響最近的（最新的）認知的意向。 一致性：認知的意向被你一貫的或行為平衡的期待所影響。 套用老調：一個團體既定的印象會影響你對個人認知的傾向。	減低不確定性的策略。 被動的策略：觀察別人而缺乏對他們的認知。 主動的策略：主動的對別人尋求資料而缺乏和他們的互動。 互動的策略：須互動中更瞭解他人。
歸因：你嘗試去瞭解別人的行為（和你自己在自我歸因）特殊的原因或這些行為動機的過程。	一般的看法：一個人的行為對一般標準順從的程度。 一貫的：相同的行為發生在其他，同樣的情形的程度。 差異的：相同的行為發生在不同情況的程度。 內在的動機被認為是一致性低、一貫性高和差異性低的。	外在的動機被認為是一致性高、一貫性低而差異性高。 可控制性的：個人能控制他的或她人的行為的程度。 穩定性：行為由穩定的無法改變的因素到不穩定的可改變的因素的範圍。	在人際認知中增加正確性： ·使用認知檢查。 ·在認知中認識你的角色。 ·假設的形成不是結果。 ·尋求更多的線索，尤其是互相矛盾的線索。 ·避免心靈解讀。 ·留意你自己的偏見。 ·尋求你的認知確認。

第四章
聆聽在人際傳播中之角色

單元目標

讀完這一章後，你應能：

1. 瞭解聽的定義並瞭解其中之主個階段。
2. 定義並區分參與式和被動式的聆聽神入和客觀的聆聽，不用評斷和批判的聆聽，表面和深度的聆聽。
3. 定義主動的聆聽，並指出其主要之功能與技巧。

無庸置疑，你每天「聽」了很多東西。早上醒來，你聽收音機，在你去工作的路上，你聽你朋友和週邊的許多人說話。你或許聽到剎車聲、鳥叫、雨聲。在學校裡，你聽老師和同學說話。回到家，你聽家人或朋友說話，然後你或許聽CD、錄音帶、收音機、電視機。總之，聽佔據了你大半的時間。

　　事實上，如果你從花費時間的多寡來看，「聽」佔了你絕大部分時間。從**圖 4-1**，我們可以確定二個研究結果皆呈現相同之結果。由藍金在一九二九年以成人爲研究對象(A)，和巴克在一九八〇年以大學生爲研究對象(B)的二個研究均證實了，在所有的傳播行爲中，我們花最多的時間在聽上。其他以生意人爲研究對象的研究亦證實了這點。

　　另一個衡量聽的重要性的方法，便是檢視它的目的及它所爲我們帶來的好處。在人際傳播中，「聽」至少具備了和人際傳播一樣的目的：(1)學習。(2)建立或維繫關係。(3)影響。(4)遊憩。(5)援助。

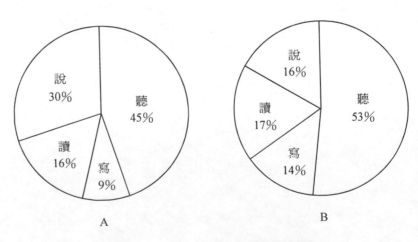

圖4-1　花在「聽」上面的時間

表 4-1 　有效率的傾聽

目的與好處	例子
1.學習：瞭解別人，外面的世界和自己。也可以分享別人獨有的經驗，並藉傾聽，來避免困難，並在此題尚未擴大時，作出適當之反應。	我們可傾聽彼得講述他去古巴旅行瞭解共產國家。聽學生的反應可幫忙老師調整課程，進而達到較好的教學效果。
在工作上，我們也可藉「聽」收集必要之資訊以幫自己作出正確的決定。	聽你的業務代表講述他的困難，將有助於你擬定較好的廣告策略或提供更好的訓練。
2.建立或維繫關係：在社會能接受的方式下建立或維繫關係，因為人們通常喜歡那些樂於聽人傾訴和願意成為你後面的人。	別人一旦感受到你的誠意將更喜歡，這種誠意透過專著表達支持的傾聽傳達給對方。
3.影響：人們傾向於尊敬內心感受的。	工人將會比較聽從你的命令，假如你能關心他們，聆聽他們內心的感受。
4.遊憩：知道暫停批判性的想法，知道何時僅能靜靜聽別人的談話。	偶爾聽聽同事說的笑話、故事或奇聞軼事，將會讓你以幽默的態度面對人生。
5.援助：更能讓你幫助別人因為你聆聽，也因此更瞭解別人。	聽你的小孩抱怨他的老師將有助於你幫助他適應學校生活。

　　從表 4-1 中我們可以明白的看出這些讓有效率的聽著收穫無窮的例子：

　　無可否認的，不管有無效果或效率你花了許多時間在聆聽上。在日常生活，許多不懂得如何去聽，因此在技巧有許多改善空間。考慮到我們每天花在這上面的時間。花點時間改進你聆聽的技巧，絕對是值得的。

　　在讀聆聽的原則大技巧之前，請作以下的「自我測試」，以便瞭解你聆聽的能力。

你是個什麼樣的聆聽者呢？

說明：依照下面的評分方式回答下列之問題：

1=總是
2=常常
3=偶爾
4=很少
5=從不

_____1.我在與人交談時想自己的表現，因此常錯過對方談話內容。

_____2.當別人在說話時，我允許自己想別的事情。

_____3.我試著去簡化一些我聽到的細節。

_____4.我專注在談話內容的某一細節上，而不是對方所要表達的整體意義上。

_____5.我允許本身對話題或對方的主題看法去影響對訊息的評估。

_____6.我聽到我所期望聽到的東西，而不是對方實際談話的內容。

_____7.我只被動的聽對方講述內容而不積極回應。

_____8.我只聽對方講，但瞭解對方的感受。

_____9.在未瞭解全貌前，我已對內容下了判斷。

_____10.我只注意表面的意義，而不去瞭解隱藏的意義。

評分方式：上面所有的陳述，都是無效率的聆聽方式，因此分數愈高就表示愈有效率，愈低則表示愈無效率。如果你的得分超過三十分，則你比一般人更具備聆聽的技巧。低於三十分則比一般人來得遜色。不管你分數高低，你都可藉此測驗，改善你的聆聽技巧。不管它是個聆聽障礙或有效率的聆聽原則，以上的這些陳述，我們都將會在未來單元中討論。

聆聽的過程

聆聽和單純的聽是不同的，「聽」純粹是生理的反應。它的發生，只是因你耳朵附近空氣的震動，對耳朵膜的撞擊而引起反應。換言之，它基本上是個被動的過程，你並沒有特別注意它。

反之，聆聽則包含了五個階段：接收、瞭解、記憶、評估、反應。整個的過程是循環的，一個人的反應對另一個人則是刺激，接下來的反應（**圖 4-2**），則又變成第一個人的刺激。

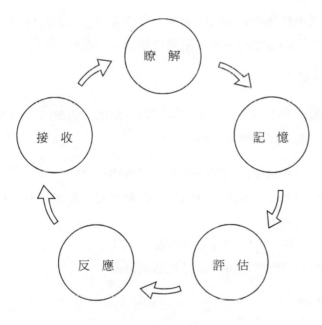

圖4-2　聆聽的五個階段

一、接收

聆聽從接收別人傳送的訊息開始。訊息可以是語文或非語文的，它們可以是詞字，也可以是動作、面部表情，或是音量的變化。

在這個時候，你不僅注意到對方說什麼，同時也知道什麼被省略了，譬如說，你知道你的朋友簡略了說明他作了什麼好事，也知道省略掉了他未實踐語言的部分。

試著在接收訊息時：

(1)注意對方語文與非語文的訊息。注意對方說了什麼、省略了什麼。
(2)避免分神。
(3)把重點擺在你談話的對象，而非你接下來要說什麼。
(4)保持訊息者的角色，不要打斷對方的談話。

二、瞭解

在瞭解的階段，你不僅瞭解對方的想法，也瞭解伴隨著想法的感情。試著在瞭解訊息時：

(1)把新資訊和你已經知道的東西串連起來。
(2)從對方的態度來瞭解訊息，避免在完全瞭解對方的意思前下結論。
(3)提出問題，以回答心中的疑惑。
(4)將對方的概念用你自己的話說出來。

三、記憶

你接收和瞭解，得來的訊息至少需要保存一段時間，在小團體或公開演講的場合，你可以藉記筆記或錄音，來幫助你記憶。

然而在人際傳播的場合，這種舉動就不太合適了，雖然，你還是記電話號碼，記下約會時間，或記下行進方向。

譬如，當蘇珊說她計劃購置一部新車時，一個有效率的聆聽者，會記住這件事，並在以後遇見她的時候問起蘇珊有關她新車的事。當喬伊說他媽媽生病時，有效率的聆聽者會記住這件事，並在一個星期後詢問喬伊有關他媽媽的病情。

你記憶的並不跟對方所說的完全一樣，而是你詮釋過的東西，換言之，記憶並不是只重新製造的過程，而是重新建構的過程，你把對方的訊息以你自己的方式重新建構出意義來。

為了要說明這一個概念，試著去記下面的十二個辭彙。不管他們的先後次序。花二十秒鐘，儘量去記：

床	作夢	舒適
休息	醒來	聲音
醒來	夜晚	熟睡
累	吃	打鼾

現在關上書來然後寫下你記得的字。千萬不要再往下閱讀，除非你已經完全熟記這個測驗的單字。假如你像我的學生，你不僅可以記得許多字，你還會記得名單上還有另一個不存在的單字，就是「睡覺」，所以說，你不只是重新製造，而是重新建構。在這個例子中，你給了這個名單一個意義。而這個意義中就包含了「睡覺」。

因此，傳播訊息，當被重新建構成對你來說是一個完整的意義。所以你記得的是被扭曲過的東西。

試著在記憶中：

(1)找出關鍵的觀念。

(2)用較容易記的方式去作摘要。但是記住，不要忽略了重要

的地方。

(3)對自己重複名字和主要觀念，如果有必要，大聲唸出來。

四、評估

評估包含了對訊息作某種程度的判斷。有時，你試著去評估對方主要的動機。這些評估常在不自覺的情況下進行，譬如，愛琳告訴你她即將升遷只感到興奮的時候，你或許想要知道她真正的意圖是什麼。

她是否要你去影響公司老闆？她是否對升遷的事過分在意而告訴每一個人？她是否要人家稱讚她呢？

在另一種情況下你的評估較具有批判的意味。譬如，在會議上聽到一個計畫，你或許會問：「它切合實際嗎？」「它能增加公司產量嗎？」「支持的證據在那裡？」

當你評估時，試著：

(1)在未完全瞭解之前，不要作評估。
(2)假設對方是善意的，給他有解釋的機會，並且澄清你所認為的一切疑點。‧
(3)分清事實，推論、意見，或各人對事實的詮釋。
(4)舉出可能因偏見、個人利益而影響對方公正的事實。

五、反應

反應可發生在對方說話的時候，或者是對方說話之後。這些反應都是回饋。這些訊息告訴對方你的感覺和想法。在說話當時作出的反應應表現出支持，應讓對方感受到你確實在聽他說話。表達這種反應的方式可採用一些所謂的後舌音的方式，例如，告訴對方你專心在聽。在說話後作出的反應就比較費心。你也許要對方感受你確實瞭解他的想法，你或許需要澄清，挑戰對方的看

法或表示同意。

在反應中試著：

(1)在對方談話的過程，表現出支持與瞭解，並用不同方式表現出來。

(2)在最後表現你對說話者的支持。

(3)縱使你不同意，也要誠實的告訴對方。

(4)表達自己的看法與感覺，並用「我」為主詞來表達這些看法。

有效果的聆聽

我們因不同的目的而聆聽，有效果的聆聽，會因情境不同而改變，以下的四種聆聽適用於四種不同的情況。

一、參與與被動式的聆聽

在人際傳播中，要達到有效果的聆聽，主要關鍵在於主動的參與。參與式的聆聽，不管在外表上或心態上，都要表現得像個實際的參與者。對許多人來說這也許常被誤用了。譬如，你應記得對重要的訊息你會自動作出反應。你也許挺直身體或豎起指頭來並保持靜止。你用這些反射動作來表示你注意聽了，然而，比這些外表上的變化，最重要的是心理上的或精神上的變化，作為一個聆聽者，在傳播互動過程中，應扮演一個準備，生理與心理上完全參與的夥伴。

具效果的參與式聆聽是富於表情的。讓對方知道你正參與傳播互動過程。在動作上，保持和對方眼睛的接觸，注意說話者，利用面部表情表示的感情，在言語上，在適當的時機提問題，適

當時機表示你的意見。

　　然而，被動式的聆聽，也並非一無是處，被動式的聆聽指的是，只是聽，而沒有任何語文或非語文的表示，它是一種表達接受的絕佳方式。被動式的聆聽可以讓講話者在毫無壓力下充分的表達他的想法。藉由被動式的聆聽，你可營造一個鼓舞、擁護與接納的氣氛。一旦有了良好的氣氛後，你或許可考慮採取較積極的態度。

　　在運用參與式和被動式的聆聽時，應注意以下幾點：

(1)聆聽需下功夫不斷去努力。人們有不願投注太多心力去完成事情的傾向，因此，我們需克服這先天的毛病，隨時準備積極參與，傳播互動過程。同時也應避免所謂「娛樂症候群」，期望說話者來娛樂自己。

(2)應儘量減少噪音的來源，減少其他足以讓你分心的東西，以便讓自己專心。

(3)需集中精神，心無旁鶩避免讓不相干的事務干擾整個互動過程。

(4)有效的利用，思緒與言語之時間差，因為我們通常處理訊息的速度會比說話的速度更快，我們可以利用這段空檔來想問題，或把對方所說的話摘要性的整理。

(5)應假定對方講的是有價值的，絕不要以為你所要講的比對方來的重要。

二、神入和客觀的聆聽

　　假如你要瞭解一個人講話的內容，並體會他的感受，你必須要針對話的角度去思考、去感受。我們稱這種技巧叫「神入」。

　　受歡迎的學生，或許瞭解為什麼一個不受歡迎的學生會感到沮喪，但是他或許無法完全感受到沮喪是什麼滋味。要完全體會，

他必須要站在對方的立場去感受，才能完全瞭解不受歡迎是什麼感覺。

　　雖然，神入式的聆聽是一個比較好的方式，但有時我們必須客觀的分析一些事務。聽一個朋友向你傾訴為何全世界的人都對不起他，並試著去瞭解他的感受，也許是重要的。但是，你也需要很客觀的去看整個事情，或許整個事情是，因為他個人誇大妄想或自怨自艾而引起的。總之，你有時需避免站在對方的角度看事情。相反的，你採取較客觀、超然的立場來觀察事務。什麼時候用神入的方式？什麼時候用超然、客觀的方式來聆聽呢？請參考下列的原則：

(1)從對方的角度來看整個事件。

(2)平等的看待對方，鼓勵開放與神入，你需要摒除有形與無形的障礙。避免打斷對方的話。

(3)試著去瞭解對方想法和內心的感受。絕不要以為聆聽的工作結束了。除非你完全瞭解對方的想法與感受。

(4)避免攻擊式的聆聽。換言之，不要只擷取一小段資訊並藉此攻擊對方。

(5)避免只強調某些部分，而忽略了大部分的談話內容。

(6)注意非朋友即敵人的因素，會影響你公平、超然的聆聽對方的說話。

三、非判斷性和批判性的聆聽

　　有效果的聆聽包含保持一開闊的心胸去瞭解對方，和帶著批判的精神去作評斷。換言之，當你在瞭解的過程時是不作判斷的評斷，通常發生在你瞭解了事情的來龍去脈。不過保持開闊的心胸，是非常困難的。

　　其實，這二者是相輔相成的。帶著開闊的心胸去聆聽對方，

比較容易瞭解訊息的意義，帶著批判的精神則較容易讓我們去分析和評估、訊息。在大學裡尤其是這樣，學生很容易單純聽講，並記筆記但要學生評估並批判講課內容，就不是那麼容易了。其實，不管老師、教科書或者教科書的作者，也會有其不正確之處。這些偏見有意無意的會出現在學術討論會中。我們有責任指出這些偏見。絕大多者的老師，都喜歡批判性的反應，因為這表示有人在聽，而是這些具建議性的反應，也會帶來更多的討論。

在使用非判斷性和批判性的聆聽時，記住以下的原則：

(1)保持開闊的心胸，絕不作評斷，除非你完全瞭解對方的意思。

(2)不要因為扭曲了對方的意思，簡化對方的訊息。因為如此將會扭曲了對方的意思。

(3)確實瞭解自己的偏見，因為偏見會讓我們從我們的觀點來詮釋訊息。偏見也會讓我們特別重視某項訊息，只因為它符合我們的預設立場。

(4)當需要以批判的角度來評斷對方的談話內容時，絕不遲疑。

四、表面和深度的聆聽

在大部分的傳播訊息中，當然有很明顯的意思，但是有些時候，還有不同層面的意思存在，有時跟表面上的毫無相關。

事實上，很少傳播訊息只有一個層面的意思，通常只有二個或三個意思，看看我們常聽到的話：一個朋友問你是否喜歡他的新髮型。另一個朋友問你是否喜歡他的畫。表面上，他們或許只是問你有關髮型或和畫。但是，也許他們是要你誇讚他的髮型或他的畫。父母親抱怨工作太忙，也許是希望家人能夠感激他們。小孩談到有關在遊樂場受到的不公平待遇，也許是希望大人關心

他。為了要瞭解這些意義，深度的聆聽應是個好方法。

為了要善用表面和深度的聆聽，記住以下幾項原則：

(1)注意語文與非語文傳播，注意一致或一致性的訊息，並用這些線索去瞭解對方真正想要表達的意思。

(2)注意表達內容和關係的訊息，譬如學生不斷的挑戰老師的上課內容，也許只是討論議題，也許是反對老師的權威。因此，老師有必要重視這二個層面的意思，才能把問題處理得很好。

(3)特別記下對方的特點，因為在言談之間，我們都會不經意的透露自己的想法。記下這些特點，將有助於日後瞭解對方的想法。

(4)當你試著去瞭解隱藏的意義時，不要忽略了表面上的意義。二者應是同等重要的。對不同層面的訊息作反應時不要太過強勢了。

主動式的聆聽

主動式的聆聽是一個你應學會的技巧。看一下以下簡短的評論和一些反應。

Aphrodite：那個討厭的人，把我的作業打了一個C。我花了好多時間，他居然只給我C。

Apollo：不錯了啦。大部分的分數也差不多那樣，我得了C。

Athena：那又怎麼樣呢？這學期是你最後一個學期，為什麼要那麼介意分數呢？

Achilles：你應該很高興了。Peggy和Michael還不及格呢，John和Judy還得D呢。

Diana：你努力了三個禮拜，竟然得了C。確實是傷了你的心，
　　也會人生氣。

四個朋友也許都想讓當事人覺得舒服一點。但是四個人都用
不同的方法，當然，結果也就有不同了。前面三個人無異是最典
型的答案了。最大的共通點是並沒有從當事者角度來感受他說這
句話的意義。只有Diana採取了主動式的聆聽，藉此可以傳送聆聽
真正的感受。

主動式的聆聽，並不只是重複當事人的話。它完全反應了你
對當事人語文、非語文，說話內容和感覺的一種全心全意的投入。

一、主動式聆聽的目的

主動式的聆聽有幾個目的。第一，它可以幫助你檢查看看你
是否正確的瞭解對方真正的意思。藉著回饋的動作，可以讓說話
者確認、澄清或修正你的看法，進而讓往後的傳播訊息更符合需
要。

第二，透過主動式的聆聽，你表達了體會說話者的感受。在
前面的例子中，前面三個人並未適當的表示體會說話者內心的想
法，只有第四人藉由活動式的聆聽表達同情與神入。

有趣的是，當面對一個苦惱萬分的人，如果我們以逃避話題
或閒談的方式希望藉此減輕對方的痛苦，通常都不會成功，反倒
增加對方的苦惱。最好的辦法，永遠是體會對方的想法，並表現
出支持的態度。

第三，在主動式的聆聽中，你鼓勵對方更深入的表達他的感
受。因為主動聆聽者的反應讓對方毫無顧忌的表達他內心的感
受。同時，在整個過程中，也可讓對方解決他內心的衝突。

二、主動聆聽的技巧

以下的三種技巧將會幫助你增強主動聆聽的能力，他們或許不自然或奇怪，但是多加練習後將融入到你的日常生活當中。

㈠重訴說話者的意思

也就是用你自己的話重新將對方的話說一遍。如此對方可藉此修正你重訴的部分。你也可藉此表達你的興趣和注意。每個人，尤其在失意的時候，都希望受到關心，主動式的聆聽正可以達到這個目的。

其次，當你重訴時，也等於告訴對方可以進一步的陳述自己的感受，當然重訴必須是客觀的，也不要過度的曲解了對方的意思。

㈡表達瞭解說話者的感受

除了重訴對方的意思外，也需表達體會對方感受的心意。這樣作除了可以驗證感受的正確性外，也可以讓對方更客觀觀察自己的感受。看一下以下的對話。

Pat：那個討厭的人居然把我降級了，他告訴我，我不是個好
　　　經理，看看我爲公司作了多少事，他還這樣待我。

Chris：我能瞭解你爲何這麼生氣，你已經幹了三個月的經理
　　　了，不是嗎？

Pat：三個多月了。我知道我還在試用期，但是我一直相信自
　　　己作的不錯。

Chris：你還有機會嗎？

Pat：有，他說在五個月當中，可能還會給我試試看，但我還
　　　是覺得很難過。

Chris：我知道。這一定很難過。

Pat：他說，我無法在期限內把文件弄好。

你最近一次需要一位積極的傾聽者是何時？又發生了什麼事？你最近一次充當一位積極的傾聽者又是何時呢？而在本書所談到的三個原則中，是否真的可以提供你去改善與他人的互動情形呢？

Chris：你常遲交東西嗎？

Pat：有幾次。

Chris：有可能找人幫你處理文件嗎？

Pat：不可能，但是，我現在知道怎麼做了。

Chris：你似乎知道怎麼把經理的工作做好。

Pat：是的，我會讓他知道我將在幾個月後重新申請這份工作。

經過這一段對話，Pat已經將無謂的生氣轉化為改正缺點的力量，而他的朋友所做的只是表達了體會對方的感受而已。

表達你的體諒對一個生氣的人來講尤其重要。絕大多數的人不輕易表達自己的感情，除非他確定對方可以接受。我們期望聽

到類似「我瞭解」這類的話。除非我們確信對方瞭解我們的感受，我們絕不會進一步陳述我們的感想。主動式的聆聽提供了這個絕佳的機會。

㈢提出問題

提出適當的問題以確實你瞭解對方的意思，並獲得必要的資料，以便充分瞭解。你必須巧妙的提出問題，讓對方有充份的刺激與足夠的思考，說出他（她）所想要表達的意見。問題必須是適切的，避免不必要的問題，且提出的問題不會使對方感覺不愉快。

摘要		
定義	功能與目的	技巧
聆聽：一種接收、瞭解、記憶、評估與反應的傳播過程。	1.去學習 2.去使有關係 3.去影響他人 4.去幫助他人 5.娛樂	1.參與和被動式的聆聽。 2.深入的與客觀的聆聽。 3.不作評斷的和批判的聆聽。 4.表面的和深度的聆聽。
主動的聆聽：對說話者的內容與感受作出回應的過程。	1.讓聽者檢查是否有理解。 2.表達接受對方的想法。 3.激發說話者更深入的談論自己的想法。	1.重訴。 2.表達瞭解說話者的感受。 3.提問題。

第五章
人際傳播中的道德考量

單元目標

讀完這一章，你應該能：

1.解釋人際傳播中之道德考量。
2.解釋說謊，使用恐懼訴求和情感訴求檢查訊息和說閒話時之道
　德考量。

人際傳播之道德考量和選擇

傳播行為是否符合道德標準完全取決於是否有所選擇。基本假設就是人們有權去選擇他們所要的。人際傳播符合道德的通常是傳播過程提供了正確的資訊，以便讓參與者有選擇的自由。相反的，當傳播過程未能提供足夠的資訊，以供參與者作抉擇時，這個傳播過程通常被視為不道德的。因此不道德的傳播過程通常是逼迫人們：(1)勉強去作選擇，(2)不去作選擇。總之，有道德的傳播者提供對方足夠的資訊，以便讓他們去作最正確的選擇。

你有權知道有關你自己的資料，也有權獲得足夠的資訊以便作出正確的決定。譬如，你有權面對控告你的人，有權知道有那些證人會對你不利，有權知道你的信用如何，你也有權知道，你可以取得什麼樣的社會福利。

同時，你有權知道有關你的消息。你也有義務告訴別人有關他的消息。譬如說，你有責任去揭發你看見的任何不法行為，向警方指出誰是真正的罪犯，或者到法庭上去作證。因為這些資訊都足以讓我們的社會發揮它應有的功能。

同時，你所提供的資料必須是正確的，對於揭露不確定的消息，須有所斟酌。

雖然你有義務要提供必要之資訊，但你也有保持沈默的權利，以及保有隱私權，如果這些資訊跟現在的需要毫無關係。

在法庭上，你有權拒絕認罪，拒絕提供任何足以使自己不利的資料，但是你就沒有權利不提供別人犯罪的事實。教士、心理醫生、律師通常就能免除這些社會責任，假如這些事實是來自於告白、病人或委託人。

雖然你有權利選擇告訴或不告訴別人相關資訊，但權利的觀

念是假設你夠成熟，精神狀態也足以作這種選擇。如果一個人的年紀太小或精神異常時，就需由別人代為決定。

你的身份或所處的環境也會限制你自由選擇的機會。譬如，你的身份是軍人，你就得依照規定吃軍中提供的伙食，跟大家一樣穿制服，跟大家一樣出操，總之，當你進入軍中時，你已放棄了部分權利，以便符合軍隊的要求。

最後你選擇的權利，不應妨害到別人應有的權利，我們就不可能允許一個人去偷別人的東西，如此一來，就會傷害到別人的權利了。

這些就是我們必須考慮的限制，其實，很難去決定一個人的精神狀態是否可以作決定，也很難說一個人的決定是否會妨害到別人，這也許是我們在面對人類的道德問題時永遠爭論不休的原因。

說　謊

根據字典上的定義，謊話是一種錯誤的陳述，蓄意去欺騙或傳達一個虛假的印象。說謊可以是明顯的，也可以是隱密的。雖然謊言通常是明顯的陳述，但也可能是省略或隱藏某種事實。因此，當你隱瞞了某些關鍵性的事實，而引導別人下了錯誤的結論時，其實你的行為和說謊並沒有什麼不同。大部分的人都能理解這種情況，因為我們小時候，每當父母親懷疑前一天晚上是否發生什麼事而詢問我們時，大部分的人只會提一些無辜的事實，而省略父母親真正想知道的東西。其實我們知道這是說謊的行為。

同樣的，雖然大部分的謊言是用語言而表達的，但是其中還是有非語文的成份。譬如，我們在犯錯時仍表現無辜的樣子，或者我們在聽不懂時仍點頭，都是藉非語言傳播來說謊的行為。謊

言可以包含善意的謊言到誇張或濫用事實而造成之欺騙行為，如通姦、誹謗或偽證罪。

一、說謊和其道德考量

說謊或其他隱藏事實的作法是不道德的，因為它讓別人錯失了選擇的機會。假如有一個病人只剩六個月可以活，醫生或家人隱瞞這個事實的話就是不道德的。因為這行為無形中已經剝奪了這個病人選擇怎麼樣去過往後的六個月的自由，如果他知道只剩下六個月的時光。同樣的，父母親如果隱瞞了小孩收養的事實，無形中已經剝奪了這個小孩子認祖歸宗或認識不同文化及宗教傳統的自由。

對你通姦的事實，說謊是不道德的，因為你的配偶可能因為這樣而錯失了別種選擇。如果你說「我愛你」是騙人的，如果你在面談的時候，讓人誤解了你的能力，如果你對洗衣粉的功效說謊，這些都會誤導對方作出錯誤的選擇，如果他們知道真相的話。

如果你錯誤的呈現或隱藏某些事實，你無異是阻止別人選擇的權利。假如你認為你隱藏事實是為對方好的話，無疑的，你認為你，而不是他們，有權去作決定。

當然，人們有權利不去知道有關他自己的訊息。一個病人可以不願知道他何時會死。結婚雙方可以同意不揭露婚外情。如果這樣的話，就不是說謊，也就沒有道德問題了。

二、我們為什麼要說謊？

有很多原因使人說謊，每一種情況都不同，背後都有不同的理由。研究報告證實，人們說謊是因為他們想達到以下的目的：

(1)基本需求：說謊是為了得到或持有某種東西以維護基本需求（如錢或婚姻關係）。

表 5-1　在親密關係中的說謊行為

焦點和動機	例子
1.以對手為焦點：強調是因為對方的態度或行為導致說謊。	1.我知道如果我告訴他，他一定會受到傷害。 2.我知道他在當時無法接受事實，因為他受到壓力是那麼大。
2.以說話者為焦點：強調說話者是為了要保護他的形象而說謊。	1.如果我告訴他我有錢，我將永遠無法拿回它。 2.如果他知道了，大家的日子就難過了。
3.以關係為焦點：強調是為了要維護彼此關係而說謊。	1.我怕雙方起衝突，所以說謊。 2.我如果不說謊，他將離開我。
4.以議題為焦點：強調因為議題的隱密性而說謊。	1.我從未告訴他我一時的放縱，因為它因是一時興起而已。 2.那是我的錯，跟他一點關係都沒有。

(2)關係維繫：說謊是為了增進關係或結束一段關係，也可能是避免產生衝突，避免答應某種要求，或者說謊只是為了要主導談話過程。

(3)自尊：說謊是為了保護或增加自己的自尊，也可能為了談話對方或第三者的自尊。

(4)自我滿足：說謊是為了自我滿足。

　　一般來說，人們說謊是因為可以得到某種東西，即使你的動機是為了別人。一個研究報告分析了322個謊言。75.8%說謊者因而得到好處，21.7%談話對方因而得到好處，只有2.5%是第三者得到好處。

　　在**表 5-1**中列舉了謊言發生在親密關係中的四種情形：對

手、說謊者，彼此之關係、議題。

三、謊言可以不會是謊言嗎？

想像一個人穿了一件新衣服看起來難看死了，但卻問你他看起來如何。在這種情形下你可以有幾種選擇：第一，你可以很模糊的表示你的意見。譬如，你可以說它看起來真的不一樣，或者你從來沒有見過類似的東西。第二，你可以完全坦白的告訴對方，你從沒見過這麼難看的衣服。第三，你可以說這件衣服非常適合對方，甚至說它非常吸引人。其中第一個回答，雖然技術上和言詞上是迴避而且沒有明確表示意見，但是，它誤導了對方，所以它應該是個謊言。第二個回答雖是真實的，但卻是殘忍的。至於第三個答案則是不誠實的。雖然在當時你認為你的回答很好，但如果對方因而穿這樣去一個很重要的面試，那麼這個回答可能就是所有答案中最殘忍的了。

假如你主要關心的對象是提問題的人，那麼你必須考慮的是對方到底要什麼。假如問題的重點在要你評估一下新衣服，那麼，你就應把重點擺在這上面，給對方最誠實的意見。你或許不說「這件衣服看起來又老氣又難看」，但是你可以說，「也許你該穿些不一樣的或更鮮艷的」。

如果對方詢問衣服好不好看，只是想得到一些正面的回應，以便讓自己覺得舒服些，那麼你就應該針對這一點，設法讓對方得到滿足。這個例子其實跟許多情況是一樣的，它的內容並不是很重要，重要的是提問題的心理的感受，因此如果你說「看起來不錯」你並沒有說謊，因為對方期待你正面的回應，你只是作到這點而已。

・**有道德嗎？**

(1)說謊是道德的嗎？如果是，那麼在那種情況下是，那一種情況不是？在面談的時候說謊是道德的嗎？或在回答一個

美國軍方對男女同性戀所採取「不問、不談」政策，如何反應美國社會對同性戀問題的看法？這個態度也同樣反應在種族歧視和性別歧視嗎？

　　非法的問題？

(2)在某種情況下，我們不說謊是不是就不道德？

(3)如果說謊是爲了要達到一個比較好的結果，它是不是就可以被允許？

(4)大人告訴小孩子寓言故事，而且讓他們相信，這樣是有道德嗎？

(5)在說謊時我們應有什麼道德考量呢？

恐懼和感性訴求

在傳播領域中常被應該討論的話題就是在應用恐懼和感性訴求時的道德考量。雖然這個體裁常在公共傳播和大眾傳播中被提及，但應更適用於人際傳播中。

假設一位母親不願意她十八、九歲的兒子或女兒搬出去住。她會依照自己所想的，這位母親可能慢慢灌輸小孩子搬出去住對本身是不好的。「誰會照顧你呢？」、「你吃東西怎麼辦？」、「你生病了也沒有人可以照顧你」。有時也會以搬出去住父母親將會受到傷害來勸阻小孩搬出去。在漫畫中，我們常看到母親一聽到小孩要離開，結果心臟病發作。不管怎樣。這些訴求都統稱為恐懼訴求。顯然的，很少小孩會去傷害他們的母親。很有趣的是，在我們的文化中，父親通常不允許用這種訴求。相反的，一位父親會對小孩子說，這種行為將會傷害到他們的母親。許多父母親喜歡用恐懼訴求去勸小孩不要抽煙，不要有婚前性行為，或者不要與不同種族的人約會。

同樣的情形也常發生在感性訴求的使用上。我們常用這種訴求去改變態度或行為。房地產商人用這種方法說服你買房子，一位朋友用這種方法要求你幫忙他。一位售貨員用這種方法要你買東西。其實所引起的問題，都是：「這樣作是道德的嗎？」

贊成與反對的人都能舉出一堆理由出來。最熟悉的一種說法就是「每個人都在用啊」，但這種說法並沒有說出我們到底可不可作。另一種說法是因為人本來就具有理性與感性。為了要有效的說服對方，有一部分一定得根據感性訴求。同樣的，也沒有說出它是否合乎道德，這種說法只告訴我們這種訴求方式是有效的。

·恐懼、感性和選擇

從選擇的角度來說，恐懼和感性訴求並不像說謊那樣的容易判定。原因是，我們不知道在使用恐懼或感性訴求的過程中，什麼時候剝奪了對方選擇的自由。

幫衝突雙方都保留自由選擇的權利，而又同時不讓一方不當的限制對方的自由，是不容易的。部分的原因是我們是旁觀的第三者，而不是真正當事人。父母親似乎有權對小孩子離家表現傷心的樣子，如果真的是這樣的話，但如果只是裝出來要嚇嚇孩子的話，那就是不道德了。同樣的，團體成員可以因為某人的不當行為而決定不支持他。

但如果用這種手段去脅迫一個人作某件事的話，那就不道德。在這種情況下只有在事件中的父母親或團體成員知道他們的行為是否道德。因為只有他們自己最瞭解自己的動機了。

·有道德嗎？

(1)父母親用恐懼訴求去勸阻小孩從事性行為是道德的嗎？

(2)假裝哭來達到你的目的，是有道德的嗎？

(3)用恐懼訴求來防止性病傳染是道德的嗎？用同樣的方法來賣保險套呢？

(4)對於使用恐懼訴求和感性訴求，你會用什麼樣的道德考量？

過濾傳播訊息和互動

在你一生中，你所接收到傳播訊息都經過過濾。小時候，你父母親會過濾某些電視節目、雜誌、電影或唱片，其中可能是暴力或色情的原因。現在，電視上播放保險套的廣告，也常引起大

家討論是否需要過濾。

　　同樣的，小時候，我們的父母親常鼓勵我們和某一些小朋友玩，或不要跟一些小朋友玩。有時，這些建議都跟那些小孩子的性格有關，有時則跟他們的種族、宗教或國家有關。現今的父母常會為了防止不同種族通婚或同性戀而阻止小孩和某些人交往。父母親的這些行為無疑阻止了一些人自由選擇和人交往的權利。如果一對不同種族的男女要結婚，他們需很小心的選擇結婚的方式和在那裡定居。異族通婚的夫婦，有時很難找到房子或工作，尤其很難被當地社區所接受。男女同性戀者也遭遇到相同的問題。多數時候，他們在表面上必須裝著無異於平常人。

　　如果你自己經營一家店，你是否有權利不雇用一位和異族通婚的女性或者一位同性戀者。如果你是按照這個標準去選擇工作人員的話，你是否仍然保有這個社會有付予每個成員的法律保護權。

　　同性戀者在很多州被禁止從事老師、警察和消防隊員等工作。這些帶有歧視意味的法律，並不特別有影響，重點是這些法律常迫使許多同性戀者必須隱藏他們真正的身分，以便取得工作。軍中所採取的「不問、不說」的政策，就是一個典型的例子。

- **有道德嗎？**
    (1)當你試圖勸阻你的朋友和湯姆及麗莎說話，因為你認為他們二個人品德不良，這樣的行為是有道德的嗎？
    (2)如果一個團體因性別、種族、宗教、身體狀況、財務狀況、用藥習慣、犯罪與否，或是是同性戀，而排斥一個人的話，這樣的行為是否符合道德標準？
    (3)如果一個小孩把酒鬼或吸毒的父母親交給警察，這樣是否有道德呢？
    (4)如果我們阻止一個朋友搭乘一位酒鬼或吸毒者的車，是否有道德呢？

(5)你會建議用何種道德準則來過濾交往對象呢？

閒　聊

　　日常生活中，我們花了許多時間在閒聊。字典上對閒聊的定義為：「無益的談話，尤其是有關別人的隱私。」閒聊通常發生在二人談論第三者，並由此獲得了某種好處，這些好處如：得到社會地位，好玩，或藉此鞏固人際關係。閒聊在日常生活中是無可避免的，要求別人不去作簡直是不可能的。如果人們不再閒聊，無疑的去除掉一種最常使用也最好玩的一種傳播方式。顯然的，我們不會停止談論別人的私事，別人當然也不會停止談論有關於我們的私事。其實，我們也不希望如此。因為這樣一來生活就變得索然無味，我們也會認為別人不關心我們。

　　雖然如此，閒聊如果處理不當，確實會引起困擾。要怎樣處理才不會傷害到別人呢？當我們和別人在談論第三者時，通常我們希望只是二人之間的事，並不希望對方再去告訴別人，更不希望去告訴當事人。如果要說，也應由我們自己去說。如果別人未經我們同意擅自告訴別人，我們就會有被背叛的感覺。看看下面這個典型的例子：你和一位朋友談到一位共同的朋友，列斯理。說她應該花點時間學學怎麼穿衣服。你同時談到想邀她到家裡去見見自己的父母親，但是又怕她低俗的言談會讓雙方很難堪。雖然你完全沒有惡意，但假如你的朋友去告訴對方你說她的壞話，那會是個怎麼樣的情形？

　　通常這樣的情形會讓三方都產生敵意。一開始，你為什麼要說，你的朋友為什麼要去告訴對方，結果是，可能因為一席話而破壞了三個人的友誼。

　　很多時候，傳話的人在潛意識裡是希望引起二個人的摩擦。

對於成為別人閒聊的對象，你的感想如何？你喜歡這樣嗎？你最不喜歡的是什麼？

如果是這樣的話，遲早會被知道。如果別人說他不知道你不希望被轉述，那就可笑了。因為通常你從內容就知道，該不該這樣作。在言談中，我們知道什麼東西該保密，別人也應該知道才是。

・閒聊和道德

　　閒聊還是得有道德考量的，某種情形下閒聊是不道德的。在《秘密》一書中，希斯拉・柏克舉了三個例子。第一，如果你已經答應保守秘密，但又去告訴別人，這就是不道德的行為。如果真非不得已，也只能告訴真正需要知道的人。第二，我們明明知道閒聊的事實是不確實，但仍去告訴別人。這樣的傳播行為是不道德的。第三，閒聊如果侵犯到別人的隱私權了，這種行為也是不道德的。尤其是傷害到別人的時候，雖然也難舉例來說明，但

卻是一個好機會，可以讓我們想一想，在談論別人的那一段內容是不道德的。

　　採用一個遵守秘密的法則：對於有關第三者的私人事務都視為秘密。訊息中如有「他說」、「她想」都持保留的態度。記住，所謂的不可改變的原則，也就是說，說出去了就不可能再收回來了。

有道德嗎？

　　(1)在什麼情形中說出別人的秘密仍是有道德的呢？什麼情形
　　　　下會是沒有道德的呢？我們不說，會不會是不道德的呢？

　　(2)在別人不知情的狀況下你知道了某一件事情，而且告訴了
　　　　別人，這是道德的嗎？譬如，你看見教授約會或吸食毒品，
　　　　卻回來告訴你的同學，這是道德的嗎？

　　(3)在告訴別人秘密時，應遵守什麼道德規範？

　　說謊、利用感性與恐懼訴求，責難的言語，阻止交往或者閒聊，並非只是人際關係互動的因素或阻礙而已，它仍然包括了道德面向。所以我們應該去思考人際傳播中所隱含的道德面，並發展出一套屬於自己的標準。

摘要		
定義	道德的傳播	不道德的傳播
傳播道德：主導傳播的道德標準；對－不對，道德－不道德的傳播。	傳播過程藉由提供正確資訊給予對方充分的選擇機會。	藉由不提供必要之資訊以利他人作正確的選擇，如： 1.說謊。 2.過度使用恐懼訴求或情感訴求。 3.過濾訊息和勸阻交往。 4.閒聊。

第六章
人際溝通中的效果

單元目標

在完成這章以後，你應該能夠：

1. 闡釋人際溝通效果的概念。
2. 解釋心思縝密、彈性、文化敏感度，和變換溝通能力，而將它們應用在有效的人際關係上。
3. 和有效的人際溝通有關的詞，如開誠布公、體諒、扶持、積極和平等的定義。
4. 定義和有效的人際溝通有關的詞，如自信、親密性、互動技巧、表達能力和關注別人。

就像你的許多行為，你的人際溝通可能從非常有效的到非常無效的變化。人與人之間的相遇沒有一個是完全的失敗或完全的成功；每次相遇可能有的比較不好，有的比較好。

關於人際關係的技巧存在兩個層面。在特殊的層面上，有許多開放或神入的技巧。這些技巧幫助你表達你所希望的率直和體諒。另一種更高的層面——變換技巧的層面——是調整特殊技巧的技巧。這些技巧變換有助你調整你的率真和體諒。在擁有開放或體諒的時候，你對特殊文化的情境需要有伸縮性和敏感性。這兩種技巧在人際關係的效果是很重要的。

有關技巧中的技巧

四種技巧的變換有助於你使用更多的特殊技巧：謹慎、彈性、文化敏感性，和變換溝通。

一、心思縝密（Mindfulness）

當你學到一種技巧或規則之後，你可能會有不經思考而使用它的趨向，或者「考慮不周的」——沒有考慮一種情形的特殊狀況。例如，在學習許多主動聆聽的技巧後，許多人會將它們運用在全部的狀況下。這些反應有些是適當的，但是有些證明是不適合的和無效能的。人與人之間和在小團體間的溝通要謹慎地使用一些技巧。

Langer（1989）提供了一些加強注意力的建議：

- 創造和再創造範疇。看到一種東西、一件事情或一個人，會認為他們是屬於廣泛多樣的範疇。避免對一個人的印象只有一種特殊標籤的記憶，這樣對以後的印象就很難再加

表 6-1　傳播能力的模式

人際傳播的書籍	Gibb (1961)	Hart & Burks (1972)	Bochner & Kelly (1974)	Weimann (1977)	Spitzberg & Hecht (1984)	Rubin & Hevins (1988)
有關技巧的技巧：心思縝密、彈性，文化敏感度。傳播的本質：開誠佈公、體諒、扶持、積極、平等、自信、親密性、互動技巧、表達能力、關注別人。	·描述而不評價 ·以問題爲導向，不以控制爲目的 ·自然反應而不以謀略爲主 ·體諒而不是中立 ·平等而不是表現優越感 ·保持彈性	·接受個人特質 ·彈性 ·對互動保持敏感 ·欣賞不同的觀點 ·容忍不同的傳播方式	·體諒 ·善於描述的 ·有感情的 ·開誠佈公 ·行爲保持彈性	·必要的協助 ·鬆弛 ·體諒 ·行爲保持彈性 ·互動技巧	·無訑會焦慮 ·親密 ·互動技巧 ·充份表達的 ·關注別人	·開誠佈公 ·體諒 ·鬆弛 ·肯定的 ·互動技巧 ·關注別人 ·充份表達的 ·扶持 ·親密 ·掌控環境的

在本表中所列舉出來有效的人際傳播技巧，主要來自 Bochner 和 Kelly (1974)、Spitzberg 和 Hecht (1984)兩本書。同時也採用了 Rubin 和 Hevins (1988)、Weimann (1977)、Gibb (1961)、Hart 和 Burks (1972)，及 Hart，Carlson 和 Zadie (1980)等書。在人際傳播研究中，通常區分能力和效果。和 Spitzberg 和 Cupach (1989)一樣，我交叉使用這兩個名詞。一般來說，人際傳播能力通常定義爲「一個人可以有效的與他人溝通的能力」。

以歸類。

- 樂於接受新的資訊，即使它和你大部分固守的老套想法相抵觸。

- 樂意接受不同的意見，這樣有助於避免你對自己負面的行為歸因於外在的力量（「那個考試不公平」），而將別人負面的行為歸於內在的能力（「派特是不用功的」，「派特不是很聰明」）的傾向，願意從多方面的觀點來看自己和別人的行為。

- 要小心太過份依賴第一印象，有時被稱為「貿然的認知罪行」（Chanowitz and Langer, 1981;Langer, 1989），將你的第一印象視為暫時性的、假設性的。

二、彈性（Flexibility）

依照下列的等級回答下面每一個敍述：

A＝大部分總是對的
B＝經常是對的
C＝有時候是對的
D＝不常常是對的
E＝大部分不是對的

____1.談話中人們應該坦白、自然而不做作。

____2.一個人生氣的時候應該不要說話，寧願等到事後再道歉。

____3.和朋友談論事情的時候，你應該調整你的意見來配合他們。

____4.說出你的內心感受通常比拐彎抹角來得好。

____5.如果人們彼此都能坦然相對，這個世界會更美好。

從修辭學感受性上的研究顯示，以上五個敍述最好的答案是c，這個強調了全部關於人際相遇彈性的重要。雖然我們提供了有效人際溝通的一般原則，但是要去感受每種情形的特殊因素而適當的運用它們。因此，你可能會坦白而不做作的告訴一位好朋友你的感情，而不會很坦然的告訴你的祖母你不喜歡她所準備的晚餐。

三、文化感受性 (Cultural Sensitivity)

關於人際有效的技巧運用是要去感受在人們之間文化的差異性。那些對在波士頓或紐約次文化IBM工作的高所得的人們證明有效的方法，對那些在佛羅里達或加州摘水果的低所得工人可能證明是無效的。同樣的道理，在日本工作的感受性亦是不同於在墨西哥的。在美國眼神的直接接觸大部分是指直接的訊號，但是對拉丁人或其他文化可能被視爲鹵莽或冒犯的行爲。大部分美國人喜歡的神入冥想，一般的韓國人可能會覺得不太舒服。以下討論的特殊技巧對在美國和大部分住在美國的人一般說來被認爲是有效的。但無論如何請注意，我們使用這些口語的和非口語的技巧和方法，只特別適合一般的美國文化。

這裡有一些關於文化感受性的建議：

- 請注意不要忽視你自己和與你不同文化人們之間的差異。當你採取相同性而忽略相異之處時，你和別人溝通時，絕對會認爲你的方法是對的，而他們的方式對你來說一點也不重要。關於宗教的談論話題可以提供一個很好的例子。許多人猜想他們的宗教信仰被每一個人所接受，或許因爲這些信仰是他們思考方式的基礎（例如，關於救贖、懺悔贖罪、婚姻、離婚、墮胎，或好行爲的價值感）。

- 請注意不要忽視不同團體間的文化差異，當你忽略了這些

與殘障人士溝通時應注意的十項誡律

1. 直接跟對方表明心意，不要透過同伴或懂手語的人來說明。
2. 當被介紹認識時主動握手，對手不方便的人或使用義肢的人還是可以握手的。有時使用右手亦是可以的。
3. 跟視力有問題的人見面，應表明自己的身份。交談中，應指出你談話的對象。
4. 如你要伸出援手，一定要等對方答應了才開始行動。
5. 對所有的成人一視同仁。如果以名字稱呼時，應對所有的人均如此稱呼。不要拍坐在輪椅的人的肩膀，以表示同情。
6. 不要靠在別人輪椅上，記住，殘障人士視輪椅為他們的一部份。
7. 與有言語障礙的人交談時，應注意聽並等對方說完。必要時儘量問簡短的問題。絕不要假裝聽懂，如果有問題，應重複一遍以讓對方有機會回應。
8. 與坐輪椅或使用拐杖的人交談，應調整你身體的高度，以方便談話。
9. 與聽障人士交談時可輕拍對方的肩膀或搖手以引起對方的注意。注視對方，並避免用手、香煙、食物擋住嘴巴，以幫助對方瞭解你談話的內容。
10. 放輕鬆。不要覺得不好意思。縱使你說「等會兒見」或「你聽過這件事嗎？」，碰巧與對方的缺陷有關的話。

差異的時候，你就會固定的使用一些模式，也就是說，你會假定被同樣標籤覆蓋的所有人（這裡所說的是，一個國家或種族的標籤）都是一樣的。

• 請不要忽略在意義上的不同，即使都使用相同的文字。例如，想想看「女人」這個字對一個美國人和一個沙烏地阿拉伯人在意義上的差異，「宗教」對一位重生的基督徒和一位無神論者的意義差別，「午餐」對一位種稻的中國農

夫和一位華爾街的經理主管的不同意義。更進一步來說，在非口語訊息的情況下，潛在性的差異似乎更大。對一個美國人來說，舉起兩根手指作成V字型，是表示勝利的意思，但對一些南美洲的人來說，卻是一種猥褻的手勢。

· 避免違反文化準則和習慣。每個文化有它自己既定的原則，對什麼是適當、什麼是不適當的溝通來加以定義。因此，在美國，如果你想要和某人定一個約會，你需要在三、四天前先預定好。而在某些亞洲文化國度裡，你可能要在幾個星期，甚至幾個月前告知某人的父母親。在一些文化裡，人們用避免眼神直接的接觸來表示敬意，但在某些文化裡，眼神的迴避是一種缺乏興趣的含意。

· 請注意不要對負面的差異進行評價。例如，試想一種簡單的吐口水的動作。在美國，男人不被認為要表示出感覺和顯示出情感，男人也不被視為當然要依靠直覺而是要邏輯化的。而在依朗，男人顯示情感和依賴直覺是被視為當然的。相反的，依朗的女人被認為要實際化、邏輯化，而不要直覺化。

在不同文化間的有效溝通我們需要：

· 敞開心胸接受新的觀念和不同人之間的差異。
· 溝通方式的伸縮性和適合不同文化的溝通方式。
· 包容別人的態度、價值觀，和做事的方法。
· 創造尋求多種的溝通方式。

四、超傳播能力 (Metacommunicational Ability)

我們所談論到的大部分是世界上的人、事、物，但是我們也常談到我們所談話的內容。我們所指的「超傳播能力」，就是我們溝通我們所溝通的方式與訊息的組合。我們關於人際溝通的效

果常常視這種能力去做後溝通。某些人常常用一種反對的方式來肯定一些事情。例如某個人說：「我想你做得⋯⋯很好」，但是並沒有顯示他的熱忱，而迴避眼光的接觸。這時你面臨了多種選擇，你對這種訊息可能會有正面或負面的回應。

第三種選擇是，只討論有關的訊息內容，而言及某些相關言語，「我仍無法理解你是否喜歡我所做的。你說你很高興，但是從你的聲音聽起來好像不太滿意。我有沒有錯呢？」用這種方式你可能會避免許多誤解。

這裡有幾個建議可以增加你超傳播的效果：

- 清楚的給予前饋。這樣有助於別人得到一般資訊的狀況而易於遵循；前饋提供了一種綱要，讓訊息進行和學習得更容易。
- 面對相反或不一致的訊息。同時，解釋你自己的訊息而可能和你的聆聽者出現矛盾的情形。
- 解釋感情和想法。大多數人的溝通只著重在他們的想法部分，結果聆聽者卻不能理解有意義的另一面。
- 改寫你自己複雜的訊息。同時確定你對別人訊息的瞭解，改寫你所認為的別人的意思是什麼，而詢問你想的是否正確。
- 問問題。如果你對其他的意思有所懷疑，不要猜測，直接發問。
- 談論有關你想理解別人想法和感受的話題。避免談論特殊的問題。

關於人際溝通效果的特性是再評論的、謹慎的、有彈性的，和文化感受性的，同時記得你能更深入、清楚的談論有關你的話題。

關於人際效果的人性化模式

有關人際效果的人性化研究，這裡所表示的是一般被認為的五種性質：開誠布公、體諒、鼓舞、積極性和平等。一般來講，這些特質促進了有意義的、誠實的和滿意的互動。

一、開誠布公（Openness）

開誠布公至少要依據人際溝通的三方面來講。首先，它依據你願意來自我揭露——揭發你自己可能平常被隱藏的資訊——提供一些開誠布公的話是適當的。只有一個人表示坦率是不夠的。為了人際溝通的有效性，它必須是兩面的：互相交換個人的、私人的資料。

第二，開誠布公是根據願意去誠實的回應別人的訊息。沈默、缺乏批評的和冷靜的精神科學者在臨床的狀況下可能會有些幫忙，但是他們通常是談話枯燥無味的人。我們常常要求人們對我們所說的話要坦率的回應，而我們覺得應該有這種權利去要求。我們對於溝通和別人的反饋作自然不做作和沒有欺瞞的回應來表達坦率。

第三，開誠布公是根據情感和思想的「擁有」。開放這種感覺的目的是要瞭解我們要對自己所表達的情感和思想負責，不要試圖將自己的情緒讓別人來承擔責任。例如，想想以下的這些註解：

(1)你的行為非常的輕率。

(2)每個人都認為你的行為非常的輕率。

(3)當你告訴我父親他是個老人時，我真的覺得很不安。

第一項和第二項沒有表明所有人的感情。第一項，說話者指控聆聽者是設想不周到的，而對這批評沒有承擔任何的責任。第二項，說話者爲了方便而模糊了「每個人」的責任，同時也沒有承擔任何的責任，無論如何在這三點中我們看到了非常的不同之處；在這裡說話者負起了他的感覺（「我眞的覺得很不安」）。

　　當我們擁有自己的訊息時，使用「我」的訊息來代替「你」的訊息。「當你詢問其他的每一個人的想法而忽略了我的意見時，你讓我覺得自己很愚蠢。」某人用他自己的感覺說：「當你問其他每個人的想法而不問我時，讓我覺得很愚蠢。」當我們用自己的感覺和想法時，常常用我來強調，「這就是我的感受」，或者「我如何去看待這種情境」，或者「這就是我所想的」。利用「我」第一人稱的說法來代替這種像「這樣的討論一點也沒有意義」的說法。而「這種討論我覺得很無聊」、「我要多談談我自己」，或其他任何像這樣的敘述，都會包含了一些參考資料，面對我對事物的評價，而不只是在敘述事物的眞實性而已。藉著如此，我們從互動中明白的表示了我們的感受。

二、體諒（Empathy）

　　溝通性質最大的困難可能是去達到體諒別人的能力。體諒某人就是去感受那個人所感受的，從那人的觀點來體驗某人的經歷，而不失掉你自己的認同。相反的，同情是對某人的感受——例如，對某人感到悲傷。體諒是感受某人的感受，穿著同一雙鞋走路。以相同的方式感受同樣的感覺。因此，在情感上或理性上，體諒能使你瞭解別人的體驗。

　　當然，如果你沒有和某人體諒瞭解的溝通，那麼體諒是沒意義的。例如，試想對一位被學校開除的朋友所作的這些反應：

　　(1)從學院被開除並不是世界上最糟糕的事。你可以先上半天

的課,最後再回學校上全天的課。所以快樂一點,笑一笑,
你知道你有非常燦爛的笑容。

(2)我能感覺到你走過來了。我也曾被學院攆出來過,也感受
到像一個失敗者一般。

以上兩種反應都出於好意,兩個人都試著對一個朋友去作適
當的和感受性的回應。但是在敍述一的說話者並沒有體諒的心。
說話者實際上並沒有試圖去感受,甚至去理解朋友的感受。在敍
述二裡,說話者試著去瞭解、去分享朋友的感受,而對這種分享
感覺作溝通。

(一)體諒的達成

你想要達成體諒的第一步是要避免去評斷別人的行為。如果
你先評價他們是對或錯的,好或壞的,你會經由這些標籤來看一
些行為,而無法看清許多和他們不一致的行為。因此,不要嘗試
去評估、判斷、解釋、批評,而著重在理解上。

第二步是你儘可能學習更多有關其他人的期盼、經驗、能力、
恐懼等等。你知道愈多關於一個人的資訊,你更能瞭解那個人所
瞭解的,感受那個人所感受的。試著去瞭解什麼理由和動機。

第三,試著從別人的觀點感動地去體驗。在你的內心(或熱
心的)扮演別人的角色有助於你看到別人的一點世界。

(二)體諒的溝通

大多數的人會發現正面的回應別人的陳述是比較容易達到體
諒的溝通。因此,當我們為了負面性陳述時,我們必須更有技巧
的去與他人做體諒溝通。我們能用非語言的和語言的兩種方式來
表示。這裡有一些非言語性體諒溝通的建議:

- 經由適當的臉部表情和手勢,表達你主動的捲入他人的情
緒中。
- 集中你的注意力,維持眼神的接觸,一種傾聽的身體姿勢,

和身體的靠近。

· 如果需要，用適當的觸摸來表達。

Jerry Authier和Kay Gustafson（1982）建議幾種語言上體諒溝通的有效方法：

· 對說話者反應會有助於你的正確感受，也表達渴望去瞭解說話者的感受。

· 用試驗性的陳述來猜想別人的感受，例如，「從你的表情可以看出你非常生你父親的氣」或「從你的聲音我可以知道你很生氣」。

· 適切的使用你的自我揭露去瞭解和投入別人的經驗。

· 談話和訊息的結合有助於更開放和誠實的溝通，看下列的交談：

羅賓：你考得如何？

凱西：哦，還不錯，我得了個B（嘆氣，眼神往下看，談話的速度比平常慢了）。

羅賓：你說你還不錯，但是你說話的方式告訴我，你並不好。你似乎很失望。

三、鼓舞（Supportiveness）

鼓舞是被我們所培養出來的，所以要：(1)用描述的多於評價的；(2)暫定性多於確定性。

(一)描述性

試想下列的句組：

1A.我真想趕快和他碰面。

1B.他長得真好看。

1C.他的頭髮是黑色的，而他的眼睛是綠色的。

2A.我真的很高興我們為了這個契約罷工。

2B.那個契約對勞工是理想的，但在管理卻礙手礙腳。

2C.員工加薪百分之十二比別的工廠還多。

注意到A和C是描述性的句子。句子A是某人描述自己的感受，句子C是描述「真實性」的情況。句子B是評估性的，但在形式上和其他的句子相似。這些句子表達了講述者對一個人或一種狀況的判斷或評價。

一種與其評價不如描述的氣氛會有鼓舞的作用。當我們理解到溝通像是資訊的請求或一些事情的描述，通常我們就不會認為它是有威脅性的。我們就不會有被挑戰的感覺，而需要去防禦自己。無論如何，溝通被視為判斷性或評估性的，常常會導致我們變得具防禦性的，退縮的，在我們自己和評估者之間豎起一些障礙。這並不意味著所有溝通的評估都會引起防護性的反應。人們常在沒有任何防禦之下作出正面評價的回應。這裡請注意，如果一個人有能力、知識，或「權利」用任何方法來評估我們，這樣可能會讓我們覺得不安和可能的防備動作，或許會預期下次的評估可能也不是很有利的。

同樣的，負面的評價並不是都會產生防護性的反應。一個自稱所謂的演員常歡迎負面的評價來增進演技。許多學生歡迎負面的評價，當他們覺得這些評價是有建設性的，而會增進他們的能力，例如，溝通和操作電腦程式。一般說來，評價性的氣氛比描述性的氣氛會讓人們變得比較具防禦性。

在描述性方面，Toni Brougher（1982）給你以下的建議：

- 描述發生了什麼（「我喪失了晉升的機會」）。
- 描述你的感受（「我覺得很悲哀」，「我覺得很失望」）。
- 說明這件事情如何和其他的人有關聯性（「今天晚上我們一起進城去，你認為好嗎？我需要忘掉有關工作上的每件

事情」）。

此外，Brougher建議你：

• 避免非難或責備（「那些牛鬼蛇神總是整天黏在一起」，
「我應該留在舊的工作崗位上，而不要聽你哥哥那些無聊
的意見」）。

• 避免負面評價的用語（「你妹妹穿那件紅色的衣服看起來
真恐怖」）。

• 避免「說教」（「為什麼你做的牛排就不會像我那樣
呢？」、「在你開口說話以前，為什麼你不學學文字的敘
述？」）。

(二)暫定性

暫定性的意思是一種嘗試敞開心胸的態度和願意去傾聽不同
意見和改變心態的意念。這種暫時性的定論比一些堅毅的確定更
能製造鼓舞的氣氛。比較以下兩種狀態：

(1)很顯然的他從來不知道關懷別人，他太以自我為中心了。
(2)我覺得他在人際關係上有麻煩，他可能太注重自己了。

第一個句子是一種確定的主張，它已經給了定義，而且提供
了沒有其他的可能性。第二個句子稍微帶一點嘗試性和暫定性來
表達相同的想法。在第一個句子中很難作任何相關的回應；需要
被說的每件事情顯然的已經都被說了。而第二個句子則懇請其他
的註解、含意和進一步的討論。

知道每件事的人總是對任何問題有既定的答案，但很少被認
定。那些人只用他們自己的方法而無法忍受異議。對任何可能改
變的態度或信仰他們會據理力爭。一段時日之後，我們會對這種
人產生防禦性，我們寧可迎合他們也不會充分表達自己的意見。

但是我們會對比較有暫定性的人，面對理性爭論而願意改變想法的人敞開心胸。面對這種人我們會覺得很平等。

四、正面性 (Positiveness)

在人際溝通上，你至少可用兩種方式積極地和別人溝通：(1)陳述正面的態度。(2)讚美和你交互作用的人。

㈠態度

人際溝通中正面的態度通常是包括了對自己、他人與一般溝通情境均採正面且積極的態度。你的感受（不管正面或負面）經由談話中變得更清楚，也從互動中獲得更大的影響和滿意（或不滿意）。負面的感受通常讓溝通變得比較困難，最後會導致重大的挫折感。你的語法用正面的敘述大部分是比較清楚。試看下列兩組句子：

1A.我希望你不要對我那麼粗暴。
1B.當你對我特別溫柔的時候，我真的感到很舒服。

2A.你穿條紋的衣服看起來很恐怖。
2B.我覺得你穿單色衣服比較好看。

句子A是負面的；他們是吹毛求疵的，而幾乎確定要引起一種爭辯。相反的，句子B中的說話者表達了清晰的想法，而且是正面的措辭和鼓勵合作的反應。

㈡讚美

正面性的另一種意義是指對他人的撫摩*或讚美，這種行為被認為是很重要的，而且必要的，它是漠不關心的對照。當你撫摩

---

* 在處理分析上，撫摩可能是正面的，也可能是負面的，而這裏撫摩的用語是正面的敘述。

某人時，你承認他是一個重要的人，撫摩可能是口語上的，像「我喜歡你」或「我喜歡你在一起」，或者是非口語上的，像一個微笑或在背後拍打一下。

許多人對關於人際的相遇幾乎都只建構在得到正面撫摩的目的。人們可能為了被讚美而買新衣服，為了接受感謝而幫助別人等等。

五、平等 （Equality）

平等是一種特殊的性質，任何狀況來說可能會有某些不平等。某人可能會比較聰明，比較富有，長得較好看，或者體力比較好。沒有兩個人在各方面都是完全相等的。雖然有這些的不平等，但一般被認為較有效的人際溝通是在一種平等的氣氛下進行。

比較這幾個例句：

1A. 什麼時候你才能學會打電話去預約？什麼事都要我來做。

1B. 我們兩個其中一個要打電話去預約。你要我打或者你打？

2A. 什麼時候你才會把壁紙貼好？它快要碰到我的頭了！

2B. 這個壁紙掉下來快碰到我的頭了，今天晚上我們留在家裡一起把它黏好，怎麼樣？

以上的例子中，句子A缺乏平等性，一個人要求別人的順從而另一方只被要求做某些事情。這種問題只會引發防禦、憤恨和敵對的衝突。與其說他們解決問題，不如說挑起爭論。在句子B中是平等的──一種明確狀態的要求，面對特殊的問題一起工作。

在平等的人際關係特性上，反對和衝突被認為是試圖瞭解彼

此無法避免的差異，而不是反駁別人的好時機。反對被視為解決問題的方法，而不是證明自己比別人強的方式。平等不需要你接受和贊同別人全部的行為模式。某些行為是自我毀滅的或對其他的人有負面影響。

如果你希望有平等的溝通，下列的建議應該是有用的：

- 避免「應該」和「必須」的陳述，這是不平等關係的訊號。例如，避免像這樣的敘述：「你真的應該常常打電話給你媽媽」或「你應該學習滔滔雄辯」。這些敘述讓聆聽者處於在下位的感覺。
- 避免插嘴，它意味著你想說的話比別人要說的更重要。
- 在表達你自己以前先認清別人的貢獻。對別人所說的表示接受和瞭解，用「我知道」、「我瞭解」或「完全正確」來表達溝通。
- 避免訂正或修正別人的訊息。限制這樣的表示：「我想你要說的是……」或者「那並不正確，事實上是這樣發生的……」。這樣的敘述是一種不不等關係的象徵，而常常令別人難堪。

關於人際效果的實用模式

當說話者或聆聽者想要從溝通中去獲得實際的結果時，人際關係上的實用的或行為上的研究，通常提供了一種較有效的模式去指引。這種模式提供了五種有效的特性：自信、即刻性、互動技巧、表達能力，和其他方面。這種研究從特殊技巧著手，然後將他們組成一般行為的類別。

一、信心 (Confidence)

有效的溝通者具有社交上的自信心，存在的任何焦慮不安不會被別人感覺到。用一種悠閒自在的心情和一般的平常心與別人溝通著。每一個人都有一些溝通上的憂慮不安或害羞，但是有效的人際溝通者控制了這些因素，所以沒有不安的來源，也不會造成溝通上的困擾。

社交上自信的溝通者是輕鬆的，有彈性的，和有控制能力的。研究學者發現輕鬆的心境可以和有操控感、在上位的和有權勢的人溝通。相反的，緊張、僵硬和不安是缺乏自我控制的含意，一種無力控制環境或他人的象徵，給人沒有能力掌控外在力量或別人的印象。

在分析一連串五種研究結果之後，Amerigo Farina的結論是：「不論男的或女的，前精神病患者，或一般人，一個精神緊張的人，不會被其他的工作夥伴喜愛，而且一定會被拒絕的。」

這裡是溝通信心的一些附加建議：

· 主動的向別人介紹自己和引導談話的主題。採取主動會幫助你有自信的去溝通和掌控狀況。

· 在互動中用開始—結束 (open-ended) 的問題來引導別人（不要只能用是或不是的問題來詢問別人）。

· 使用「你—陳述方式」——直接指向別人，像「你同意嗎？」或「關於這件事你覺得如何？」——說話者直接對你個人的注意。這種特色尤其被表現在增加男人對女人的魅力上。

二、即刻性 (Immediacy)

直接性是由說話者和聆聽者之間的聯結，創造一種結合感和

在這張照片中,你能找出幾個非語文傳播的動作是屬於本章所提到的有效人際傳播行為?有那些是無效率的傳播行為?

統一性。溝通者主張直接傳送個人興趣和注意、喜好和吸引力給他人。人們比較喜歡用語文直接來回應。

直接性聯結了說話者和聆聽者,而非即刻性分隔了他們。在非語言上,你能用幾種方法來即刻溝通:

- 維持適當的眼神接觸和漫無目的四處張望。
- 維持身體的靠近,也表示著心理上的靠近。
- 調整你和別人的距離,而直接使用開放的身體姿勢。
- 用微笑和其他的表示表達你對別人的興趣和關心。

你也可以在口頭上用許多方法直接的溝通:

- 直接稱呼名字:例如用「喬,你覺得怎麼樣?」代替「你認為怎麼樣?」,用「我喜歡那個,瑪麗」代替「我喜歡

那個」。

- 留意別人的意見。讓說話者知道你聽到了也瞭解了他說了些什麼，也給說話者一些回饋。例如，用問題來尋求澄清或推敲（「你認爲同樣的情形發生在棒球上也是對的嗎？」）。同時也可引用說話者先前的意見（「佛蒙特州似乎是一個很好的度假聖地」）。

- 強調、酬謝或讚美他人。用一些表示像「我喜歡你的新裝」或「你的看法眞是一針見血」來表達。

- 在你評價的敍述中使用和我有關的參考，比用和自己無關的陳述要有用。例如，說「我認爲你的報告寫得很好」比「你的報告好極了」或「每個人都喜歡你的報告」要好多了。

三、交互作用的技巧（Interaction Management）

有效的溝通者掌控交互作用的情況讓兩邊的團體都感到滿意。有效的交互作用技巧是在舞台上沒有一個人被忽視，每個人對完全交換溝通都有貢獻。維持你是一個說話者或聆聽者的角色，經由適當的眼神動作、聲音表示、身體臉部的表情來傳送來回說話的機會是交互作用的技巧。同樣的，保持談話的順暢沒有冗長尷尬的冷場，是有效交互作用技巧的訊號。

有效的互相作用處理者表示口語的和非口語的訊息是一致的而互相加強的。一種非口語的訊息和口語的訊息互相抵觸幾乎是不存在的。相關值得注意的是，一般來說女人用正面的或非口語愉悅的神情比別人多。他們笑得比較多，點頭同意得比較多，率直的口頭正面表達比較多。許多女人會繼續使用這些正面非口語的訊號來表達他們的憤怒或能力，這樣會沖淡用口語來表達的憤怒或能力。這樣的結果讓我們看到這些女人認爲若使用強有力的負面情緒來表達能力會讓他們感到不安，因此我們比較不會相信

他們，也不會感到有被威脅感。

• 自我調整（self-monitoring）

人與人之間相互作用技巧相關的構成要素是自我檢視，在人際互動中，你呈現在別人面前形象的處理操作。自我檢視高者，依照來自別人的回饋小心的調整他們的行為。他們巧妙地處理他們的人際互動，以便給予最好的印象和產生最佳的效果。相反的，自我檢視低者不在乎他們所呈現出來的形象。他們寧可開誠布公的談論他們的想法和感受，也不試著去處理他們產生的印象。而我們大部分的人都處於這兩種極端之中。

當高和低自我檢視者互相比較的時候，一些有趣的差異就呈現出來了。例如，高自我檢視者比較容易掌握狀況，比較能感受別人詐欺的技巧，更能看穿自我檢視或被別人使用的印象處理技術。高自我檢視者比較喜歡和低自我檢視者交互作用。高自我檢視者藉由和低自我檢視者交互作用比較能夠採取影響和權利的地位。他們似乎比低自我檢視者更能表現出真實的自我。例如，假如一位無辜的人被判了刑，一位高自我檢視者比低自我檢視者更能有效的申述他的無辜。

仔細研讀自我檢視，開誠布公和自我揭露的研究和理論裡所支持的結論是，如果我們能夠選擇性的自我揭露，選擇性的開放，和選擇性的自我檢視，這樣會加強我們溝通的效果。完全的開放，對每個人揭露每件事情，忽視別人的回饋，和拒絕從事任何的自我檢視似乎是有效的。這種非常的對立等於是無效的，而應該被避免。

「我們應該開放到什麼程度？」「我們應該對誰揭露和自我揭露多少？」「我們應該在溝通中自我檢視到什麼程度？」對於這些問題我們很難回答。但是幸運的是，我們有能力發展來引導我們而使我們在人際溝通的機能上更有效。這種能力的進展對許多人際溝通的研究是直接的。

你是個好的自我調整者嗎？

以下的陳述是有關對不同情況的各人反應。不同情況的各人反應。每個陳述均不相同，因此需仔細考量。如果這個陳述適用你的情況則答 T (Truth)，反之則答 F (False)。

——1.對我來說模仿別人的行爲是很難的。
——2.在宴會或社交場合，我不會去說或做別人喜歡的事。
——3.我僅對自己已相信的理念辯論。
——4.即使是我不熟悉的題目，我也能做即席的演講。
——5.我推測我能表演一段，以娛樂別人。
——6.我或許是個好演員。
——7.在團體中我很少會是大家注意的焦點。
——8.在不同的情況或與不同的人在一起，我會表現出炯然不同的樣子。
——9.我不善於讓別人喜歡我。
——10.我和我的外表不盡相同。
——11.我不改變自己的看法和作法去迎合別人。
——12.我考慮成爲一個藝人。
——13.我從不擅長於猜謎遊戲或即席表演。
——14.我從不擅長於在面對不同的人或情況時改變自己的行爲。
——15.在宴會中通常是別人在說笑話。
——16.在公司裡我覺得不自在，因此也不常出現在公司裡。
——17.我能正眼看人且能爲了正當的事而說謊。
——18.雖然我並不喜歡對方，但我能表現出很友善的樣子而瞞過對方。

分數
如果在 4、5、6、8、10、12、17、18 中你的答案是對(T)的話，均
可得到一分。如果在 1、2、3、7、9、11、13、14、15、16 中你的
答案是錯(F)的話，也可得到一分。根據研究，分數可詮釋爲：

　13 或更高 ＝ 你的自我調整能力非常好
　　　11-12 ＝ 調整能力很好
　　　　8-10 ＝ 調整能力不好
　　　　0-7 ＝ 調整能力非常不好

四、表達能力 （Expressiveness）

　　表達是指眞正捲入人際互動的溝通技巧。相同於開誠布公在
含意上的強調，表達包含了對你的思想和感受的責任感，也鼓勵
在其他方面的表示或開放和提供適當的回饋。在敵對的情況下，
表達含有主動出擊，直接反對的立場，和用「我」的訊息而不是
用被動的還擊，從相遇的立場退縮，或歸究於別人的責任。

　　表達立場可用許多方法來溝通。這裡有一些指導原則：

・藉由意義的解釋主動的聆聽，表達對他人思想和感情的理
　解，和詢問相關的問題。

・避免陳腔濫調和陳腐平凡的表達，那是一種缺乏個人融入
　和眞誠的表徵。

・訊息和談話混合一起。溝通常常和許多訊息（口語和非口
　語的）同時發生，但是也彼此互相矛盾。有時談話的訊息
　似乎對你有點不切實際（例如，宣稱一個科目不及格是沒
　什麼意義的）。

・使用「我」的訊息意味著個人的投入和願意分享你的感

受。不用「你從不給我機會來作決定」而用「我想奉獻出
有益於我們的決定」來代替。

在非語言上你可以適當的運用音樂、音調、音量和韻律的變
化，來溝通表達傳輸含意和興趣，而用你的臉部肌肉來反應內在
的意味。手勢的適當運用也蘊含著溝通。沒有手勢感覺上是無聊
的，然而太多的手勢也會造成溝通上的不安、緊張和尷尬。

五、其他的方面 (Other-Orientation)

許多人都是以自我為方針，他們幾乎只專注在自己的身上。
在人際互動上都談論著他們自己，他們的經驗、興趣和慾望，幾
乎不注重別人語言上和非語言上的回饋。其他的方位是相反的，
它是在人際相遇上適應別人的能力。它包含在溝通上對他人所說
的話的注意和興趣。

你經由專注的眼神接觸、微笑、點頭、靠近別人和適當的臉
部表情等其他方位的非口語來溝通。

- 詢問別人的建議和觀點。像這樣的陳述：「關於這個你覺
  得怎麼樣？」或「你認為如何？」
- 承認別人存在的重要性。
- 適當的詢問他人以釐清真相。這樣會讓你確切的瞭解他人
  所說的是出自他個人的觀點。
- 適當的表達贊同。像「你是對的」或「很有意思」這樣的
  註解，有助於互動時焦點在別人身上。
- 允許別人表達感情。你可以先說出你自己的感受或者指出
  談論感覺是一件多麼困難的事情。像「當我獨處時，特別
  會感到沮喪」，或者「我知道在父母親面前公開的談論感
  情是一件很困難的事」，這種敘述可以打開關於感情的主
  題，而給了進一步的討論必要的允許。

其他的方位主張體諒和尊重，例如，在做這件事以前詢問是否可以在別人面前說出你的困擾，或者在開始談話以前詢問你的電話是否來得不是時候。其他方位包含著認同別人的感受是合理的：「我能理解你為什麼那麼生氣，如果是我，我也會如此！」

摘要		
有關技巧中的技巧	人性化模式的效果	實用模式的效果
謹慎：小心的應用這些有效的原則（例如留意什麼是合適的情況，什麼不是）。	開誠布公：有效調整自我揭露，對別人誠實的反應，擁有自己的思想和情感。	自信：舒適，輕鬆的感受，害羞的控制。
彈性：適當的使用原則，每種情況需要稍微不同的人際關係。	體諒：感受到別人所感受的。	即刻性：接觸和相聚的感覺，喜愛和感興趣的感受。
文化感受性：留意不要忽視自己和別人之間的差異，團體間的相異或意義上的不同。	鼓舞：描述性和暫定性提供了一種鼓舞的氣氛。	交互作用的技巧：掌握兩方互動的滿意，談話的轉換，流暢的管理，和資訊的一致性；適當的自我檢視。
變換溝通：使用你的變換溝通能力來確走理解別人的思想和情感。	正面性：對自己、別人和狀況表達了正面的態度；用撫摩來增強對別人的認知。	表達能力：真正的溶入在說話和聆聽中，口語的和非口語的適當表達。
	平等性：承認兩個團體都是重要的；平等的分享一些溝通的機能。	其他方面：對別人關心、注意和感到興趣。

第七章
人際溝通中的自我

單元目標

在完成這一章以後，你應該能夠：

1. 自我概念的定義和解釋它如何發展。
2. 解釋Johari視窗和定義開放，盲目，隱藏和不知道的自我。
3. 解釋自我意識如何能被增強。
4. 自尊的定義和解釋如何提高白尊。

你是誰和你如何看待自己，影響著你和別人的溝通方式和別人和你溝通的方式。你的自我概念、自我意識和自尊，在你的人際互動上都扮演著重要的角色。

自我概念

無需懷疑的你有一個你是誰的形象，這就是你的自我概念，它包含關於你的優點和缺點的感覺和想法，你的能力和極限，你的自我概念至少從三種來源發展：(1)別人對你的印象而透露給你。(2)你在你自己和別人之間作比較。(3)你解說和評價你自己的想法和行為的方式。

一、別人對你的印象

如果你想看到你的髮型，你會照鏡子。但是如果你要知道你多親切、多獨斷，你該怎麼辦？根據Charles Horton Cooley（1922）的鏡中的自己的概念，經由別人對待你和反應給你的方式，透露給你讓你看到自己的形象。

尤其你會注意到在你的生活中最重要的一些人。小的時候，你所看到的是父母親和師長。長大了，你注意到的可能是你的朋友、戀愛的對象和工作的夥伴。如果這些重要的人尊重你，你將會看到反應在他們行為上的是你正面的形象，如果他們輕視你，你會看到較負面的印象。因此，你在別人身上看到的這些反應可以幫你定義你的自我概念。

二、社會性的比較

另一種方法是藉著你自己和別人的比較來發展你的自我概念。當你想要看透你自己的實力和能力時，可能要仰賴你的同儕。

例如，在一次測驗之後，你可能想知道你的表現和班上同學的比較上是如何。若你是棒球隊的一員，知道你的打擊率也和同隊球員比較打擊率是很重要的。考試上確實的分數或瞭解你自己的打擊率，能有助於告訴你在某方面的表現，可是當你看到你的分數和同儕互相比較的同時，也得到額外的觀點。

三、你自己的解說和評價

別人對你的印象許多都是以你的所作所為為準，你也可以對你的行為加以反擊，你可以對它解說和評價。這些解說和評價幫助你的自我概念的形成。例如，你確信說謊是錯誤的。如果你說謊了，你會依據關於謊言融化為己有的信仰來評估這種行為。你對自己的行為會有負面的反應，例如，你的行為和信仰有所衝突時，你可能會有罪惡感。相反的，你不顧自己的安危將某人救離火場，你可能對這種行為有正面的評價，這樣的結果，你對自己的行為覺得很好。

自我意識

你的自我意識代表著你瞭解自己的程度。瞭解你的自我概念如何發展是增進你的自我意識的一種方法：當你愈瞭解為什麼你經由自我的Johari模式來看自我意識會得到其他的觀念。

一、四個自我

自我意識很適當的被四個自我的模式（Johari視窗）所闡釋。這個模式（**圖 7-1**）被分為四個主要的區域，每個部份代表稍有差異的自我。

注意到一個自我區域的變化會帶來其他區域的改變。在心裡

	瞭解自己	不瞭解自己
瞭解 別人	開放的自我	盲目的自我
不瞭解 別人	隱藏的自我	不知道的自我

圖7-1 Johari視窗

Johari這個名稱是來自發展這個模式的
Joseph Luft和Harry Ingham這兩個人
名字的前兩個字。

　　想像這個模式代表你自己的自我。整個模式是不變的大小，但是
每個部分可以變化，從非常小到非常大。當一個部分變得比較小，
那麼其他的一個或二、三個部份會變得比較大。同樣的，當一個
部分變大，其他的一個或多個部分必定會變小。例如，如果你擴
大你的「開放自我」部分，那麼就縮小了你的「隱藏自我」的部
分。進一步來說，如果其他人揭露了你隱藏且不自知的部份，這
種揭發或暴露相反的會導致減少你的「盲目自我」的大小。

　　Johari模式所強調自我的幾個方面不是分開的片段，而是整
個互相關聯的部分。每個部分都依靠其他的部分。就像人際溝通
一樣，這個自我的模式是一種處理的溝通模式。

　　圖 7-2 表示出兩種自我的模式，說明了四種自我相關的大小
如何依賴特殊的人際情境。在圖 7-2 （左）我們假設你非常敞開
心胸和朋友在一起。因此，你的開放的自我很大而隱藏自我部分

圖7-2　四種自我的兩種模式

很小。在**圖 7-2**（右），你可能和一位新進的同事在一起，你不是
很認識他，而覺得在一起有點不舒服。因此，你的開放的自我很
小，而隱藏自我部分很大。

㈠開放的自我（The Open Self）

　　開放的自我代表著被你自己和別人所知道的訊息、行為、態
度、感情、慾望、動機和想法。這裡所包含訊息類型的範圍可從
你的姓名、膚色、性別、年齡，到政治的或宗教的關係，以及打
擊率。每個人開放自我大小的改變，有賴當時和誰互動的情況。
例如，某些人讓你覺得很舒服也和你站在同一邊，你會大大的敞
開自己面對他們，但是對於其他的人你可能寧願將自己大部分關
起來。

　　溝通依賴你對別人和對自己開放自己的程度（Luft,
1970），如果你不讓別人來瞭解你（也就是你的開放自己保持的
很小），你和別人之間的溝通可能會變得很困難。你只能達到和
認識的一些人和自己作有意義的溝通而已。促進溝通的方法，首
先要擴大開放自己的步驟。

㈡盲目的自己 (The Blind Self)

盲目的自己代表別人知道你許多的事情，而你自己全然不知。這些事情可能從非常瑣碎的習慣，像常說「你知道的」，當你生氣的時候常常揉鼻子，或有一種特殊的體臭，到一些重要的事情像防衛性的手法，打架的技術或壓制的經驗。

有些人擁有非常大部分的盲目自我很顯然地似乎完全是他們的錯，而有時（雖然不是常常）卻是他們的長處。其他的人似乎過度渴望的擁有很小的盲目的自我。他們每次都尋求治療和加入每個自我幫助的團體。某些人甚至確信他們知道瞭解他們自己的每件事情，因此他們將自我盲目減少到零。大多數的人都處於這兩種極端之中。

雖然溝通和人際關係的加強常常是由於盲目的自我的部分變小，但是不要認為因此人們就應該被迫看到他們自己就像你看到他們一樣，因為這樣可能會導致嚴重的創傷。這些揭露可能會引起防禦上的崩潰，它可能使人們在沒有心理準備處理這些資訊的時候，被迫承認自己的嫉妒和偏見。這些揭露最好在有專業訓練人員的監督之下小心的被處理。

㈢隱藏的自我 (The Hidden Self)

隱藏的自我包括你對自己和別人都守口如瓶。在任何互動中，這個區域包括你不想透露的每件事情，不管是否在談話有沒有關係。

我們有過度暴露者和過度隱密者的兩種極端。過度暴露是什麼都說。他們對自己和別人都毫無隱瞞。他們告訴你他們的婚姻障礙、孩子問題、財務狀況，和其他的許多事情。過度隱密者不會說任何事情。在談話中，他們只會談到你，而不會談到關於自己的事。

這兩種極端的問題是那些個人無法分辨那些訊息是應該、那些是不應該被說出來的。在各種類型的訊息中，他們也無法區分

那些是應該、那些是不應該被揭露的。無論如何,大多數的人隱藏一些事情而暴露一些事情,對某些人吐露事情,對某些人則不。他們是選擇性的揭露。

四 不知道的自我 (The Unknown Self)

不知道的自我表示你和別人都不知道你自己真實的一面。這種自我的存在可從許多來源推論。有時藉著藥物帶來短暫的改變或經由特殊的實驗情況,像催眠術或喪失感覺來揭露它。有時候這個部分藉著某種設計的試驗和夢境來揭露。無論如何,大部分是你對自己不斷學習中發現的事實而是以前你所不知道的。

雖然這個部分你無法很容易的操控,但是你應該知道許多關於你自己和別人的事情真的存在,只是你不知道,可能永遠也不會知道。

二、自我意識的增強

你可以由許多方法來增加你的自我意識,這裡有一些例子。

一 詢問自己關於自己的事

一種詢問自己關於自己的方法是作一種「我是誰?」非正式的測驗 (Bugental and Zelen, 1950)。拿一張紙,標頭寫著「我是誰?」,再寫上十、十五或二十遍「我是……」,然後完成每一個句子。試著不要只給正面的或社會可接受的反應;用在心裡首先呈現的來回應。再拿出另一張紙,將紙分成兩欄。一欄的標題寫「優點」,另一欄的標題寫「缺點」,每一欄以最快的速度來填寫。其次,以這兩次「測驗」作為基準,拿出第三張紙,寫上「自我改進目標」的標題,然後在五分鐘之內儘可能完成多次「我要改進我的……」的敍述。

進一步來說,記得你是不斷地在改變,因此,這些自我認知和目標也常常以激烈的方法迅速的變動著,所以經常更正它們是需要的。

瞭解自我的一種方式就是聽別人談論自己,你願意聽別人談你嗎?你對某些
議題較能接受?比照原先的認知和好朋友對你的看法。問問他們你是否能接
納別人的看法,對某些議題你是否較易接納別人意見。

㈡對別人的聆聽 (Listen to Others)

你可經由別人看到自己而瞭解自己更多。別人也一直不斷的
給你所需要的回饋來增強你的自我意識。在每一次人際互動中,
人們以某種方式來對你下註解——你做了什麼,你說了什麼,你
看起來如何。有時候這些註解是很清晰、明白的,但大部分他們
常「被隱藏」在別人看你的時候,在他們的言談之間,在他們對
你的談話有興趣的時候。注意這些訊息(語言的和非語言的)而
加以運用,來增加你自己的自我意識。

㈢主動尋求關於你自己的資訊

主動尋求訊息以減少你盲目的自我。你不需要很明顯的對別

人說，「告訴我關於我自己」或「你認為我怎麼樣？」但是你可以運用每天不同的情況來得到自我的訊息：「你認為當我要求加薪時夠專斷嗎？」或「你認為如果我邀請自己參加晚餐會被想成太出風頭的嗎？」當然，不要一直尋求這種訊息，你的朋友一定會很快的尋找其他互動的對象。但是你可以製造一些情況去減少你盲目的自我和增強自我意識。

㈣檢視你不同的自我（See Your Different Selves）

你的每一個朋友和親戚對你的看法都不相同，對他們每一個人來說，你都是有所不同的一個人。然而你真的是包含這些的全部。學習看到你自己好像你和人們正互動著。對初學者，在心裡想像你是如何被你的母親、父親、師長、好朋友、公車上坐在隔壁的陌生人、你的雇主、鄰居的小孩所看待。事實上，因為你是這些觀點全部的合成，所以定期的從別人的眼中看到自己是很重要的。經驗會帶給你新的和有價值的觀點。

㈤增加你開放的自我（Increase Your Open Self）

當你加強你開放的自我，向別人揭露你自己時，你也同時向你自己揭露自己。這樣一來，更會帶自己去瞭解自己內心所隱藏的部份。你討論自己的時候，你可能看到以前遺漏的相關事物，從別人回饋中得到的幫助，你仍然可獲得更多的洞察力。藉著增加開放的自我，你可能增加發展有意義的和親密的對話，經由這種互動是你認識自己最好的方法。無論如何，也要想想包含在這種自我揭露中的危險性。

自　尊

你認為你多麼喜歡自己？你認為你是一個多麼重要的人？你認為你多有能力？這些問題的答案反應出你的自尊，你對自己身

分地位的評價。

　　自尊是非常重要的，因為自尊會孕育成功。當你對自己覺得滿意時——關於你是誰和你能做什麼——你的表現就會更好。當你認為好像會成功，你做起來真的成功了。當你想自己會失敗的時候，做起事來真的失敗了。因此增強自尊將會幫助你在學校，在人際關係上，在事業上更有效率的功能。這裡有增強自尊的幾個建議。

一、攻擊你自我毀滅的信念

　　自我毀滅的信念是那些破壞你的自尊和阻止你與他人建立有意義的關係而產生的人際信念。他們可能是關於你自己（「我沒什麼創意」、「我很無聊」），你的世界（「地球是個不快樂的地方」、「人們都離我而去」），和你的許多關係（「全部的好人都已經有固定的關係了」、「我知道我會受傷害，如果我再談戀愛」）。這些定義將有助於你吹毛求疵的檢視他們，而視他們為不合邏輯和弄巧成拙的信念。

　　另一種檢視自我毀滅的信念是定義Pamela Butler（1981）所說的「驅逐者」——不真實的信念可能刺激你用一種不利於自己的企圖來做。Butler定義了五種驅逐者：完美的、趕緊的、堅強的、娛悅別人的，和努力工作的。

　　講求完美的驅力會逼使你做每件事的時候都會嘗試以不切合實際的高標準來完成。不論直接在工作上，學校、運動，或外觀上，這種推動力會告訴你，缺乏完美的任何事情是無法被接受的，而任何不完美是會被責怪的——而這些不完美以任何標準來說是非常正常的。

　　積極的驅力會催促你做事快速，在任何指定的時間內做出超過合理的事來。這種推動力被叫做「Type　A」（A型）的行為基礎（Friedman and Rosenman, 1974），個性總是缺乏耐性，永遠是

鹵莽的(此外,可能被注意的是鹵莽被認爲是一種無效能的溝通。有能力的人是不鹵莽的,因爲他們不需要。講求快速的人是需要被別人所評斷,因此他們的工作或促銷都要依賴別人)。

堅強的驅力會告訴你軟弱和任何易受傷的感情(像悲傷、同情或寂寞)都是錯誤的。這種推動力常在典型的男人身上看到,但是不許哭、不求救、實現所需也在女人間變得更普遍了。

取悅別人的驅力導致你尋求別人的認同。讓自己快樂成爲第二順位,而自我歡樂是來自別人的歡樂。這種邏輯是如果你得到別人的贊同,那麼你就是一個有價值和值得讚賞的人,如果別人不認同你,那麼你必定是沒有用的和一文不值的人。

努力工作的驅力,讓你比任何人能夠被期待處理更多的事物,且承受更多的責任感。這種推動力導致你接受對任何普通人無法處理的困難工作,但是你在毫無考慮自己能力之下接受了他們(生理的或心理的)。

這些驅力幾乎可以確定你的失敗,不會幫助你變得更成功。因爲他們提供了不切實際的高標準,這些標準讓你無法成就一些事情,而你卻覺得獲得別人和自己的認同是很重要的。

第一步是辨識你心中可能存在的這些驅力,然後消除他們。第二步分辨這些驅力事實上是不切合時宜和弄巧成拙的。精神治療醫師Albert Ellis(1988；Ellis and Harper, 1975)和其他有認知力的治療師(例如,Beck, 1988)主張你可以藉由瞭解爲什麼這些驅力是不切實際的,而以更實際的方法代替來完成第二步。例如,你可能試著以不實際的驅力來代替,以便取悅別人(總是在你做的每件事上),其實用一種更實際的信念會更好,如果別人真的很高興和你在一起,那麼其他的事就不是那麼重要了。第三步驟是給你自己失敗的許可,不要求十分完美,而以普通心態去面對。

你必須知道這些不切實際天性而成的驅力,往往會造成許多

問題。而當這些驅力漸漸實際時，努力工作與堅強的嘗試動作，不見得是種健康的行為。只是當他們變成絕對性時——當你嘗試對每個人做每件事——他們就變得無法達成而衍生問題了。

二、致力於自我肯定

你要記得自己的成功事蹟，周圍有足夠的人都會記得你的失敗。當然，也要注意你好的行為、好的功績，注意你正面的特質，你的優點、美德，著重在你和朋友、親戚間好的關係。

你對自己說關於自己的方法影響你所認為的自己。如果你正面的談論自己，那麼你會對自己有更正面的感覺。如果你告訴自己你是成功的，別人喜歡你，下次測驗你會有好成績，要求約會時會被接受，很快的你自己會充滿了肯定。**表 7-1** 表示一連串有用的自我肯定的句子。熟讀這份表可以確定刺激你的自我肯定。

三、尋求有助益的人們

心理學家Carl Rogers引出有害和有益人們之間的差異。有害的人對每件事都好批評，愛吹毛求疵。相反的，有益的人們是正面的，他們是樂觀的。最重要的是，他們獎賞你，他們安撫你，他們讓你覺得自己很好，尋找這些對自己有助益的人們。

四、推動會成功的研究計劃

有些人應該失敗，或者說似乎是這樣的。他們常常選擇會失敗的研究計劃。這個研究計劃或許是太龐大或太困難。不論如何，他們都是不可能完成的。選擇會成功的研究計劃來代替。每一次的成功有助於建立你的自尊。每一次的成功會讓下次的成功更容易一些。

一個研究計劃的失敗，並不表示你是一個失敗者。每個人在某個地方總會失敗的。失敗是偶爾會發生的事情，而不是你本身

表 7-1 自我肯定的句子

我是漂亮的、有能力的和可愛的。

我是一個可愛的和傑出的人。

我欣賞和喜愛我自己。

我給別人的愛，自己也得到愛。

我能過一種有修養、有趣的，和有
創意的生活。

我的愛來自自己。

當恐懼發生時，我能也願意去處理
他們。

我總是盡力而為。

對已公認的新形式我能接受也能容
納。

我能接受過去也能迎接未來。

我值得好的感受。

我學習看待好的人生。

我是我需要的全部。

我是有創意的、可愛的，和有修養
的。

我發現我的生活是滿足的、鼓勵的
。

我能學著無條件的接受和愛每一個
人（包括我自己）。

我能要求心裡面企求的愛。

我是我安全和自尊的來源。

我總是富裕的。

我是一個有效力、有創意的人，現
在可決定去愛、滋潤和治癒他自
己。

對於我的成長現在我身處何處是非
常正確的。

我能讓別人以我要的方式愛我。

除了愛的感覺我沒什麼可以做的。

我開放了新的愛的關係的形式。

我打開了被認同的新方法。

我應該是健康的。

我無條件的愛我的兄弟姐妹。

我每一天每一刻都能洋溢著溫柔的
光芒。

當我感覺應該被愛時，我愛自己。

我能原諒自己。

我能學習以一種摯愛和溫柔的態度
來照顧我的身體。

我學習宣洩此刻的快樂心情。

我能接受不完美。

我的愛對一個和每個人自由的宣洩
。

我是一個很好的人，所以必有我容
身之地。

我是可愛的，因為這就是我。

對於我很專精的事情，我可以感覺
到做得很好。

我學著用愛來支持我自己。

我解放過去和現在而選擇愛和實現
的生活方式。

我應得一種愛的關係。

我的世界是安全和友善的。

我能柔順的對待自己，即使無法遭
遇完美的模式，我也能感受到被
支持。

我的罪惡感無法幫助任何人。

我學著和我的感覺交流。

任何時候我能夠接受讚美和注意。

我有權利以我要的方式生活。

別人所說所做的事完全和我無關。

的事情。進一步說，一次的失敗並不意味著下次你一定會失敗，所以將失敗的經驗當成是一種遠景，不要視它為一種藉口，而拒絕再嘗試。

摘要		
自我概念	自我意識	自尊
自我概念是你擁有的你是誰的形象 自我概念的來源： · 別人對你的印象。 · 社會的比較。 · 你自己的解說與評價。	自我意識是你對自己的認知；你認識你是誰的程度。 四個自我： 開放的自我：認識自己和別人的資訊。 盲目的自我：只瞭解別人的訊息。 隱藏的自我：只認識自己的訊息。 不知道的自我：不知道自己也不瞭解別人的訊息。 自我意識的增強： · 尋問自己關於自己的事。 · 聆聽別人。 · 主動尋求有關自己的訊息。 · 認識你不同的自我。 · 加強你開放的自我。	自尊是你將自己放在什麼地位的價值；你對自我價值的認知。 自尊的增強： · 打擊你自我毀滅的信念。 · 致力於自我肯定。 · 尋求有助益的人們。 · 推動會成功的研究計劃。

第八章
自我揭露

單元目標

讀完這一章，你應該能夠：

1.定義「自我揭露」，以及影響自我揭露的要素。
2.認識自我揭露的好處及危險之處。
3.解釋自我揭露和反應其他人的自我揭露的指導方針。

人際傳播最重要的形式之一就是你要能談論自己，或做自我揭露。「自我揭露」是指對別人傳播關於你自己的資訊。因為自我揭露是傳播的一種類型，公開地敍述關於你自己或是你的失言、不自覺的非言語的動作，以及所寫的或公佈的自白書，都可被歸類為自我揭露的傳播。自我揭露也包括你對其他感覺的反應，例如當你告訴你的朋友你對她被解雇的事情感到難過。

　　雖然自我揭露可能在單一訊息時出現，例如你在火車上告訴一個陌生人，你正在考慮要離婚，這最好被視為一種發展中的過程，在其中訊息在一個人們的關係之間被交換。被視為一個發展中的過程，我們可以知道當關係改變時它是如何隨之變化的，例如，從剛開始的接觸一直到進入親近，或許變壞或解除。我們也能察知自我揭露將如何根據你和另一人的關係而將會不同，例如，不管另一個人是誰，是你的朋友、父母、小孩或輔導人員。

　　自我揭露可能包括訊息，也就是你傳播給別人時是很自由隨性的或你通常有所保留。它將提供訊息（「我賺四萬五千元」）或顯示感覺（「我正覺得非常沮喪」）。

　　自我揭露包含至少一個其他的人，它不能是內在的傳播行為。對自我揭露做一番描述，訊息必須被另一個人接收並且瞭解。正如你能察知，自我揭露能以相對的、無意義的（「我是一個射手座的」）或高度透露或很深的私人的（「我目前正處於一個被虐待的關係」或「我幾乎總是沮喪的」）。如果你先做下頁的自我揭露的測驗，那麼這一個重要概念的討論將會非常有意義。

影響自我揭露的因素

　　自我揭露通常較常發生在某些情形之下。這裏將定義一些影響自我揭露的重要因素。

一、其他的揭露

　　一般說來自我揭露是互相的。在任何互動中，如果其他人先

做自我揭露，那麼就很有可能會發生。這是一種二人效果，二人中的一人做了什麼，另外一人就會回應也跟著做。二人效果在自我揭露扮演一種螺旋狀的形式，每一個自我揭露會促使另一人做其他的自我揭露，這也仍然回過來刺激那人做更多的自我揭露。很有興趣的是要注意在回應其他人的揭露之下而做的揭露，通常較那些沒有受二人效果影響的結果要為親密。

二人效果並沒有完全跨過文化。例如，當美國人可能追隨著二人效果，而以明確的言語的自我揭露做為回應時，韓國人卻不會如此。

二、受眾人數多少

或許因為關於透露你自己會有許多恐懼，自我揭露較多的可能發生在小團體當中，而非在大團體中。或許二人在一起的情況最為平常。在二人情境下似乎較適合自我揭露，因為二人比與幾個人在一起要容易處理互動和回應。在二人情境中，你可以十分小心地注意回答，並且，在有支持或是缺乏支持的基礎下，控制進一步的揭露，如果情況支持就繼續揭露，反之則停止揭露。

三、主題

確定性的主題比別的要有可能被揭露。例如，你較有可能揭露關於你的工作或嗜好的資訊，而較不會揭露關於你的性生活或經濟情況。自我揭露關於錢（例如你擁有的錢的數量）、個人的事（例如你覺得很內疚的事）和身體上的（例如對適當的性生活的感覺），這些都比自我揭露愛好及興趣、態度和意見以及工作要不常發生。清楚地說，有關金錢、個人的事和身體都比較接近你的自我概念，因此這些揭露比關於服裝的品味、宗教的觀點以及工作的壓力要來得具威脅性。

四、原子價

自我揭露的原子價，或正或負的性質，也是重要的。正面的自我揭露較負面的自我揭露平常，並且通常也較親密。在一些文化，例如墨西哥人，他們很強烈地強調以正面的方式來討論所有的事情，這也不用懷疑地影響到墨西哥人達到自我揭露的方式。對照之下，負面的自我揭露通常是接近親密的，並只在有關係的情形中考慮。這個類型是與證據前後一致的，也就是說，自我揭露和信任程度呈正相關。

那些從事正面自我揭露的人對你所發展出的吸引力會比從事負面自我揭露的人要大。在一個關係所發展的早期顯得特別重要。對一個陌生人，或甚至一個偶然認識的人做負面的自我揭露，被認為是不適當的，不用懷疑這是因為他們違背文化對這種情境的標準。這裏暗示了一個警告，如果你認為你的目標是引人注意的，考慮縮短負面自我揭露的時間，至少在一個關係的初期要如此。

五、性別

大部份的研究顯示，女人較男人會揭露，但男人和女人在負面的揭露方面大約相同。較為特別的是，女人比男人會揭露有關先前的浪漫關係，關於她們與親近的同性朋友之間的感覺，她們最害怕的事，以及她們不喜歡她們的伴侶的地方。當關係變為較親密之後，女人似乎也會增加自我揭露的深度。但男人似乎不會改變他們自我揭露的層級。另一點不同在於女人較常對家族親戚做自我揭露，而男人卻比較不會如此。

男人和女人對於避免自我揭露的理由並不相同，但他們通常都有的主要的理由是「如果揭露，我就可能使我不想突顯出的東西，被突顯出來」。在一個社會中這個印象是很重要的，那個印

象常常是這人是成功或失敗的基礎，這個理由是被預期的。然而避免自我揭露的其他理由對男人或女人而言是獨特的。對男人而言，有以下的理由被報導：「如果我自我揭露，我可能會給一些使我表現不一致的資訊」，「我可能會喪失控制其他人的地位」以及「自我揭露可能會威脅到我和親近熟識的關係」。Lawrence Rosenfeld (1979) 歸納男人拒絕自我揭露的理由：「如果我向你做自我揭露，我可能會突顯一個我不想突顯的印象，那可能使我看起來難過，並且導致我喪失對你的控制。這可能影響我已和人們的關係而超過你。男人避免自我揭露的主要目的是要維持控制。」

除了害怕一個不好的印象之外，女人有下列避免自我揭露的原因：「自我揭露會給其他人一些資訊，那麼他或她在某個時候可能會用來反對我」，「自我揭露是一些情感上混亂時的一個徵兆」，還有「自我揭露可能會傷害我們的關係」。Rosenfeld說女人通常避免自我揭露的原因是「如果我對你自我揭露，我可能會突顯一個我不想突顯的事情，例如我在感情上生病了，你可能利用這點來反對我，而那有可能傷害我們的關係」。女人避免自我揭露的最主要的目的在於「避免個人受傷害和成為關係中的問題」。

六、接受者的關係

你和你自我揭露的對象之間的關係會影響你自我揭露的次數和頻率，以及你自我揭露的可能性。大部份的學生發現你較常和你親近的人例如配偶、家人，和親近的人做自我揭露。例如在許多拉丁語系的文化中，擴大的家族特別的接近，這種傾向可能較為增加。一些研究發現你會比較和你喜歡的人揭露，較少向你不喜歡的人揭露，而不管他們和你是如何親近。因此，你可能會向一個你很喜歡，但並非特別親近的老師揭露，而不向你不喜歡的

兄弟或姊妹揭露。

　　你會較傾向和那些看起來會接受、瞭解,是溫暖的和具支特性的人做自我揭露。當然,一般而言這些人是與你親近以及你所喜歡的人。一些研究指出,持續性的關係會增加自我揭露的可能性,然而另有一些研究發現在暫時性的關係中,例如在「火車上的陌生人」之間,會增加自我揭露。

　　男性大學生有較多的可能向親近的朋友而不是向他的父母做自我揭露。女性大學生特別會向她們的母親和最要好的朋友做自我揭露,但她們不常向她們的父親或男朋友做自我揭露。

　　正如預料中的,先生和太太互相自我揭露的情形,超過他們向任何其他的人或團體做自我揭露。至少對先生而言,夫妻的身份甚至影響到對朋友的自我揭露。已婚的男性比未婚的男性較少做重要的揭露,然而女性的已婚身份並不會影響她對朋友自我揭露的量。造成這種性別差異的一個可能的原因,正如 Tschann (1988) 觀察,可能是「女人比男人在人際關係上認為較有價值,而有這樣的結果,就是女人甚至當配偶遇到基本的親近的需要時,仍繼續友誼關係,但已婚的男人會允許友誼停止或萎縮」。

自我揭露的回報

　　當開始討論自我揭露的題目時,很明顯的問題就是「為什麼」。為什麼任何一個人應該要對另一個人自我揭露呢?什麼有關這種傳播的類型,可挑出它的優點並充份地討論?事實上,研究清楚地顯示有很多好處。自我揭露影響到你有多少的朋友,以及人們是否認為你在心理上是穩定的或失調的。它也通常會影響你快樂和滿足的程度,你的自我認識的程度,你的心理和生理的健康,以及你在人際關係上通常的成效,以及輔導員被他們的顧

客所喜歡的程度。讓我們較詳細地看一看這些好處中的一些。

一、自我的知識

藉由自我揭露，你可以在你自己身上得到一番新的理解，對你自己的行為有一個較深的瞭解。在對自我揭露和心理的引導的文獻做詳細的回顧之後，Paul Cozby (1973) 做結論說：「有正面的心理健康的人顯示會在社會環境中會對一些重要的人做高度的自我揭露，也對其它人做中度的揭露。而適應不良的個人顯示出對社會環境中差不多每一個人都不會做高度或低度的自我揭露。」選擇性的自我揭露，或適度的自我揭露，似乎顯示適應良好的性格。

二、克服的能力

一種對處理你的問題（特別是罪行）的改進能力，常常透過自我揭露而產生。許多人有很大的恐懼是他們因為一些深的、黑暗的秘密，或因為他們曾做過的某件事情，或因為他們可能有的一些感覺或態度，而將不被人接受。我們覺得這些事情可能是拒絕的基礎，所以我們產生出罪行。藉由自我揭露這些感覺以及被支持而非被拒絕，我們較準備好去處理罪行，並且減少或甚至除去它。不自我揭露自我心理，而單要求做自我接納，是很困難的。我們透過其他人的眼睛而更多地接受我們自己。如果我們覺得其他人將拒絕我們，我們也會傾向於拒絕我們自己。

三、傳播效果

自我揭露能改進傳播效果。因為你瞭解另一人的訊息到達愈多的程度，你愈認識那個人。如果你認識那個人愈多，你就愈能瞭解他的意思為何。你可以說出某一細微差別的意義，知道什麼時候那個人正在開玩笑，也知道什麼時候出現的諷刺是因為恐懼

男人和女人在自我揭露上有何不同？文化因素是否會有影響？

所引起的，以及什麼時候的諷刺是因為厭惡所產生的等等。白我
揭露是為要瞭解，以及和另一個人覺得舒服的一個必要條件。你
可能學習一個人的行為，或甚至和一個人住在一起幾年，但如果
那個人從來不曾自我揭露，你可能距離瞭解他整個人有一段很遠
的距離。

四、關係的意義

自我揭露幫助你達到一個和你做自我揭露的人之間有一個親
密的關係。從事重要的自我揭露的夫妻被發現仍然在一起的時間
超過那些沒有自我揭露的夫妻，並且誠實地自我揭露的夫妻對婚
姻的滿意度會比較高。而且，夫妻之間漸增的自我揭露以及對其
他人的自我揭露，並對揭露做適當的回應，是有利人際關係的發
展與增進。

如果一個有意義的關係被建立並被維持，然後自我揭露似乎是必要的。關係持續三十或四十年之久而沒有自我揭露這是真實的事。許多夫妻在這一方面失敗，就如同在同一個辦公室或工廠裏工作的同事，或居住在相同的鄰近地區或公寓房子裏的人們。然而，沒有自我揭露，這些關係可能不會像他們應會有的那麼有意義。藉由自我揭露，事實上你正對其他人表明你信任他們，你尊敬他們，你很關心他們以及你們之間的關係，並且向他們透露你自己。

　　很有趣的是，當你自我揭露時，你對你的同伴的影響會增加。當男人的同伴自我揭露時，也會增加他們的影響，但女人並不會如此。這項發現似乎加強了一個觀念，就是女人不對男人的自我揭露做出積極地回應。

五、心理的健康

　　自我揭露的人很少容易受傷生病。自我揭露似乎保護身體免於遭受因伴隨著不自我揭露而產生壓力的傷害。例如，因非常親近的人的死亡所產生的喪親之痛，對那些獨自承受以及沈默的人而言，將和身體的病痛連結在一起，但對那些和別人分擔他們的悲傷的人來說，就不會和任何身體上的病痛有任何的關係。同樣地，曾遭遇性傷害經歷的女人會有許多病痛，如頭痛和胃的毛病。然而保留這些經歷的女人，會遭遇超過那些將這些傷痛說出來的女人。

自我揭露的危險性：先前的風險

　　如同一般的情形，當可能的好處很多的同時，風險也是一樣的多。自我揭露是沒有例外的，風險可能是個人的、有關係的、

專業的，以及不容忽視的。在從事重要的自我揭露之前，要小心地重視這些先前的風險。

一、個人的風險

如果你自我揭露你的生命中的一些情形，而那些通常和你所自我揭露的對象對那些事的價值之間有極大的差異，那麼你可能會被甚至是最親近的朋友和家人拒絕。例如自我揭露自己得AIDS的男人和女人，可能發現他們的朋友和家人不再想和他們過去那樣十分地接近了。

二、關係的風險

甚至在親近和長時間的關係中，自我揭露能夠引起問題。研究人際的學者Arthur Bochner（1984）注意到「不可靠的坦白是一個壞的想法」。全部的自我揭露可能成為對一個關係的威脅，藉由引起減少相互的吸引力、信任，或人們任何一起握有的約定。關於背信、浪漫的幻想、過去的粗心或犯罪、謊話，或隱藏的缺點和恐懼，很容易能有這種負面的效果。

三、專業的風險

在軍隊裏的男同性戀和女同性戀者的廣人的媒體範圍，他們主張「不問，不說」政策，充份說明自我揭露可能伴隨的專業的風險。引用一些例子，開放的男同性戀和女同性戀的軍隊人員，和那些在教育界、消防隊和法律實行或注意健康的機構，可能發現他們自己被文書工作所限制，阻礙了進一步晉升，或甚至被以犯罪的行為和解雇來加以懷疑。同樣地，自我揭露他們曾經看過精神科醫師的政治家，可能之後會面臨喪失政黨和投票者的支持。自我揭露以前或現在吸毒，或和學生同居的老師們，可能會發現自己在不愉快的時間被拒絕享有教書的職位，並且最後可能

掉入「預算刪除」的犧牲之中。進一步來說，在人際傳播過程中是正面氣氛的老師或學生，會揭露關於他們的性生活，或經濟狀況，或透露自我懷疑、憂慮和幻想的細節，可能發現一些缺乏同感的聽眾之後使用那些資訊來反對他們。

在揭露或不揭露之間做你的選擇，在心裏保留著，其實在第二章所討論過的傳播不能改變的本質中，已經談到，是會有某些的利益與危險的。不管你可能試著去限制某件事情或「將它帶回來」有多少次，一旦你已經說過某件事情，你就不能把它收回。你不能消除那些從你的揭露爲基礎所帶給聽眾的結果和影響。這不是建議你因此停止自我揭露，但建議你要瞭解傳播的不能改變的本質是特別重要的事。

自我揭露的指導方針

因爲自我揭露是如此重要和如此愼重的事情，這裏提供一些指導方針，爲了(1)決定是否自我揭露和如何自我揭露，(2)回答其它人的自我揭露。

一、做自我揭露的指導方針

爲了強調已經討論過的自我揭露可能的好處及危險，思考下面的指導方針，它們將在你做必須是你自己的決定之前，它們會幫助你找出一個眞正問題的所在。

㈠思考要做自我揭露的動機

自我揭露應該是藉由一種爲了關係，其他人伴隨的，某人自己的關心而產生動機。一些人由於爲了傷害聽眾的欲望而自我揭露。一些人告訴他們的父母親他們從來不曾愛過他們，或父母妨礙他們而沒有幫助他們情感的發展，可能會是由於爲了要傷害的

這是一個專為母親所設的成長團體。你認為會和父親的成長團體有所區別嗎？譬如：參與意願是否不同？討論的主題是否不同？自我揭露的深度與廣度是否不同？

欲望，或許是處罰而非改善關係。當然，自我揭露也應該會被用來處罰某人自己，這或許是因為一些罪惡感或沒被解決的衝突。自我揭露應該為了所有伴隨的人提供一種實用的、豐富的、功能的服務。

(二)考慮自我揭露的適當性

自我揭露應該適合環境背景，以及你和你的聽眾之間的關係。在做任何重要的自我揭露之前，要問問這是否是正確的時間和地點。一個較好的時間和地點能被安排嗎？也要問問這個自我揭露是否適合彼此的關係。一般而言，這個自我揭露愈親密，彼此的關係就應該愈親近。和不親密或偶然認識的人，或在一個關係發展的初期，可能最好不要做親密的自我揭露，特別是負面的自我揭露。

㈢考慮另一個人的自我揭露

在你自我揭露的期間，給另一個人一個交換他的或她的自我揭露的機會。如果不能達成這樣交換自我揭露的情形，再評價你自己的自我揭露。缺乏互相交換的情形可能會因為這個人對你自我揭露的這個時間、這個內容，不受歡迎或不適合的一個徵兆。

逐漸地自我揭露並且微量的增加揭露自我。當太快地自我揭露，並且一次就說出全部，將不可能控制你的聽眾的回應，並且在假設他們做不夠正面的回應時退出這個情況。再者，你妨礙你的聽眾以他或她自己的揭露回應，並且因此破壞自然的平衡，而那種平衡是在這種傳播交換中是如此地有幫助。

㈣考慮自我揭露可能留下的煩惱

小心地重視你可能遭受因自我揭露的結果所帶來的可能的問題。如果你揭露你曾在監獄的記錄，可能會使你喪失你的工作嗎？如果你揭露你無信仰，你願意冒關係困難的風險嗎？問問你自己，你是否對你的聽眾有不合理的要求。例如，考慮一個人他向他的岳母或她的婆婆發誓守密，然後自我揭露和一個鄰居有過節。這個自我揭露對他的岳母或她的婆婆帶來一個不公平的煩惱，她正在破壞她對秘密的承諾，或允許她們的孩子去相信一個謊言。父母常藉由自我揭露婚姻的問題，無信仰，或自我懷疑而將不合理的煩惱加在孩子的身上，並且沒有瞭解到孩子可能太年輕或太帶有情感地去有效地處理這個資訊。

二、對自我揭露指導方針的回應

當某人對你自我揭露，這通常代表了信任和情義。對這提供最重要的接收者功能，就是把以下的指導方針牢記在心。這些指導方針將幫助你對另一人的自我揭露覺得容易。這個重要的技巧的一個擴展的例子是在「促進自我揭露的藝術」專欄中。

促進自我揭露的藝術

　　學習去促進人們的揭露是一種精緻的藝術，最好以例子來解釋。因此思考這個對話的第一個行為，「湯米的家庭」，說明了促進另一人的揭露的失敗。注意在湯米的家庭中父親、母親和姊姊忽略幫助他分享他的感覺的特別的方式。

湯米的家庭

湯米：十二歲，很明顯地遭遇問題。

法蘭克：湯米的父親

米麗：湯米的母親

莎莉：湯米的十幾歲大的姊姊

行為一、失敗

　　湯米進入客廳，丟下他的書包，然後走向冰箱。

法蘭克：（對米麗）他哪裏不對勁呀？

米麗：我不知道。這幾天他的行為很奇怪。

莎莉：行動奇怪？他是相當陌生且怪異的。

　　（湯米回到客廳並且坐下，看著空中。）

法蘭克：當你十二歲大的時候，就是這個樣子。我記得當我
　　　　十二歲大的情景。當我在你的年紀這般大時，最大
　　　　的事就是女孩子了。湯米，你是不是有女朋友了？

莎莉：媽，請妳開車送我去購物中心好嗎？我要為下星期買
　　　一條裙子。

米麗：好。我需要去購物中心買一些東西。湯米，你需要任

何東西嗎？你不想和我們一起去吧，是不是呢？

莎莉：請說不。如果人們看見我們在一起，他們會認為我們
　　　是親戚。天啊！我的生命會滅亡。人們會忽略我。沒
　　　有人會想要和我說話。

法蘭克：你們兩個去購物中心。我將和比爾以及喬去投球。
　　　　湯米將可以一個人好好地待在家裏。

湯米：嗯。

莎莉：媽，我們走吧。

米麗：好。我必須先打電話給外婆，看看她好不好。

莎莉：好，這提醒了我。我必須打電話給傑克。羅蕾為了一
　　　個大學男生而離開傑克，他非常沮喪。我想我應該
　　　打電話使他振作起來。

米麗：妳不能等我們回來之後再打電話給他嗎？

莎莉：我想，可以。

法蘭克：妳們好好玩吧。我快要投另一個兩百球的遊戲。喬
　　　　仍然丟一百四十球以下，所以我和比爾將試著給他
　　　　一些輕擦球。

米麗：（電話中）哈囉，是媽媽嗎？您好嗎？關節炎還會發
　　　作嗎？我是指在這種天氣之下，那應該會很不好受。

莎莉：媽，快點。

　　　（法蘭克外出：湯米打開電視機。）

　　在行為一，湯米的父親、母親和姊姊說明了幫助另一人
分享感覺的典型的失敗。雖然湯米給了足夠的徵兆，把書包
丟在咖啡桌上、不說一句話、眼睛看天空，但沒有人表現任
何真正的關心，並且沒有人鼓勵他說出他心裏在想什麼。也
要注意，儘管父親知道湯米有困擾，但他卻直接問米麗問題，

而不是問湯米。然而在法蘭克的意見中，他表達一個負面的評價（他那裏不對勁呀？），甚至假設湯米曾想說出他的感覺，但父親卻將任何感同身受的傳播之門有效地關上了。

　　還要注意一些對湯米的意見（例如父親說「湯米，你是不是有女朋友了」以及母親說「你不想和我們一起去吧，是不是呢？」），這些都錯誤地瞭解湯米現在的感覺。父親的意見是具威脅性的，並且似乎較多提到他自己的印象而較少提及關於湯米的問題。母親的意見是負面的，並且事實上要求湯米不要加入她們。

　　但這個互動中最具傷害性的地方發生在當父親、母親和姊姊不僅忽略湯米的感覺及問題，並且表達對其他的人關心，姊姊關心傑克，父親關心喬，而母親關心外婆。他們的意見告訴湯米他不值得花他們的時間和力氣，但其他人卻值得。當父親和母親都忽略莎莉對湯米的打壓時，他們加強了湯米是沒有價值的這個想法。在他們的沉默中，他們傳播同樣的訊息。在處理分析的語言中，他們告訴他是不好的，但那些其他的人是好的。

行為二、成功

　　（法蘭克、米麗和莎莉正坐在一起。湯米進入客廳，把他的書包丟在咖啡桌上，然後走向冰箱。）

法蘭克：（打電話到廚房）嗨，湯米，怎麼啦？你看起來十分生氣。

湯米：沒事。只是關於學校罷了。

莎莉：爸，他只是怪異罷了。

法蘭克：妳說的「怪異」是像舊電影中的瘋狂的科學家嗎？

莎莉：不。你知道我的意思，他是與眾不同的。

法蘭克：喔，那是另一件事情。那是對的。我很高興湯米是
　　　　與眾不同的。世界上不需要另一個無性生殖的植物，
　　　　湯米當然也沒有第二個他。在十二歲的年紀，要獨特
　　　　是不容易做的。湯米，你說對嗎？

湯米：（對著姊姊）是啊，獨特。

法蘭克：（對米麗和莎莉）妳們仍然計劃要去購物中心嗎？

莎莉：是的，我必須去買一條新裙子。

米麗：我需要去購物中心買一些東西。你要去玩投球嗎？

法蘭克：我本來計劃要去，但我想我可能會取消並且待在家
　　　　裏。湯米，你有任何計劃嗎？如果沒有，我們一起做
　　　　某件事情如何？

湯米：不。你想去玩投球。

法蘭克：我任何時間都能去玩呀。畢竟，那是另一個兩百球
　　　　遊戲罷了。那幾乎是個挑戰。來吧，我們開車去湖邊，
　　　　然後游泳如何，就只有我們兩個人去。而且我很願意
　　　　聽聽學校裏發生什麼事。

湯米：好吧，我們去。我需要去拿我的游泳褲。你知道，我
　　　　可以游四英呎而不休息。

法蘭克：四英呎？好啊，我必須去看一看。帶著你的游泳褲，
　　　　我們就可以出發了。

莎莉：媽，我們走吧！

米麗：好、好、好。但我必須先打電話給外婆看她好不好。

法蘭克：讓我也說聲哈囉。

米麗：（對湯米和莎莉）你們兩個想和外婆說話嗎？

莎莉：當然。我要告訴外婆關於學校那個很棒的新男孩。

米麗：喔，我也很想聽這件事。好，我們將有很多時間在車
　　　裏談談。

湯米：嗨，媽，我想告訴外婆有關我的新腳踏車。所以讓我
　　　先講，然後我和爸才能夠去湖邊。

　　　（稍後，湯米和法蘭克在車邊）

法蘭克：（手臂放在湯米肩膀上）學校讓你覺得不舒服嗎？

湯米：就是那個新老師啦。多令我痛苦啊。我無法瞭解他說
　　　的話。或許因為我很笨吧。

法蘭克：你不瞭解什麼？

湯米：我不知道。他稱它「幾何學」。什麼是幾何學呢？

　　　注意行為二中的互動和行為一中的互動非常的不同，這
說明了你如何能幫助某人自我揭露。注意到湯米的感覺被他
的父親很快地且直接地描述出來。法蘭克藉由問他關於他們
的事，然後問關於學校的事，表達關心湯米的感覺。他藉由
支持湯米來表示他關心湯米。例如，他將莎莉的負面意見轉
為正面的意見，也放棄去玩投球而要和湯米在一起。他藉由
把湯米放在第一位，放在他的投球遊戲和他的朋友比爾以及
喬之前，繼續表達他對湯米的注意及關心。

　　　法蘭克進一步幫助湯米藉由不具評價性質來揭露。他沒
有直接問湯米他有什麼問題，他直接問湯米關於他的感覺，
利用湯米已經顯現出來的訊息（「學校讓你覺得不舒服
嗎？」）。這是一個積極地傾聽（參見第四章）的好例子。

　　　這段對話是一個介紹；它僅僅說明為有意義的自我揭露
的程度。湯米和他的父親都很舒服，並且將要從任何娛樂中
離開。湯米知道他的父親對他有興趣，並且法蘭克將不會找
他的錯誤，或者給他一段難過的時間。

㈠練習有效和主動的傾聽的技巧

當傾聽自我揭露時，一些有效傾聽的技巧（第四章）是非常重要的。那些技巧就是積極地聽、聽出意義中的不同程度、感同身受地聽，並且以一顆開放的心來聽。將說話者的話再重述一次，如此你才能夠確定你瞭解所傳播的思想和感覺。表達瞭解說話者的感覺可使說話者有機會較客觀地，並且透過別人的眼睛來看他自己。問問題去確定你自己的瞭解以及表示你的興趣和注意。

㈡支持並加強揭露者

在揭露的其間或之後表達對這個人的支持。避免做評價，例如不要說「你不應該說這些」或「你不該時常騙人，不是嗎？」而要專心在瞭解揭露者，以及與他感同身受。允許揭露者選擇速度；不要太常以「所以它如何全部結束？」的回應來催逼揭露者。使你的支持清楚地透過你的語言和非語言向揭露者做回應：維持視線的接觸、精神上傾向說話者、問適當的問題，並且回應說話者的想法和感覺。

㈢秘密保留揭露的內容

當一個人對你揭露，這些因為她或他想要你知道所傳播出來的感覺及想法。如果你將這些揭露的內容向別人透露，會不能避免地帶來負面影響。揭露某人告訴你的內容通常將可能使這人避免以後再向你揭露，並且對你特別，而且你們的關係可能將非常受損害。但最重要的是，背叛秘密是不公平的；它降低了一個有意義的人際的經驗可能會是或應該會是的情形。

㈣不要利用揭露的內容來反對那個人

許多自我揭露會揭發某種弱點或缺點。如果你之後回過頭利用揭露的內容反對那人，你就背叛秘密，以及對你的信任。不管你可能多麼生氣，要抗拒利用其他人的揭露當成武器的誘惑，反之，彼此的關係一定會受損害，並且永遠不能完全復原。

摘要		
自我揭露	利益及危險	指導方針
定義：對別人揭露和你自己有關的訊息，通常你會隱藏的訊息。 影響因素 ・其他人的自我揭露 ・受眾人數多寡 ・主題 ・原子價 ・性別 ・接受者的關係	利益 ・認識自我 ・克服的能力 ・傳播的效果 ・關係的意義 ・身體的健康 危險 ・個人的技巧 ・關係的技巧 ・專業的技巧 ・不恰當的	自我揭露：考慮堆動、適當性、其他人的自我揭露，以及可能被欺騙的負擔。 對其他人的揭露的回應：有效地傾聽、支持並加強揭露者，並且不要利用揭露的內容當成武器。

第九章
焦慮與專斷

單元目標

讀完這一章之後，你應該能夠：

1. 解釋焦慮和專斷是如何發展的理論。
2. 定義傳播焦慮。
3. 確認傳播焦慮的原因。
4. 確認管理傳播焦慮的主張。
5. 定義並區分專斷、非專斷以及侵略性。
6. 解釋增加專斷的原則。

許多最為重要的人際傳播技巧就是要能減少傳播焦慮並增加專斷。我們中間的許多人在不同的傳播情境下都是焦慮的，或害羞的，或者沈默不語，並分別有不同的程度。同樣地，我們中間的許多人反對介紹自己，提高聲音說出我們的權利。在這一章中，關於焦慮與專斷的相關事件，以一種為了增加我們對其本質的瞭解，並使我們能夠更加有效地管理我們自己的焦慮與專斷的觀點來討論。

焦慮與不專斷是如何開始的

對於焦慮與不專斷的來源有許多種解釋。最為普及的三種說法分別是：直覺理論、個人的不完全和學習的行為。

直覺理論認為人之所以焦慮或不專斷是生下來就有的天性，一個直覺的因素決定一個人將是焦慮或不焦慮，專斷或不專斷。如果人天生對聽聲音或感覺疼痛具有不同的敏感性，那麼主張人們對陌生人、新環境或人際間的偶遇也同樣具有不同的敏感性。最近的研究更增加支持這種主張。

關於個人的不完全理論可能有數以百計的說法，但大致上同意一種說法，就是不專斷和焦慮的行為是一些個人的問題或不完全的徵兆。所有的研究顯示，焦慮和不專斷的行為的來源是從他們早期的經驗和問題所產生的。根據這種說法，一個人為了減少焦慮或增加專斷，就需要徹底的治療。

另一種理論主張焦慮、專斷和不專斷是學習而得的行為表現。我們學習表現我們應做的。有一些人因為他們的獨特經驗學習專斷的行為，而其他人因為他們特別的經驗就學習不專斷的行為。

這種學習的主張最重要的意思是說，如果行為是經學習而來

的，那麼他們也能夠不學習。這不是說這樣的改變將是容易的，但只能說這些焦慮等行為也是可以在不經過重整我們先天結構，或者去解決早期心理問題下，焦慮等行為一樣不會經學習而產生。

焦　慮

如果你先做題目為「你是如何焦慮？」這個簡短自我測驗之後，以下這段討論將對你更具有價值。這份由James McCroskey（1982）發展出的測驗是來測量你在各種不同的傳播情境中的焦慮，根據所提供的指示來計算得分。

現在你已對自己的傳播焦慮有一普通的概念，那有可能有興趣注意「傳播焦慮可能是這個時代的美國社會中，所遇到的最大的傳播困難」。根據一項對大學生所做的調查，有10%到20%遭遇「嚴重的、無力的傳播焦慮」，而其他有20%的人遭遇的傳播焦慮到達一個程度，而實質上足以妨害傳播的功能。

不同的文化之下，焦慮、害羞和傳播的意願也會不同。例如在一個關於害羞的研究中，發現以色列人最少有害羞的感覺。根據這篇研究指出，只有24%的以色列人通常有害羞的經歷，而墨西哥人有39%、美國人有42%、德國人有50%、台灣人有55%、日本人有60%表示會常有害羞的經歷。而在一項關於傳播意願的研究中，美國的大學生表示對傳播有最高的意願，然而密克羅尼西亞的大學生則是最不願意傳播，他們也具最高程度的害羞，而波多黎各人則最不害羞。

一、定義、釋義

傳播焦慮這一名詞，以及害羞、不願意傳播、舞台恐懼或沈

你是如何焦慮？

指導：這份問卷是由二十四個有關你對與別人傳播的感覺的敘述句所組成的。請在空白處表示每一個敘述句適合你的程度，用以下的數字做為記號表示：

    1=非常同意
    2=同意
    3=無意見
    4=不同意
    5=非常不同意

這些題目沒有對錯之分。許多敘述句和其他的敘述句很類似，不要太關心這一點。快速地填寫這份問卷，記下你第一印象的答案。

_____1.在團體討論中我不喜歡參加討論。

_____2.一般而去，當在團體討論中參加討論時，我覺得很舒服。

_____3.當我在團體討論中參加討論時，我會精神緊繃和緊張。

_____4.我喜歡專心參與團體討論。

_____5.在從事團體討論時有新來的人加入會使我感到精神緊繃和緊張。

_____6.當參加團體時我很冷靜並且放鬆。

_____7.一般而言，當我必須參與一項會議時，我會覺得緊張。

_____8.當我參與會議時，我通常覺得冷靜且放鬆。

_____9.當我在一項會議中被叫起來發表意見時，我非常冷靜且覺得放鬆。

_____10.我害怕在會議中介紹我自己。

_____11.在會議中進行傳播通常使我不舒服。

_____12.在會議中回答問題時，我覺得非常放鬆。

_____13.當我和一個新認識的人對話時，我覺得非常緊張。

_____14.在和別人對話時，我不怕大聲說話。

_____15.通常而言，在和別人對話時，我非常精神緊繃且緊張。

_____16.通常而言，在和別人對話時，我非常冷靜且覺得放鬆。

_____17.當和一個新認識的人對話時，我覺得非常放鬆。

_____18.當和別人對話時，我害怕大聲說話。

_____19.我不害怕演講。

_____20.當我演講時，我身體的某些部份會覺得非常緊張且變得僵硬。

_____21.當演講時我覺得放鬆。

_____22.當我演講時，我的心思變得困惑且混亂。

_____23.我面對帶有信心的演講的期待。

_____24.當我演講時，我非常緊張以致忘了我原來知道的事情。

得分：這份問卷給你一個總計的分數和四個次要的分數。這些次要的分數是與你在四種普通的傳播內容中，即在團體討論、會議、人與人之間的對話和公開演講中的傳播焦慮有關。依據下面的指示加上或減去每一題的分數來計算你的得分（注意 18 是每個公式的基本分數，這樣才能使計算出來的分數都是正數）。

欲得之次要分數	計算的公式
團體討論	18 加上第二、四和六題的分數，再減去第一、三和五題的分數
會　　議	18 加上第八、九和十二題的分數，再減去第七、十和十一題的分數
人際之間	18 加上第十四、十六和十七題的分數，再減去第十三、十五和十八題的分數
公開演講	18 加上第十九、二十一和二十三題的分數，再減去第二十、二十二和二十四題的分數

簡單地將你這四個分數加起來就可以得到你的總分。每一個次要的得分平均應該在 6 到 30 之間，得分愈高表示你的傳播焦慮愈多。任何在 18 以上的分數表示具有某些程度的傳播焦慮。大部份的人在公開演講項目的得分會高於人際間對話這項的分數。

默,是指關於傳播互動感到害怕或不安的狀況。人們發展負面的感覺並且預測負面的結果,並將其視為從事傳播互動的功能。他們覺得不管怎樣,從事傳播互動所產生的好處,要比恐懼來得重要。對他們而言,傳播互動所產生的高度傳播焦慮並不值得產生恐懼。

特別的焦慮通常指傳播的恐懼,不考慮特別的情況。他出現在兩個人的、小團體、公開演講以及大眾傳播的情境。比較之下,情況的焦慮是在特別給與的傳播情境。例如一個演講者可能害怕公開演說,但他對兩個人之間的傳播卻沒有困難。或者一個演講者可能害怕工作面談,但他對公開演說卻沒有困難。情況的焦慮是非常普通的,大多數的人在某些情況下會經歷到。

二、在程度上的不同

演講者焦慮存在於一種連續的情形下。人們或者焦慮,或者不焦慮。我們都經歷過焦慮的一些程度。一些人非常焦慮,並且在一個傳播情境中變得沒有能力。他們在社會適應方面遭遇了許多,正如我們一樣,在傳播過程中一個人的成功是靠他在具備有效地傳播的能力。其他人當他們面對傳播情境時是如此謹慎地焦慮,以致他們表現出一點也不恐懼;他們積極地找出傳播經歷,並且很少覺得有任何重要的焦慮。我們之中的大部份都落在這兩種極端之間。

三、焦慮的行為

焦慮也可以被當作是一種行為的詞彙來調查。一般而言,焦慮導致人們減少從事傳播互換過程的頻率、力量和可能性。高度焦慮的人避免傳播情境,並且當被迫參與時,儘可能地少去參與其中。這種不願意去傳播的情形,以一些不同種類的方式表達出來。在小團體的情境之下,焦慮的人不僅話說得少,而且還避免

坐具影響性的座位，例如那些在小團體領導人的直視範圍內的座位。在小團體情境中的領導人常不管高度焦慮的人實際的行為，因此他們很少有可能被看到。甚至在教室裏，他們避免坐在容易被叫到的座位，且僅維持一些些直視視線可以接觸到教授，特別是當一個問題可能被問的時候。研究中發現可能與這種情形有關的是，焦慮的人在學校有較多負面的態度，得到較差的分數，而且較有可能遭到退學。

高度焦慮的人也被老師或學生認為有較少想要的社交選擇。焦慮的人很少說話，也避免從事重大的傳播要求，例如教書或者公開的關係。在他們所從事的工作中，他們很少想要大幅地昇遷，因為那與增加傳播的機會有關。高度焦慮的人常不滿意他們的工作，這可能是因為在昇遷和發展人際關係方面很少成功而造成的。高度焦慮的人甚至很少可能得到工作面談。

焦慮的人也較多從事持續性的約會，而那並不是非預期的。最困難的傳播情境之一就是要求約會，特別是第一次的約會，並且發展一個新的關係。因此，當建立一個約會關係時，焦慮的人勉強放棄它，並且通過另一個第一次約會和另一個熟悉的時期的焦慮感。這並不是說焦慮的人全都是沒有效率或不快樂的人，大部份焦慮的人已經學習或能夠學習去處理他們的傳播焦慮感。

四、影響傳播焦慮的因素

研究指出有幾項因素會增加傳播焦慮。瞭解這些因素將幫助你增加對你自己的焦慮的認識，並且控制它。

㈠缺乏傳播的技巧及經驗

如果你缺乏打字的技巧，你幾乎不能期望你能打字打得非常好。假定你缺乏傳播的技巧和經驗，將會產生傳播困難並引起焦慮。假如你從來未曾開口邀別人和你約會，也對如何開口邀約沒有一點概念，那麼你會產生憂慮是完全合理的。

(二)評價的程度

你感覺在一個場合中你將被評價的情況愈多，你的焦慮程度可能就愈大。例如求職面談會引起較大的不安，因為那些面談具有高度的評價性質。相同地，要求第一次約會時，你會被評價並且因而經驗焦慮。

(三)從屬關係的地位

當你覺得別人比你會傳播，或他們知道的比你多時，你的焦慮就會增加。例如，害羞的學生在和一羣善用自己長處的人們說話時，會比較難表達自我意見，而被這些瞭解自我社會角色的人所壓迫。

對自己多一點正面的想法，並且加強你自己的技巧，將幫助你覺得較多一點相同。

(四)顯著的程度

你愈是覺得顯著，你就愈有可能覺得焦慮。這就是為什麼對一大群聽衆演講時會比在一個小團體的情境中說話要來得焦慮不安。因為你在一大群人面前顯得較為顯著，你站立著，而所有的注意力都集中在你的身上。例如，在一項調查中，有73%的害羞的學生表示，當他們在一個較大的團體中演講，成為注意的焦點時，他們會覺得特別害羞。而有68%的人注意到他們通常在較大的團體中會覺得害羞。又例如在小的討論團體中，注意力遍及許多人，你成為焦點的時間遠較你發表公開演講時來得少。

(五)無法預期的程度

你對一個場合愈無法預期，你的焦慮就可能愈大。曖昧不清以及新的場合都是無法預期的，你不能在之前知道你將如何，因此你會變得焦慮不安。和上述同樣的情形下，當你和陌生人互動時，似乎增加你的害羞，在調查中有70%的害羞的學生表示，他們和陌生人互動時會特別害羞。當新的場合或人們減少時，你的焦慮也會跟著減少。

㈥相異的程度

當你覺得和你的聽眾之間很少有共同點時，你愈有可能覺得焦慮不安。你愈覺得和你的聽眾不同，你愈有傾向在傳播時表現出害怕。藉由強調相似性，你將愈少想到你的不同點，你的焦慮應能減少。

㈦先前的成功和失敗

在相似的情況下，你的經驗深深影響你對新的情況的回應。先前的成功通常（雖然並非總是如此）減少焦慮，然而先前的失敗通常（雖然並非總是如此）增加焦慮。這裡沒有奧秘：先前的成功說你這一次也能成功，而先前的失敗卻警告你可能再度失敗。

管理傳播焦慮

或許不可能除去傳播焦慮，然而我們能有效地管理傳播焦慮，如此不會削弱或防礙我們達成需要我們在各種場合下傳播的目標。

一、學習傳播的技巧和經驗

正如已經被注意到的，造成焦慮的主要原因之一是缺乏技巧和經驗，而對策就是學習必要的技巧和經驗。在這一課，你將學習有效地人際互動的技巧。你應該選擇額外的課程和經驗，這樣能幫助你增加你所需要的大部份的技巧。根據你對焦慮的自我測驗分數來看，你在哪些地方會最為焦慮，然後考慮選擇適合你最為明顯需要的課程和經驗。

通常不善於溝通的人均起因於傳播焦慮。考慮影響傳播焦慮的幾個因素。什麼因素會發生在要求與別人約會時？在面談時？要求加薪時？在被警察誣告時？在批評一個屬下工作不力時？

二、預備和練習

你對某件事愈預備且練習，你對它就愈覺得舒服，因此，你也會覺得較少焦慮。例如，如果你對說笑話感到焦慮，你就練習一個你想說的笑話，在心裡預習，並且或許可以在鏡子前面練習，直到你對那件事覺得舒服。

三、焦點集中在成功

正面的思想。將你的力氣專心集中在你最好的工作上，不管你在任何一種場合，把負面的思想和失敗的想法從你心中拿去。如果你預測會失敗，你就非常有可能失敗。幸運地，反過來說，

預測你自己會成功，你就站在一個很好的機會上而會成功。記住過去的失敗不表示你未來的下一次必再度失敗。你現在有了新的技巧和新的經驗，並且那將會增加你成功的機會。

四、使你自己熟悉環境

你愈熟悉環境愈好。理由很簡單：當你熟悉這個環境，以及它將對你的期待，你就愈能預測什麼事將會發生。這能減少不確定性，並察覺出環境中的新奇事物。

五、以透視法來看傳播焦慮

當從事任何的傳播經驗，記住如果你沒有成功，世界將不會陷落下去。也要記住別人不能感知你的焦慮。你也許覺得喉嚨很乾而且心臟跳得很快，但除了你以外，別人是不會知道的。

六、試著放鬆

當你身體上放鬆時，焦慮就會減少。深呼吸和從事某種身體的活動（例如走路或在黑板上寫字）能幫助減少你覺得的緊張和焦慮。

此外也需要精神上的放鬆。例如，知道你已經學習新的傳播技巧以及你準備好這項任務，應能減輕你平常的焦慮和不安。集中焦點在成功，並且以透視法來看傳播焦慮，應該能幫助你覺得有多一點的信心，這也將可以使你有較為放鬆的感覺。

專　斷

許多有趣的實驗說明了許多人是如何地被動。在一項實驗中，受試者參加一項心理測驗，他們被放在一個靠近和實驗者同

盟的人的旁邊，而那個人在測驗期間內都在演奏搖滾樂。在這二十個受試者中，十六個人一點意見也沒有。甚至當這些學生被告知他們是接受溫和的電子的振動這個錯誤的答案時，二十個受試者中的十六人仍然對音樂演奏者沒說一句話。在一個實驗中，在一些人離開電話亭後，實驗者走向他們，實驗者聲稱他們遺失一枚戒指，並問那些剛自電話亭離開的人們，是否介意拿出他們的皮夾，來看他們有沒有拾起那枚戒指。在實驗者走向那些剛自電話亭離開的二十位成年男子中，有十六人（百分之八十）的人拿出他們的皮夾。當實驗者對研究生重複這項實驗時發現，二十四位男性中的二十位（百分之八十三）拿出他們的皮夾。Moriarty下一個結論說：「我相信我們當中的大部份都有一個想法，那就是很少事情值得和別人起爭執，特別是和陌生人。而且我相信特別是年輕人會有這種想法。」

在人際傳播中，專斷的重要性將藉由查驗不專斷、攻擊性、專斷的傳播三方面來進一步解釋。

一、不專斷

不專斷可分為兩種形式：情境的和一般的。情境的不專斷是指僅在某些種類的情境，例如那些會製造大量的焦慮不安或在必須運用權威的情境下，缺乏專斷。

一般的不專斷，正如這個辭彙所暗示的，是在形式上被證明出來的不專斷的行為。人們不管這情境為何，在行為中表現膽小羞怯、含蓄，並且不能主張自己的權利。這些人做別人（例如父母、老闆和其他人）要他們做的事，而不問也不關心什麼才是對你最好的。當這些人的權利遭受侵害，他們對此不做任何回應，有時更會去歸因於自己的行為是不被接受的。一般專斷的人時常向別人請求幫助，問別人什麼是他們最好要去做的。

二、攻擊性

攻擊性也可分為兩種。情境的攻擊性的人,只在某些情形下或在某些情境下會有攻擊性。例如他們在被長期利用或他們已經做了許多處理之後,才可能變成具攻擊性。這些人平常不具攻擊性,只有在某些情境下他們的舉止才帶有攻擊性。

然而,一般的攻擊性的人,遇到所有或至少大部份的情境都會表現攻擊性的行為。這些人似乎管理幾乎所有的情境,不管什麼將會來到,他們都接受。他們表現出很少思考意見、價值或其他的信念,他們對批評他們的行為的話也非常敏感。因此,他們經常和別人吵架,也發現他們只有少數的朋友。他們很少會想到別人,而別人也很少想到他們。

三、專斷的傳播

專斷的傳播　　傳播能幫助你表現你最有興趣的行動,而沒有否認或侵害他人的權利——這是積極地想要如此。專斷的個人願意主張自己的權利,但不像他們的專斷的對手,他們在過程中不會傷害其他人。專斷的個人說出自己的心聲,也歡迎其他人像他一樣。在《你的完整的權利》一書,這是第一本訓練專斷的書,Robert Alberti和Michael Emmons注意到「能夠使一個人表現他自己最大的興趣的行為,擁護他自己沒有極度的焦慮不安,舒服地表達他的誠實的感覺,或去練習他自己的權利而沒有否認其他人的權利,我們稱之為專斷的行為。」

進一步來說,「專斷的個人,是在人際關係中完全地管理他自己,覺得有信心且認為自己會有能力,不會有自大或者與他人敵對的情形發生,在感覺和情感上是基本地自然的表達,並且通常被別人尊敬和讚美」。當然啦,這是一個吸引人注意的個人的形象。不用懷疑地,這是一個有高度工作滿意經驗的人的形象,

並且擁有許多約會技巧。

在人際傳播上有四種特性來定義專斷。專斷的個人是：

開放的	他們坦白表達他們的感覺
不會焦慮不安	他們容易自願表達意見和信念，直接處理有壓力的人際傳播情境，並且不會害怕問別人問題。
愛爭論的	他們會維護他們的權利並且爲之爭吵，甚至這會造成和別人不愉快的結果。
不被恐嚇的	他們牢牢堅守他們的信念且不易被說服。

專斷的人在他們想要專斷時就會專斷，但當情境似乎要求不專斷時，他們也能不專斷。例如我們可能希望在一種情境下專斷，會在情感上傷害別人時就不專斷。舉例來說，有一個老親戚希望我們爲她或他做某件事情，我們能主張我們的權利而說不，但若如此做將會傷害到這位親戚。當然，有一些限制需要被觀察。在這樣的一個情境下我們應該要小心，我們應以不去傷害人的方法來代替。例如，父母希望他們的小孩在家裏住，直到他們結婚，這樣可能會因孩子拒絕的專斷行爲而受到傷害，這樣的改變會傷害到別人。

增加專斷的原則

大部份專斷訓練者通常做結論說，大部份的人是情境不專斷的。大部份的人能修正他們的行爲，這樣的結果發生在一般人際間的效用和自我認知。然而那些通常不專斷的人可能需要由治療學家來進行廣泛的訓練。那些只有適度不專斷的人和希望瞭解他

們缺乏專斷的人，以及或許在某些情境下行為舉止不同的人，應該找到以下具有價值的原則。

一、分析其他的專斷傳播

　　想要增加專斷的第一步就是瞭解專斷行為的本質。這種瞭解應已達到一個智力上的層級。什麼是必須的且較為重要的事呢，就是要瞭解實際的專斷行為。而最好的開始方法就是觀察並分析其他人的行為。學習區分專斷、攻擊性和不專斷行為之間的差異。集中焦點在是什麼原因使一個人行為專斷，並且另一個行為具攻擊性或不專斷。聽聽看被說的是什麼，以及它如何被說。

二、分析你自己的傳播

　　在你自己觀察別人的行為中學習一些技巧之後，將你的分析轉向你自己。分析你通常專斷、不專斷及具攻擊性的情境。這些情境有何特色？通常在什麼情境下你會帶有攻擊性？你通常不專斷的這些情境又有何不同？

　　分析你自己的非語言的行為。當你專斷時你會如何站立？具攻擊性時如何？不專斷時如何？你使用何種聲調？你維持何種眼神的接觸呢？你用你的手做什麼？你的非語言行為可能在每一種行為中會不相同。

三、預習專斷傳播

　　有幾個系統可用來做為有效預習專斷行為的方法。最為普遍的方法之一，是選擇一個你通常不專斷的情境，並且建立一個階級制度，以相關的不具威脅性的行為開始，而以想要的行為結束。例如，假設你對在班上說話有困難，那麼你想要的行為就是能在班上說出你的想法。你可以建構一個情境的階級制度，把話題轉向在班上說話。那將以想像你自己在班上的情境為開始。然後你

可以想像你坐在班上一個可以放鬆的位置。當你已經熟練這種想像，就可以開始下一步，想像教授問一個問題。當你能想像這種情境並且維持放鬆的想法後，想像教授問你問題。想像這種情境，一直到當你能很放鬆地想像這情境的時候。然後試著想像你自己回答了這個問題。再一次，重複這樣做直到你能完全放鬆。下一步想像你自願在班上發表意見，也就是你想要的行為。想像這樣的情形直到你能完全放鬆地做這個動作。

這是心理上的預習。你可以增加口頭發聲的面向，即大聲回答你想像中教授問你的問題。再一次，這樣做直到你沒有困難為止。下一步試著在一群支持你的朋友或團體前面這樣做。在這樣預習之後，你可能已準備好走下一步。

四、專斷地傳播

這一步自然是最為困難的，但明顯地也是最重要的。你只有藉著以行動表現專斷的傳播才能增加專斷，你不能藉著不專斷的傳播來變成專斷。

再者，在一個小團體裏做這些步驟。繼續前面的例子，試著在自願發表意見，或和教授爭論之前，回答你已確定的答案。

透過這本書，特別的技巧貢獻在思考專斷的傳播，例如：

- 有效人際傳播的特色，特別是信心、表達感情以及互動管理（第六章）。
- 有力的（並且避免無力的）語言（第二十章）。
- 論證的技巧（第二十一章）。
- 適當的解決衝突策略。

當你已經能專斷地傳播後，要獎勵你自己。給你自己你想要的東西，例如一個甜筒、一張CD或一件夾克。如果你在從事想要的行為後馬上獎勵自己，將能使你更容易且永遠學習表現這種行

爲。試著不要延遲獎勵自己的時間太久，最好馬上獎勵你自己。

在傳播之後，從別人那裏得到回饋。先和那些通常具支持性的人們開始。他們應該會提供社會增強來幫助他們學習新的行爲類型。這種回饋特別重要，因爲一個觀察者對你的互動和你的行爲的認知可能完全不同。例如，你在某些方式上的行爲可能有傳播信心的傾向，但觀察者可能會認爲你驕傲自大。因此，另一個人對你的行爲的認知能幫助你像別人一樣來看你自己。

在所有行爲中，特別是新的行爲，要瞭解你可能在你想試著去做的初期失敗。你可能試著專斷，卻只發現你是不成功的。例如，你可能試著回答老師的問題，而發現你不只是有錯的答案，並且甚至不瞭解老師問的問題。你可能舉起手來，卻發現當你察覺時你已不知說什麼了。這樣的偶發事件不應該使你感到挫折，要瞭解所有在你企圖改變行爲時，你將經歷到失敗和成功。

在這個討論中要增加一點必須注意到的。我們很容易可以想像一個情境，有人在電影院中，坐在我們後面不停地說話時，並且我們因爲帶有專斷的熱心，告訴這些人要安靜一點，而這些熱心專斷的結果，可能帶來的是牙齒遭人打碎。而同樣簡單的道理可證，如果我們用自以爲是的專斷方式去關心一個人，結果是這個人嘩啦一聲哭了，而無法去理解我們對他的關心與行爲，導致這個人並無法理解我們的行爲目的爲何。依據這些原則，要小心你沒有走在身體上或情感上你不能處理的之前。例如，不要專斷地主張離開你的工作。當改變你的行爲，特別是專斷時，要小心一點才是聰明的。

摘要	
定義	處理原則
焦慮：對傳播情境的一種恐懼或焦慮不安的情況	處理傳播焦慮

傾向焦慮：一般傳播的恐懼
  情境：特別的情境下傳播的
    恐懼（例如面試或公開說
    話的情境）
	1.學習傳播技巧和經驗
	  2.預備和練習
	  3.集中焦點在成功
	  4.使你自己熟悉情境
	  5.曉得身體的放鬆的幫助
	  6.以透視法看傳播焦慮

不專斷：無法專斷或勇敢地維護一個人的權利
  情境的專斷：在某些情境不
    能專斷
  一般的專斷：在大部份或所
    有的情境中都無法專斷
	增加專斷
	  1.分析其他人的專斷傳播
	  2.分析你自己的傳播
	  3.預習專斷傳播
	  4.專斷地傳播

攻擊性：不考慮別人的權利， 只顧自己興趣的行為	

專斷的傳播：沒有否認別人的
  權利，並且能表現他或她自己
  的最大興趣的傳播。	

第二篇
瞭解語文與非語文的訊息

在瞭解訊息時，記住下列幾件事：

- 在真實的傳播過程中，言語總是伴隨著非語文的訊息，因此，訊息應包含了語文與非語言傳播。
- 訊息的表達，不管是語文或非語文，與社會或文化因素息息相關。它們是文化的一部分，也反應了文化的本質。因此傳播的規範會因不同文化背景而有所不同。違反文化傳統的傳播行為也時有所聞。
- 應同時考量不同的非語文傳播方式。雖然我們將身體、空間、時間分開來談，但是你卻同時使用這些方式來進行傳播行為。因此要記住，在實際人際傳播的過程中，他們是同時運作的。
- 絕對不要依據單一的訊息就對別人下定論。
- 看看自己的傳播行為。注意自己的語文與非語文訊息的傳達，比較實際與理論上的差異。

第十章
言語和非言語訊息的特性

單元目標

讀完這一章，你應該能夠：

1. 解釋言語和非言語訊息互動的主要方式。
2. 解釋意義的這些原則：意義是在人們之中，意義是超過字詞的，意義是獨特的，意義是外延的和內涵的，意義是基於文本的。
3. 解釋訊息的這些原則：訊息是整批的，訊息是被規則管理的，訊息在指示下變化，訊息在可信度之下變化，以及訊息可能是關於傳播的傳播。
4. 解釋矛盾的訊息的結構與功能。

你使你自己、你的感覺，和你的思想，藉由解釋你的想法及意義變成一個言語及非言語的符號而被別人知道。言語的部份就是言語，即你所使用的字詞、片語和句子。非言語的部份是由廣泛的各種要素所組成的，及包含空間的關係、時間的定位、姿勢、臉部的表情、眼神的移動、觸覺，以及聲音的各種速度、音量和音調。

言語及非言語訊息的互動

在面對面傳播，你混合了言語和非言語的訊息，盡力傳達你的意義。下面舉出六種主要的方式，在其中，和言語訊息一起運用的非言語訊息可以幫助強調這種重要的言語和非言語的互動。

一、強調

非言語訊息時常被用來強調言語訊息中的某部份。例如，你可能提高你的聲音去強調一個特別的字或片語，用你的拳頭砰砰敲桌子表示強調你的承諾，或當你說「我愛你」時以渴望的眼神看著某人的眼睛。

二、補充

非言語的傳播可能會增加未藉由你的言語訊息所傳達的意義。因此，當你說一個故事時你可能會微笑（表示你覺得它很幽默），或當詳細敍述某人的詭計時，你皺著眉頭並且搖頭（表示你不贊同）。

三、矛盾

你可能從容地使你的非言語的動作和言語訊息相互矛盾，例

如，藉由交叉手指或眨眼睛指出你正在說謊。

四、控制調整

非言語的動作可能被用來控制，或顯示你想要去控制，滔滔不絕的言語訊息，當你噘起你的嘴唇，彎腰向前或手做動作表示你想要說話。你也可能舉起你的手，或發出聲音表示你的暫停（例如「嗯」）來表示你還沒有說完，並且還沒準備好要把發言權交給下一位說話的人。

五、重複

你可以重複或將言語訊息換成非言語的方式來表達。例如你可以在你的言語「那一切都好嗎？」之後接著揚起眉毛和一個疑問的表情，或者你也可以搖動你的頭或手來重複你的言語「我們走吧」。

六、代替

你可能也利用非言語傳播來代替言語訊息。例如，你可以用一個手勢來表示「好」。你可以點點頭表示是的，或搖搖頭表示不是。

意義和訊息

意義是在來源和接收者、說話者和聽眾、作者和讀者之間合作創造的一個活動的過程。瞭解意義是什麼，以及它們如何從一個人對另一人之間通過，對控制言語和非言語訊息系統而言是關係重大的。

一、意義是在人們之中

意義不僅靠訊息（不管是言語的、非言語的或兩者），也靠這些訊息和接收者自己的思想及感覺的互動。你沒有「接收」意義；你創造意義。字詞不是意義；人們賦予意義。因此，要去揭露意義是要看人，而不是看字詞。

一個困惑的例子可說明忽略這個比較上簡單的事情所得的結果，這是由Ronald D. Laing，H. Phillipson和A. Russell Lee於一九六六年在《人際知覺》（*Interpersonal Perception*）提出，而Paul Watzlawick於一九七七年在《現實的眞相》（*How Real Is Real*？）分析之後得的結果：一對夫婦在他們度蜜月的第二天晚上，坐在一個旅館的酒吧裏。這位女士開始和坐在她旁邊的一對夫婦對話。而她的先生卻拒絕和那對夫婦對話，並且對他的太太和那對夫婦產生敵意。他的太太後來因爲他的先生創造出如此不成熟並且不愉快的場面而生起氣來。他們之中的彼此都漸漸變得煩躁不安，而這個傍晚就在彼此都覺得別人缺乏體諒的一點點衝突下結束了。明顯地，「蜜月」對他們彼此而言有著不同的意義。對這位先生來說，那是一個「將世界上其他事物置之不理，而只要僅僅探究彼此的大好機會」。對這位太太而言，「蜜月」指的是一個試驗她的新角色的機會。她說：「我以前從來沒有以一位太太的身份和另一對夫婦說話，在這之前，我總是以『女朋友』或『未婚妻』或『女兒』或『姊妹』的身份出現。」

二、意義是超過字詞和姿勢的

當你想對另外一個人傳播一個想法或感覺時，你比較是以一些符號來傳達。這些符號只表示你的思想或感覺的一部份，而其他大部份依然沒有被說出來。如果你想要試著描述每一個想法或感覺的細節，你將會無法繼續生活下去。你尋找要去傳播的意義，

遠遠超過你用來表示它們的字詞和非言語的行為的總數。

　　因為如此，你永遠無法完全得知另一個人正在想什麼，或感覺到什麼。你只能接近你所接收到的意義的基礎，而那正如已注意到的，通常受到你是誰，以及你感覺到什麼所影響。相反地，其他人也永遠不能完全認識你，只能接近你的感覺。錯誤地去瞭解另一個人，或者被誤解，都不是不正常的情況。那是必然的，雖然我們應該瞭解我們總是能夠互相瞭解對方比現在再多一點。

三、意義是獨特的

　　因為意義起源於被傳播的訊息以及接收者自己的思想和感覺，所以沒有兩個人能夠得出相同的意義。同樣地，因為人們經常改變，所以沒有兩個人能在兩個各自獨立的情況中得出相同的意義。你永遠不能從你所創造的意義中被獨立出來。正如一個結論，藉由問問題來檢查你對另一個人的意義的認知，對你所感覺到別人的感覺或想法做出回應，尋找推敲及說明，並且，通常練習在有效地人際認知和傾聽中討論過的被定義的技巧。

　　當你改變時也要瞭解，你也改變了你從過去的訊息中所創造出的意義。因此，雖然被送出的訊息可能沒有改變，但是你對它所創造出的意義可能昨天的和今天的有一些不同。昨天當一個特別的人說「我愛你」時，你確實瞭解這三個字的確實意義。但在今天當你學著對其他三個人說「我愛你」，或當你和某人談戀愛時，反而會激烈地改變你從這些字所感覺到的意義。

四、意義是外延的也是內涵的

　　為了要解釋外延的和內涵的意義，讓我們先用「死」這個字來說明。對一個醫生來說，這個字的意義可能是外延的意義，簡單地指心臟停止跳動，那也是對一個特別事件的一個客觀的描述。然而，對一個剛死了兒子的母親而言，這個字的意義就不只

於此了。它會使母親想起兒子年輕的時候，他的雄心壯志、他的家庭、他的疾病等等。對母親而言，主觀地並且帶有個人的聯想，這些都是這個字的內涵意義。一個字的外延意義是它客觀上的定義，而內涵意義是它在主觀上或是情感上的意義。

現在認為一個簡單的點頭代表回答這個問題「你同意嗎？」。這個姿勢是極為外延的，並且簡單地說是的。那麼關於一個眨眼、一個微笑，或有力地點點頭又代表什麼？這些非言語的動作是有較多的內涵意義；它們表達你的感覺，更確切地說，它們傳播客觀的訊息。

一個訊息的外延意義是普遍的或是一般性的；大部份的人們會同意外延意義，並會給類似的定義。然而內涵意義卻極為個人的，並且少數人會同意一個字或一個非言語行為有正確的內涵意義。可以試著對一個團體的人們做測驗，看看他們對「宗教」、「上帝」、「民主政治」、「財富」和「自由」這些字詞的內涵意義，或對一些非言語行為如揚起眉毛、交叉手臂放在胸前，或當坐下來的時候交叉雙腳的內涵意義是否相同，將不可能會達成一個共識。

五、意義是要視情況而定

相同的字或行為當它們出現在不同的情況下，可能會有完全不同的意義。例如，通常當你對一位走在街上的某個人打招呼說聲「你好嗎？」，意思是指「哈囉」，但當你對一個正在住院治療的朋友說這句話時，意思是指：「你的健康情形改善了嗎？」在公車上對一個有吸引力的人眨眼，和當你表示在說誇張的謊言時的眨眼，所代表的意義完全不相同。同樣地，所給的一個符號的意義要看它所伴隨的行為，或剛好接近的行為而定。在一個支持政治家的演講期間強烈揮拳頭敲打桌子，和在聽到一個朋友去世的消息時所表現出相同的動作，兩者的意義卻十分不同。

訊息的特性

人際傳播的訊息跟其他的訊息一般,是整批出現的,被規則所支配的,在直接坦白上變化,在可信度上變化,並且可能是指在眞實世界中的物體和事件。回顧五個訊息的特性能使我們更加瞭解人際傳播的訊息如何被轉移的,以及我們如何能控制我們自己較好一些。

一、訊息是整批的

你以你的嘴發出的聲音,或以你的手或眼睛做出的姿勢,通常是整批或一連串地出現,而那些各種言語的和非言語的行爲會加強另一個行爲的意義。

訊息系統的所有部份通常一起作用去傳播一個整合的意義。當你言語上表達生氣時,你的身體和臉部也會藉由緊繃、皺眉,或許還散播出戰鬥的態度來表示生氣。你時常沒有注意到這一點,因爲它看起來如此自然、在預期之中。但當某人的態度或表情顯示的非言語訊息和他所說的言語訊息互相抵觸時,你就會特別注意到。例如,一個人對你說「我很高興見到你」,但卻避免眼睛直接注視著你,而好像在看周圍的別人,他現在正傳送的是相反的訊息。你看到矛盾的訊息(也有一些作者稱之爲「混合的訊息」),當一對不管是新婚的或已結婚很久的夫婦,說他們彼此愛著對方,但在其他的非言語行爲看起來卻是彼此傷害,例如藉由在重要約會時遲到、藉由和其他人調情,或是彼此不觸摸對方。在一部古典電影「畢業生」中,對於相反訊息有一個特別好的例子。畢業生Benjamin Braddock(由Dustin Hoffman飾演)以及Robinson太太(Anne Bancroft),有一個在標準之下

的戀情，那指出一個高度的親密程度。但是Benjamin重複地並且經常不變地稱呼他的伴侶「Robinson太太」，這顯示了他對這個關係感到不舒服，並且他覺得這與一個成熟的女人的關係不同。

在傳播的整批的本質，或許是對較親密的人際關係是一種警告，尤其當你與他人有非言語行為出現時。在你確定或猜想任何一點行為的意義之前，看看整批的全部，或一部份的那一群，這個方式中，這一群是對它的前後關係的回應，以及在這一群中特別的非言語行為的角色。在你的直視範圍之內的那個有吸引力的人正在眨眼，可能是給你一個媚眼；然而，不要排除戴上錯誤的眼鏡的可能性。

一般而言，你不會太注意到傳播的整批的本質，除非那是不和諧的。當你發現在言語和非言語訊息之間有矛盾之處，你就會開始質疑那個人的可靠性和真誠度。

・**雙重束縛的訊息**

應該特別要提到關於矛盾訊息的一個特別的形式是雙重束縛的訊息，也就是它們的言語和非言語指示互相矛盾。考慮下面的人際互動：

> PAT：你不再對我一往情深了。你不再像你以前那樣擁抱我（那樣是「愛我」）。
>
> CHRIS：［增加一個愛的本質。］
>
> PAT：［神經緊張地，失敗去維持眼神的接觸，並且，一般而言，傳送出非言語的訊息表示『不愛我』。］
>
> CHRIS：［縮回］
>
> PAT：看到了嗎？你不愛我。

下面的因素對一個構成重要的雙重束縛的互動而言必須被包括在內（Brommel，1990）。

1.熱情的關係

兩個人的互動必須分享一個親密的關係，在其中一個人的訊息和需要，以及另一人的回應都是重要的。這種關係能存在於各種家庭的成員、親近的朋友和愛人之間，並且在一些例子中，這種關係還存在於雇主與員工之間。

2.矛盾的回應

　　這兩種訊息必須需要不同的和矛盾的回應。那是指，訊息必須兩者都不能邏輯地被言語化。通常正面的訊息是以言語來傳播，例如「愛我」這個正面的訊息。而伴隨著負面的訊息，通常是非言語的方式來傳播，而與之前的第一個訊息矛盾，例如縮回並且一個普通的緊張都傳播「離開」的意思。在一個雙重束縛關係中的雙方都有可能傳送這樣的訊息，兩者既不是在相同的對話中，也不是分開地在不同的場合中。

3.沒有能力逃避

　　在一個雙重束縛的情況下的人們，其中之一必定無法逃避互相矛盾的訊息。在雙重束縛的情況下的人們會覺得落入陷阱之中。防止一個人逃避互相矛盾的訊息可能是一個合法的約定（如同像結婚證書），或者就情人們來說，不用寫下來但瞭解同意，互相都有責任要滿足彼此的需要。不管約定了什麼責任，接收訊息的人至少對於需要的其中一項會依照約定達成。假設克里斯表達愛意，非言語的命令「不愛我」就違背了。如果克里斯沒有表達任何愛意，言語的命令「愛我」就違背了。

4.處罰的恐嚇

　　一定有一些對於接收者的錯誤地答應傳送者的言語或非言語的需要。在我們的例子中，有一個被暗示的處罰的恐懼，對於錯誤表示愛意和錯誤答應這個需要而不去愛。不管情人如何回應，一些處罰的形式是必須的。但這只是解釋為什麼情人間的關係必須強烈的關聯；而這種處罰式的恐嚇，也已經不重要了。此外，這個恐懼將不會是重要的。

在這張照片中，不同的意義是如何湊在一起的？你能指出父親在語文與非語文傳播中所傳達出矛盾的訊息嗎？

5.經常的事件

　　雙重意義的訊息是一個嚴重的傳播問題，它經常發生。經常暴露在雙重意義的訊息上的人們，會去建立某種反應的模式，正如他或她一定會去猜測，不管任何訊息的產製，都非正確的。正因如此模式的反應，這些人常迷惑於傳播的訊息，而這種處罰，是揮之不去的。如她或他所預期什麼事，而將會是種不正確雙重意義的回應模式，兩者都會去猜測，而雙方並無法順利從這種傳播的困惑中逃脫，而導致雙重意義的處罰，只伴隨了無可避免的不服從。

　　雙重意義的訊息，當孩童包括在內時，特別具有傷害性。孩童不能逃避如此的情況，也不能傳播有關這個傳播。他們不能問

他們的父母為什麼當父母說他們愛他時，他們不能緊握著或擁抱他們。

　　Ernst Beier（1974）認為這些雙重意義的訊息是想要傳播兩種不同的感情或感覺的結果。例如你可能喜歡一個人，而且想傳播一個正面的感覺，但你可能也覺得討厭這個人，並也想傳播一個負面的感覺。結果就是，你傳播兩種感覺，一個是言語的，一個是非言語的。

二、訊息是受規則管理的

　　言語傳播受規則管理的本質是眾所週知的。這些是一個言語的規則（文法的規則），本國的說話者在製造且在瞭解句子中遵守這些規則，雖然他們可能不能明確地陳述這些規則。

　　你從觀察成人社會的行為中學到這些規則。例如，你學到如何以你的文化已經建立的合適的表達方法來表示同情。你學到在某些情況下觸摸是被允許的，但在其他情況，那些觸摸的形式是被允許的，那種是不被允許的。你學到女人可能會在公眾場所互相觸摸，例如她們可能握著手，挽著手臂走路，從事時間較長的擁抱，並且甚至一起跳舞。你也學到男人可能不會做這些事情，至少不會不招致社會的批評。進一步來說，或許很明顯地，你學到身體的某部位可能不被觸摸，而且其他人可能也是如此。當一個關係改變時，對觸摸的規則也會改變。當你們變得比較親近，對於觸摸的規則就會變得較不受限制。

　　非言語的傳播也被一個規則或標準的系統所管理，也就是陳述什麼是以及什麼不是在特別的社會情況下適當的、期望的，並且是允許的。當然這些規則會因為文化不同而有很大的變化。規則是文化的（以及關係的）制定；它們不是一般的法律（參看在第二章中的「傳播是特別的文化」）。

　　在美國，眼睛的視線直接接觸代表開放和坦白。然而，在一

表 10-1　可能使你遇到麻煩的一些非言語的行為

在台灣，眨你的眼睛被認為是不禮貌的。

在斐濟，把你的手臂在胸前交叉被認為是不尊重的。

在奈及利亞和希臘，搖動你的手是不禮貌的。

在澳洲，姆指向上的手勢是不禮貌的。

在埃及，一起輕敲你的兩個食指的意思是一對夫妻正在睡覺，或是你正在請求要和某人睡在一起。

在很多中東國家，用食指來指東西被認為是不禮貌的。

在日本，彎腰到達一個比你的主人還要少的程度，暗示你是優秀的。

在一些南歐國家，握緊拳頭，在你的食指和中指之間插入你的姆指（稱作無價值之物）被認為是令人不悅的。

在非洲國家，以你的食指和中指指向某人，表示你希望他遭逢厄運。

在一些中東國家，把你的腳放在一張桌子或椅子上是不禮貌的。

*這些姿勢的禁忌是取自 Axtell(1993).

些拉丁裔美國人和本地美國人中，例如一個老師和一個學生之間，兩人眼睛直視對方被認為是不恰當的，或許還具有傷害性，而學生的適當行為是避免眼睛直接注視老師。甚至從這個簡單的例子可以很容易就看出錯誤的傳播是如何產生的。對一個在美國的老師來說，避免被一個拉丁裔美國人或本地美國人眼睛直視，可能意謂著有罪的、缺乏興趣或不尊重，事實上這個孩子是遵循她或他自己的文化上所建立的規則。在**表 10-1**，給你這些問題的一個想法，可以增加你採取這些受規則管理的訊息行為在一個文化中、在其他文化中相同被使用的規則。

三、直接訊息中的變化

思考下列的句子：

1.我很煩，我今晚沒有事要做。

2.我想去看電影。你要不要去呢？

1.今晚你想吃漢堡嗎？

2.我今晚想吃漢堡。你呢？

數字1的敘述是非直接的；它們企圖讓聽眾去說或做某件事，而和說話者沒有牽連。數字2的敘述是直接的，它們清楚地定義說話者的偏好，然後問聽眾他們是否同意。一個較為明顯的非直接訊息發生的例子是，當你眼睛一看你的手錶，傳達出時間很晚了，而你最好該走了。非直接的訊息至少含有兩種重要的功能。

非直接的訊息允許你表達一個慾望，而不會對別人不禮貌或得罪別人；它們允許你去觀察有禮貌的互動的規則。所以，你可以說「時間已太晚了，而且我明天早上還要早起」，或者你看看你的手錶，並且假裝對手錶上的時間感到很驚訝，取代說「我對這個團體厭煩了」。你可以說「我已經開始減肥了」或「我已經吃飽了」，取代說「這個食物看起來不真實」。一些非直接的訊息允許你在一個社會所接受的習俗中要求稱讚；你可能說「我想我得到一個偵察的（nose）工作」，希望得到別人的稱讚，「一個鼻子的工作？你？你的鼻子真是棒啊！」

· **非直接的訊息的問題**

然而，非直接的訊息也能產生問題。思考下面的對話，在其中有非直接的要求：

PAT：你不喜歡我的父母這個週末來吃晚餐，是不是？

CHRIS：我已經想要到岸邊去，而且要休息。

PAT：好吧，如果你覺得你必須去岸邊，我將自己預備晚餐。你去岸邊。我真的很討厭他們要來，而且由我自己做所有的工作。如此拖拖拉拉的採購、烹飪和清理所有的東西的

事情都由我自己來做。

1.有贏有輸和雙贏的情況

　　所給的這個情況，Chris有兩個基本的選擇。一個是堅持到岸邊和休息的計劃。在這個例子中，Pat將很不舒服，並且Chris可能因為沒有幫忙準備晚餐而覺得有罪惡感。另一個選擇是向Pat讓步，幫忙她準備晚餐，並且不去岸邊。在這個例子當中，Chris必須放棄比較想達到的計劃，並且確定會厭惡Pat的操縱的策略。不管做成什麼決定，一個人贏並且一個人輸，這種「非輸即贏的策略」，會使人產生憤恨、競爭以及心理上常有「我將報復」的念頭。用直接的要求這樣的情況可能將會有其他發展。思考如下：

　　Pat：我想邀我的父母這個週末來吃晚餐。你認為如何？
　　Chris：嗯，我已經想要去岸邊，並且休息。

　　不管下一步怎麼發展，兩個人正開始走著有關係的相同的步伐。彼此都已清楚地並直接地敘述另一人的偏好。在這個例子當中，這些偏好似乎互相排斥。但是觀察發現有一個滿足雙方需要的可能。例如Chris可以說：「這個週末先去岸邊，然後下個週末請妳的父母來吃晚餐如何？我真的已經累了，我想休息。」這是一個對直接問題所做的直接回答。除非有某種急迫的需求，要Pat的父母這個週末來吃晚餐，這樣的回答或許能夠幫助彼此滿足對方的需要。

　　使用非直接的要求，雙贏的結果是難以見到的，因為從開始變化時就有一個被暗示的不公平，並且企圖去操縱其他人。相對來說，用直接要求就沒有操縱了。這個結果是雙贏的解決方法，兩個部份都能得到他們想要的，容易地暗示他們自己。雙贏的情況創造出支持，以及願意去合作。

2.責任和坦白

或許在直接和非直接要求之間最明顯的不同，在於直接要求是坦白且開放的；非直接要求雖然並非總是如此，但仍常不坦白，並且是操縱的。直接的問題鼓勵開放、坦白以及支持的回答；非直接的問題鼓勵的回答是厭惡的、不誠實的以及辯護的。

　　例如舉例說「你真的不想要我的父母在這個週末來吃晚餐？」Pat試著把做這個決定的責任轉移到Chris身上。用一個陳述像「我想要我的父母這個週末來吃晚餐」，這個說話者擁有他的或她的陳述、想法和感覺。

四、訊息在可信度上的變化

　　最重要的部份是，研究顯示當言語和非言語訊息衝突時，你可能會相信非言語的部份。例如，非言語傳播的理論家Dale Leathers（1990）報告說，非言語的暗示的影響超過他們對人際表達方面的影響有四倍，並且在表達信心方面更是重要十倍。對人部份訊息而言，一個好的推論是意義的大約60％到65％是被以非言語的方式傳播的（Burgoon，Buller，and　Woodall，1989）。

　　為什麼你會相信非言語訊息而不是言語訊息呢？可能是因為你覺得言語的訊息較容易作假。因此，當有一個矛盾時，你可能會不相信言語而會接受非言語的訊息。或者可能是非言語訊息時常在有所察覺的程度之下產生作用。你在不知不覺中學習並明白它們。因此，當言語和非言語訊息之間有矛盾時，你可能會從非言語的訊息中得到一個「感覺」。因為你可能無法孤立它的來源，你可能以為它設法是正確的。

　　非言語的暗示幫助你去推測一個人是否在說謊。他也用它們去幫助你發現隱藏的事實，一個謊言是被隱藏的。非常有趣的是，當你們變為較親近之後，你對於發現你的夥伴正在試著隱藏事實的這種能力將會降低。研究也顯示在發現隱藏的事實這一方面，

表10-2　說謊者的傳播行為

說謊者：

1.較多的猶豫以及較長時間的暫停。
2.說話犯較多的錯誤。
3.較少微笑。
4.以短句來回答，時常簡單地以是或不是來回答。
5.比較會使用「強調」的語詞：例如「絕不」、「總是」、「每個人」。
6.較少使用特別的字（例如關係到能作證的人、地點和事情），而較常用不特別的字，如「分配」或「玩得愉快」。
7.較會眨眼睛並且避開視線直接接觸。
8.使用較多的變換（自己摸東摸西緊張的動作）。
9.張大他們的瞳孔。
10.時常改變他們的姿勢。
11.有一個潛在的較大的回答（在回答另一個人的問題或陳述之前會停頓較長的時間）。
12.使用過多的手勢。
13.花較多的時間將視線由聽眾身上轉到別的地方。
14.使用較多的解釋性的詞句：例如在句子的結束加上「就是像」和「你知道」等詞句。
15.顯示較少的友善和注意。

女人的表現比男人要好（McCornack and Parks, 1990）。

　　你在發現某人正在說謊所用的非言語的暗示是什麼呢？在**表10-2**中列出從對這種暗示所做的廣大的、各種的研究所得到的研究發現。在觀察這個表時，記得在他們所發生的情境之下來解釋傳播行為（言語的及非言語的）是很重要的。這些引用的例子應該被用來提出假設，而不是堅固結論，是關於可能的欺騙的例子。在觀察欺騙上的延伸的文獻，Paul Ekman在 "*Telling Lies*" (1985) 中警告：「評估行為的暗示去欺騙是危險的……這個謊話的捕捉者一定利用某個手勢或者表情去評估說謊或者說實話的可能性為何？它很少是完全一定的。」

五、訊息和關於超傳播

　　「超傳播」指提到其他的傳播；就是關於傳播的傳播（第六章）。例如在言語上你能說「這個句子是錯的」或「你瞭解我正試著告訴你的嗎？」，因為這些句子提到傳播，它們被稱作是關於傳播的傳播敘述。

　　非言語的行為也可能是關於傳播的傳播。明顯的例子包括一個人將手指交叉放在背後，或當他正在說謊話時就眨眼睛。但愈微妙的關於傳播的傳播例子愈是有趣；當你對你盲目的約會說「我已經有一段真的很愉快的時光」的時候，卻缺乏笑容，錯誤維持視線的接觸，長時間的暫停，就和言語中的「真的很愉快的時光」矛盾，並且說明了你並不享受你的約會的那個傍晚時刻。

　　非言語的訊息可能關於傳播的傳播有關其他的非言語訊息。一個人他一面微笑，一面避免視線直接接觸或伸出一個完全沒有知覺的手，表示一個人的非言語行為可能如何和另一個相矛盾。

　　但通常當非言語行為是關於傳播的傳播時，它增加了其他的言語或非言語的行為。當歡迎某人時你會微笑，跑去和那人見面，你說你渴望見到他，或為了一個你在言語上表達你很高興參加的宴會而提前到達。在消極的一面，雖然仍時常不變的一面，你可能為了看牙醫而遲到（也許會帶著一個不愉快的臉部表情）或當你在罵老闆時會皺眉頭。

摘要		
言語和非言語的互動	意　義	訊息的特性
吸引或強調 補充或增加支持 矛盾或否認 調整或控制 重複或重述 代理或取代	意義是 ・在來源和接受者之間藉由合作製造出的一個功能 ・訊息和接收者先前的經驗、期望、態度等的互動的一個功能 意義是 ・在人們之中 ・超過字詞和手勢的 ・獨特的 ・兼具外延的以及內涵的 ・基於情境的	整批的：傳播行為在群體中產生 被規則管理的：言語和非言語的訊息遵循著規則。 直接的：訊息可能是直接的或非直接的 可信度：訊息在可信度上變化 關於傳播的傳播：訊息可能指在外面世界中的事件（主動的傳播）或對其他的訊息（關於傳播的傳播）

第十一章
言語訊息：原則和陷阱

單元目標

讀完這一章以後，你應該可以：

1.定義官腔、奉承和平等的原則，並舉出例子。
2.定義否定和肯定的原則。
3.闡釋種族差別主義、男性至上主義和異性戀主義的否定原則。
4.定義排外的談論和包含的原則，並舉出例子。
5.定義自我談論、他人談論和平衡原則，並舉出例子。
6.解釋批評和讚美會如何引起困擾和闡釋誠實的原則。

有時，別人影響你或你影響別人絕大部分都因傳送或接收的訊息，也就是你講話的方式、你用語言表達你和對方的關係，以及你以非語言的方式傳播某種訊息。這一章探討了五個原則和可能引起反效果的陷阱。妥善的應用這些原則和避免陷阱，應可幫助你營造一個較正面的傳播環境。當你讀這一章時。你會注意到，這些原則和關係訊息較有關聯，而較少跟內容訊息有關係，也因此減低了這方面的重要性。

官腔、奉承和平等對待

　　在傳播理論中，特別在組織傳播領域中，官腔和奉承有特別的意義。「往下傳播」或官腔指的是從高層（如經理或老闆）對下屬（如工人）的一種傳播方式。「往上傳播」或奉承則是相反的，指的是下屬對老闆的傳播方式。但在這個地方則指的是令人厭煩的二種說話習慣：打官腔及奉承阿諛。

一、官腔

　　在這種情形下，說話者爲了不明的原因有話要跟大衆說。說話者可能是個醫生，對著一群人談醫療的事情。也可能是一位所謂的朋友，自認爲比別人都行，用一種如「你可能不瞭解，但……」或「我知道你不懂電腦，但……」的口氣對你說話。不管誰用這種口氣說話，我們可以感覺到這個人自認爲比大家都行。這也許是因爲智慧、經驗、知識、地位、財富或其他的理由。我們好像來跟他學習或是他的下屬似的。

　　另一種情形有些人裝腔作勢是要告訴別人應該怎麼辦。你有時候看到有人覺得很沮喪或很生氣，另一個人就會說「算了吧，不要那樣子啦」，說話的人應該是好意的，但也表現出不尊重對

方的感受。

有些人也會用這種口氣說話，他會直接叫別人的名字，但又希望對方稱呼他的職銜。醫生常用這種方式與人溝通。在非語文傳播中常見有些人把手放在別人肩膀上，以表現高人一等的樣子。

裝腔作勢的傳播方式也常出現在展現權威的情況中，中斷別人說話，提高音量去震攝對方或用語言去駁倒對方，像常用的字眼是「你不需要如此嚴肅」。

另一種常見的方式是在宣告或命令語氣說話時發生。宣告常被某些權威人士所用。老師、宗教領袖、醫生或父母親。這些人很容易有優越感，而使得他們喜歡用宣告的方式解決問題，而不用坦誠溝通的方法。「這樣作」，「你知道你的問題在那裡嗎？」。有不同的意見時以命令式的語氣來解決，而不是用妥協或合作的方法來處理。

宣告不僅塑造了說話者的權威形象，也讓對方像小孩子一樣，處於服從命令的地位。

另一種裝腔作勢的方式就是說話人用「冗長的官樣文章」(gobbledygook) 來說話，也就是使用冗長、複雜及不易懂的方式來說話。這個字是由前德州眾議員Maury Maverick所先使用。他用這個字形容政府文件、合約、醫藥記錄。很不幸的，學術論文裡也常見到這種無意義且不易懂的文章。

二、奉承

同樣有問題的傳播方式是某些人，總認為你有答案，你知道所有的東西。常被人這樣對待的人，如老師、醫生，都有這種很不舒服的經驗。你必須永遠保持最佳狀況。在某些亞洲、拉丁美洲或非洲地區，奉承式的說話方法是表示尊敬的方式。如果你是老師、醫生或年紀比較大的人，所有的人都會認為你是權威。縱

使是你不知道的東西，如果別人不這樣作，就會被認為不禮貌。

　　有時候，人們以這樣的方式說話，是要你答應他的要求。在很多實例中，人們會先用剝奪資格的方式開始，如「我不太確定，但……」、「也許我不對，但我懷疑……」，或「你知道的比我多，但有沒有可能……」，這些剝奪資格的人，顯然是要降低說話者的資格而提高聆聽者的資格。有時這些剝奪資格者表達了雙重的真實性和對沒問題的事做出不確定的狀況。而有時，他們會使用語言的技巧試圖讓他人失去警覺，或讓別人對說話者產生沒有能力的印象。這些剝奪資格的人有時甚至反應了一種自卑感，不斷的企圖顯示自己處於在下位的感覺。

三、平等的原則

　　當不公平的使用脅迫或巧妙處理方式，處於在下方或在上面的兩種說話方式都會引起許多的問題。雖然有許多方法來處理這些談話，但最有效的是要牢記平等的原則，並且需要去認知在溝通行動中所有的團體都是平等的，每個人都可以貢獻一些很好的東西。對於一些貶抑我們的話或者試圖剝奪我們權利的行為，身為訊息接收者的我們也會警覺到他們所引起的負面感受。某些人可能會運用一些攻擊動作來巧妙的處理而完全沒有被察覺到。或許牢記平等的原則會減少以後你做類似的處理。當你容許人們干擾你或者認為你的溝通比較不重要，作為一個接收者，你應該瞭解在這些狀況下，你所應負的責任，事實上你助長和增強了貶抑說話者的行為。

　　無論如何，平等的原則並不適用於所有的文化中。許多的文化中有著存在已久僵化教條的組織結構，和人們習慣已久的說話方式。例如和長者以平等的態度說話是違反組織結構的，和被視為是不尊敬的行為。

否定和肯定

在你閱讀這些重要概念之前，作個自我測驗「你如何肯定自己的行為？」，來檢視你自己的行為。

試想以下的情況：某晚派特回來得晚了點。克麗絲非常生氣，並抱怨派特的晚歸。試想派特可能作的一些回應：

(1)不要再叫了。我對你的喋喋不休沒有興趣。我要做我想做的事。我要去睡覺了。

(2)你在生什麼氣呢？上星期四你去參加公司的餐會還不是晚了三個小時才回來？所以不要再說了。

(3)你有權利生氣，我應該打電話告訴你我會晚點回來。但是在工作上我正處於混亂的爭辯中，我必須等到事情解決了才能離開。

在第一個反應中，派特想草草打發掉克麗絲的氣憤，甚至想將克麗絲這個人拋到腦後。在第二個反應中，派特拒絕克麗絲生氣的理由，但是沒有忘掉克麗絲的感受和克麗絲的存在。在第三個反應中，派特理解克麗絲的憤怒和生氣的理由。除此之外，派特提供了一些解說，這樣做顯示了克麗絲的感受和存在是很重要的，而克麗絲應該知道發生了什麼事。第一個反應是否定的例子，第二個例子是拒絕，而第三個是肯定。

否定是你忽視某人的存在和與某人溝通的一種溝通模式。你認為這個人所說的話事實上不值得努力去聽，這個人的貢獻都是微不足道的，所以沒有理由去注意他們。否定的反應常導致自尊心的喪失。

請注意否定和拒絕是不完全相同的。拒絕是你不同意某人；

你有多肯定？

指示目標：在你的典型的溝通上，你會如何表現出以下的行為？用指標來回答每一個敘述：

5=總是
4=經常
3=偶爾
2=很少
1=從沒有

_____1.我容許別人語言上和非語言上的存在。

_____2.我會藉著支持或談論這個人所說的話題，來承認別人的貢獻。

_____3.在談話中，我會維持眼神直接接觸、撫摸、擁抱、親吻和對別人的感謝來表達非語言上的接觸。

_____4.同時作為一個說話者和聆聽者，我要用關懷我尊敬的心來和別人溝通。

_____5.我會用語言和非語言的方式來表達我對別人的瞭解。

_____6.我反應了別人的感受也是表現了我瞭解他們的方式。

_____7.我會用適當關心別人想法和感受的方式來回答問題。

_____8.我會在適當的時機回電話和回信來回應別人的請託。

_____9.我會鼓勵別人來表達他的想法和感受。

_____10.我會直接對別人的談話作出回應。

分數：以上十個敘述都是表達了肯定的行為，因此高分（35 分以上）反應了從事肯定態度的強烈趨向，而低分（25 分以下）反應出從事否定態度的強烈趨向。

你能想出一個與悲傷的人談話最重要的原則嗎？有那些是不恰當的呢？

你指出你不願接受別人所說或所做的一些事情。然而否定某人是
你否定某人的重要性，你認為某人所說或所做的一點都不放在眼
裡。

　　肯定是一種正面的溝通模式。在肯定中我們不只認同別人的
存在，也表明我們接受這個人，這個人的自我定義，和被別人所
認同我們之間的關係。肯定的反應常導致自尊心的獲得。

　　否定和肯定可以用廣泛的多種方式來溝通。**表 11-1** 只顯示了
其中的一部分。它和之前所列出的自我測驗是相輔相成的，所以
你不只可以很清楚的看到肯定的行為，同時也可看到否定的行
為。當你閱讀這個表時，試著對每一個否定和肯定的溝通方式作
特殊敍述的想像。

・**和極為悲傷的人談話**

　　和極為悲傷的人說話最重要的是要帶著肯定的關懷心，傷心

表 11-1　否定和肯定

否　定	肯　定
1.忽視別人的存在。	1.容許別人語言上或非語言上的存在。
2.不重現別人所說的話；表達（語言上或非語言上）了對別人所說的話毫不關心。	2.藉由支持或討論別人所說的話題來承認別人的貢獻。
3.在非語言上毫無接觸，避免眼神的接觸，避免和別人親近。	3.藉由維持眼神直接接觸、觸摸、擁抱、親吻和其他對別人致謝的方式，作非語言式的接觸。
4.從事獨白式的溝通--以一人說話一人聆聽的方式溝通，這不是真正的互動，也不是真正的互相關懷或尊敬。	4.從事對話性的溝通--說話者和聆聽者兩個人之間的溝通，兩個人互相關懷、互相尊敬。
5.直接對事情作說明或評價，而不對別人的意思做瞭解。	5.對別人所說的話和意思做明確的瞭解。
6.只表達自己的感受而不重視別人的感覺，或給予抽象的回應。	6.對別人的感受作出反應以明確表示你瞭解這些感受。
7.只對你自己作有關的陳述，完全缺乏對別人意見的清楚認識。	7.對其他相關的感受和想法提出問題。
8.忽略別人的要求；沒有回答問題、回電話和回信。	8.感受別人的要求；回答別人的問題、回電話和回信。
9.阻擾別人表達自己的想法。	9.鼓勵別人表達想法和感受。
10.對別人的意見作毫無關係的回應，然後將訊息的焦點轉變到其他的方向。。	10.對別人所說的話直接的作回應。

事是每個人都會經歷的事。它可能是因為生病或死亡，失掉了具有高價值性的關係（例如，失戀），喪失了某種身體上或精神上的能力，或者喪失了物質上的擁有權（你的房子失火了或股票下跌）而感到悲傷。這裡有一些建議能讓這種痛苦的溝通稍微輕鬆

一點：

- 能肯定別人和別人的感受。例如：「你一定非常想念他」，這是肯定別人的感受，要避免否定的表示：「你現在不能哭，你必須做一個好榜樣」。
- 容許悲傷的人去傷心。讓他知道他以自己感覺到最舒服的方式傷心是可以接受的──例如，哭泣或說說陳年往事。
- 避免嘗試逼使極為傷心的人注意到光明的一面，因為他可能還無法接受。避免像這樣的表示：「你已經夠幸運了，還可以看到一些東西」。
- 鼓勵傷心的人表達他的感覺或說出失意的事情。大部分經歷過傷心的人都願意有機會來談論它。但是在他還沒準備好和你分享談論他的經歷或感受時，不要試著逼迫他。
- 體諒極為悲傷的人，深入瞭解並與他溝通。讓他知道你瞭解他所經歷的事情，但是不要假裝你的心情和他一樣。如果你沒有經歷失掉孩子的悲劇，而對為人父母者說「我完全能體會你的感受」，這樣可能會引起憤慨。
- 尤其對告辭的線索要特別敏感。不要試著在極度悲傷的人面前強調你的存在，或者勉強他和你或者一群人在一起。如果有疑問可以徵求他的意見。

這些肯定和否定的概念也看透了攻擊性語言廣泛多變的陋習，語言上的多變和分類，語言上的否定。三種明顯的陋規是種族差別主義、男人至上主義和異性戀主義。

一、種族差別主義

使用者經由意識或潛意識的企圖，運用任何語言讓一種特殊的種族或民族團體處於低下的位置，叫做懷有種族偏見的人。懷有種族偏見的人的措辭表達了種族差別主義者的態度，也助長了

種族差別主義者語言使用上的發展。

　　懷有種族偏見的人所用的措辭是輕視其他人的文化——他們的文化習慣或他們的成就。種族偏見者的語言寧願強調相同性而不願強調相異性，與其聯合不同文化的成員而不願將他們分散開來。傳統上，種族偏見的語言都是被有力的團體用來建立和維持勢力，以便操控其他的團體，然而現在在許多的群體中都被懷有種族偏見者所使用。種族偏見的語言對社會的影響力可來自工作職業、教育、居住的機會和一般社區接受的程度等，都是大家所熟悉的。

　　許多人覺得對於同一文化的成員對他們自己使用種族偏見的用語是可以接受的。也就是說，亞洲人可以使用屬於亞洲人負面的措辭，義大利人可以使用屬於義大利人負面的用語。這個理由似乎說明了只有同一族群的人才可以嘲笑他們自己。

　　然而長久以來在語言多方面就存在著種族偏見。例如，在英文中「白的」（white）就可以發現一百三十多個同義字，而其中有四十四個是正面的涵義（如，乾淨的［clean］，純潔的［chaste］和無污點的［unblemished］），而只有十個是負面的意思（如，掩飾失策［whitewash］和蒼白［pale］），其餘的同義字都是中立的相關詞。在「黑的」（black）一百二十個同義字當中，被發現有六十個是不好的涵意（不乾淨［unclean］，不吉祥的預兆「foreboding」和致命的［deadly］），而都沒有好的意思。

　　試想以下的用語：

・韓國醫生。
・拉丁美洲的天才。
・美國黑人數學家。
・白人護士。

・愛斯基摩人的物理學家。

當然有些情形是和種族的認同是有關係的，像說「韓國醫師和法國醫師爭論了好幾個小時之後，瑞士醫師試著來得到雙方的和解」。假定你忘了他們的名字，這裡主要的目的是確認醫師的國籍。

這樣的指稱往往被用來強調在一個種族內少數的傑出人士，同時也暗示著種族因素在傳播情境內是有它的重要性。值得注意的是，大多數的情況是如此，不過有時種族卻和傳播情境毫不相干。

二、男性至上主義

想想看一些加諸於女人的語言。傳統上一個女人結婚後就喪失了她婚前原來的姓氏，而在某些情況下也失去了原來的名字。她從「安·史密斯」變成「瓊斯太太」。

我們說一個女人婚後就成為一個男人家的一份子，而如果她的家族沒有男孩子，那麼就面臨絕種的情況。在美國，不會要求一個男人嫁給一個女人的家庭（除非這個家庭非常的有權勢或富有），即使這個家族有十個女孩子而可能面臨絕種的情形。在一些婚禮上，你仍然可以聽到「我現在宣稱你們為男人和妻子」，而不是「男人和女人」或「丈夫和妻子」。男人仍然保留身為男人的地位，而女人卻從女人變成妻子。

在性關係混亂的用詞方面，研究發現對女性有二百二十個相關說法，而對男性關係雜亂只有二十二個措辭。當然男人性關係混亂和女人是一樣多，然而在英文的措辭語言上卻沒有反應出來。如果措辭的數量反應出文化內容的重要性，那麼女人的亂交就顯示它的重要性（也就是，它是「不正常」或「違反道德規範」），而需要特別的去注意這件事情。相對的，男性的亂交就

顯得不重要（也就是，它是「正常的」），而不需特別的去關注它。

(一)男性

"Man"這個字的意義是指成年的男子，但是它所延申出來的是包含男性與女性，強調男性而否決女性。同樣的字眼，像"mankind"、"the common man"或甚至像"cave man"等等，都是暗示以成年男子為焦點的用法。其實，是還有許多中性的字眼可以代替他們的。如"mankind"可以用"humanity people"、"people"或"human begin"來代替，"the common man"亦可用"the average person"或"ordinary people"來取代等等。

同樣地，像使用"policman"、"mailman"、"fireman"等以男性為基準的字眼，亦是性別歧視下所產生的慣用字。如果我們可以考慮使用一些中性字眼，像"police officer"、"mail carrier"和"firefight"等字眼，就可以邀免性別歧視。

(二)不顧性別

我們常使用一些男性的代名詞，都是代表了語言上的性別歧視，可是我們均未想過，甚至並沒有理由去說明，女性代名詞是否可代表男性。如果我們可以用更中性的字眼，相信可以免除性別歧視的看法。

我們常常在用詞上反應出對性別角色的偏見，經常假定某些角色或職業屬於男人，而其他的角色屬於女人。在減少陳腐的性別角色的認定時，要避免假定小學老師都是女性，大學教授是男性。避免認為醫生都是男的，護士是女的。也避免標識出職業上的性別用語，像「女醫師」或「男護士」等。

三、異性戀主義

和男性至上主義非常有關聯的是異性戀主義。這個用語記載在我們語言偏見的列表上是新加入的相關語辭。就像措辭上所暗

你要如何描述在你熟悉的組
織中男女之間的工作關係?
譬如:大學、超市或郵局中男
女之間的工作關係。在美國文
化史,這種關係和別的文化中
有所不同嗎?

示的,異性戀主義是被認為用來輕視女同性戀者和男同性戀者。
如同種族差別主義者和男性至上主義者在用語上的情況,我們也
看到異性戀主義者也用輕蔑的措辭來對待女同性戀和男同性戀
者。

　　像種族偏見主義和男性至上主義,我們也看到更別有用心的
遣辭用語方式發生在異性戀主義的身上。例如,當我們形容一種
職業的人為「男同性戀運動員」和「女同性戀醫師」,事實上我
們已經表明了一般的運動員和醫生都不是男同性戀者或女同性戀
者。進一步來說,我們就此強調了一般運動員和醫生可能都和它
沒有關聯。而這的確說明了,相同的對種族偏見主義與男性主義
的描述,應該是被注意的。

　　另一種異性戀主義的例子是異性戀的推定,而這種可能是最

難處理的事了。人們常常假定和他們有關的人都是異性戀者。而他們經常都是對的，因為大部分的人都是異性戀者。同時異性戀者也會否定他們是女同性戀者和男同性戀者的真實身份。這裡有一些對異性戀者該避免的語言上的建議。

- 當談論到關於男同性戀者和女同性戀者時，避免非口語上過分的墨守成規和拙劣的模仿老套形式等無禮侮辱的行為。
- 避免假定每個男同性戀者或女同性戀者瞭解其他男同性戀者或女同性戀者的想法。這樣做就好像詢問來自日本的某個人為什麼新力公司在美國有這麼大的投資，或者問一個美國黑人：「你認為上次傑西傑克森演講的意義是什麼？」
- 避免否定個別的差異性，說出一些忽略在任何團體中廣泛差異的真實性，像「女同性戀者是那麼的忠誠」，或者「男同性戀者的感情是多麼的開放」，潛在性的都會侮辱到所有的成員。
- 避免「過度留意」，這種趨向會導致一個人所說、所做的每件事情都針對著男同性戀或女同性戀者。
- 牢記每種關係的里程碑對每個人都很重要，忽視夥伴們的周年紀念日或生日往往會引起公憤。

排除的談論和包含

一種最使人懊惱和具破壞性的口語習慣，是在一個不是集團內一分子的人的面前使用內集團式的話語。當一群醫生集合在一起討論醫學當然沒有問題，但是當在這個團體中有一個人不是醫

生，醫生們常常忘了為這個人調整談話的主題，而繼續討論有關治療、症狀、醫藥等其他可能只有別的醫生感興趣的話題。許多職業者都患有同樣的毛病：老師談論教學的事情，律師談論法律等等。屬於集團內的成員也會覺得，只談論團體內的事也會令人感到厭煩。尤其當不屬於團體內的成員加入時，這種談話更會使人覺得沒有意義而不受到尊重。

當一群屬於同樣國籍的人在一起，也會發生許多這種情況，他們在一起說本國語言，有時只是一個單字，有時是個句子，有時甚至整個談話當中在場的其他人都沒有說話。這種不只是理解上的問題，像這樣在場人士無話可說的情形，更強調了這個人被孤立的狀態。在許多例子上，外來用語幾乎可以很容易被翻譯過來。

當外國式的表達方式可以幫助彼此的溝通而不會讓別人有被遺忘的感覺，那麼這樣做就沒有關係。不過當這樣做無助於彼此的溝通，而易形成集團內成員聯合在一起，置其他的人為局外人時，這種情況就最好不要這麼做。

・包含的原則

不用試著強調將某人排除在話題之外，來想想包含在內的原則。不管我們處於溝通情況的類型，每個人都需要在互動中被包括進去。即使在一位不屬於團體內的成員面前討論和工作有關的話題，也可以用許多不同的方式將這個人包括進來，例如，尋求他的觀點，或者將話題拉到和他相關的工作上。

另一種實行包含的方式是詳細的加入可能被他們所忽略的相關資料。例如，當在團體中討論到的人、事、地、物時，簡略的對那些可能不熟悉的人加以說明。簡單的附加說明對彼此的互動常常是十分重要的。

當某人詢問一個問題或者下了一個註解而需要一個回應時，

無論如何一定要給予回應，即使你正在和別人說話，也要以一種方式來反應你對這個註解的理解，可能的話用口語來表達，或者以點頭或微笑的非口語方式表示也可以。當包含行動被實行時，每個人都可從互動中獲得較多的滿足感。

談論有關自己或他人和平衡

許多人（當然也包含朋友和家人）的作為和說話方式好像他們是宇宙的中心。他們一直談論有關他們自己——他們的工作，他們的成就，他們的計劃，他們的感情生活，他們的問題，他們的成功，有時甚至是他們的失敗。他們很少詢問我們怎麼樣，我們的想法是什麼，或者我們有什麼計劃。有些人卻是走另一種極端，而從來不談論有關他們自己的事情。他們想知道關於你的每件事情，而不願和別人分享和他們有關的任何事情，這樣可能會讓他們更容易受傷害。因此，當我們感受到他們非常不喜歡我們，或者不信任我們時，就會從彼此的互動中離開。

·平衡的原則

不可否認的，在太多和太少的自我談論之間掌控一種適當的情況是不容易的。然而有些時候，我們真的無法停止談到一個新的工作或新的戀情。無論如何，在大部分的情況之下，我們應該力求平衡原則下的互動關係——有時由自己來說，有時別人來講，不要都只是由一方談論而已。溝通是一種雙方互動的過程：每個人都需要具有來源者和接收者的機能，每個人都應該有機會成為主要目標的功能。平衡溝通的互動，是較令人滿意和較有意思的溝通，如果談論太多關於某人的事情，我們一定會感到很無聊，相反的，談論太多有關我們的事，別人也會覺得十分無趣，

所以平衡的原則是一種保護我們和別人的方式。

批評，讚美和誠實的評價

　　經由我們溝通的經驗顯示，我們常被期待去評論，去評估，甚至作一些判斷，尤其像在教學、護理或諮詢等求助的職業上，評論是一種很重要和經常被使用的技巧。總之，在我們的互動和我們一般的溝通上，評論是最有用和最重要的一部分。當評論對求助的功能沒有用時，也就是不適當或過度的使用，那麼問題就會產生。當一個人詢問我們的評論時，而這個人所想要的答案只是一種讚美，這時我們就需要很技巧的提出意見來。例如，一位朋友問你喜歡他的新公寓嗎，他的意思可能是在尋求你的讚美，而不是要你列舉出來有那些不對勁的地方。我們也經常利用這種機會傷害其他的人，甚至我們所關心的人。

　　有時被喜愛的慾望很強烈的時候，我們會很極端的讚美每件事情，對很平凡的夾克，很普通的想法，很平常的一頓飯，都給與格外的讚賞，超出他們應得的獎賞價值。過度的批評和讚美很快的就不會再被注意或關切。

・誠實評價的原則

　　選擇過度的批評或讚美時，該思考一下誠實評價的原則。說實話，但是也要注意到說實話的藝術，就像其他有效溝通的藝術一樣。首先要在是尋求誠實的評價和需要個別讚美的事件上區分以作出適當的回應。其次是，如果誠實的評價是需要的，而你的意見又是否定的，那麼此時你就必須考慮對你的評論如何措辭了。

　　在給與評論時這裡有一些建議：

- 將焦點著重在事件或行為上，而不是在個人上，例如，說「這份報告有四個錯誤需要重打」，而不要說「你的打字真差勁，再重打一次」。
- 盡量用正面的措辭來批評，不要說「你穿黑色的衣服看起來很難看」，而說「你穿明亮顏色的衣服比較好看」。
- 用你自己的想法和感受來說，不要說「你的報告實在很難懂」，而說「我無法瞭解你的想法」。
- 適當的用你的評論來對別人表示關心。不要說「你的演講的開場介紹太無聊了」，而說「我真的想讓你的演講更好，過去我都是用幽默的語氣開場，來博取觀眾的注意」，或者說「我想讓你給觀眾有個好印象，我認為深色的西裝比較好一點」。
- 試著認同可能的選擇，避免命令或指示別人去改變。不要說「當你第一次被別人介紹時不要太主動」，而說「我想他們對比較不是那麼主動的接近可能會有較好的反應」。
- 明確的陳述某件事情，不要說「這篇報告沒什麼內容」，而像某些英文老師可能會說「我認為這篇文章的開頭寫得不夠明確，或許更確切的陳述目的會更好些」。
- 避免利用測心術，不要說「難道你不在乎你給別人的印象嗎？這篇報告太差勁了」，而說「我想我會用一種比較強烈的方式來介紹，和一種較受歡迎的寫作方式」。

在表示讚美方面，記得以下幾點：

- 用「我」來敘述，不要說「那篇報告很好」，而說「我認為那篇文章很好」或者「我喜歡你的文章」。
- 確定你的情緒傳達你正面的感覺。人們常常只為了社交上適當的回應而讚美別人。
- 指出你所稱讚的行為，不要說「這樣很好」，而說「我很

欣賞你的演講」，或者「我認為你的開場很棒」。

　　這些原則並不適用在所有語言訊息上的問題，但是他們應該能夠減少一些惱人和破壞性習慣的次數，而讓語言互動上更愉悅和豐富。

摘要	
避免這些模式	實行這些原則
奉承與官腔	平等的原則：以平等的態度和別人說要；要求平等的溝通。
否定	肯定的原則：表達對別人的認同和接受；避免種族偏見，性別歧視和異性戀的差異表現。
排斥別人；著重團體內的談話	包含的原則：在互相作用中包含在場的每一個人。
過度談論自己；過分的談論別人	平衡的原則：在談論有關自己和別人之間取得平衡。
過度的批評；不當的讚美	誠實評價的原則：老實說出你的感受。

第十二章
語文訊息：互動的障礙

單元目標

在完成這一章之後，你應該能夠：

1. 定義極化，並舉出特殊的例子。
2. 定義內涵傾向與外涵傾向，並舉出特殊的例子。
3. 定義說解及它的二種改善方法。
4. 定義事實推論混淆，並舉出特殊的例子。
5. 定義完整認識，並舉出特殊的例子。
6. 定義靜態的評價，並舉出特殊的例子。
7. 定義無差別的，並舉出特殊的例子。
8. 定義民族優越感。

人際傳播是脆弱的，一部份是因為它的複雜性，部份是因為它是一種人性的過程，且受限於人容易犯錯的所有缺點和問題。這些問題中最主要的問題稱之為「障礙」（barriers）。

　　「障礙」一詞，並非用於傳達「傳播功能如同機械」，或「傳播是一種機械的過程」等的概念。而是強調當傳播者以特定方式思考或行動時，有意義的人際傳播可能喪失部份的效力。承認這些障礙是起源及發展於人；這是傳播者因為某種因素造成及持續的。

　　這裡討論的七種障礙：極化（polarization）、內涵傾向（intensional orientation）、說解（bypassing）、事實推論混淆（fact-inference confusion）、完整認識（allness）、靜態的評價（static evaluation），及無差別的（indiscrimination），這些障礙存在於以不合邏輯的、歪曲的或不科學的口語訊息描述世界時。部份當代的作者將這些障礙視為「認知的曲解」（Burns, 1980；Beck, 1988）。

　　言語訊息與地理的地圖之間有其類似之處：地圖準確的描寫世界，以幫助人們從一地到其他地方，若地圖的描寫不正確，反而會形成阻礙。口語訊息就如同地圖，當人們準確的陳述真實，將有助於人際之間有效的及有意義的訊息交流；當人們曲解了真實，將對有效及有意義的人際傳播形成阻礙。

極化（polarization）

　　極化，通常與「不是……就是……」的謬誤有關，是一種依據極端的觀點來看世界、描繪世界的傾向，這些極端的觀點包括：好與壞、肯定與否定、健康與生病、優秀的與愚蠢的、富有的與窮困的等等。極化的陳述有許多種形式，舉例而言：

· 在聽到證據之後，我仍不清楚誰是好人、誰是壞人。

· 那麼，你支持我們或是反對我們？

· 除非學校能給我一個好的工作，不然，就是大大的浪費時間。

　　大部分的人們存在於好與壞、健康與生病、優秀的與愚蠢的、富有的與窮困的極端之間。而僅以極端的方式來觀察，並依據這些方式，將人、物體、事件做分類，已成爲一種強烈的傾向。

　　你可以試著填寫與下列形容詞相對的詞句：

相對的

高　的：___：___：___：___：___：___：_____

健康的：___：___：___：___：___：___：_____

強壯的：___：___：___：___：___：___：_____

快樂的：___：___：___：___：___：___：_____

合法的：___：___：___：___：___：___：_____

　　填入這些相對的詞應該非常容易與快速，這些詞應該相當短。再者，若人們提供了相對的詞，在成員之中應可獲得高度的同意。

　　現在試著依詞意，填入中間位置的詞。例如，「介於高與矮之間的詞」、「介於輕與重之間的詞」等等。在填入之前，先閱讀以下進一步的說明。

　　中間位置的詞（與相對的詞做對比），或許更難想像，也必須花更多的時間。這樣的反應不是頗長的詞或詞組，就是數個詞。再者，在這些不同的成員之中所完成的相同的作業中，你或許可以發現些許的一致性。

　　參考家族的鐘狀曲線（bell-shaped curve）（圖 12-1）。若以隨機的方式選擇一百個人，將會發現他們的智慧、身高、體重、

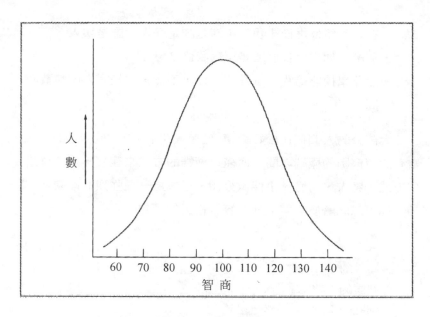

圖12-1 鐘型曲線

收入、年齡、健康狀況等等，均會落在鐘狀曲線之內，或是以常態的（normal）方式分佈。少數位於曲線的兩個末端部份，但越往中間移動，包括在內的項目就愈來愈多。這些樣本都是隨機的。然而許多人卻有集中於曲線的末端、忽視中間的傾向，這種傾向存在於大多數的例子中。

人們在進行一項特定的陳述時，通常依據二種價值觀。例如，手上拿的東西是書或不是書。很明顯的，「書」與「不是書」的分類，包含了所有的可能。我們做這種陳述是沒有問題的。同樣地，你可以說學生的課程不是通過就是沒通過，這二種分類同樣地包含了所有的可能。

·改善的方法

當你在那些不適當的情況下，使用「不是……就是……」的形式，例如：「政治人物就是——不是支持我們，就是反對我們」。注意這兩種選擇並未包含了所有的可能性；政治人物或許在某些事情上支持、在其他事情上反對，或是可能採取中立的態度。在越戰期間，傾向將人們以「不是鷹派就是鴿派」來分類。但很明顯的是，許多人都不屬於任何一派，許多人或許兩派都支持——在有把握的議題上支持鷹派，其餘的則支持鴿派。

我們要明白，絕大多數的樣本存在二種極端之間，不要讓存在於兩端的詞句來模糊了中間的詞句。

內涵傾向（intensional orientation）

內涵傾向意指觀察人、物、事件的傾向，是依據人們如何談論它或貼上的標籤，而不是依據它們實際上存在的情況。外涵傾向（extensional orientation）則是相反的，這種傾向對於我們首次看到的人、事、物及標籤。這種傾向由人們真正所看到的東西引導，而不是路旁的什麼事給什麼人在談論什麼而給與的意義。在下列陳述中可以看到內涵傾向的存在：

- 兔子！誰能夠吃兔子？牠們這麼可愛且令人忍不住想抱牠。
- 但她是一個女同性戀者（非裔美人、義大利人、基督復活）。
- 它包含了多元矛盾修飾法，所以它可以在咳嗽聲中工作。

內涵傾向出現在，當人們行動時，若言語及標籤較其對事件

的陳述更為重要；這就好像地圖比真實的領土更為重要。在這極端的情形中，內涵傾向就好比有些人怕狗，當他看到狗的照片或聽到有人在談論狗，都會緊張的冒汗。人們對標籤的反應，就如同過去實際經驗過的。

內涵傾向存在為數眾多的可信度研究中（Riggio, 1987）。這些研究證實，當人們以為訊息來自於高度可信的來源時，會比人們以為訊息是來自於一般的個人，更具有影響力。這類的研究顯示，舉例而言，若人們認為一幅畫是出自有名的藝術家，將會給與這幅畫較高的評價，相反的，若人們認為畫是出自不知名的畫家，就會給與低度評價。在所有這類的可信度研究中，影響的要素並非訊息本身（例如畫或言詞），而是我們賦與其上的意義。長久以來，廣告主深知這種訴求的價值，並藉由對體育、音樂界名人的投資，來為其零嘴、飲料、內衣褲背書。

· 改善的方法

要改善內涵傾向，首先集中於物體、個人、事件的範圍，接著集中在這些物體、個人、事件被談論的內容——地圖或標籤。標籤的確有助於引導我們瞭解，但是不能讓這些標籤遮蔽了它們在象徵意義上所代表的意義。

說解 （bypassing）

當人們錯誤的傳播其預定的意義時，說解（bypassing）是一種錯誤的評價型態。這種「錯誤的評價型態出現在傳遞者（如講述者、作者等等）與接收者（如聽眾、讀者等等）彼此遺漏了他們的意義」（Haney, 1973）。

說解有兩種形式。在第一種形式中，二人使用不同的言詞，

卻給與對方相同的意義。表面上，這是明顯的不一致，但在意義的層次上，卻是一致的。參考下述簡短的對話：

PAT：我想要永久的關係。對一夜情我沒有興趣。【意義：我希望你是我唯一的約會對象，也希望我是你唯一的約會對象。】

CHRIS：我還沒有準備好。【想法與意義：結婚。】讓我們維持現在的關係。【讓我們繼續僅與對方約會。】

這並非稀有的情況。在二人相互同意，我們卻以為他們不同意，這是因為他們使用不同的話語（部份或許從未曾以實際的言語來表現）。

第二種形式的說解，存在於二人使用相同的話語，但卻分別給與不同的意義。這是表面上同意對方的意見，但私底下（潛在的）卻不同意。

參考這則簡短的對話：

PAT：我不相信宗教。【意義：我不相信上帝的存在。】
CHRIS：我也是。【意義：我不相信宗教組織。】

在這裡我們會以為Pat與Chris他們是同意的，但實際上他們並不同意對方的說法。過了一些日子，這些隱藏的意含，可能會日趨嚴重。其他為數眾多的例子可以作為引證。正在約會的雙方表示，他們「正在戀愛中」時，或許意指不同的事情：一個可能意指「永久的與獨佔的情感承諾」。相反的，對方可能意指「一種性的牽連」。「早點回家」，對於青少年可能意指焦慮的雙親，或是父母平靜的態度。

在不同文化間的情況下、在本土與非本土的英語演講者之間，說解是特別有意義的。或許同意所使用文字所表示的意義，但他們或許擁有非常不同的隱含意義。舉例而言，諸如「民主」

或「家庭」等詞，對某些來自於蘇聯、拉丁美洲及美國的英語演講者而言，或許有不同的詞意。

說解的假設是為：文字有其內在固有的意義。所以當兩個人使用相同的詞句，也意指相同的事物，當人們使用不同的詞，這些詞就擁有不同的意義。但詞是沒有意義的，意義存在人們心中。

‧改善的方法

就這種錯誤的評價而言，一種顯著的改善方法，如同Haney（1973）指出，在人們之中找尋意義，而非在文字中。切記，如同先前所指出的，在第九章中所討論的Johnson的意義模式，文字可能被不同的成員指定了寬廣多樣化的意義，但人們也可能將不同的文字指定了相同的意義。

第二種改善方法，是使用在第四章中所討論過的、積極的傾聽技巧。你可以經由演講者說話的意義來解釋意義，而確認他們同意與否，不是在於他們遣詞用字的本身，而在於傳播者。由演講者的想法與感覺，你可以觀察自己是否瞭解對方，並給與對方機會，以便澄清任何錯誤的瞭解或模稜兩可的話語。經由發問，你可以在演說者的意義中，檢查自己的認知。

事實推論混淆 （fact-inference confusion）

你可以經由觀察對世界做陳述，也可以不透過觀察而對世界做陳述。在形式或結構中，這種陳述是類似的、無法經由任何文法的分析，來互相區分。舉例而言，你可以說「她穿了一件藍色的夾克」，而且「她心懷不合邏輯的憎恨」。以圖來表示這些陳述，它們將產生完全相同的結構。然而你明白它們是完全不同形式的陳述。首先，你可以觀察到夾克與藍色，但你如何觀察到「不

大部分情況下，我們參與的討論中都無須精密的去分析傾聽。在這章中討論的原則中那些可以作為精密傾聽或精密思考的指標。

合邏輯的憎恨」？很明顯地，這不是一個描寫的陳述，而是一個推論的陳述 (inferential statement) 。這種陳述無法單獨以你的觀察為基礎，但是可以依你的觀察加上你自己的推論。

做推論的陳述是沒有問題的。如果你的陳述是關於許多富含意義的，你必須使用推論的陳述。當你說的陳述是真的時，問題就產生了。考慮以下的軼事 (Maynard,1963) ：

> 有一天，一個女人在散步時，遇見了一個十年未聯絡也未聽聞的朋友，打完招呼之後，女人道：「這是你的小男孩嗎？」她的朋友回答：「是的，我大約六年前結婚。」女人問那個孩子：「你叫什麼名字？」小男孩回答：「和我爸爸一樣。」「噢！」女人說道：「當然是彼得了。」

問題在於，這女人如何知道小男孩他父親的名字？答案是很

明顯的，但只有在你閱讀完這篇短文後，才發覺在讀此短文時，已無意識地在進行推論，而這種推論會妨礙你完成解答。你推測那個女人的朋友是女性，事實上，那個朋友是男性，並且名叫彼得。

　　或許這個關於不幸證實空槍被裝了子彈的例子，是個典型的事實推論混淆的例子。在大多數的時候，人們確信槍是沒有裝子彈，所以就把槍對著某個人並且開槍，當然，槍通常是空的。但是不幸地，它經常不是。這裡所作的推論是「槍是空的」，但是他們把它當作是事實，並且開槍。

　　你可能希望利用自我測驗「你能經由推論來辨認真相？」，以測試個人經由推論來辨認真相的能力。

・改善的方法

　　許多事實與推論的陳述之間本質上的差異，概述於**表 12-1**（Haney, 1973；Weinberg, 1959）。要區別這二種陳述，並不意味著其中一種優於另一種。這二種陳述都是有用的，也都很重要。當你將推論的陳述視為真相時，問題就產生了。因為我們常以假設性的言語來表達你的推論陳述，去認清這類的陳述可能證明錯誤，遠離並開啟其他替代物的可能性。

完整認識 （Allness）

　　世界非常的複雜，因為至少是非邏輯的……尤其在談到人的時候，是特別正確的。你或許會認為你知道所有關於某些人為什麼要這樣做、他們做了什麼。然而，很清楚的，你並不知道全部。你永遠不能明白自己做某些事情的原因，所以也無法知道你的父母、朋友或敵人，他們做某些事情的原因。

你能經由推論來辨認真相？

指示：仔細閱讀以下這則報導，這是由 Willian Haney(1973)所發展出來的模式，並依此報導為基礎進行觀察。指出不論你認為在此報導中訊息描述的基礎上，你的觀察是正確的，就圈選 T；確定是錯的，則圈選 F；若你的觀察結果認為不是對就是錯，則選擇？。依序判斷每一個觀察。在你指出你的答案之後，不要重讀這個觀察，也不要改變你的答案。

> 一個知名學校的老師，剛剛完成了最後的補考，並關上辦公室的燈。然後出現了一個又高又大的形體，並要求檢查。教授打開了抽屜，抽屜中的所有物品被拾起，個人在走廊被撞倒。系主任立刻被通知。

T F ？ 1.這個賊是高且大的。

T F ？ 2.教授關掉了燈。

T F ？ 3.這個高大的人被要求考試。

T F ？ 4.這個考試被某人撿起。

T F ？ 5.這個考試被教授撿起。

T F ？ 6.在教授關了辦公室的燈之後，一個高大的形體出現

T F ？ 7.開抽屜的人是教授。

T F ？ 8.教授。

T F ？ 9.抽屜實際上從未被開啟。

T F ？ 10.在此則報導中，談論到二個人。

得分：這個測驗故意使你落入推論的圈套，並把推論當作事實。在此報導中，陳述三是正確的，陳述九是錯誤的（抽屜被開啟）。但其他所有的陳述是推論的，且受到注意。再重新看一遍這八個陳述，以理解為何對它們的對錯沒有把握。

表 12-1　事實的陳述與推論的陳述之間的差異

事實的陳述	推論的陳述
1.只有在觀察之後才可進行	1.可以在任何時間進行
2.受限制於已觀察到的	2.可以超越已觀察到的
3.只有觀察者才能完成	3.任何人都可以完成
4.只有關於過去與現在	4.關於任何時間——過去、現在與未來
5.有一定的方法	5.包含非常多的可能性
6.有一定可證實的標準	6.沒有一定可證實的標準

　　舉例而言，你或許被指定去閱讀一本教科書，因爲先前教科書的內容非常乏味，或是因爲這本書的第一章非常單調，使你推測這本書所有剩下的部份也很乏味。當然，一本書的剩餘部份通常比它的開頭更糟。然而，閱讀時敞開心扉，一本書的其他部份也可能是有趣的。這裡的問題在於，你以阻止其他任何可能性的方式，冒著判斷全部內容的風險。若你告訴自己，這本書是無聊的，或許就會感到乏味；若你假設必修課程是沒用的，對於進行這堂課的教師而言，將會很難將課程依你的希望進行。人們只有偶爾會允許自己去證實錯誤。

　　以瞎子摸象的寓言說明「完整認識取向」（allness orientation）是一個很好的例子。在只有經驗全體的部份的基礎上，去判斷全體，它的問題就隨之而來。你或許會想起小學時念過的一個關於六個瞎子去摸大象（一種他們只有聽過的動物）的故事。第一位瞎子觸摸了大象的側面，因而斷定大象如同一面牆；第二個瞎子摸到大象的長牙，因而認爲大象一定像長矛；第三個瞎子摸到了象鼻，因而斷定大象如同蛇；第四個瞎子摸了象的膝蓋，覺得大象像樹；第五位瞎子摸到了耳朵，表示大象像扇子；第六位握住了象的尾巴，斷定大象像繩索。每個人都獲致了一個自己

的結論——關於大象是什麼。每個人都認為自己的主張是正確的，其他人的主張是錯誤的。

　　當然，每個人都是對的，但所有人也都是錯的。此寓言說明的意義在於，每個人都站在盲人的立場。任何事物你都從未看到全部，你也不可能完全體驗任何事物。你看到了一個目標、事件或人的部份，這樣限制了整體像什麼的基本推斷。這樣的過程是很普遍的，你跟隨這樣的過程，是因為你無法觀察到每件事。然而，承認當整體的判斷僅以部份為基礎時，你實際上是在進行推論，而這樣的推論在稍後會被證明它的錯誤。若你對於某事或某人，假定你知道一切，你就落入了這個錯誤評價的類型，被稱之為完整認識（allness）。

　　著名的英國首長Disraeli曾經表示，「覺察到自己的無知，是接近知識的重要階段」。這種觀察力，是非完整認識（nonall-ness）態度的絕佳範例。若你同意有更多的東西要去聽、去看、去學習，你允許你自己接受這額外的資訊，對於同化你就有了較佳的準備。

・改善的方法

　　一種可以幫助避免完整認識的有用手段，就是在結束每個陳述時，有時以口頭但經常是在心理上，再加上一個「等等」，用以暗示有更多需要學習、瞭解、說明，以提醒每個陳述必然是不完全的。

靜態的評價（static evaluation）

　　靜態的評價是一種當真實不斷的改變，但卻傾向保持評價不變。關於人或事件的語文陳述，保持靜態與不變，然而對物體或

人而言，或許有極大的改變。Alfred Korzybski（1933）在這種關係中，使用一種有興趣的說明：在一個池塘裡，有一隻大魚和數隻小魚，那是大魚的天然食物來源。在池塘中既有的自由是，大魚會吃小魚。在一段時間之後，池塘中央被一片清澈的玻璃隔開了，大魚與小魚們分別在池塘的兩邊。之後大魚花了不少的時間，試著去吃小魚，但每次都失敗，它總是撞到玻璃隔板。一段時間之後，大魚認識到（learn）試圖吃小魚是一種困難，它將不再游在小魚的後面。現在，隔板被移開了，小魚也在大魚身旁游動。事實上，大魚快要餓死了，雖然自然食物在牠周圍，但是大魚也不會吃小魚。大魚已經學到了行為的型態，即使實際的領域已經改變，但它心中的認知地圖仍維持靜態的原狀。

·改善的方法

預防靜態的評價，確定你的陳述的年代以及你的評價。記住一九八四年的Gerry Smith不是一九九五年的Gerry Smith；一九九五年的學術研究的能力，不是一九九六年的學術研究能力。T. S. Eliot在《雞尾酒會》這本書中說道：「對於其他人的瞭解，只是我們過去認識他的那段期間，我們的片刻記憶。從那時之後，他們已經有所改變……我們每一次的會面都是遇見一位陌生人。」

無差別的（indiscrimination）

自然界似乎憎惡千篇一律，至少和憎惡空虛一樣多，因為在全世界的任何地方，你都無法發現兩個完全相同的實體。任何東西都是獨一無二的。然而，語言提供了傳播的名詞，例如「老師」、「學生」、「朋友」、「敵人」、「戰爭」、「政治人物」、

「自由主義者」，以及類似的名詞，或許會引導我們集中於相似點。這樣的名詞可能會引導你，將所有的老師、所有的學生、所有的朋友都視為一體，或是我們會對單一的事物事件分散注意力。

無差別的（indiscrimination）錯誤評價出現在，當你將焦點集中於個人、物體、事件的分類，並錯誤的認為每個都是唯一的，也需要被視為個別的時候。無差別的可以在此類的陳述中被發現：

- 他就像是其餘的人一樣：懶惰、愚蠢、十足的愚蠢。
- 我真的不要另一個火星人導演，對我而言，一個就足夠了。
- 讀一本愛情小說？我十六歲時就讀過一本了。這就已經足夠使我相信了。

一、民族優越感（Ethnocentrism）

經由簡略地思考民族優越感，可以獲得一個關於「無差別的」有趣的觀點。我們看其他人及他們的行為，傾向於先經過我們自己的文化過濾。「民族優越感」就是以我們的文化，去衡量對方文化的價值、信念、行為的一種傾向，認為與其他的文化比較起來，自己的文化是更積極的、邏輯的、順理成章的。理想中的情況是，你會看到自己與他人是不同的，但也是平等的，沒有地位較低下的或較高級的。在民族優越感的思考中，其他團體成員之間是沒有區別的；然而，對其他團體的成員是有區別的。

民族優越感存在於連續之中。人們並非只是「民族中心」（ethnocentric）或者是「非民族中心」（not-ethnocentric）。更確切的說，人們都處在兩者對立之間。當然，你的民族優越感的程度，依你集中注意的團體而定。例如，若你是希臘裔美國人，當與義大利美國人交涉時，民族優越感的程度

這是一張在華盛頓展出愛滋被單的照片。那些是我們在討論愛滋病或與愛滋病患交談時可能出現的互動性障礙。

會較低;但是當你與土耳其裔美國人或日裔美國人交涉時,民族優越感的程度就會比較高。最重要的是,你的民族優越感的程度,將會影響你的人際互動。

表 12-2 是數位研究者所整理的(Lukens, 1978;Gudykunst and Kim, 1984;Gudykunst, 1991),概述了互相聯絡的部份。在本表中,指出了五種程度的民族優越感;實際上,民族優越感的程度和人數一樣多。「傳播距離」(communication distances)是個普遍的術語,它強調在民族優越感的程度上的優勢態度。在傳播時,我們會給與某種程度的民族優越感,這是人們傳遞民族優越感的方式。

民族中心的思考是一種以某些刻板印象為中心的習慣,如國家、性別、種族、宗教團體。刻板印象(stereotype)是一種對某個團體固定的心理的圖畫,此圖畫用於該團體中的每個人,並未

表12-2　民族優越感連續

民族優越感的程度	傳播距離	溝　通
低	平等	以平等的態度對待他人，以對待自己的方式，平等的看待不同的習俗及行為模式。
中－低	敏感性	想要減少自己與他人之間的距離。
中等	冷淡	對他人缺乏關心，寧可與世界上其他類似的人進行互動。
中－高	迴避	避免與限制溝通，特別是親密的人與不同文化間的他人。
高	輕視	從事於敵對的行為之中；輕視他人；將不同的文化及行為方式看成是比自己所擁有的低劣。

注重他（或她）們的唯一特性。重要的是，雖然刻板印象一般被認為是負面的，但它們也可能是正面的刻板印象。舉例而言，你可以把一些國家團體視為懶散的、迷信的、圖利的或犯罪的；但你也可以把它們視為聰明的、革新的、誠實的或苦幹的等等。不管這些刻板印象是正面的或負面的，它們所產生的問題是相同的。它們提供了一些不適當的簡短片段。例如，當你以刻板印象來觀察某人，你必然會犯下將所有的注意力集中於他（或她）們的特點上的錯誤。

　　這在分類上並沒有錯誤。事實上，在處理任何複雜的事件時，這是個非常有用的方法，分類可將次序放入思考中，問題的產生並非來自於分類的本身，而是來自於應用分類時的評價，以及對團體中的每個人，使用標籤當作「適當的」指標。

二、改善的方法

　　對於無差別的一種有用的矯正法是索引，這個索引是一種語文的或心理上的標記，用來定義團體中的每個人都是獨立的個體。雖然團體中的所有成員或許會被相同的標籤所覆蓋，例如政治人物1不是政治人物2；老師1不是老師2。這索引有助於我們區別全體，但無法區別喜好。

摘要		
障礙	傳播問題	改善方法
極化	傾向於依據極端的或對立的觀點來描述世界。	使用中間的詞及修飾語
內涵傾向	傾向於以談論的或下標籤的方式來談論世界。	先對事情有反應,再尋求意義。
說解	傾向於假定意義存在於文字之中,以代替在人之中。	在人們之中而非在文字中尋找意義;使用積極的傾聽技巧。
事實推論混淆	傾向於將事實的與推論的陳述二者混淆,對推理的反應有如那就是事實。	從推論來辨別事實,並瞭解推論就是推論,而不是事實。
完整認識	傾向以極端的詞句來描述世界,這些詞句意味著個人瞭解一切,或是說了全部該說的。	避免導致完整認識的詞句;承認自己從未能夠瞭解一切或是說出關於任何事情的全部。
靜態的評價	以靜態的詞句來描述世界,否定持續的改變。	承認改變的必然性;年代的陳述及特別評價。
無差別的	傾向於視團體為唯一的個體或項目,因為他們覆蓋於相同的詞句或成語之下。	承認相同並不存在;索引詞句及陳述。

第十三章
非語文訊息：肢體與聲音

單元目標

在完成這一章之後，你應該能夠：

1. 定義象徵、圖解者、面部表情呈現、管理者、改編者，並舉出例子。
2. 定義經由臉部表情傳達的資訊型態。
3. 描述眼神接觸與眼神逃避的功能。
4. 解釋經由瞳孔擴張與瞳孔緊縮所傳遞的資訊型態。
5. 解釋碰觸傳播的意義。
6. 定義副語言並解釋如何傳播。
7. 定義沈默的功能。

在所有的非語文傳播系統之中，身體（body）的確是最重要的。藉由身體的姿勢、面部表情、眼神活動及觸摸的行為等等，我們可以傳達多樣化的訊息。我們也可以經由聲音與沈默來傳達。在這一章中，探討了這些非語文傳播範圍內的重要項目。

經由身體動作的傳播

當然，身體的傳播實際上缺少動作。舉例而言，他人會經由你的體型、身高、體重，以及皮膚、眼睛、頭髮的顏色，而產生對你的印象。人們經常會在你的物質形體的基礎上，對你的權力、吸引力進行評價，以及評估是否適合作為一個朋友或親密夥伴（Sheppard and Strathman,1989）。

然而，在這裡我們先注意身體動作（**表 13-1**）。一種對身體動作的有用分類（有時稱之為動作學），將它區分為五種類型：象徵、圖解者、面部表情呈現、管理，與改編（Ekman and Friesen,1969）。

一、象徵（emblems）

象徵代替文字。象徵是身體動作中，具有相當特殊的語文意義。象徵是以非語文代替特殊的文字或詞句。例如，代替「好」、「安靜」、「來這裡」、「走開」、「誰？是我嗎？」、「安靜」、「我警告你」、「我累了」、「好冷」的非語言符號。在任何語言中，象徵像任何文字一樣的武斷。因此，存在於目前文化中的象徵，必定與此文化三百年前的象徵不同，或是與其他文化中的象徵相同。例如，在法國，圈起大拇指與食指的符號形式，代表「沒什麼」或「零」；在日本代表「金錢」；在部份南歐的文化中，此手勢代表某些有關性的事。但是如同英國語言擴散普及世

表 13-1 五種身體動作

	名稱及功能	例子
	象徵 　直接傳達文字及詞句。	代表「好」的手勢,「來這裡」、「揮手」、「搭便車旅行者」的手勢。
	圖解者 　伴隨不誇張圖解來說明語文訊息。	當說到圓形時,將手做成圓形的;當提到某些大量的東西距離時,則將手遠遠分開。
	面部表情呈現 　傳達情緒的意義。	快樂、驚訝、恐懼、氣憤、厭惡／輕蔑的表情。
	管理 　管理者監視、維持或控制另一個個人的談話行為。	臉部的表情及手的姿勢,包括「持續進行」、「減速」、「除此之外發生了什麼?」
	改編者 　滿足一些需要。	抓一個人的頭。

界,英國的非語言也普及世界。美國使用此象徵來意指「好」,正快速的普及,如同英國藝術及科學名詞。

二、圖解者 (illustrators)

圖解者伴隨不誇張圖來說明語文訊息。圖解者讓你的傳播更為生動及協助你維持聽眾們的注意力。他們也協助闡明並加強你的語文訊息。例如,在說「讓我們……」時,你可能會移動你的頭,並將你的手指向上。在描述圖形或方形時,你通常會移動你的手,做成圓形或方形。

我們知道的圖解者只是時間的一部份;有時,他們或許能喚醒我們的注意。圖解者較象徵更為眾所週知;他們較象徵更為常見——從一地到另一個地點,並且貫穿時間。

三、面部表情呈現 (affect displays)

面部表情呈現是一種傳達情緒意義的臉部動作——它表現出氣憤與恐懼、快樂與驚訝、熱心與疲勞。它們是臉部的表情，當你嘗試表現一種假象，並導致人們說「你看起來很生氣的樣子，出了什麼事嗎？」，然而，我們可以有意識的控制影響表現，如同行為者扮演角色。面部表情呈現或許是無意識的（當你被它們洩露）或是故意的（當你想要表現生氣、熱愛或驚訝時）。

四、管理者 (regulators)

管理者監視、維持或控制另一個個人的談話行為。當你聽到了另外的談話，你不是被動的；你點頭、噘起你的嘴唇、調整你眼睛的焦點，以及產生各種各樣副語言的聲音，如「嗯，嗯」或「滋」。管理者是文化束縛：每個文化為談話的規則而發展它們特有的規則。管理者也包含在這些廣泛的動作之中，如同以搖頭顯示懷疑，或是坐在椅子上將身體往前傾，以顯示你希望聽得更多。

管理者傳達了什麼是你所預期的，或希望說話者的作為如同他們所說的：例如，「繼續」、「告訴我還發生了什麼」、「我不相信——你確定嗎？」、「加速」、「減速」。說話者經常在沒有覺察到它們的情形下，接收到這些非語文的信號。依據它們敏感的程度，根據這些管理者修正他們的說話行為。

五、改編者 (adaptors)

改編者依據需要來設計。有時這個需要是身體上的，如同你以搔抓來減輕癢的感覺，或是撥你的頭髮讓它離開你的眼睛。有時這樣的需求是心理上的，如同當你焦慮時咬自己的唇。當這些改編者出現於私底下時，它們會完全的出現。你會搔你的頭直到

它不癢為止。但在公眾的場合，這些改編者以縮短的形式出現。例如，當人們看著我們，我們可能會將手指移到頭上，四處些許的移動，但搔抓的力量或許不會像在私下那麼的大。因為公開的出現，改編者通常以縮減的形式出現。對一個觀察者而言，說明什麼是行為者已計畫要完成的部份，經常非常困難。這就好像觀察某人的手指，在他的頭的四周含糊的移動一樣，呈現的意義相當不明確。

改編者的發生，通常沒有有意識的察覺；他們無意識的行動通常是不引人注意的。改編者通常是負面感覺的符號。當你感到敵對時，比起感到友善的時候，會發出更多的避免不適應的改編行為。再者，焦慮與不愉快的增加，也會影響改編者的頻率。

臉部的傳播

貫穿你的人際互動，你的臉特別傳達了你的情緒。事實上，臉部的動作似乎傳遞了感受到愉快、同意、同情的程度；身體的靜止無法提供任何額外的資訊。然而，其他的觀點認為，強烈的情緒感受，包含了臉部與身體的暗示及使用（Graham，Bitti，and Argyle, 1975；Graham and Argyle, 1975）。

許多非語文傳播的研究者主張臉部的動作至少可以傳達以下八種情緒：快樂、驚訝、恐懼、氣憤、悲傷、厭惡、輕蔑、興趣（Ekman，Friesen，and Ellsworth, 1972）。另外，其他學者則提出臉部的動作或許能夠傳遞「為難」與「決心」的另二種情緒（Leathers, 1990）。

試著僅使用一種臉部動作來傳達驚訝。在鏡子前進行，並嘗試儘可能的詳細描述這些組成驚訝的臉部特殊動作。如果你做出的驚訝如同大部分人所做的，你可能顯示出提高的與彎曲的眉，

在這張照片中,你能找出幾種本章討論過身體語言(象徵、圖解、面部表情
呈現、約束、舒解)?它們又代者什麼意義呢?

額頭上又長又平的皺紋、張大的眼睛、嘴巴掉下來、嘴唇分開。
甚至若這些是不同的,你或許可以如同驚訝的指示,確認列出的
動作。在FAST(facial affect scoring technique),臉可以被
分割成三個主要的部份:眉與額、眼與眼瞼,以及自鼻樑之下的
臉的下部(Ekman,Friesen,and Tomkins, 1971)。藉由觀察
臉的不同部份,並寫下在各種情緒中,正好與驚訝相似的手杖。
以此方式,我們可以學習更有效的、以臉部動作來傳遞各種情緒
的方式。

　　當然,某些情緒較其他情緒更爲容易傳達與被別人所瞭解。
例如,在一個研究中,正確的判斷「快樂」並圈選者,有55%到
100%;「驚訝」從38%到86%;悲傷則從19%到88%
(Ekman,Friesen,and Ellsworth, 1972)。研究發現,女人

表 13-2　臉部處理技巧

技巧	功能	例子
增強	過分誇大情緒	代當你的朋友在宴會中將你拋起，你以誇大的驚奇，以給你的朋友較好的感覺。
減弱	故意不充份表現情緒	當在場的朋友們不像你一樣接到好消息時，你節制自己的歡樂。
中立	隱藏情緒	隱藏你的悲傷，以免使他人沮喪。
偽裝	對自己的某種情緒，以另一種表情來代替	在你沒有收到你預期的禮物時，以快樂的表情來隱藏你的失望。

及女孩比起男人及男孩，更能準確的判斷臉部情緒的表現 （Hall, 1984；Argyle, 1988）。

一、臉部處理技巧

　　當你學習了非語文傳播系統，你也學到了某種程度的臉部處理技巧，例如隱藏部份情緒而強調其他。**表 13-2** 定義了四種臉部處理技巧的型態，你將能迅速瞭解它們並廣泛的使用 （Ekman and Friesen, 1978；Malandro，Barker，and Barker, 1989）。

　　這些臉部處理技巧是與表現規則一起學習的，它告訴你何種情緒在何時表達；它們是適當的規則。例如，當某人得到壞消息時，你或許正秘密地獲得滿足，但這個表現規則，卻命令你以皺眉和其他非語文的動作來表示你的不愉快。若你破壞了這個表現規則，你將會被認為感覺遲鈍。

二，臉部回饋假設

　　根據臉部回饋假設，你的臉部表情影響你的生理上的覺醒程度。例如，發現這個對象過度誇大的臉部表情，與抑制他的表情

的對象相比，過度誇大者顯示出更高程度的生理覺醒。那些既不
誇張也不抑制他們的表情的人，其覺醒程度在二個極端之間
（Lanzetta，Cartwright-Smith，and Kleck, 1976；Zucker-
man et al., 1981；Cappella, 1993）。因此，不只是你的臉部表
情影響了他人對你的判斷與印象，而且也影響了你自己情緒起伏
的程度。

三、文本與文化的影響

若人們提供了不同的文本，相同的臉部表情也會有不同的認
知。例如，當陰鬱的臉上出現微笑的臉，這笑臉會被判斷爲邪惡
與嘲弄。當相同的笑臉出現在皺著眉頭的臉上，會被判斷爲溫和
與友善的（Cline，1956）。

我們觀察不同文化的多種面部表情，似乎可以反應，哪些反
應是被允許與不被允許的，而不只是臉部表達情緒方式的差異。
例如，日本與美國的學生看一個手術的影片（Ekman, 1985），
他們分別在學生接受有關影片的訪問時錄影，以及僅針對觀看影
片時錄影。當單獨看影片的時候，學生們的反應非常相似，但是
在面談時，美國學生的臉部表情呈現不快，日本學生則未呈現任
何較大的情緒。因此，這種差異並非不同文化表達情緒的方式不
同，而是在公共場合表達情緒的一種規範（cf. Matsumoto,
1991）。

眼部的傳播

從Ben Jonson的詩句「用你的眼睛對著我喝酒，我也會用我
的眼睛發誓」的觀察，到當代研究者的科學觀察，眼睛被視爲最
重要的非語文訊息系統。

一、眼神接觸的功能

你使用眼神的接觸，去進行數種重要的功能 (Knapp and Hall, 1992；Malandro，Barker，and Barker, 1989；Marshall, 1983；Marsh, 1988)。

㈠接受回饋

當你與某人交談，你專心地看著對方，就好像在說「嗯，你認為如何？」或「照我剛才說的去做」。你也看著說話者，好讓對方知道你正在聽。根據Knapp與Hall (1992) 的研究中，指導並概述了凝視行為。研究發現傾聽者凝視說話者多於說話者凝視傾聽者。舉例而言，當傾聽時，花在凝視上的互動時間的百分比，約在62％至75％的範圍內；然而，當說話時，花在凝視的時間則位於38％到41％之間。當這些百分比顛倒──說話者注視傾聽者的時間較常態為長，或是傾聽者凝視說話者的時間短於常態，此對談的互動就會變得很不自在。你或許會希望和你的朋友試著做這件事，甚至有共通的覺察，你將會注意到，由這個表面上小小的傳播改變所引發的不安。

㈡維持興趣與注意

當你與二或三個人交談，你保持眼神的接觸，以引起傾聽者的注意與興趣。當某人沒有給與你希望的注意力時，你可能會增加你的眼神接觸，希望對此人的注意會增加吸引力。特別的重點出現時，你將專心的看著你的聽眾，非語文的研究者稱之為「視覺的支配行為」 (visual dominance behavior)。如同避免他們將任何注意力集中於其他事情上，但是集中於你正在說什麼。

㈢發出談話轉移的信號

眼神的傳播也可以用於告知他人傳播通道開啟，及對方現在該說話了。一個出現在大學教室中的例子，老師提出一個問題並將眼神鎖定學生。沒有任何語言的訊息，只是假定學生應該回答

問題。同樣地,當你接近了想說話的目標時,你或許會將眼神集中於打算與他交談的對象,並轉而與此人對話。

㈣發出關係性質的信號

眼神的傳播也有助於發出二人之間關係性質的信號。例如一個正面的或負面的關注。當你喜歡某人,你會增加你的眼神接觸。非語文研究者Michael Argyle (1988) 提到,當你的眼神接觸在互動中超過百分之六十,人們或許對彼此的興趣,將更多於對語言訊息的改變。

人們可能經由視覺的優勢行為發出權力的信號 (Exline,Ellyson,and Long, 1975)。一般人們在傾聽時維持眼神的高度接觸,在說話時維持較低度的接觸。當人們希望發出優勢信號,他可能會轉變這樣的型態,並在他說話時保持高度的眼神接觸,但在傾聽時維持更為低度的眼神接觸。皺眉,則是另一個人們嘗試發出優勢信號的方式。研究支持這個一般的行為詮釋。舉例來說,在照片與卡通中,臉上有皺起的眉,比揚起的眉,會被判斷傳達了較大的優勢 (Keating,Mazur,and Segall, 1977)。無論二人之間的關係是熱情的、敵對的,或冷漠的,眼神的移動也能發出信號。

㈤對身體距離的補償

眼神的移動經常用於彌補增加的身體距離。透過眼神的接觸,我們可以在心理上克服我們之間的身體距離。例如,當我們在派對中捕捉到某人的眼神,即使我們仍被相當大的身體距離所分隔,仍會感到心理上的接近。眼神接觸與其他心理接近的表情,例如自我的揭露與親密感,發現有很大的不同。

我們已經注意到,女性較男性從事更多的親密表現,例如,更多的自我覺察與更多使用屬於情感方面的語言。女性也較男性從事更多的眼神接觸 (Argyle, 1989;Mulac,Studley,Wiemann and Bradac, 1987)。不論與男性或其他的女性互

動，在傾聽與說話時，女性較男性保持更多的眼神接觸。

二、眼神逃避的功能 (Eye Avoidance Functions)

依社會學者Erving Goffman在《互動的儀式》一書中的觀察（1967），眼神是巨大的干擾者。當你避免眼神的接觸或是避開你的瞥視，你就允許他人保持他們的隱私。當你在街上或車上看見二人正在爭吵、說話，你就可能避免眼神的接觸。你轉過你的眼睛，就好像在說：「我無意多管閒事；我尊重你的隱私權。」Goffman將這樣的行為稱做善意的忽略 (civil inattention)。

眼神逃避也能表示對人、對談話，或是對某些視覺的刺激缺乏興趣。有時，我們就像鴕鳥，躲藏自己的眼光以試著切斷不愉快的刺激。例如，人們在面對某些極度不愉快的事情時，會迅速地閉上他們的眼睛。很有趣的是，即使這不愉快的事是屬於聽覺的，我們也有利用閉上眼睛來將不愉快關在外面的傾向。在其餘的時間中，我們關閉自己的眼睛，概略畫出視覺的刺激，並因此升高我們其他的官能。例如，我們經常閉起眼睛聽音樂。戀人經常在接吻的時候閉起眼睛，許多人更喜歡在黑暗或微亮的房間中做愛。

三、瞳孔擴張 (Pupil Dilation)

在十五、十六世紀時，義大利女性使用莨菪 (belladonna的字面意義為美麗的女人) 的滴劑滴入眼中，使瞳孔擴大，以使自己看起來更具吸引力。當代的研究支持這些女人的直覺的邏輯：擴張的瞳孔比起收縮的瞳孔更具吸引力 (Hess, 1975；Marshall,1983)。

在一個研究中，女性的照片被潤飾 (Hess, 1975)。在一組相片中，其中一張的瞳孔被擴大，其他相片的瞳孔則較小。男性被要求依據照片來判斷女性的個性。有著小瞳孔的女性照片，得到

冷淡的、嚴厲的、自私的反應；擴張的瞳孔則獲得溫柔的、和藹的反應。然而，男性觀察者對此不同的認知，並無法解釋原因。對別人瞳孔大小的反應，可以說明以下的知覺層次。

雖然莨菪不再使用，化妝品公司還是大量銷售眼部加強用品：眼影、眼線、假睫毛，以及使用染色的隱形眼鏡來改變眼睛的顏色。這些產品理想上的功能，是對大部分最有力量的傳播者獲得吸引力。

瞳孔的大小也顯露出你的興趣與情感覺醒的程度。當你有興趣或情緒上的覺醒時，你的瞳孔會擴張。當在同性戀者及異性戀者面前展示裸體照片時，同性戀者看到同性別的身體，瞳孔會擴張；反之，異性戀者看到異性的身體時，瞳孔才會擴張（Hess，Seltzer，and Schlien, 1965）。或許我們斷定擴張的瞳孔更具吸引力，是因為我們斷定瞳孔暗示了人們對我們的興趣。

碰觸傳播

碰觸傳播，可能是傳播的最原始的形式。觸覺可能是第一個被使用的官能，甚至在子宮中的孩子也會被碰觸所刺激。在出生後不久，孩子被撫摸、愛撫、輕拍。接著，孩子經由碰觸來探測這個世界。在很短的時間裡，孩子經由碰觸，學習傳遞多樣的意義。

一、碰觸的意義

碰觸也許可以傳遞五個主要的意義（Jones and Yar-brough, 1985）。在親密的或其他有比較密切關係的人之間，經由碰觸可以傳遞正面的情感。在這些正面的情感中最重要的是支持、重視、包含、有關性的興趣，及影響。有趣的是，人們在中

介階段時，彼此做些關係碰觸，較已建立關係後的碰觸還來得多（Guerrero and Andersen, 1991）。碰觸經常傳遞了玩笑，不是柔情地就是侵略地。當碰觸以此種方式進行，玩笑不再強調情緒，並告訴其他人不要把它看得太嚴肅。玩笑的碰觸減輕了互動的壓力。

碰觸也可以控制其他人的行為、態度與感覺。這樣的控制可以傳遞一些訊息，例如，要求順從。我們碰觸他人並傳達「挪開些」、「快點」、「留在這裡」、「做這個」。以碰觸來控制也可以傳達優勢（Henley, 1977），例如，高地位與優勢的人，開始碰觸。事實上，地位低的人去碰觸地位高的人，會侵犯禮儀。

非語文的傳播研究者Nency Henley（1977）主張，除了指出相對的地位之外，碰觸也表明了男性的權力與優勢超過女性的主張。Henley表示，在餐廳、辦公室、學校等每日例行的過程中碰觸女性，他因此提出「優勢地位」（superior status）。然而，因為女性——優勢關係的說明，男性無法接受，男性經常將女人的碰觸解釋為一種性的誘惑。

儀式的（ritualistic）碰觸集中於致敬與出發。握手說「哈囉」或「再見」，是儀式碰觸的清楚例子，但我們或許也會以擁抱、親吻，或將手臂放在對方的肩上來表達。與工作有關（task-related）的碰觸與某些功能的執行有關。這個範圍從為他人清除臉上的灰塵，到幫助他人自車內離開或試探他人額頭的熱度。任務關係的碰觸似乎成為一般正面的關心。例如，當借書的人被輕輕碰到時，對於圖書館與館員有較多的正面態度，當顧客被女侍輕輕的碰觸，就會給較多的小費（Marsh, 1988）。

二、避免碰觸

我們需要與渴望碰觸他人，以及被他人碰觸，我們也傾向於避免某些人或在某些環境中的碰觸（Andersen and Liebowitz,

你逃避碰觸嗎？

說明：這個工具鎖定了十八個關於你對於碰觸別人或被人碰觸時感覺如何的陳述。請指出每個陳述對你的適合程度。

1=強烈的同意
2=同意
3=不確定的
4=不同意
5=強烈的不同意

_____1.來自同性朋友的擁抱是一種真實友誼的表示。
_____2.當我碰觸異性友人時，他們喜歡這樣的碰觸。
_____3.我經常將手臂環繞同性友人。
_____4.當我看到兩個同性朋友正在擁抱，它使我厭惡。
_____5.我喜歡異性的成員碰觸我。
_____6.人們對於碰觸同性，不應該如此緊張。
_____7.當異性碰觸我時，我認為這是低級的。
_____8.當異性碰觸我時，我覺得不太愉快。
_____9.我希望我能經由碰觸同性，自由的顯露情緒。
_____10.我喜歡為異性朋友按摩。
_____11.我喜歡親吻同性。
_____12.我喜歡碰觸與我同性的友人。
_____13.碰觸同性的友人，不會讓我不舒服。
_____14.我發現我在約會和擁抱時，我很舒服。
_____15.我喜歡被異性摩擦背部。
_____16.我討厭同性的親吻關係。
_____17.與異性成員親密的碰觸是快樂的。
_____18.我發現被同性成員碰觸是很難做到的。

得分：

1.將 4、7、8、16、18 題依以下的方式顛倒計分：

5 變成 1、4 變成 2、3 維持 3、2 變成 4、1 變成 5，若你對問題 4 的回答是 5，你要將它顛倒為 1。只有顛倒 4、7、8、16、18 題，在未來的計算使用此顛倒的計分方式。

2.獲得你的避免同性碰觸的分數（你避免與你同性別成員的碰觸程度），1、3、4、6、9、11、12、13、16、18 題的總分。

3.獲得你的避免異性碰觸的分數（你避免與你異性別成員的碰觸程度），2、5、7、8、10、14、15、17 題的總分。

4.獲得你的避免碰觸的總分，將步驟 2 與步驟 3 的小計加總。

較高的分數，較高的避免碰觸，換言之，你有較高度的避免碰觸傾向。在 Andersen and Leibowitz（1978）的研究中，他建構了這個測驗，關於異性碰觸的避免平均分數，男性為 12.9，女性則為 14.85；關於同性的碰觸避免平均分數，男性為 26.43，女性則為 21.70。

＊出自 Andersen and Leibowitz(1978).

1978）。在閱讀避免碰觸的研究發現之前，你可能希望接受避免碰觸的自我測驗。

在重要的發現之中，觀察到避免碰觸對傳播憂慮而言是有正面的相關。他們害怕口頭的傳播，似乎在避免碰觸上有較高的得分（你可能希望將這個避免碰觸測驗的得分與第九章傳播憂慮的測驗表現的得分相比）。自我揭露少的人之中，避免碰觸也較高；碰觸與自我揭露二者是親密的傳播形式，人們不情願以自我揭露的方式接近他人，似乎也不情願經由碰觸來接近他人。這種避免傳播的傾向，適用於所有的傳播形式。

年紀較大的人比起年輕人，對於異性有較高的避免碰觸得

分。顯然地，當我們年紀越大時，我們越少被異性成員碰觸，這種碰觸頻率的減少，或許會導致我們避免碰觸。在相同性別的避免碰觸上，男性的得分高於女性。這結果與我們的刻板印象相當一致：男性避免碰觸其他男性，但女性可能且會碰觸其他女性。研究中也發現，對於異性的碰觸，女性的避免碰觸得分高於男性。

三、誰在哪裡碰觸誰：性別與文化的差異

許多的研究針對「誰碰觸誰」、「在哪裡」二個問題。其試圖提出二個基本問題：(1)性別有差異嗎？男性與女性以相同的方式，經由碰觸進行傳播？男性與女性在相同的狀況下被碰觸？(2)文化有差異嗎？人們在相當不同的文化中，以相同的方式經由碰觸進行傳播？

㈠性別差異

Sideny Jourard（1966）提出了在男性與女性之間，對碰觸與被碰觸的微小差異。男性和同女性，經常且在相同的地點碰觸對方及被碰觸。父母親的碰觸行為則是主要的例外。母親對二種性別、所有年紀的孩子的碰觸較父親更多，在許多情況下，母親不只是碰觸孩子的手而已。研究發現，在女性與男性的碰觸行為之間的差異，似乎指出女性開始碰觸及被碰觸多於男性（Jones, 1986）。

在異性朋友之中，比起同性朋友之中，有更多的碰觸被報告。男女兼收的大學，其學生描述，他們與異性友人的互相碰觸較同性友人更多（Jones,1986）。不要懷疑這強烈的社會偏見反對同性碰觸的根據，至少在某種程度上，大多數的研究報告顯示，異性的碰觸較為普遍。許多的碰觸可能在同性朋友之中繼續，但是並未被提出，這是因為許多人不知不覺地碰觸同性夥伴。當Jourard（1966）的研究在十年之後被複製（Rosenfeld，Kartus，and Ray, 1976），Jourard早期的所有發現都被證實，除了之後

在這裡我們強調碰觸在非語文傳播中的文化差異。除此之外，還有什麼在文化差異上是重要的呢？

的研究在男性與女性被異性朋友的碰觸研究上，多於他早期的研究。

(二)文化差異

認識數種功能及碰觸的例子。

請明白這裡討論的碰觸的功能與例子，是根據在北美所進行的研究，在其他的文化中，這些碰觸的功能可能不是以相同的方式呈現。例如，在某些文化中，某些與工作有關的碰觸被視為負面的，也被拒絕。在韓國人中，一個店老闆在找錢時碰觸顧客，是被視為無禮的；這是被視為太親密的舉動。其他文化的成員，預期此類的碰觸，或許會將韓國人的行為視為冷淡與無禮。

例如，在一個碰觸的研究中，調查了日本與美國的大學生 (Barnlund, 1975)。來自美國的學生描述被碰觸兩次，與日本學生一樣多。在日本，有個強烈的禁忌就是防備陌生人的碰觸，為此，日本人特別小心維持足夠的距離。

另外一個跨文化差異的顯著例子，是來自中東，在那裡同性公開地碰觸是非常普通的。例如，男性走路時以手臂環繞他人的肩膀，對於許多在美國長大的人而言，這個習慣會引起反對。中東人、拉丁美洲人、南歐人，比起那些來自於「非碰觸文化」的

人，例如亞洲、北歐，在說話時有更多的互相碰觸。以此結果，北歐人與日本人可能被南歐人視爲冷淡的、疏遠的、不涉入的，它們或許可以依次被理解爲堅持己見的、進取的、不適當的親密。

體會文化的影響的其他方式，是承認某些文化是碰觸文化，其餘的則是非碰觸文化。碰觸文化的成員保持著接近的距離，在交談中互相碰觸，更爲直接地互相面對，並保持長時間及更爲集中於眼神的接觸。來自非碰觸文化的成員，在他們的互動中保持較多的距離，很少互相碰觸，避免直接地互相面對，並保持較少的直接的眼神接觸。

副語言（Paralanguage）

有一種古老的練習，用來增進學生表達不同情緒、感覺、態度的能力。這個練習要求學生說出以下的句子，同時加強重音符號或強調不同的字：「Is this the face that launched a thousand ships？」在意義中的重要差異很容易被傳達，視重音位於何處而定。

例如，考慮以下的變化：

1. Is this the face that launched a thousand ship？
2. Is this the face that launched a thousand ship？
3. Is this the face that launched a thousand ship？
4. Is this the face that launched a thousand ship？
5. Is this the face that launched a thousand ship？

這五個句子中的每一句傳達了不同的事物。事實上，每個句子問了一個完全不同的問題，雖然使用的字是完全相同的。所有區別句子的是重音，這方面被稱之爲副語言。副語言（Paralanguage）是一種說話的發聲（但非語文的）層次。它指的是你說了某事的方法而非你說什麼。

除了重音之外，副語言還包括了這些聲音的特質，如速度、音量、節奏。副語言也包含了當我們發出笑、喊叫、呻吟、哀鳴、打嗝時的發聲法；發聲的分析——由一些不是字的聲音，如「嗯——嗯」與「噓」的組合；還有音高，發聲音調的高或低（Argyle, 1988；Trager, 1958, 1961）。

一、副語言與人的認知

特定的聲音是特定的性格類型或特定問題的徵候，尤其是，性格取向取決於聲音的品質。當我們聽別人說話，不管他們說了什麼，我們是以他們的副語言為基礎構成印象，這些副語言與他們是何種人有關。我們的印象是來自於副語言暗示了一指寬度的範圍，以及由生理印象（或許與身體的類型有關以及與性別和年齡有關）、性格印象（他們聽起來很羞怯，他們看起來好像積極進取的），及評價印象（他們聽起來像是好人，他們聽起來是邪惡的與威脅的，他們有邪惡的笑容）所構成。

在聲音與個人的特色中，最有趣的一個發現是，傾聽者能夠在傾聽六十秒的聲音樣本後，正確地判斷說話者的地位（高、中，或低）。事實上，許多傾聽者表示，他們不到十五秒鐘，就做出了判斷。它也發現，與那些被列為中等或低地位的樣本相比，說話者被認為是高地位，會被評價為有較高的可信度。

即使當傾聽者的判斷是錯誤的，他們仍互相同意說話者的性格，這是很有趣的。傾聽者似乎有已經固定的見解，認為聲音的特色與個性的特色有關，並且他們在判斷中使用這些刻板印象。

・測試你的譯碼能力

在語文描述的基礎上，測驗你譯解情緒的能力。試著去「聽」以下的聲音，並去定義被傳達的情緒。你聽到了愛慕、發怒、厭

倦，或歡樂嗎？

(1)這聲音是輕柔的，包含了低音、共鳴的音色、緩慢的速度，以及平穩的與輕微向上的音調變化。這個節奏是有規律的，發音是含糊的。

(2)這聲音是響亮的，包含了高音、適度喧嚷的音色、很快的速度、向上的音調變化，以及有規律的節奏。

(3)這聲音是響亮的，包含了高音、高聲喧嚷的音色、很快的速度，以及上下不規則的音調變化。這個節奏是不規則的，發音是清脆的。

(4)這聲音在音量上是普通的低聲，包含了中到低音、適度共鳴的音色、中等緩慢的速度，以及單調的或逐漸下降的音調變化。發音有點含糊。

根據Joel Davitz（1964）的研究，第一個聲音傳達了愛慕，第二個傳達了歡樂，第三個是發怒，第四個聲音則傳達了厭倦。

二、副語言與勸服

說話的速度是副語言能獲得大部分注意力的觀點。對於登廣告者、政治人物，以及任何嘗試傳達資訊或口頭上影響他人的人而言，這是個感興趣的觀點，特別當時間是被限制的或是非常昂貴時。在說話速度的研究中顯示，在單向的傳播情況中，快速說話的人們，比起不停說話或低於正常說話速度的人，更具有說服力，且獲得的評價也更高（MacLachlan, 1979）。這個較大的說服力以及獲得較高的注意是真確的，是否人們自然地快速說話，或是這說話以電子的方式更快地發展（如同在被壓縮的時間中說話）。

在一個實驗中，受試者被要求傾聽已錄製好的訊息，接著指出他們同意此訊息的程度，以及他們認為這個說話者的理解力及

客觀程度有多少（MacLachlan, 1979）。使用的速度是每分鐘一一一、一四〇、一九一個字（平均的說話速度是每分鐘約一三〇至一五〇字）。大多數受試者同意說話速度最快的，最少的受試者則贊成說話速度最慢的。再者，他們認為，說話速度最快者，其理解力與客觀程度也最高；說話速度最慢者，其理解力與客觀程度也最低。即使在實驗中，當說話者可因勸服而得到何種東西時，說話者以最快的速度說話是最有說服力的。

在理解力方面，迅速的說話也有其優勢。受試者傾聽了每分鐘二〇一個字的話（平均大約一四〇字），理解了訊息的95%；當受試者傾聽了每分鐘二八二個字的話（約是正常速度的二倍），則理解了90%的訊息。雖然速度引人注目地增加，理解率卻只有輕微的下降。這些5％及10％的損失，是被由速度的增加與因此達到較快的速度所抵銷，在傳播資訊上更有效率。若說話的速度增加超過百分之百，理解力將會戲劇性的下降。

將這個研究應用在你自己的人際互動中的注意力練習。如同John MacLachlan（1979）所指出，在說話者說話的期間之中，傾聽者引發並建構回應。若說話者說得太快，他們可能沒有足夠的時間去組成這個回應，憤恨因此產生。而且，增加速度似乎是非常違反自然的，傾聽者可能將焦點集中於說話的速度，而非表達的想法。

沈默（Silence）

關於沈默，最常被引述的一個說法，是Thomas Mann說的：「說話即是教養本身。言語，甚至是最矛盾的言語，維持著聯繫的功能；沈默是孤立的。」另一方面，哲學家Karl Jaspers曾說到：「思考的極限，如同傳播中的沈默。」哲學家Max Picard提

到：「沈默是不只是消極的，它不純粹是不說話。它是積極的，在其本身之中自有完整的世界。」在這些矛盾的觀察中都同意沈默傳播這件事。你的沈默傳播，正如同你以言語表現任何事一樣的強烈 (Jaworski, 1993)。

一、沈默的功能

如同言語及手勢，沈默也是一種重要的傳播功能。沈默提供說話者思考的時間，提供明確陳述並組織他或她的語文傳播的時間。在激烈衝突的訊息之前，不但承認不朽的愛，而且時常沈默。此外，沈默似乎為這些未來訊息的重要性準備了接收者。

某些人使用沈默作為傷害他人的武器。我們時常會放話說，要給某人「沈默的對待」。例如，在衝突之後，一人或雙方可能會維持沈默，作為一種處罰。使用沈默來傷害他人，或許也是一種拒絕承認他人存在的形式，如同在不確定的情形下（參閱第十一章）。沈默在這裡是一種對他人感到絕對冷淡的表現。

有時沈默被使用於對個人的焦慮、羞怯，或威脅的反應。在新朋友之中你或許會有焦慮的或羞怯的感覺，而寧可保持沈默。經由保持沈默，你排除了拒絕的可能性。當沈默被打破，並試圖與他人溝通，你就必須去承擔可能遭受他人拒絕溝通的風險。

沈默可能被用於防止特定訊息的傳播。在衝突的情況中，沈默有時用於防止來自表面的特定主題，以及防止一方或雙方說出他們稍後或許會懊悔的話。在這類的情況中，沈默經常允許我們花時間來緩和先前表達的憎惡、嚴厲的批評，或人身攻擊，我們知道這是不能改變的。

如同眼睛、臉或手，沈默也可以用於傳遞情緒的反應 (Ehren-haus, 1988)。有時沈默傳達了一種不合作的或反抗的決心；經由拒絕語文的傳播，你挑戰了權威或他人位置的合法性。沈默經常傳達了煩惱，通常伴隨著表情緊繃、手臂環抱胸前、鼻孔噴氣。

沈默可能表達了愛慕或戀愛，特別當雙方長時間在一起，並熱切盼望的互相凝視雙眼。

當然，當你完全無話可說、當你心中完全沒事，或當你不想說任何事情時，你也會使用沈默。James Russell Lowell表示：「他們無話可說，以及他們不能被說服。」

二、文化的差異

在剛才被引用情況中，沈默的傳播功能不是普遍的。例如，傳統的阿帕契族印地安人視沈默為非常與眾不同的（Basso, 1972）。在印地安人中，共同的朋友不會覺得需要介紹那些，在相同的地區或相同的工程中工作的陌生人。陌生人可能會保持數天的沈默。在這段期間，他們仔細的審視他人，試著確定其他人都是好的。這些個人只有在這段期間過後才說話。在求愛時，特別是在最初的時期，印地安人會保持沈默；若他開口說話，一般也是非常的短。只有在雙方約會了數個月之後，才有較長的交談。這些沈默的期間，一般被歸因於羞怯或自我揭露。對印地安女性而言，沈默的使用是明確地訓練，阻止在約會時從事長時間的討論。對許多印地安人而言，在求愛期間保持沈默，是一種羞怯的象徵。

摘要				
身體動作的型態	臉部的傳播功能	眼睛的傳播功能	碰觸的傳播功能	副語言與沈默的功能
象徵：間接地傳遞文字及片語 圖解者：伴隨及不誇張的圖解文字訊息 面部表情呈現：傳遞情緒的意義 管理者：追蹤或控制他人的談話 改編者	表達情緒：快樂、驚訝、恐懼、氣憤、悲傷、厭惡、輕蔑、興趣、為難、決心 管理意義的傳遞：增強、減弱、中立、偽裝	眼神接觸：接受回饋、維持興趣與注意、發出談話轉移的信號、發出關係性實的信號、對身體距離的補償 眼神逃避：給予他人隱私，表示不感興趣，打斷不愉快的刺激，增加其他的官能 瞳孔擴張：顯示興趣與覺醒、增加吸引力	・正面的影響 ・玩笑 ・控制 ・儀式 ・任務關係	副語言的功能：為想法的形成提供暗示；為定義情緒狀態提供暗示；為判斷可信度、理解力、客觀性提供暗示。 沈默的功能：提供思考的時間，給予傷害隱藏焦慮，妨礙傳播，傳達感覺，表達「沒事」。

第十四章
非語文訊息：空間和時間

單元目標

在完成這一章之後，你應該能夠：

1. 定義空間關係及四種空間距離。
2. 定義地域性及解釋它在代表所有權和地位中的角色。
3. 解釋人為的傳播。
4. 解釋文化及心理時間的觀點。
5. 解釋時間和文化及地位的關係。

如同語文行爲，空間及暫時的行爲也可傳播。在這一章內，我們將探討空間向度、時間，及傳遞各種訊息的方法。

空間的訊息

在人際傳播中，空間是特別重要的因素，雖然我們很少考慮到它。Edward T. Hall（1959，1963，1966）倡導空間傳播的研究（有時稱爲緊鄰），並區別四種對應於基本關係典型的距離：親密的、個人的、社會的、公衆的（見**圖 14-1**）。

㈠親密的距離

在親密距離的範圍內，從直接的碰觸到六至十八英吋的距離，不會搞錯他人的存在。你感受到聲音、氣味及呼吸。這親密的範圍是用於做愛與扭打，安慰與保護的。在此範圍中，實際的言語不及肌膚相觸的溝通。而一般關係較不親密的人，也會伸出手互相碰觸，以達到親密的效果。這種親密的距離在公衆場合中，並不適用於生人。因假如陌生人與他們如此親近，他們會感到不舒服。他們的眼光很少相遇，而將視線集中在遠方的景物上。

㈡個人的距離

你會帶著一個防護罩，以定義你的個人距離，它允許你停留在防護與不被他人碰觸的範圍內，這範圍從十八英吋到四呎左右。在親密的距離中，人們仍會抓住對方的手臂。然而，你也會允許特定的人進入你的保護範圍內，例如愛人。在較遠的距離中，你只能利用你的雙臂來碰觸他人。這個距離是你可以使用雙手來抓住某些東西的距離，因此，它的定義是依照你的身體控制他人的極限感覺。有時候，你或許想要吐氣，但在這個距離，社會規範要求你將你的吐息直接吐到中央區域。

在這種距離下，你無法適當的覺察他人塗擦的古龍水或香

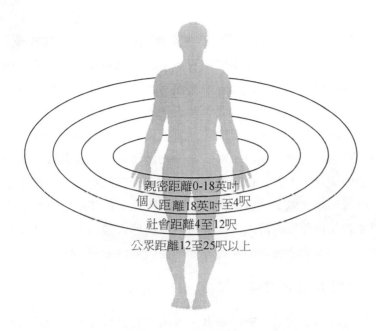

親密距離0-18英吋
個人距離18英吋至4呎
社會距離4至12呎
公眾距離12至25呎以上

圖14-1　四種空間距離

水。因此，一般認為擦古龍水有兩種功能，一是掩飾身體的氣味，二是明確的劃分保護範圍。這個防護罩被香水所定義，暗示你不能再往前移動到能聞到他人氣味的地點。

㈢社會的距離

　　社會距離的範圍約在四呎至十二呎左右，你將失去在個人距離中可以看見的細節。與近距離相比，在此種距離下，商業交易將更為正式。在正式的辦公室中，桌子通常放置於能使客戶保持此距離的範圍內。這種距離不像親密的距離，眼神有時會有笨拙的接觸，社會距離的狀態會使眼神做必要的接觸——否則會使溝通無法進行。一般而言，聲音也會比平時大聲。這種距離讓你與他人的持續互動感到自在，不會讓人感到粗魯。

㈣公眾的距離

　　公眾距離的範圍一般由十二呎至二十五呎以上，在接近的狀

態中，個人會覺得被空間所保護。在此距離中，若你感到被威脅，你可以做些防禦的行動。舉例來說，在公共汽車或火車上，你或許會與醉漢保持一定的距離，雖然你不能看清他們的臉和眼睛，但你仍保持足夠的距離，以便看到正在發生什麼事。

在較遠的狀態中，你看他人，並不是以分別的個人，而是將他視為整個環境的一部份。當公眾人物出現時，不管有沒有警衛防止他們接近，人們會自動地圍成大約三十呎的距離。這種距離將行為者和聽眾做了一個很大的區隔，因此，他們的行動與聲音必須達到某種程度的誇大。你要將自己與他人維持在一個特殊的距離中，必須視多種的因素而定。這些因素列於**表 14-1**。

・與空間有關的理論

一些非語文傳播研究的學者，提出了人們為什麼會保持這些距離的解釋。在這些解釋中，最著名的有保護理論、平等理論、預期暴行理論。

㈠保護理論

保護理論用於你在你的身體周圍建立一個緩衝範圍，以防止不必要的碰觸或攻擊（Dosey and Meisels,1976）。當你覺得你或許會被攻擊，你的身體緩衝範圍會增加，你會要求更多的空間。舉例來說，若在夜晚，你發現自己身處於一個危險的地區，你的身體緩衝區可能會擴張到讓你覺得，自己在熟悉與安全的環境中。如果有人進入了你的緩衝區域，你可能會感到被威脅，並以加快速度或穿越街道的方式，來擴張這個距離。

相反的，當你覺得安全與被保護，你的緩衝範圍將會縮小。舉例而言，若你身處於親密朋友的團體中並感到安全，你的緩衝範圍會縮小，你或許會接受他們的接近，並互相的碰觸。

㈡平等理論

平等理論主要建立在交情與距離的相互關係上：交情越好，

表 14-1　影響互動距離的因素

抽樣研究發現	
傳播者的特徵	
性別	・一對相同性別的人，女性較男性在坐與站立時，會更接近對方。
	・與男性相比，人們會更爲接近女性。
年齡	・距離與年齡成正比。
	・與年輕者和年長者相比，人們會與自己的同輩保持較勁的距離。
種族／少數民族	・墨西哥裔美國人比非洲裔美國人或白人，維持更親近的距離。
個性	・內向的人與高度焦慮的人，較外向的人保持更多的距離。
關係的特徵	
親密	・親密的人之間保持較親近的距離。
喜歡	・人們與他們喜歡的人之間保持較短的距離。
地位	・有較大的地位差異，也會被要求維持較大的空間。
文本的特徵	
正式	・在更正式的情形下，會維持較大的空間。
互動的目的	・與競爭的任務相比，合作的任務會維持較短的距離。
空間的效益	・空間越大，距離越近。

本表是以 Burgoon,Buller,and Woodall(1989)的各研究摘要爲基礎，p.110-118。

距離越近；交情越差，距離越遠。這個理論是說，你與那些人際關係較近的人，保持較近的距離，而和關係較不親近的人，保持較遠的距離（Argyle and Dean, 1965）。

　　當然，有時候，你和他人之間的距離並不能正確的反應出你和他的交情。但是當你在進行調停時，例如你有一個和你很親近的人，但因爲某種原因你被迫和他分開，可能是因爲你不能和他

一起獲得一致的職位，也許是在一個宴會上，分別負責不同的部份。當這個情況發生時，你可能會藉由維持眼神頻繁的接觸或互相面對，以試著維持心理上的親近。

然而，在其他時候，你被迫與你不親近（或不喜歡）的人保持近距離，例如在擁擠的公車或牙醫的治療椅上。在這些情況中，你亦會產生補償的心理，但在此類例子中，你會尋求保持較大的心理距離。因此，你會避開眼神的接觸，並轉向相反的方向。在牙醫的椅子上，你可能會閉上眼睛以減少較親密的距離。在公車上，若你的右邊坐著一個陌生人，你或許會將你的腿和身體往左邊靠。

㈢預期侵犯理論

預期侵犯理論解釋了當你在人際互動時，你如何增加或減少與他人間的距離（Burgoon and Hale, 1988；Burgoon，Buller，and Woodall, 1989）。每種文化中對於和其他人的溝通都有其明確距離上的預期。當然，每個人都有其明確的特質。綜合起來，這些決定了「預期的距離」。當這些預期被侵犯時，會發生什麼事？

若你侵犯了被預期的距離，小的侵犯通常是不引人注意的，然而這關係的本身會漸漸成為焦點。其他人開始將目前談話的主題，轉移至你以及與你有關的人。

如果他人給你正面的認知，例如，你是個高地位的人士或你具有特殊的吸引力，若你侵犯了規範而被覺察，將會獲得更正面的理解。然而，若你被負面的認知，當你侵犯規範時，你將被理解為更為負面的印象。

因此，那些被正面評價的人們，若他（或她）侵犯了規範，他將獲得更為正面的認知。反之，一個被負面評價的人，若他沒有侵犯只是遠離了規範，也將獲得更為正面的認知。

地域性

　　另一個關於空間傳播的觀點是地域性，是對地域或對特別物體的所有權反應。經由地域的行為，你發出了所有權及階級的信號。當然，不是所有的地域性都是相同的（Altman, 1975）。主要地盤（primary　territorics）是你單獨擁有的。次要地盤（secondary territories）是與你有關但不是被你所擁有的。公共地盤（public territories）是屬於所有的人或被所有人使用的。**表14-2** 歸納了這三種型態。

一、表示所有權

　　許多雄性動物，會監視特定領域，並對其他動物發出所有權的訊號。他們允許將來的配偶進入這個被定義的領域，並防止其他種類的雄性動物進入。例如在鹿群之中，領土的大小顯示了雄鹿的權力，這也決定了有多少的雌鹿與牠交配。力量較弱的雄鹿只能控制較小的領域，並且只能和一到二隻的雌鹿交配。這種適應的方式，將確保種族中最強的成員能產生較多的後代。

表 14-2　地域性的三種型態

地　域	定　義	例　子
主　要	你視為你自己的；你獨佔保護的。	你的房間、你的桌子、你的辦公室。
次　要	範圍不屬於你，但是被你佔用且與你有關的。	在自助餐館中你固定使用的桌子、你鄰近地區的草皮。
公　共	對所有人開放的區域。	電影院、購物中心、餐館。

許多動物學家相信，這種相同的型態也是人類行為的構成要素。某些研究指出，這種行為的型態是本能的，也是人類先天攻擊能力的徵候。其他的研究則指出，地域性是學習而得，也是文化的基礎。然而大部分的人都同意，無論人類行為的起源與發展，地域性是可以被理解與描述的（Ardrey, 1966）。

如果你看看你家的四周，你可能會發現在你的地盤中，一些不同的人被你監視，以防止他們有侵犯性的行為。這種情形在你的兄弟姊妹中是非常明顯的，可能其中某人擁有一個「自己的」椅子、房間、音響等等。父母也分別擁有他們自己的椅子。這種地域性也可以在教室中發現，假如有一個學生坐在另一個學生平常的座位上，這個佔領者通常會被打擾，甚至可能被要求歸還座位。

㈠家庭領域的優勢

當你在你自己的領域中活動時，你擁有一種人際間的優勢。在他們自己的家或辦公室中，人們表現出一種領導者的角色：他們開始以交談代替沈默，採取放鬆的與舒適的姿勢，並維持這個姿勢以獲得較大的說服力。因為這種地域的擁有是可支配的，若你在你自己的領域中（你的辦公室、你的家），比起在其他地方（例如你上司的辦公室），你就站在一個較好獲得提昇的機會點，你的觀點會被接受，限制會被解除（Marsh, 1988）。

㈡標記

像動物一樣，人們會使用三種標籤來標記他們的領域：中心標記（central markers）、疆界標記（boundary markers）、耳狀標記（ear markers）（Goffman, 1971）。

中心標記是你放某一特定的物品在你自己的地域上，以表示此地是你所擁有的。例如在吧臺上的一杯酒、你桌上的書，或是圖書館座位上的毛衣。

疆界標記就是劃分你與他人的領域，以設定疆界。在超級市

場結帳處所畫的線，位於你的貨品與你後面一個人的貨品之間，這條線就是疆界標記，就好像柵欄、你椅子的扶手，使你的椅子與另一邊劃清界線，以及在巴士或火車上塑膠座椅的輪廓。

耳狀標記此名詞來自於在動物的耳朵上烙印，是一種辨別的記號，用以指出你所擁有的領地或物品。註冊商標、名牌，以及在襯衫上或公事包上的姓名的第一個字母，都是耳狀標記的例子。

標記在給你一種對疆界或所有權的感覺上也是很重要的。例如人際關係研究者Peter Marsh（1988）指出，在學校宿舍中的學生，會以陳列個人物品、待在學校不外出，來標記他們的房間。

二、表示地位

就像動物的領域，人類的領域傳達了地位。很明顯的，領域的大小與位置指出了人們的地位。地位也是一種經由未成文法律所授予的侵入權利。高地位的個人擁有侵犯低地位的個人領域的正當性，但是顛倒過來則不適宜。例如，大公司的老闆可以闖入一個資淺經理的辦公室，老師可以在學生寫字時，闖入學生的個人空間，仔細檢查他（或她）的肩膀，但學生不能對老師做同樣的事。

三、地域的侵犯

當你的地域「所有權」被挑戰，這種行為構成了地域的侵犯。依據Lyman and Scott（1967）的研究，我們可以辨別三種主要的形式：

暴行（violation）是未經允許而使用他人的領地，就好像當你未經允許，就進入他人的辦公室或家裡，或是當你進入了一個一般被限制的地方，例如，異性的廁所。

侵入（invasion）是指進入他人的領域，並藉以改變此領域

由空間的角度我們可以瞭解一個人有組織中的地位。你怎麼樣來形容這些人呢？你是根據什麼來判斷呢？在學校裡是如何以空間的概念來區分校長和老師呢？

的意義。舉例而言，如果學生進入了教務會議，或父母進入青少年的巢窩，將會改變這會議與領域的意義。

　　污染（contamination）是指讓一個地域變得污穢。例如，一個人抽著氣味難聞的雪茄煙，可能污染一個地區。一對配偶的家或床，若一個不忠實的配偶為了婚外情而使用了它，也有可能被污染。猥褻或許同樣地也會污染了領域。

・**對侵入的反應**

　　你對於侵入會有四種不同的反應。最極端的一種形式是勢力範圍的驅離防禦（turf defense），這是保護你的領地防止侵入者，並將他們逐出領地範圍。另一個較輕的反應形式是隔離（insulation），也就是在你自己和入侵者之間豎起某種形式的障礙。另一種形式是語言上的串騙（linguistic collusion），你可能使用

表 14-3　對侵入的反應

反　　應	定　　義	舉　　例
勢力範圍的防禦	藉由與入侵者戰鬥，來防禦領地。	國際間的戰爭，幫派的打鬥。
隔離	在我們自己與入侵者之間豎起障礙。	中國的萬里長城，有限制的社區、俱樂部、太陽眼鏡、籬笆。
語言上的共謀	對侵入者使用不熟悉的語言，聯合使用這些語言的人，並排除他人。	使用外國語言或次語言。
退縮	離開這個領地。	離開至另一個國家，離開你的鄰居，離家。

某一種外來者所不瞭解的語言，來和他人溝通，或是對那些非當事人使用專業的行話。還有另一種反應的形式是退縮（with-drawal），你會離開這個領地。**表 14-3** 歸納了這些對入侵的反應。

人為的傳播

　　人為的傳播就是人們的雙手製造某些形式的物件，藉以傳達訊息。因此，美學、顏色、服裝、寶石，甚至頭髮的形式，都被視為人工的。我們可以簡短地看看他們。

一、空間的裝飾

　　環境的裝飾或空間，常運用某些影響力，以便讓人瞭解他們進入了什麼地方。當一個人進入了醫院，他將看到無菌的牆壁和

家具；博物館中，將看到壯麗的支柱、玻璃的展示櫥窗和黃銅的匾額。

　　一個房間的擺飾，對我們有很大的影響。在一個古典研究中，研究者企圖改變房間的美學狀態，以影響房內法官對人的判決（Maslow and Mintz, 1956）。研究者使用了三個房間：一間是漂亮的，一間是普通的，一間是醜陋的。漂亮的房間有大窗戶、米黃色的牆、柔和的燈光、吸引人又舒適的家具。普通的房間是一個教授的辦公室，有褐色的桌椅、金屬的書櫥及檔案櫃、窗戶的陰影。醜陋的房間被漆上有如戰艦般的灰色，照明是直接由頭上髒污的燈泡照射下來。這個房間被裝飾成感覺上像守門人的儲藏室般恐怖的環境，煙灰缸是滿的，窗戶的陰影舞動著。

　　在這三個不同的房間中，學生依據其疲勞／活力、不快／幸福的描述，來評價畫的技巧。一如預測，學生在漂亮的房間，認為畫是更有活力及安寧的。在醜陋的房間中，則認為畫是疲勞與不快的。而對普通房間的判斷，則介於此二極端之間。

　　在隨後的研究，先前實驗中的兩個受試者被任命為「審查者」（Mintz, 1956）。在為期三週的時間裡，這兩個受試者每天測試其它的受試者一小時，每個人輪流在美麗的與醜陋的房間中作測試。在每個小時之後，這些審查者再度評價這幅畫作，以求測量的可信度。受試者在美麗的房間，仍舊評價畫是較有活力及安寧的。此外，這些結果持續三週都是一致。受試者並未隨時間而適應周遭環境。同時，在「審查者」測試受試者的三十二次中，在醜陋房間的測驗速度有二十七次比在美麗房間的測試要快。「審查者」不想在醜陋的房間中做測試，當他們必須在這個房間測試時會變得暴躁和具侵略性，而且覺得時間似乎過得比較慢。

　　這種發現的意涵是相當重要的。舉例來說，貧民窟的孩子在擁擠的房間裡讀書，是不是和中產階級的孩子在自己的房間唸書的效果一樣？工人在令人倒胃口的工廠，能否和工人在令人愉快

的辦公室享有一樣的工作樂趣？對囚犯呢？監獄中的侵犯性行為是不是受到囚犯被迫生活在這種環境所影響？醜陋的環境會不會影響附近的犯罪率？

　　你的私人空間被裝飾的方式傳達了關於你是誰的概念。一個有桃木桌、書櫃及東方地毯的辦公室代表組織中的重要性和地位，正如鐵桌和沒鋪任何東西的地板代表在階級中的地位相當低。

　　同樣的，人們會根據你裝飾房子的方式來推論你。家具的價值可能代表你的地位及財富，以及你的品味。雜誌可能顯示你的興趣所在。電視機周圍的座椅安排可能顯示觀看電視的重要程度。靠牆的書架可能代表閱讀的重要性。事實上，你家中大概很少有不對其他人傳達訊息的事物，很少有人不以你家中的事務對你作推斷。舉例來說，電腦、寬螢幕電視、美觀方便的廚房，及名畫家的油畫，都傳達了若干擁有者的訊息。

　　同樣地，缺乏特定的物體也傳達若干關於你的訊息。例如，想想如果一個屋子裡沒有電視、電話或書，你會得到什麼訊息呢？

二、色彩傳播

　　當你負債時，你說你「欠債」；當你獲利時，你是「有盈餘」。當你憂傷時，你是「憂鬱的」；當你健康時，你正處於「頂點」；當你忌妒時，你是「臉發青的」。膽小的人是「膽小的」，而沒經驗就是「青嫩的」。當你說了很多，你說的「如連珠炮」；當你生氣時，你「發怒」。一如透過這些古老的俚語所顯現的，語言中充滿了和顏色相關的象徵意義。

　　Henry Dreyfuss在《符號資料書》（1971）中提醒我們關於各種色彩的正面和負面意義。其中部份呈現於**表 14-4**。Dreyfuss也指出若干色彩的文化差異。例如，紅色在中國是用於歡樂和節慶的場合，而在日本則是代表不悅和危險。藍色對北美

表 14-4　色彩的正面及負面意義

顏色	正面意義	負面意義
紅	溫暖 熱情 生命 自由 愛國	死亡 戰爭 革命 墮落 危險
藍	宗教感 奉獻 真理 正義	疑惑 沮喪
黃	直覺 智慧 神性	膽小 敵意 不道德的愛
綠	自然 希望 新鮮 繁榮	羨妒 忌妒 反對 恥辱
紫	力量 忠誠 愛的真理 懷古之思	憂傷 後悔 懺悔 忍受

＊引用自 Henry Dreyfussy 著《符號資料書》（1971）一書。獲
　McGaw-HILL 公司准許重印。

印地安人而言是失敗的意思，但是對埃及人則代表美德和真理，
而在日本戲劇中，藍色是壞人的顏色。黃色在埃及代表快樂和幸
運，但在十世紀的法國則是關罪犯的顏色。對某些印地安人綠色
代表女性柔弱氣質，對埃及人是生產力和力量的意義，對日本人
則代表年輕和活力。紫色在埃及象徵美德和真理，在日本象徵優
雅和尊貴。

有證據顯示，色彩會影響我們的生理。舉例來說，身處在紅光之中，呼吸動作會增加，而身處藍光中則減少。同樣地，身處紅光中，眨眼頻率增加，在藍光中則減少。這似乎和我們認為藍色是比較柔和，而紅色是比較挑釁的直覺一致。學校牆壁由原來的橘色和白色換成藍色之後，學生的血壓降低且學業表現進步。

色彩的確影響我們的感覺及行為（Kanner, 1989）。例如，人們決定接受一項產品時絕大部分取決於包裝。舉例來說，即使是同樣的咖啡，取自黃色的罐子會被認為味道很淡，取自棕黑色的罐子會被認為味道太濃，取自紅色的罐子會被認為很香醇，取自藍色的罐子會被認為很溫和。例如，想想某位色彩專家的建言（Kanner, 1989）：「如果你必須為你的辯護律師挑上法庭的衣服，卻選了藍色的衣服，那你註定要輸掉這場官司……」黑色太強烈，因而會造成律師和陪審團的不和；棕色缺乏自主性；綠色可能招致負面的反應。

三、衣著和身上的裝飾品

衣著有各種不同的功能。它可以保暖驅寒，也能讓我們在運動時（如踢足球時）避免受傷。衣著服裝能幫你掩藏身體，達成禮貌的功能。衣著也有文化展示的作用（Morris, 1977）。它傳達了你的文化及次文化關係。在美國，有那麼多不同的種族團體，你可以定期看到代表性的服飾，告訴你那是來自於哪個國家。

窮人和富人不會穿得一樣，白領階級和藍領階級，或年輕人和老年人也不會（Lurie, 1983）。人們，至少在某種程度上，是以穿著來認定自己屬於的團體或想成為團體的成員。

人們多少會以你的穿著來評斷你。不論這些評斷是否正確，都會影響別人對你的想法及對你的反應。你的社會階級、重要性、你的態度（例如，你是保守或自由的）、你對傳統的關心、你的風格品味，以及甚至你的創造力都會——至少在某種程度上

——因為你的穿著方式被評論。事實上，極受歡迎的《成功衣著》一書（1975），以及由John Molloy（1977）所著的《女性成功衣著》一書，都教導男人和女人如何穿著可以使他們傳達他們想要的形象，例如，有效率、可信賴，或有權威。

同樣地，大學生也會感覺一個穿著不太正式的教師是友善、公平、熱心及可通融的，而如果同一個老師穿著正式就會被認為是有準備、有知識及死板的（Malandro，Barker，and Barker，1989）。

你的珠寶同樣傳達關於你的訊息。結婚和訂婚戒指都是珠寶傳達特定訊息的明顯例子。大學戒指及政治徽章也傳達特定的訊息。如果你戴勞力士表或珍貴寶石，別人會認為你是富有的。戴耳環的男人會得到和沒戴耳環的男人不同的評價。

你的髮型代表你是怎樣的人。你的髮型可能傳達你是跟得上流行、想作怪，或可能不注意外表。長頭髮男人通常會比短頭髮男人被認為是較不守舊的。

時間的傳播

時間傳播（chronemics）的研究焦點在時間的使用——你如何安排時間、你對時間的反應，及所傳達的訊息。時間可以從兩個主要的觀點來觀察：文化上及心理上。

一、文化時間

一般我們有三種文化時間的定義（Hall, 1959）。「專門時間」是精確、科學的時間。百萬分之一秒及原子年是專門或科學時間單位的例子。這種時間系統只用於圖書館，因此對我們的日常生活似乎沒有太大的參考價值。

「正式時間」指的是一個文化對時間的定義方法。在美國，時間被分成秒、分、小時、日、週、月和年。其他的文化使用月亮或季節的變化來記述時間週期。大學課程分成五十或七十五分鐘一節，每週在不同的時間碰面，因為十或十四週稱為一季或一學期。一定數目的季或學期等於一段大學教育。正式時間的單位是任意訂定的，而由文化制定是由於方便的緣故。

「非正式時間」指的是時間名詞的使用相當鬆散——舉例而言，諸如「永遠」、「立刻」、「不久」、「馬上」及「儘快」。這種對時間的觀點產生最大的傳播問題，因為這些名詞對不同人有不同的意義。

· **取代及散布的時間意向**

另外有一項重要的區別可以從取代及散布的時間意向中獲得（Hall, 1959）。在取代的時間意向中，時間是絕對精確的。有這種意向的人對時間是要求絕對精確。在散布的時間意向中，時間是接近而非精確的。有這種意向的人通常約會會遲到，因為他們認為，例如，一個晚上八點的行程意指介於七點四十五分到八點十五分或八點三十分之間。

即使是時鐘的正確與否也因文化而有所不同，同時反應每一個文化的時間意向。在一項研究（LeVine and Bartlett, 1984）中發現，時鐘在日本最正確，而在印尼最不正確。時鐘在英國、義大利、臺灣和美國的正確性則介於上述這兩個國家之間。無疑地，當測量這些國家行人的速度時，結果一定是日本人最快而印尼人最慢。這樣的差異反應了文化間對時間看法的歧異，以及對日常生活中時間重要性的普遍態度。

二、心理時間

心理時間指的是對過去、現在或未來的重視程度。在「過去導向」，你特別尊敬過去；你會重回過去時光，並認為老方法是

你有哪些時間？

說明：指出每項陳述是否和你的感覺及行為是符合（T）或不符合（F）（有些陳述是特意重複以便於計分及分析你的反應）。

_____1.碰到明天的期限並在今晚的派對來臨之前做其他必須的工作。

_____2.我及時滿足了我對朋友的義務和權力。

_____3.我準時以穩定的進度完成了計畫。

_____4.當有工作要做時，我能抗拒誘惑。

_____5.如果有助於我進步，我會繼續做困難、無趣的工作。

_____6.如果事情沒有準時做完，我不會擔心。

_____7.我不認為從長計議是很有用的，因為事情很難會依照你原來的計畫進行。

_____8.我試著過過一天算一天的生活。

_____9.我活著是為了把事情做好，而非關心事情會變成怎樣。

_____10.對我而言，擔心未來是沒有意義的，因為命運早已註定事情的結果。

_____11.我相信和朋友一起參加派對是生命的重要樂事之一。

_____12.我做事容易衝動，憑一時的衝動下決定。

_____13.我冒險以求生命中的刺激。

_____14.我在派對上喝醉。

_____15.賭博是有趣的。

_____16.想想未來對我而言是可喜的。

_____17.當我想要完成某事，我會設定次要的目標並思考達成這些目標的特殊意義。

_____18.對我而言，我的事業計畫得相當好。

_____19.約會遲到會令我沮喪。

_____20.我及時滿足了我對朋友的義務和權力。

_____21.當我們已經約好在特定的時間見面時，我會對那些讓我等待的人生氣。

_____22.將我的大部份收入投資在保險費是有意義的。

_____23.我相信「即時行事，事半功倍」。

_____24.我相信「一鳥在手，勝過二鳥在林」。

_____25.我認為在下雨天偷閒是很重要的。

_____26.我認為一個人的日子應該每天早上計畫。

_____27.我將要做的事逐條記下來。

_____28.當我想要完成某事，我會設定次要的目標並思考達成這
　　　　些目標的特殊意義。

_____29.我相信「即時行事，事半功倍」。

計分：這項心理時間測量七個不同的因素。如果你對所有或大部份
的問題都圈選符合，你在那項因素的得分就高。如果你對所有的問
題都圈選不符合，你在那項因素的得分就低。

因素一：由一至五題測量，是未來、工作動機、預防的導向。有這
種導向的人有強烈的工作道德，並願意不顧困難及誘惑完成工作。

因素二：由六至十題測量，是現在、宿命論、無煩憂的導向。在這
項因素得分高的人過著過一天算一文的生活，不需要快樂的過日
子，只是不想為明天做打算及擔心似乎由命運決定而非自己所能改
變的未來。

因素三：由十一至十五題測量，是現在、享樂主義、尋歡、玩樂的
導向。有這種導向的人會享受現在、冒險，並作出各種衝動的事情。
青少年在這項因素上的得分特別高。

因素四：由十六至十八題測量，是未來、追求目標，及計畫的導向。
有這種導向的人從計畫和達成各種目標中獲得特殊的快樂。

因素五：由十九至二十一題測量，是時間敏感的導向。在這項因素
得分高的人，對時間及時間在社會義務方面特別敏感。

因素六：由二十二至二十五題測量，是未來、務實作風的導向。有
這種導向的人會做一切可以達成想要目標的事。他們會為未來的收
穫做務實的行動。

因素七：由二十六至二十九題測量，是未來、過分每日計畫的導向。
在這項因素得分高的人將每天「要做的事」記下來，並花很大的注
意力在特別的細節和次要的目標之上。

最好的。事情被視為是循環不斷和週而復始的,因此昨日的智慧也可以用於今天或明天。在「現在導向」,你是為了現在而活在現在。現今的活動支配你的注意力;你投入這些活動並非為了將來的報償或過去的意義,而是因為它們現在正在發生。這種導向的極端形式是享樂主義。在「未來導向」,你在意的主要是未來。你保留今天、在大學努力工作,且拒絕享樂和奢侈,一切只因你正為將來做準備。

　　研究人員已經證明若干這些不同時間導向的有趣關係(Gonzalez and Zimbardo, 1985)。在研讀他們的發現之前,你可能想做一做他們「你有哪些時間?」的時間自我測驗。

　　Gonzalez和Zimbardo時間研究的發現之一,是未來收入和未來導向呈正相關。一個人的未來導向愈高,這個人的收入似乎愈多。在最低收入的男性中,其現在導向最強烈。

　　人們的時間導向發展端視其社經地位和個人經驗。Gonzalez和Zimbardo (1985) 觀察發現:「父母從事不需特殊技能和半技能工作的小孩,其社會化的結果通常是提倡現在導向的宿命論及享樂主義。父母是管理者、老師或其他專業人士的小孩,學到未來導向的價值觀及策略,以便提高成就。」

　　對時間的不同看法也可以說明許多文化間的誤解,因為不同文化通常會大大地教育他們的成員不同的時間導向。那些為明日目標而工作的未來導向的人,經常會看不起那些只注重現在享受而懶惰及缺乏動機的現在導向的人。換言之,現在導向的人也會覺得那些有強烈未來導向的人是被不斷累積的財富或不斷升高的地位所絆住。

三、時間與地位

　　時間尤其和地位因素有所牽連。舉例來說,準時的重要性隨你拜訪的人的地位有所變化。如果這個人極為重要,你最好準時

或甚至提早到達，以防萬一他或她能在預定時間之前見你。一旦這個人的地位下降，準時的重要性也會降低。例如，資淺的主管和資深主管開會時必須準時，但是和公司總裁或高階管理者開會時則準時更顯重要。然而資深主管和資淺主管可能會遲到，但是和總裁開會則不會遲到。在任何階層中，關於時間的類似不成文規定被遵循著。

　　甚至於晚餐時間，或者等客人到達和晚餐開始之間的這段時間，都會因地位的不同而有所改變。在地位較低的人中，晚餐開始的相當早。如果有客人，在客人到達後很快就開動。對地位較高的人而言，晚餐相當晚，而且在客人到達和進餐之間有一段很長的時間——通常是喝完兩杯雞尾酒的時間。

摘要			
空間	地域性	人工的傳播	時間的傳播
距離的種類 ・親密的- 　直接碰觸 　到十八英 　吋 ・個人的- 　十八英吋 　到四呎 ・社會的- 　四呎至十 　二呎 ・公眾的- 　十二呎以 　上 關於空間的理 論 ・保護理論 ・平等理論 ・預期侵犯 　理論	功能 ・表示所有權 ・表示地位 標記 ・中心 ・邊陲 ・耳狀 侵犯的形式 ・暴行 ・侵入 ・污染 對侵犯的反應 ・驅離防禦 ・隔離 ・語言上的串 　騙 ・退縮	空間裝飾影響 對精力、時間 、地位及個 人特質的感 覺。 色彩因文化傳 達不同的意 義。 衣著和身上的 飾品具有文 化展示的功 能。	文化時間：專 門、正式及 非正式。 取代及散布 的時間意向 ：定義對時 間正確性的 看法。 心理時間：過 去、現在及 未來導向。

第十五章
訊息和交談

單元目標

閱讀完成這一章之後，你將能夠：

1. 解釋有關交談模式的五個步驟。
2. 解釋合作原則（cooperation principle），它的交談準則和在不同文化下的差異。
3. 解釋坦率、維持和結束交談的過程。
4. 分辨獨白和對話。
5. 解釋否認者和藉口。

人際傳播學者瑪格麗特・麥克勞夫林（Margaret McLaughlin，1984）定義交談是「一種發生在所有團體中，有關係而非正式的社會互動，以一種不須考慮的方式，使聽者和說話者的角色產生互動交換」。調查交談可以提供我們一個絕佳的機會審視語文和非語文訊息如何被使用在日常傳播中，同時也幫助我們瞭解有關本書第二篇的一些有用的結論。

在閱讀有關交談過程的內容之前，試著先想想你自己的交談方式，哪些是你所滿意的，哪些又是你不滿意的，當你回答後面附上的自我測試時，考慮一些最近較特別的交談經驗，想想「你的交談令人滿意程度是如何」，完成這個測試將有助於你瞭解交談行為的特質，也能夠幫助你瞭解什麼樣的交談方式會令人滿意，而哪些則不會。

交談的過程

交談的發生最少需經歷五個步驟：開始、前饋、經營、回饋和結束（參閱圖 15-1）。

一、開始

第一個步驟是開始交談，通常是以某種形式的問候詞開始：「嗨！你好嗎？」、「哈囉！他是喬」。這種問候詞就是我們先前所介紹的「開場溝通」（見第一章）。這是一種建立兩人間連結的訊息，也是打開更多有意義互動的方式。問候詞當然可以是語文的，也可以是非語文的。一個笑容、親吻或是握手，也同樣能夠提供類似「哈囉」一樣清楚的開始。

在正常的交談中，一個問候通常會因對方拘泥和強烈的程度而有同等的回報。如果沒有友善的回報——當別人對你的友善問

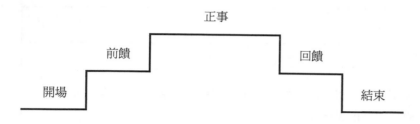

圖15-1　交談的五個階段

候「早安！」報以冷淡時，你就會知道發生了什麼。

開始也通常和交談氣氛的主要部分連貫在一起。如高揚的「你今天怎樣？小夥子」，就不可能發生在當你知道有親人死亡消息時。

二、前饋

在第二步驟中，你通常會給與某種形式，而能給與別人關於交談焦點想法的前饋：「我必須告訴你有關傑克的事」，「你有沒有聽到昨天在課堂上發生的事？」或是「我們應該談談有關我們渡假計劃的事」。

前饋也必須考慮交談的氣氛（「我真的很沮喪，想和你聊一聊」）和時間要求（「這只須花你一分鐘」）（Frentz，1976；Reardon，1987）。

三、經營

第三步驟所謂的「經營」，就是指交談焦點的本體。「經營」這個字的本身指的就是大部分的交談都是目的取向的；你利用交談來實踐一件事或是有其他關於人際溝通不同的目的，如為了學習、產生聯繫、影響別人、遊戲或是互相幫助（見第一章）。這

你的交談令人滿意程意是如何？

說明：回答以下陳述的問題，並記錄最能表達你的感覺的答案。
使用以下的量表：

1=極為同意
2=適度地同意
3=有一些同意
4=中立
5=有一些不同意
6=適度地不同意
7=極為不同意

_____1.其他人讓我瞭解我的溝通方式是有效的。

_____2.任何事都是不容置疑的。

_____3.我寧願像這個一樣有其他的交談。

_____4.別人是真誠的想要瞭解我。

_____5.我非常地不滿意我和別人的交談。

_____6.在交談過程中我感到我能夠表達我自己就如同我想要別人看到我一般。

_____7.我非常地滿意我的交談。

_____8.別人表現出對我的談話內容極高的興趣。

_____9.我對於和別人交談不感興趣。

_____10.當他或她說話時，別人不會表示支持。

_____11.我覺得我能和別人交談任何事。

_____12.我們必須說我們想說的。

_____13.我覺得我們能夠輕易地一起笑。

_____14.這個對話緩慢地進行。

_____15.別人的談話常常只能對談有一點幫助。

_____16.我們談論的內容是我設興趣的。

計分：
1.把第 1、3、4、6、7、8、11、12、13 和 14 題的
  分數加起來。
2.將第 2、5、9、10、15 和 16 題的分數，以 7 分變 1 分
  ，6 分變 2 分，5 分變 3 分，4 分維持 4 分，3 分變 5 分，
  2 分變 6 分，1 分變 7 分的方式轉換分數。
3.把第 2、5、9、10、15 和 16 題的分數加起來。
4.把步驟 1 至步驟 3 的分數相加，以產生溝通滿意分數。

詮釋你的得分：你能夠藉由以下的量表詮釋你的得分。
  16　極度地滿意　　　　80　還算不滿意
  32　十分滿意　　　　　96　十分不滿意
  48　還算滿意　　　　112　非常不滿意
  64　平平

個詞彙似乎也整合了所有形式的互動。經營能夠處理有關述說者
和聆聽者兩者角色間的交換。簡言之，談話轉變了大部分令人滿
意的交談的特徵。比如你聊到傑克在課堂上發生了什麼或是你的
渡假計劃。這正是你顯而易見交談的部分，也是你開始和前饋的
理由。

　　不必感到驚奇，每一個文化都有交談上的禁忌，該避免的主
題，尤其是從其它文化來的遊客更應注意。**表 15-1** 描述了 Roger
Axtell（1993）在 *"Do's and Taboos Around the World"* 幾
個美國遊客該避免的例子。這些例子雖然不一定很徹底，但卻能
夠提供我們有關每一個文化適合和不適合交談主題的提示。

四、回饋

　　第四個步驟是和第二個步驟相反的。這個步驟是你應該回頭

表 15-1　世界上的交談禁忌

文化	交談忌諱
比利時	政治，語言不同於法國人與法蘭德斯人之間，宗教
挪威	薪水，社會地位
西班牙	家人，宗教，工作，對鬥牛的負面批評
埃及	中東政治
奈及利亞	宗教
利比亞	政治，宗教
伊拉克	宗教，中東政治
日本	二次世界大戰
巴基斯坦	政治
菲律賓	政治，宗教，貪污，外國援助
南韓	國內政治，批評政府，社會或共產主義
玻利維亞	政治，宗教
哥倫比亞	政治，對鬥牛的批評
墨西哥	美墨戰爭，非法移民
加勒比海國家	種族，當地政治，宗教

反應是否你所經營的交談過程已經完成：「所以你想送給傑克一張問候卡（get-well card）」、「你有沒有聽過這種瘋狂的班級？」，或是「我打電話去預定房間，你準備我們所需的」。

　　當然，別人不一定會同意經營已經完成，也可能會反對，例如，「但是他在什麼醫院？」。如果這個情況發生，你可以回去前一個步驟，繼續經營交談過程。

五、結束

　　第五也是最後一個步驟，則是和第一個步驟相反，就是結束，說再見，常常可以顯示人們在交談關係中的滿意程度：「我希望你會很快地打電話給我」，或是「不用打給我們，我們會打電話給你」。結束通常也可以是未來的計劃：「明晚給我一通電話」或「讓我們十二點碰面一起午餐」。

六、反映在模式上

　　並非所有的交談都可以用上述的五個步驟來輕易區別。通常開場和前饋常結合在一起，如當你在校園中看到某人，你會說「嗨！聽聽看這個」，或是在工作情境中我們常聽到有人這樣說，「好吧，人們，讓我們去開會吧！」；同樣的，回饋和結束常連結在一起：「看吧！我必須考慮一下這個約定，可以嗎？」

　　如同先前所強調的，經營是交談關係中最久的一個部分。開始和結束的時間是差不多的，同樣前饋和回饋也是一樣。只要這些相關的部分期間稍有不同，你就會感到不對勁。例如，當某人用了過長時間的前饋或是太短的開場，你會推測要用嚴肅的方式來對待。

　　這個模式能夠幫助你分辨交談技巧的有虧空部分，也能夠幫助你從無效而令人不滿足的交談關係中分辨效果和滿足。例如，考慮如下的衝突是如何傷害整個交談關係：

- 使用不敏銳的開始，例如，「喔！你不過是得了一些英磅而已」。
- 使用過長的前饋，使得你認為無論如何別人都會和你進入經營的過程中。
- 忽略一個確實令人震驚的訊息（例如，朋友或親人的死亡或疾病），這樣的忽略將使得別人視你為感覺遲鈍或是不關心別人的人。
- 沒有用一般可預期的問候詞來經營交談關係，如當你去看醫生後一開始的交談是「嗯，有什麼不對呢？」
- 忽略回饋，這將使得你認為無論如何別人一定會聆聽你說的和關心這件事。
- 忽略一個適當的結束，這將使得你以為無論別人如何受干

擾也不會遷怒於你。

　　當然，每一個文化的差異將使得這些基本步驟有所改變。在某些文化中，開場常常是簡短的，反之，它們也可能是苦心經營的、長時間的，甚至有時須透過一些儀式。違反別的文化的交談規則是很容易發生的。比如太過友善、太正式、太快速，都可能輕易的妨礙交談的進行。

　　如果人們不重視這些規則，甚至輕易的違反文化的差異，這種情況將可能導致嚴重的結果（見第六章）。當然，我們可能視這些違反規則者是侵略性的、自以為是的，或是盛氣凌人的，通常會直接不喜歡他們，並對未來的交談有負面的投射。

交談的準則

　　當我們在和別人交談時，我們是用合作的方式來經營（Grice，1975）。換言之，訴說者和聆聽者都同意在合作的情形下瞭解對方在說什麼。如果我們不同意合作，那麼溝通將會極度地困難、充滿不可能。我們合作的方式是使用四種交談的準則——即是說話者和聆聽者在交談關係中所遵循的原則。或許這些準則的名詞很新鮮，但它們卻可以輕易地從你自己的經驗中瞭解。

一、數量的準則

　　說話者應遵循數量的準則：他們藉由提供訊息、做有意圖意義的溝通來達成合作。因此，一個包含資訊的說話者為了使得意義更清楚卻常會忽略了什麼不會。依循這個準則，說話者就不應給對方太多或太少的資訊。我們就常常可以看到人們為了試著把

附帶的事件關聯在一起，而離題的給了許多不必要的資訊。我們常這麼想或這麼說：「回到這個觀點；所以，發生了什麼事？」說話者違反這個準則的還有省略了許多必要的資訊。在這些情況中，我們發現我們常常不得已的插話詢問：「他們在哪裡？」「這是什麼時候發生的事情？」「還有誰在那裡？」

二、質的準則

　　說話者應遵循質的準則：他們藉由討論他們知道的或是假定是真的事情，和他們認為不會是錯誤的事來達成合作。當我們和別人交談時，我們都會假定說話者的資訊是真實的——至少是他知道的。如果我們交談的對象是經常說謊、誇大或是輕視這個主要的問題而違反這個準則的人，我們將會變得不信他所說的，也想曉得什麼才是真的、什麼是杜撰的。

三、關係的準則

　　說話者應遵循關係的準則，即他們藉由談論什麼是交談關係中相關的部分來達成合作。因此，如果一個說話者是在談論派特和克麗絲，他們可能會說，「錢是引起所有關係問題的癥結」，我們會假定——不假思索的以為，這樣的評論是和派特及克麗絲有關。在這個例子中，我們就可以看到說話者因離題和突然插入不相關的評論，而違反了這個準則。

四、舉止的準則

　　說話者應遵循舉止的準則：他們透過清楚的、避免模糊的、相關聯的摘要，及用有意義的前後關係組織他們想法的方式來達成合作。因此，說話者使用聆聽者瞭解的詞彙並省略或闡明聆聽者不懂的詞彙。我們可以看到這個準則被清楚的使用在當我們調整我們的言論以使得聆聽者瞭解。例如，當我們和親近的朋友聊

這是一張描繪一個富於表情的女士和一個沈默的男士的典型照片。你認為這個刻板印象正確嗎？仔細看為什麼你認為圖中的女士在非語文表達上較男士豐富？你能証明男士較富於表情嗎？

天時，我們可以直指相互都熟悉的人，也可以直接分享彼此曾經共同的經驗。然而如果是和陌生人交談時，我們就不能忽略這些參考的訊息或必須加以解釋。同樣的，當我們和孩童交談時，我們也必須簡化我們的詞彙，如此孩童才會瞭解我們的意思。

當然，這些準則都是相當容易懂的。你幾乎可以不假思索的依循。然而當它們被違反時，溝通就會降低意義，你也會因失去滿足感而感到失望。

五、交談的準則和文化

這四個準則確實是發生在許多美國文化中大部分有關交談的真實描寫。然而我們必須知道的是，這樣的準則並不一體適用全

部的文化情境中；例如，它們似乎就不適用位於馬達加斯加共和國中的馬達加西民族。而且，別的文化可能有別的準則。所以，這些有趣的準則可能會提供給人們在美國和其他文化相抵觸的建議（Keenan，1976）。以下是一些適用於其他文化情境而非美國文化的準則。

㈠和平關係的準則

研究日本人交談和團體討論關係發現，與他人維持和平關係的準則是最被重視的（Midooka，1990）。因此能和別人保持和平關係的方式才會被保留下去。例如在日本，你在階級制度中的地位會影響你被期望參與而自我表現的程度。所以，對於公衆的交談和私人之間就存在了極大的差異。這個準則在公衆面前的重要性就比私人交談來得重要，只有在私人交談中才能被違反。

㈡客氣的準則

在一些亞洲的文化中，避免困窘或使別人困窘、為自己和別人「保留面子」是一件特別重要的事。當這個準則運作時，就可能違反其他的準則。例如，客氣準則就可能要求你不要說實話，而違反了交談準則中質的準則（Fraser，1990）。

㈢貶低自己的準則

這個準則常見於中國說話者的交談中，是為了避免別人對於你成就的稱讚或是謙虛你的能力或才能（Gu，1990）。把自己降一級是一種禮貌的形式，也似乎是為了提升和你交談對象的地位。

交談管理

說話者和聆聽者必須一起使得交談過程有效並充滿滿足的經驗。管理交談過程就是開始、維持和結束它們。

一、開始交談

開始一段交談總是特別的困難。通常你會不知道該說什麼和如何開始。你可能害怕被拒絕或是別人不瞭解你的意思。底下有幾個出自於第一章所討論的，由人際傳播過程的基本元素中的途徑可以幫助我們開始交談：

自我參考（self-references）是說一些有關你自己的事。這些參考內容可能是姓名、排行、序列或數字的形式。例如，「我的名字是喬，我是從阿馬哈市來的」。上學的第一天，學生們可能會如此說，「我很擔心學校生活」或是「我上學期就是被這個老師教的，她真的很傑出」。

他人參考（other-references）是說有關別人的事或是問問題：「我喜歡你的那件毛衣」，「我們會在查理的店碰面嗎？」，當然，這樣也有一些陷阱。一般說來，最好不要談論到有關別人的種族（我叔叔娶了一個韓國人）、別人本質上的傾向（碰到你真好，我也有一個同性戀的哥哥），或是生理上的缺陷（被限制在輪椅中一定很可怕）。

關係參考（relational references）是說有關兩個人之間的事：例如，「我需不需要幫你買杯飲料？」、「你喜歡跳舞嗎？」，或是更簡單的如「我能夠加入你們嗎？」。

情境參考（context references）是說一些有關於身體上的、社會心理、文化或是時間上的事情。最常見的如「你有沒有時間？」就屬於此種類型。你也可以更具創造性的說，例如，「這個地方看起來很舒服」或「那畫畫得真棒」。

·開場方式

瞭解開始交談過程的另一個方式就是採用較差的「開場方式」。開場者通常會設計有浪漫形式的關係。人際溝通研究者克

利斯・克倫克（Chris Kleinke, 1986）指出，開場方式有三種基本的形式：

(1)逗趣而輕率的開場者通常是較幽默的，其模稜兩可的方式使得人們在開始交談後就有想要延長碰面時間的想法。例子包括了「那真的是你的頭髮嗎？」、「敢不敢打賭乾杯」、「我敢打賭櫻桃節慶都沒有妳甜美」。

(2)不關痛癢的開場者通常採用更為模擬兩可的方式，以一種簡單的評論或是任何人都知道的事情來設計作為開場的方式。例如，「妳覺得這個樂團如何？」、「我之前從未到過這裡」、「這菜單上的食物什麼最好？」、「你能不能展示一下這部機器該怎麼操作？」

(3)直接的開場者則是直接的證明說話者和其他人碰面的興趣。例子包括了：「我感到有一點不好意思，但是我很高興碰到你。晚餐後有沒有興趣一起喝杯飲料？雖然我們已經一起吃飯，不知是否可以再加我一份？」

根據克倫克（1986）的研究，「開場方式」最常被男人和女人使用的是不關痛癢方式和直接的方式。逗趣而輕率的方式是較少被使用的；女性比男性更不喜歡這種方式。男性通常會輕忽了女性不喜歡此種方式，而繼續使用這種不易被拒絕且態度模擬兩可的方式。男性也常輕忽了女性較喜歡採用不關痛癢的方式。

女性較喜歡男性採用有禮貌而不會太過強烈的開場方式。而女性也常低估了男性有多麼喜歡使用直接的開場方式。大多數的男性都較喜歡能清楚表達意義的開場方式，可能是因為男性不習慣讓女性開場。女性也常誤以為男性喜歡不關痛癢的方式。

在第十七章中，我們對於這些互動方式將再做介紹，但那是從建立彼此關係的角度來思考。

二、維持交談

在維持交談的關係上，至於有兩個因素是應該注意的：互相交換說話者和聆聽者的角色，以及使用對話的方式避免唱獨腳戲。

㈠交談轉變

說話者和聆聽者在互動過程中角色的交換是我們在定義交談時的一項特徵。透過各種不同的語言和非語言的線索，我們能夠完成交談角色轉換的互動——即一種在交談過程中說話者和聆聽者之間角色的交換（或持續）。根據許多研究者深入而多樣化的研究（Duncan, 1972; Burgoon, Buller, and Woodall, 1989; Pearson and Spitzberg, 1990）發現，我們可以從說話者線索和聆聽者線索兩方面來看交談角色的轉換。

1.說話者線索

說話者透過以下兩個形式的線索讓交談繼續：轉向維持（turn-maintaining）線索及轉向讓與（turn-yielding）線索。所謂的轉向維持線索指的是讓說話者繼續維持其說話的角色。底下是幾個辨明轉向維持線索的說明：

- 可以聽見說話者表示他還有更多說要。
- 以持續的手勢或姿勢表明其思想仍未完結。
- 利用避免和聆聽者眼光的接觸來使得聆聽者沒有任何的指示可以從說話者方面接話下去。
- 以持續一貫的語調暗示其還有許多要說的。
- 以母音式的發音暫停（如「喔」、「嗯」）以避免角色的轉換，並表示說話者仍有話要說。

在大部分的例子中，我們希望說話者以相關的言語持續轉換，並且情願地把說話者的角色轉換至聆聽者身上（尤其是當聆

大部分用餐時間都是交談的好時機，你能用本章所討論關於交談的五個步驟去描述用餐時的交談過程嗎？正式的餐會和家庭裡的用餐時的交談有何不同呢？

聽者覺得很無聊時）；而這是為了避免別人認為你是以自我為中心而令人討厭。

轉向讓與線索是告訴聆聽者說話者已經說完，並希望轉換說話者角色。這些線索告訴聆聽者（有時是一個特定的聽者）該轉換成說話者的角色了。所以，例如在一段意義完結之後，你可能會加上一些次語言線索如「耶？」，來要求聆聽者轉換成說話者的角色。你也可以直接以降低音調、延長沈默、與聆聽者眼光的直接接觸、問一些一般性的問題，或是以指向特定聆聽者點頭的方式，來明指你希望轉換說話者的角色。

在這些我們希望說話者讓與其角色的許多方法中，我們也同樣的期望聆聽者願意承接說話者的角色。那些沈默寡言或是不願涉入交談關係中的，我們也希望他們能有相同的責任。例如，在

一些分析有關婚姻中交談關係角色轉換的研究發現，大部分平常的違規多發生在因為沒有責任的觀念上。一項研究五百四十位不願承認說話者角色的研究發現，其中百分之四十五皆因缺少參與其中的責任感使然（DeFrancisco, 1991）。在這些沒有「責任」觀念的違規事件中，百分之六十八是男性，而百分之三十二是女性。其他一些違反角色轉換的違規事件還包括了插話、延遲責任，以及不適當的短暫責任。狄法藍斯柯（DeFrancisco）指出，在這些違規行為中，男性較容易犯錯，男性常常在婚姻關係的互動過程中壓制女性的意見。

2.聆聽者線索

當一個聆聽者，你能夠透過許多各種不同的線索來控制管理整個交談過程。請求轉換（turn-requesting）線索可以讓說話者知道你想要發言。有時你可以透過一些簡單的話語來達成，「我有話要說」，但通常你會透過更敏銳的方式，如以母音式的發音——喔、嗯，來告訴說話者（至少是敏感的說話者）你現在想要說話。這種要求說話的方式通常會透過臉部或是嘴的姿勢來達成。通常，聆聽者會透過張開眼睛或嘴巴作勢欲發言，或是藉由手勢及前述所說的方式來表達其想要轉換角色的意圖。

你也可以利用轉向拒絕線索（turn-denyung cues）來表示你不願意當說話者。例如，以含糊的語調表示「我不知道」，或試著用簡短而低沈的聲音表示你沒有事情要說。轉換拒絕線索通常也包括了避免當說話者希望轉換說話者的角色時和他的眼光接觸，或是加入任何和說話內容無關的行為，例如咳嗽或是擤鼻涕。

回復途徑線索（back-channeling cues）則是指使用各種類型的資訊以使得溝通又回到說話者的身上。一些研究者稱此種方法為「承認象徵」，如以下三個最具代表性，可以告訴說話者你聽到了的象徵短音「嗯—嗯」、「喔」、「耶」（Schegloff, 1982; Drummond and Hopper, 1993）。你也至少可以使用以下

四種資訊回復途徑線索（Burgoon, Buller, and Woodall, 1989; Pearson and Spitzberg, 1990）。

首先，你可以用微笑、表示認可的點頭、簡短的評語如「是的」、「正確」或「當然」，或是母音式發音「嗯」等來表示你對說話者的同意。相同的，你也可以用皺眉頭、搖手或是評語如「不」、「不是這樣的」或是「從不」來使得說話者繼續下去。

第二，你也可以表達你對交談過程的參與或是厭煩。傾聽的姿勢、前傾的坐姿或是用專注對方的眼神來表達你的參與；或是用一種心不在焉的方式、坐姿隨便散漫，或是避免眼光接觸以表達你置身事外的方式，都可以引導說話者繼續下去。

第三，你也可以給與說話者改變速度的線索。比如你能夠把手放在耳邊、前傾或點頭速度加快，然後請說話者說慢一點。你也可以以言語要求說話者放慢速度（如「說慢一點，我想確定你說的我都聽到了」）。同樣的，你也可以以一些言詞要求說話者加快速度，如「並且……」或「繼續下去然後……」。

第四，你也可以要求澄清。疑惑的面部表情，也許再加上身體前傾，將可輕易地告訴說話者你需要進一步的說明。同理，你也可以直接插話加入你的疑問：誰？哪裡？何時？

有時一些這種回復途徑的線索確實會造成干擾交談的情形。不過，這種干擾往往能夠更確定某些情況。這可以告訴說話者我們有在聽而且是參與其中的（Kennedy and Camden, 1988）。

另外有一些干擾的情況則反而不能夠使說話者更確定某些情況，或甚至因此而暫時或永久轉移其說話者的角色。有時干擾者甚至因此而必須道歉或被人厭惡。不過，干擾仍能提供以下的一些功能：

・改變話題（「在我結束之前我必須告訴你這個故事」）。

・糾正說話者（「你是指四個月，不是一年，對吧？」）。

- 尋求資訊，澄清問題（「你是指傑夫的堂兄嗎？」）。
- 超過說話者的故事使其更有趣或更精彩（「如果你認為這個很有趣，聽聽看這個更有趣……」）。
- 結束交談（「我討厭被打斷，但我是真的要回去上班了」）。
- 指出基本的資料（「你的車著火了」）。

　　一個有關干擾最常見的研究是性別的差異。到底男性或女性誰較常插話？研究的發現是南轅北轍的。不同的研究發現會有不同的結果（Pearson, Turner, and Todd-Mancillas, 1991）：

- 男性較傾向會中斷插話（Drass, 1986）。
- 男性比女性更愛干擾別人說話（Zimmerman and West, 1975; West and Zimmerman, 1977）。
- 男性和女孩之間沒有存在顯著差異（Greif, 1980）。
- 父親比母親更常干擾孩子的談話（Grief, 1980）。
- 在干擾行為中，男女沒有不同（Roger and Nesshoever, 1983）。

　　各種有關轉換角色的線索可以參考圖 15-2。

㈡獨腳戲和對話

　　有效而令人滿意的交談關係是建立在對話的人際溝通上而非唱獨腳戲（Buber, 1958; Brown and Keller, 1979; Thomlison, 1982）。獨腳戲是指一個人說而一個人聽的溝通方式；在這個過程中雙方是沒有互動的。整個過程都集中在說話者的身上。「獨腳戲溝通」這個詞或是「用獨腳戲的方式溝通」都是延伸上述的定義而來。這也是指一種沒有坦率的互動，且說話者也沒有真誠關懷對方的感覺或態度。唱獨腳戲的傳播者通常指關注他或她自己的目標，或是在這個範圍內能不能夠達成他的目標。

	說　話	聆　聽
說話者	轉向持續線索	轉向讓與線索
聆聽者	要求轉向線索	轉向拒絕線索

圖15-2　關於獨腳戲式和對話式的傳播特質的綜合說明

象限一是指說話者想要繼續說話而用轉向持續線索。象限二是表示
說話者想轉為聽眾而採用轉向讓與線索。象限三是指聆聽者想要說
話而採用要求轉向線索。象限四是指聆聽者想繼續是聽者而用轉向
拒絕線索來拒絕。回復途徑線索屬於第四象限，因為這是屬於聆聽
者想繼續是聆聽者的線索。干擾情況則發生在象限三，因為這是屬
於要求轉換說話者角色的線索。

　　如果是對話的關係，則是一種雙向的互動。每一個人都可以
是說話者和聆聽者、傳送（訊息）者和接收者。在對話的溝通中，
或是以「對話的形式溝通」，則雙方都會深入關心對方的感受和
彼此的關係。對談的目的是為了相互瞭解和同理心的展現。尊重
別人不只是因為他的為人或能給你什麼，最重要的是尊重他是一
個人，而且他值得你誠摯而真實的對待。

　　在獨腳戲的互動關係中，你溝通的原因是為了促進你自己的
目的、說服他人或是圖利自己。但在對話的互動關係中，你尊重
別人有足夠的權利在不受壓迫、懲罰或害怕社會壓力的情況下做
決定。一個對話式的傳播者也會尊重別人有足夠的能力相信，他
們做的決定是最明確且尊重他人的（第五章）。用卡爾‧羅傑斯

表 15-2　唱獨腳戲的溝通者和對話式的溝通者

唱獨腳戲的溝通者	對話式的溝通者
1.通常使用負面的批評（「我不喜歡第三個解釋」）和負面的人格批評（「你不是一個很好的聽眾，不是嗎？」）。	1.避免負面的評語和負面的人格評論；多使用正面的評語（「我比較喜歡前兩個解釋；它們聽起來很合理」）。
2.通常使用如不想說了，或是使用無關討論主題的訊息（如「你不瞭解這件事；我可以預見你是不理性的，不要再說了」）一類有機能障礙的溝通方式。	2.保持溝通的管道暢通（「我真的不知道什麼地方冒犯了你，但是請告設我。我不想再傷害你」）。
3.極少使用感謝或承認一類的詞彙（以改寫成易懂的文句證明或是承認你瞭解別人的意思）。	3.說讓人容易懂的句子並總結別人的說法以確定正確的意思。
4.極少要求別人澄清他的觀點或想法。	4.有需要時會要求別人澄清，聆聽別人的觀點並表達出極大的興趣。
5.經常要求個人的正面評語或別人許可的聲明（「你喜歡我用哪一種方式斥責那傢伙？聰明的，不是嗎？」）	5.避免要求別人正面的個人聲明。

（Carl Rogers）的話來說，對話式的溝通者會給別人自主而正面的酬賞，而不論別人是否同意他們自己的選擇。當我們覺得別人做的決定可能是違法的或是無意義的時候，我們也會試著說服他們不要這麼做，但不應該撤消（或威脅要撤消）我們也對其他人爲之的正面酬賞，應認爲他有權自己做決定，即使是錯誤的。表 15-2 是一些有關於唱獨腳戲式的和對話式的傳播特質的綜合說明。

三、結束交談

結束交談幾乎和開始一樣困難。它通常是人際互動關係中最難以應付和令人感到不舒服的部分。這裡有一些建議是你必須考慮的：

- 回應先前的交談並簡短地總結做結束。例如：「我很高興能碰見你，找出之前聯合會議發生了什麼事情。我想下個星期的會議還會碰到你吧。」
- 直接表達想要結束談話去做別的事的企圖。例如：「我很願意繼續和你談話，但我真的必須走了。下次再見面。」
- 指望未來的互動。例如：「我們何不下星期再約時間繼續討論呢？」
- 要求中止。例如：「我是不是已經解釋了你想知道的？」
- 聲明你很滿意這樣的互動。例如：「我真的很高興和你聊天。」

利用上述的這些結束方式，將可以很明確的告知別人你想結束交談。顯而易見的，對於那些不能夠瞭解這些微妙暗示和不能夠理解人際互動關係是雙方都必須負責的人，以及不能夠有滿意結束的人，我們應該用更直接的方式來告訴他。

交談的問題：預防和修復

在交談中，你可能會碰到問題而想要預防它，或者你可能會發現你所說的或所做的是錯誤的而想尋求藉口。這裡我們只提供了一個策略的例子來預防交談所發生的潛在問題（否認），以及一個有關修復交談問題的例子（找藉口）。我們的目的是想描繪

這些過程的複雜性，而非鉅細靡遺的告訴你交談問題能被預防和修復的方法。

一、預防交談的問題：否認

讓我們這樣說，例如你害怕你的聽眾會認為在先前的情境中，你的評論是不適當的，他們可能會沒有接受你的解釋就匆忙的判斷你的為人，或是認為你的能力不夠。在這些例子中，我們可以使用某種形式的否認。否認的意思是一種聲明，目的是為了保證你的訊息會被人瞭解，而且不會有任何負面的反應。

以下有五種類型的否認是常常被使用的（Hewitt and Stokes, 1975; McLaughlin, 1984）。規避推托可以幫助你自己從訊息中被分開，所以如果你的聽眾否定你的訊息，他們就不會否定你（例如，「在這個部分我也許錯了，但是……」）。假如因為一些證據的不充足，則規避推托可能會減少男性或女性的吸引力（Wright and Hosman, 1983），造成可信度的降低。然而，假如規避推托的是整個的信仰（沒有人能知道有關主題的全體），而且這個推測是大家都可以理解時（Hosman, 1989; Pearson, Turner, and Todd-Mancillas, 1991），則他們就比較容易被接受。

憑證則可以幫助你說的內容的特殊限制（例如，「不要認為我是錯的，我不是害怕同性戀的」）。認可則是要求聆聽者允許用違背正常規定的方式來說（例如，「我知道這不是談公事的好地方，但是……」）。理性的否認可以幫助你掌握情況在能力範圍之內（例如，「我知道你一定認為我瘋了，但請讓我解釋一下我的邏輯」）。顯示懸而未決的決定則是要求聽眾再做決定前再聽聽你的聲音（例如，「在你聽完我的說法之前，不要掛電話」）。這些否認的方法的定義及額外的例子，在**表 15-3** 中將有更詳盡的介紹。

表 15-3　否認

否認	定義和功能	例子
規避推拖	說話者否認他或她自己辨明的訊息的重要性；說話者清楚的知道聽者可能會否定訊息但不是人。	我沒有讀完全部的報告，但是……我也不是一個生理學家，但是這個不規則看起來……
憑證	說話者試著去避免聽者自認而他不想的推論；說話者尋求建立屬於自己的限制。	不要採用錯誤的想法；我不是性別歧視者，但……我的一些最好的朋友們……。終我這一聲，我都和馬斯特住在一起，所以我知道他們像什麼。
認可	說話者宣稱他即將違背某些社會或文化規則，因此需要先聲請原諒（取得許可）。	我瞭解現在也許不是最好談錢的時刻，但是……我知道你一定會覺得這個建議有一點混亂，但試著想想。
理性的合認	對於聆聽者的質疑，說話者尋求對理性能力的再確認。	我知道你一定認為我喝醉了，但我沒有醉而且腦袋也很清楚。
顯示懸而未決的決定	說話者要求聽者延緩做決定直到所有的說明完成。	在我解釋完事情之前，不要說什麼。如果你答應不取笑我，我會告訴你發生了什麼事。

二、修復交談的問題：藉口

　　先前我們介紹了修復交談時不可改變的因素，如關於一些我們以前已經說過的造成人際無法繼續溝通的訊息，是不能被當做沒說過的。因為事實上在這個部分中，我們也需要花一些時間來定義或分辨可能被人誤解的一些訊息。也許大部分常被人們採用

的方式就是藉口。藉口可以說是在各種溝通和人類行爲中是最爲普及的。但當我們檢視它在交談關係中的角色時，我們必須先知道藉口並不單適用於交談關係，而是適用於所有的人類行爲。

我們很小的時候就已經從別人的一些負面理解中學習找藉口，藉口能夠使你的不良表現正當化。藉口，如同史奈德（C. R. Snyder, 1984）所說的，「是當我們在生命中獨自一人時，不論是你自己或和別人，所扮演的中立角色」。

藉口通常從以下三種情形而來：

(1)你說了一些事。

(2)你的說辭看起來像有負面評價；你想要使你自己從中脫離出來。

(3)有人聽到這個訊息或是這個訊息的結果（「證人」是外在的，例如，老闆、朋友或同事，但也可以是你自己——自己是自己的證人）。

史奈德等學者（Snyder, 1984; Snyder, Higgins, and Stucky, 1983）也定義「藉口」是「利用解釋或行動來減低對行動者表現的負面印象，藉以使自己或他人有正面的形象」。

特別是在當我們被別人譴責違背了期望、沒有得到認可或是人們及社會一般認爲是對的事情的時候，藉口似乎更常被使用。在理論上，藉口能夠降低訊息的負面衝擊。

㈠製造藉口的一些動機

製造藉口的最主要動機看起來像是爲了保留自尊，突出我們自己和對別人的正面形象。藉口也可以避免別人強調所創造出的負面表現。我們覺得如果我們能夠提出藉口，尤其是一個大家都能接受的好藉口時，這將能夠減低負面的反應以及後來的不好表現。

但藉口也可能使你陷入危境或使你的行爲不成功；這時你可

以使用預期的藉口：「我的喉嚨在痛，但我會盡量試著去說。」
這樣的藉口將能夠減少你失敗時的批評，也能夠增加別人接受你
的說詞的程度。

　　藉口也能夠使我們在做了一些負面的行為之後，還能有有效
的人際關係。例如，當我們批評別人的行為並看到負面的反應時，
我們可能會產生如下的藉口：「忘了我所說的吧！我已經筋疲力
盡了，我只是直來直往而已。」藉口能使我們的訊息，甚至是可
能的失敗，有更討人喜歡的火花。

㈡藉口的三種類型

　　史奈德（Snyder, 1984; Snyder, Higgins, and Stucky,
1983）指出藉口有三種類型。在「我沒有做」這個類型中，藉口
是在被譴責時表示從未做過這事：「我沒有說過……」；「事情
發生時我根本沒靠近過那裡」。在「沒那麼糟」的類型中，藉口
是在事情發生後宣稱情況沒有實際上那麼糟，這麼說別人可能會
以為：「我只是道聽塗說」；「那場火災的原因是有人抽煙，而
你的貂皮大衣是我唯一能找到的理由」；「是的，我是打了他，
但那是他討打」。在「是的，但是」類型中，藉口是為了替行為
減輕所造成的情勢：「那是在說醉話」；「我真的只是試著要幫
他，並不想要傷害他的感情」；「我責任他的原因只是因為我羨
慕他」。

　　根據瑪格麗特・麥克勞琳（Margaret McLaughlin）在《交
談》（1984）一書中的介紹，馬克・奈柏（Mark Knapp）的觀
察發現：「當我們發現一些我們習以為常（不需經思考）的行為
表現時，瞭解交談結構的重要性就好似我們去瞭解一般人的互動
模式為何一樣。」而這一章的目的就是幫助你增進這些瞭解。

摘要			
交談過程	交談的合作與準則	交談的管理	交談的問題
開始 前饋 經營 回饋 結束	合作：說話者和聆聽者藉由以下四種準則達成相互交談的協定： 1.數量：必須提供資料 2.質量：真實 3.關係：有關的 4.舉止：清楚 和平關係：保持和平客氣的：遵循客氣的原則 貶低自己：謙虛	開始交談 ・自我參考 ・他人參考 ・關係參考 ・情境參考 交談轉換的處理 ・說話者線索：轉向持續，轉向讓與 ・聆聽者線索：轉向要求，轉向拒絕，回復途徑 對話和獨腳戲 ・對話式的交談：雙向互動，關心每一個人和之間的關係 ・唱獨腳戲：單向互動，只關心自己 結束 ・回應先前的交談並簡短地總結做結束 ・直接表達想要結束交談 ・期待未來互動 ・要求結束 ・表達互動的樂趣	預防：否認，確認你的訊息已被對方瞭解並且不會有任何負面的反映的陳述： ・規避推拖 ・憑證 ・認可 ・理性的否認 ・顯示懸而未決的決定 修復：藉口，是一種設計來降低有關說話者訊息負面衝擊的解釋： ・我沒做 ・沒那麼糟吧 ・是的，但是……

第三篇
研究人際關係

當你準備研究人際關係時，有幾點要注意：

- 本書引用的結果及結論就統計學而言是正確的，適用於一般人但不是所有的人。讀者的任務是去考慮這些論點是否適用於自己與自己的關係。

- 在尚未收集到足夠的資訊之前，別驟下定論。避免因單一零碎的資訊就為你的朋友、另一半或你的任何關係下結論。大膽假設，小心求證，而不是太早下定論。

- 將本書描述之情況與自己發現的情況做比較與分類。問問自己你的人際生活與書中陳述的情況有哪些相似及相異之處。往後各章中所述的技巧，有哪些是可以應用在你的家庭、工作、學校生活之中。

- 關係改變不是一個容易的過程，尤其是在解除關係上。請瞭解改變通常是緩慢的，而且有人相助的話會更容易。

第十六章
人際關係的一般概念

本章目標

當你研讀完本章之後,你應該能:

1. 舉出人際關係所能滿足的功能。
2. 解釋人際關係的六階段模式。
3. 定義廣度和深度及舉例說明如何以這些概念來描述人際關係。

對你我而言，大概再沒有比跟人接觸更重要的事了。因為一旦我們長期缺乏人際接觸，沮喪、自我懷疑之情便產生，而且甚至連非常基本的日常生活處理都有困難。研究很清楚的告訴我們，相較於金錢、工作和性愛，與他人保持親密的關係是快樂的最重要來源。

人際關係的功能

儘管各種關係對不同的人有不同的功能，但是大部分的關係都有四項功能。這也是視為人們尋求及發展關係的原因。

一、減輕孤獨感

跟人接觸幫助減少孤獨感。我們希望有人關心、有人喜歡我們；有人會保護、有人終究會愛我們。親密的關係使我們確信，當我們需要人際接觸時，有人真的關心而且會一直在我們身旁。有時身處一大群人之中可以減輕孤獨感，然而有時只會徒增孤獨感，反倒不如單一的親密關係來得有效。

二、獲得激勵

人類需要激勵；沒有它，人類會退縮，甚或死亡。Murray Davis曾在《親密關係》（1973）一書中形容人類具有向激勵性（stimulotropic）。一如植物具有向日性，會朝日光的方向生長；人類也會追尋各種激勵的來源。人際接觸便是獲得激勵的最佳來源之一。人類有各式各樣的需求及興趣，通通需要不同的激勵。由於我們是有智慧、生理性和感性的生物，所以需要有智慧、生理性和感性的激勵。

三、增進自覺與自尊

我們需要和人接觸是因為透過他人我們得以瞭解自己。我們的自我認知絕大部分受自己認為別人對我們的觀感所影響；例如我們的朋友如果認為我們是溫暖及大方的，我們多半也會認為自己就是這樣的人。和人接觸得以讓我們從不同的角度看自己。因此，社會比較理論主張我們衡量及評價自己——我們的態度、才能、價值、成就、能力——主要是經由和他人比較而來的。而這些比較大部分是透過我們的人際關係完成的。

人際關係的主要功能之一是增進自尊和自我價值。只要有人與你分享將使你覺得自己是可取和值得被愛的。一旦你幸運的找到支持你的人，這種關係將可增加對自我的尊重。

四、增加快樂減少痛苦

人際關係最基本的功能是增加快樂減少痛苦。人們需要與人分享好事以及情緒和生理上的痛苦。或許在我們的孩提時代，我們可以找母親替我們親吻傷口或告訴我們沒有關係。但現在很難再去找母親，所以我們只好找別人，通常是可以給我們如母親一般慰藉的朋友。

人際關係的幾個階段：發展到解除

關係的建立有不同的階段。你不會在會議中立即和另一個人變成親密的朋友，而是經由一連串的步驟或階段，逐步的和人建立起一種親密的關係。其他多數的關係大概也是如此進行。一見鍾情的確對關係的階段模式帶來困擾，但是我們不能說這種愛情不會發生（就我的感覺是它可能且經常發生）。因此，以階段模

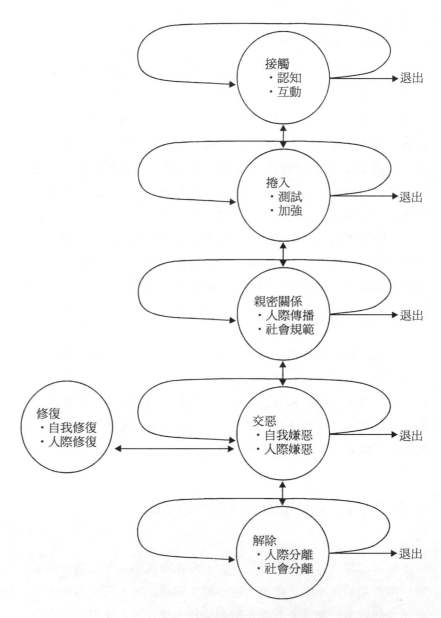

圖16-1 交際關係的六個階段

式在多數時候足以描述大部分人的大部份關係似乎是較聰明的說法。

在每種關係及每個關係階段中的數個相對概念間存在動態的張力關係。這個來自於關係辯證理論的假設認為，所有的關係都能由一連串的相對字詞來定義。例如，已經有研究發現三組的相對詞句（Baxter,1988, 1990; Baxter and Simon,1993）。自主及聯繫之間的張力表示，你渴望維持個人的個體性，但也希望和別人親密接觸及建立關係。新奇及可預知間的張力強調對新事物和冒險及一成不變和安逸間的雙重渴望。開放與封閉的張力是關於對限定的關係以及和不同人交往的渴望。開放與封閉的張力關係大多出現於關係發展的初期。而自主與聯繫及新奇與可預期的張力關係則是關係進展後的重要因素。

圖 16-1 顯示了大部分關係的主要發展階段。當碰到特殊關係時，你可能想修正上述的基本模式。但是就關係發展的一般描述而言，這些階段似乎相當標準。至於其它對定義關係發展階段的補充，可以參考**表 16-1**。

一、接觸

在接觸階段的初期，會有某種的感官接觸——如看、聽及聞他人。透過這種行為你獲致一個生理上的概念——性別、大概的年齡、身高等等。在經過感官的知覺後，通常會有互動的接觸，這種接觸是膚淺的，且相對來說不具人格的。在這個你和人交換基本資料的階段是任何更深關係投入的開端（嗨，我是喬）。於是你開始互動（我可以加入你們嗎？），同時有了邀約的溝通（我可以請你喝杯酒嗎？）。根據部份研究，在最初互動的開始四分鐘內，人們便決定是否繼續這段關係（Zunin and Zunin, 1972）。

儘管透過語文和非語文的行為，諸如友善、溫暖、開朗和活

表 16-1　人際關係階段表

人際關係傳播的書	Levinger(1983)	Knapp(1984)	Wood(1982)	Altman and Taylor(1973)	Krug(1982)	Swensen(1973)
傳達　感覺的	零接觸	起始	個人獨自目易於接受	起源	起始	簡單
互動的	察覺 表面接觸		邀請式傳播 探測式傳播			
包含　試驗	互助	實驗	實驗	探測	實驗 運接	協議
強烈	適量互助	強烈	強烈 修正		起源	
親密	主要的交集	完整人格 契約化	契約化 合法化	有效的交換 穩定的交換	有效的交換 穩定—衝突的 穩定—發展	組織化 承認
變質　內心不滿		防禦 運鈍	防禦 運鈍 瓦解		發展	
人際不滿		限制 區別	區別			
修復　內心修復					維持 防禦	
人際修復						
解除　人際分離		結束	結束		結束	結束
社會分離			個人化			

許多學者已經在人際關係模式中發展了許多階段，而在此我所陳述的人際關係階段並非去讓已有的人際關係模雜化，而是希望可以讓讀者更清楚看人際關係不同階段的不同風貌，像在包含的階段中，Levinger認為人際關係有三階段：零或無接觸、察覺與表面接觸；而 Knapp 卻將包含的階段分為兩個：一是試驗，另一是強烈的階段。

力的特質也會顯現。但是在接觸階段，身體的外表格外地重要，因為那是最容易被看見的。

　　如果你喜歡一個人而且想要繼續這段關係，你會使用策略去加深你們的關係，將關係推往下一個階段或變親密。根據一項研究（Tolhuizen,1989），以下是約會男女用以加深彼此關係的五個最受歡迎的策略：

　　(1)增加與另一半的接觸。
　　(2)送另一半愛的象徵，例如禮物、卡片或花。
　　(3)增加自身的吸引力，讓自己更有身價。
　　(4)做能加深關係的事，如調情取悅或讓對方高興。
　　(5)變得更性感親密。

二、投入

　　在此階段，一種相互依存和牽連的感覺產生。你體會並試著對別人有更多瞭解。在投入的最初階段，人們會採取試探行為。你想瞭解你最初的判斷是否合理，因此你可能會問這樣的問題：你在哪裡工作？你主修什麼？如果你認為你對此人已經有相當的瞭解，你會透過增加互動來繼續投入。這時候你不但想對別人有更多的瞭解，而且也會開始揭露自己，雖然只是以一種最簡單的方式。

　　在整個的關係進程中，特別是在投入階段及親密階段開始時，你會試探對方，而且想瞭解對方對這段關係的感受。你會採取的策略如下：

　　‧直接：你直接問對方他或她的感覺，或你自我揭露（基於你認為對方也會自我揭露）。
　　‧忍耐：你讓對方遭受各種的不好行為（例如，你使壞或做令人為難的要求），假設如果對方忍受這些行為，他或她

對這段關係就是認真的。

- 間接暗示：例如，你開玩笑要一起共享未來，做更親密的接觸，或暗示你很在意這段關係。對方如果給你相近的回應，就表示他或她想增加關係的親密度。
- 公開表現：例如，你介紹對方是你的男朋友或女朋友，然後看對方如何反應。
- 分離：你用身體上的分離來瞭解對方的反應。如果對方來電就表示他或她對這段關係有興趣。
- 第三者：你詢問兩人共同的朋友，對方的感覺和意向。
- 三角關係：你安排一個三角關係，並且告訴對方，例如有人對他或她有意思，然後，你看對方的反應如何。如果對方表示沒興趣，就表示對你的強烈承諾。

三、親密

在親密階段，你會與他人建立更進一步的關係，這個人可能是你最好或最親密的朋友、愛人，或者是同伴。毫無疑問的，當關係進展到此一階段，你的滿意度也會隨之增加（Siavelis and Lamke, 1992）。親密階段通常可分成兩個階段：一個是人際許諾階段，此階段兩人以某種私人的方式彼此互相許諾；一個是社會約束階段，此階段許諾是由大家來認定——可能是家人或朋友，也可能是一大群人。你和你的另一半因而被視為是一個單位，可定義的一對。

當親密階段包含婚姻時，人們面臨三個主要的婚前不安（Zimmer, 1986）：

(1)安全上的不安：我的配偶會不會為了別人離開我？我的配偶會不會在性方面對我不忠？
(2)滿足上的不安：我們能不能獲致一種親近、親切和特別的

關係？我們能不能擁有平等的關係？

(3)刺激上的不安：無趣和一成不變會不會發生？我會不會失去自由被絆住？

當然不是所有的人都想要親密關係（Bartholomew, 1990）。有些人因為害怕親密關係帶來的影響，而積極地避免它。其他人則拒絕親密關係，且自衛性的否認對更多更深人際接觸的需求。

對某些人而言，關係上的親密是極大的冒險。對其他人而言，冒險成份卻不大。例如，你對下列說法的真正態度為何？

• 真的和人變親密是危險的。
• 我害怕和別人親近是因為我會受傷。
• 我發現我很難相信別人。
• 考慮一段關係的最重要事情是我會不會受傷。

同意這些句子及相近說法的人認為親密關係有很大的風險（Pilkington and Richardson, 1988）。我們發現這些人與那些認為親密沒有太大風險的人相較，親近的朋友較少，比較不喜歡投身情愛關係，比較不信任別人，約會程度較低，而且一般而言社交能力較低。

四、惡化

此階段和解除階段的特徵是關係人之間的束縛變弱，而且顯示關係進展走下坡。

關係惡化的第一步通常是個人內在的不滿：你開始覺得這段關係不如你先前想的那麼重要。你對每天的互動感到個人的不滿，而且對你和對方的未來持否定的態度。如果不滿持續或增加，你便進入第二步——人際間的惡化。你會退卻並且愈來愈想獨

處，你很少與人分享空間的時刻，當你們在一起時，會出現尷尬不語、少自我揭露、少身體接觸及缺乏心理親近感的情況。衝突變得愈來愈平常且愈來愈難解決。

五、修好

「修好」一詞可視為是「預防性的維持」，例如，保持原有的關係或滿意的狀態。它也可視為是「改正性的維持」，例如，改正現有的不良情況或改善關係中一些不滿的部份（M. Davis, 1973; Dindia and Canary,1993）。這裡用的「維持」一詞意指「預防性的」關心（待十八章詳述），而「修好」一詞意指「改正性」關心（待十九章詳述）。

修好階段是可選擇的，因此在**圖16-1**中以不完整的圓表示。有些關係雙方在關係惡化時會停下來並試圖修復彼此的關係。然而，其他人可能—— 一刻不停，想也不想——就任由關係解除。

修復的第一步驟是個人自身的修復。你開始分析哪裡出錯並思考如何解決你們關係中的困難。在這個階段你可能會考慮改變你的行為，或你對另一方的期望。你也會評估現有關係的好處及如果關係結束後的好處。

一旦你決定你想要修復關係，你會在人際間修復的層次中和另一方討論。你會討論關係中的問題、你希望的改正的事，以及你願意做的事及你希望對方做的事。此階段是協商新共識和新行為的時刻。你和另一方會試圖自己解決你們的問題、向朋友或家人尋求建議，或進行專業的諮商。

六、解除

解除階段是切斷人與人之間的關係。此階段通常是由人際間的分離開始，此時你可能搬進單身公寓，而且開始脫離以彼此為中心的生活。如果這種分離可以被自己接受，同時如果原本的關

係沒有修好，你就進入社會或公衆分離的階段。如果這種關係是婚姻，那就等於是離婚。在某些時候，先前的另一方改變他們關係的定義，例如，前任愛人變成朋友或事業上的夥伴。避開衆人及恢復單身是此階段的主要特徵。

此階段也是分開的雙方開始將自己視爲是個體，而非和另一人是一對；而且尋求建立一個全新且不一樣的生活，不論是獨自一人或和別人在一起。的確，有些人在心理上還活在已經解除的關係之中；他們常流連以往約會的地方、重讀過去的情書、想像所有的美好時光，而且不能從除了記憶之外實際上已經終止的關係中抽身出來。在強調代代相傳及傳統是好的文化，例如中國，人際關係似乎是維持長久且永久的。但是，在改變是好且傳統是不好的文化中，例如美國，人際關係似乎是較短暫的 (Moghaddam, Taylor, and Wright,1993)。

七、人際關係的發展趨向

圖 **16-1** 包括三種箭頭。出口箭頭表示每個階段都提供機會可以退出該關係。在說「嗨」之後你可以說再見並離去。在每個階段間的垂直或移動箭頭代表我們可以從移動到其他的階段，不管是往更深的階段（例如，從投入到親密）或往較弱的階段（例如，由親密到惡化）。我們也可以回到先前建立的階段。例如，你可能已經和某人建立了親密的關係，但是你不想停在此階段，你想要較弱關係，所以你可以回到投入階段重新建立一個較舒服的關係。例如，離婚的夫婦可以從親密階段移動到投入階段的朋友關係 (Masheter and Harris, 1986)。反身箭頭——繞回關係開始階段——表示任何關係可以在任何階段穩定停留。例如，你可以將關係維持在親密階段，而不使惡化或回到較弱的投入階段。或者你可以停留在「嗨，你好嗎？」的接觸階段，而不需有進一步的投入。

表 16-2　戀愛關係中的轉折點

轉折點	例子
互相認識時期	第一次相遇、一起讀書、第一次約會
讓情侶重視對方及彼此關係的時期	造訪家人或一起離開
身體上的分離	因假期或商務旅行而暫別（非決裂）。
外在競爭	新的或過去的情敵出現要求一同競爭。
重聚	小別後相聚。

本表是根據 Baxter and Bullis(1986)的研究製成。

　　在不同階段間的移動通常是漸進的過程；你不會從接觸階段跳過投入階段而到親密階段。反之，你慢慢發展，一次進展一點點。當然會有關係驟變的情形發生。例如，在戀愛的投入階段中，初吻或初次性行為需要驟變；驟變需要兩人一同感受溝通及親密方式的改變。例如，在初吻之前，你們會相擁、熱切的看著對方的雙眼，甚或撫摸彼此的臉。你想利用這個驟變（部份）來發現是否這個驟變——例如，親吻——會得到好的回應。沒人希望拒絕——尤其是談戀愛時。這些主要的跳躍或轉折點為關係如何發展提供了一個有趣的觀點。**表 16-2** 列出了大學生在戀愛關係中的五個最經常發生的關係轉折點（Baxter and Bullis,1986）。

人際關係的廣度與深度

　　當你由接觸階段、投入階段進展到親密階段，你可以發現談論的話題數量及「個人」投入談論話題的程度增加（Altman and Taylor, 1973）。溝通話題的數量指的是廣度。人格被洞察

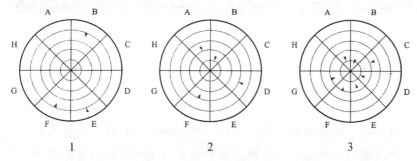

圖16-2 與(1)熟人(2)朋友(3)親密的人之社會滲透

的程度指的則是深度。

　　讓我們將一個人以一個圓來表示，並將圓分成幾個不同的部份來代表人際傳播的話題，或廣度。另外，在心理想像此圓及此圓是由數個同心圓組成，代表不同層次的傳播或深度。**圖16-2** 提供代表性的例子。每個圓分成八個話題區域（由Ａ到Ｈ）及五個親密層次（以同心圓表示）。在第一個圓中，只有三種話題被談及。其中兩個只在第一層次，而一個在第二層次。此種關係可能是發生在認識的人身上。第二個圓代表一種較深的關係，談及的話題更廣且討論的層次較深。這種關係可能是發生在和朋友的相處上。第三個圓代表更深的關係，有相當的廣度（八個中有七個區域被談及）及深度（大部分的區域都觸及最深的層次）。這種關係應該是和愛人或父母的關係。

　　所有的關係——友情、愛情、家庭——都可以用廣度和深度來描述，此一概念是社會穿透理論的重要概念（Altman and Taylor, 1973）。在剛開始的階段，關係的一般特色為狹隘的廣度（論及的話題很少）及淺薄的深度（話題的討論僅止於表面）。當關係加深和親密，廣度和深度增加，而且這些增加都是舒服、正常，及自然的過程。

階段的談話

　　下表列舉的各種訊息是你在六個階段的每個階段中可能遇到的。注意有些訊息（例如「你好嗎？」）可以在好幾個階段使用。雖然字句相同，但傳達的意義卻不同，端視用於哪個階段。因此，舉例來說，在接觸階段，「你好嗎？」單單表示「哈囉」之意。在投入階段，它可能代表「告訴我發生了什麼」。在親密階段，它可能是對關於個人感覺的高度個人化資訊的請求。

　　雖然這些例子很明顯的並不完整，研究發現當關係變得更親密時，訊息傳播的直接和情感、相似感和深度，及泰然自若感也會增加（Hale, Lundy, & Mongeau, 1989）。

接　觸

哈囉。 嗨。	我們用來認識每個人的表面層次的訊息。
你好嗎？	只是另一種打招呼的方式。我們並不真的希望聽見有關山姆最近的手術情形。
我上週好像沒看見你？	一種想要接觸的間接企圖，一種社交應酬的溝通方式。
我可以加入你們嗎？	直接表達想要接觸的陳述。

投　入

我也喜歡烹飪。	建立及談論共同的興趣。
你好嗎？	對某些（大多是好的）資訊的請求，但不需要太多的細節。
我家裡有些困難——沒有真正嚴重的事。	低到中等層次的自我揭露，不會被拿來認真討論。
我想帶你去吃晚餐。 我想認識你。	直接表達想要進一步交往的陳述。

親　密

我們可能會去跳舞。	在一起的表現（我們）。
你好嗎？	對有關健康或感覺的重要訊息的請求，特別是如果有理由相信最近的改變已經發生；一種說「我關心」的方式。
我真的很沮喪。	重要的自我揭露。
我愛你。	親密的直接表現。

惡　化

我不能忍受……	負面評價增加。

我開始想見見別人。	直接表達希望減少現有親密關係的陳述。
你為何不自己去找凱特和愛麗絲？	希望離開制人視線的表現。
你從不傾聽我的需要。 那都是你的錯。	找碴、批評及抱怨。

修　好

這段關係還值得保留嗎？	自我分析：評估修好的價值。
我們需要談談；我們的生活正在崩潰中。	公開修好的議題。
你會放棄去找派特嗎？	談判：指出如果關係要繼續什麼是你想要的。

解　除

我想要結束這段關係。我想要離婚。	直接表達想要正式解除這段關係。
我嘗試過，但我想已經夠了。	試圖獲得「社會的信任」，來自家人的贊同。

學習瞭解每個階段的談話

　　學著傾聽每個階段的談話訊息——這些訊息代表以特殊方式推進關係或將關係維持在某一個階段的意向——將有助於你瞭解和管理自己的人際關係。仔細傾聽每個階段的談話，傾聽有關你自己人際關係及朋友或熟識對你吐露有關他

們的訊息。收集這些訊息並將其分別歸類在下列的六種訊息之中：

1. 接觸訊息表示希望接觸：「嗨，我是喬。」
2. 親近訊息表示希望增加親近度、投入，或親密感：「我想要多見見你。」
3. 穩定訊息代表希望將關係保持在某一特定階段：「讓我們保持現狀久一點，我害怕在我生活中投入太多在這裡。」
4. 距離訊息代表希望和一段關係保關距離：「我想我們應該分開幾個星期。」
5. 修好訊息表示想要修復關係：「我們能不能討論並解決？我的意思不是那麼武斷的。」
6. 解除訊息表示希望打破或解除現在的關係：「事情已經不如我們當初想的那樣；讓我們各走各的路。」

　　跟小團體或班上的同學分享這些收集到的訊息。思考下列的部份或所有的議題：

1. 那些訊息是用來指示上述的六種不同的期望？
2. 人們會對他們想進一步發展或保持關係的期望提出理由嗎？如果會，會是怎樣的理由？
3. 男性和女性談論關係階段的方式一樣嗎？不一樣嗎？請說明。
4. 對關係期望的表達方式是否有文化差異？

・關係解除

當關係開始惡化，廣度和深度通常也會反向進行——關係解除的過程有時是指逆向的假說。例如，在終止一段關係的過程中，你會減少來自人際互動中的特定話題，同時在討論可接受的話題時避免深談。你會降低自我揭露的程度，而且盡可能不洩露絲毫內心深處的感受。當然，這種反向操作的情形不常發生 (Baxter, 1983) 。有證據顯示，例如朋友間，雖然在關係惡化的初期深度會降低，但隨後又會升高。

摘要		
人際關係的功能	人際關係的幾個功能	廣度與深度
減輕孤獨感 獲得激勵 增進自覺與自 　尊 增加快樂、減 　少痛苦	接觸 　知覺的 　互動的 投入 　試驗 　加強關係 親密 　人際的許諾 　社會的約束 惡化 　個人的不滿 　人際的不滿 修好 　個人的修好 　人際的修好 解除 　人際的分離 　社會／公眾的分離	廣度：個人溝通的話題 　數量；通常在關係發 　展時增加，而在關係 　惡化時減少。 深度：內在人格被滲透 　的程度；通常在關係 　發展時加深（滲透） 　，而在關係惡化時 　變弱（減少滲透）。

第十七章
關係的發展及投入

單元目標

在讀完本章之後，你應該能：

1. 當解釋關係發展時，討論吸引、增強、社會交換及公平理論。
2. 解釋關係開始時的步驟。
3. 至少提供八個第一次見面時的建議。

既然我們對關係的功能及各種關係的階段有一般的概念，我們可以更進一步深入探究關係的發展。往後的單元包含友情、愛情，與家庭關係的維持及惡化。

關係發展的理論

　　許多的理論提供人們為何要發展關係的見解。其中幾個直接和關係發展相關的理論已經被討論過了。

　　減少不確定感理論（第三章）說明關係發展是為了減少對他人不確定感的一種過程。該理論對各種關係及其發展作了若干的預測（Berger and Calabrese,1975）。譬如，該理論預測高不確定感有礙親密，而低不確定感產生親密。同樣地，高不確定感減低對他人的喜好，而低不確定感增加喜好。

　　社會滲透理論（第十六章）以傳播層面的廣度和深度來說明關係的進展。當關係變得較親密，關係的深度和廣度會增加；當關係不再親密，關係的深度和廣度就減低。

　　關係辯證理論（第十六章）以一連串相反的概念代表相互競爭的渴望和動機，諸如對自主與屬於某人、對新奇與一成不變，及對封閉與開放的渴望，來說明各種關係。

　　在這一章中，另外提出四個理論：吸引理論、增強理論、社會交換理論及公平理論。這些理論提供獨特的觀點，且有助於解釋發展、維持、惡化及修好階段的人際關係中發生的事（以及一般的人際傳播）（圖 17-1）。這些理論指出重要的人際過程——譬如，力量與衝突——及重要的人際關係，諸如友情、愛情與家庭。

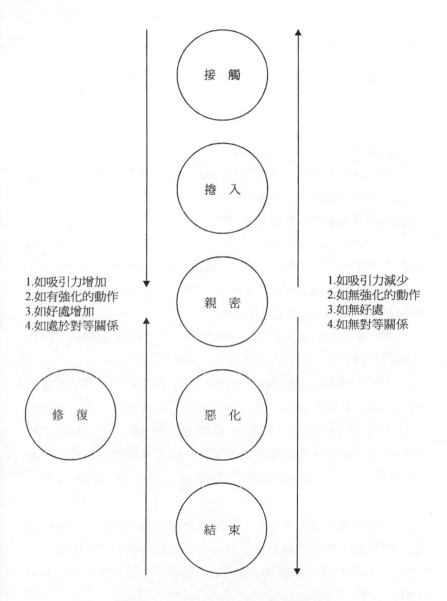

接　觸

捲　入

親　密

修　復

惡　化

結　束

1.如吸引力增加
2.如有強化的動作
3.如好處增加
4.如處於對等關係

1.如吸引力減少
2.如無強化的動作
3.如無好處
4.如無對等關係

圖17-1　關係理論及六階段模式

一如模式所示，當吸引力、增強、利益與公平增加，較親密的發展便會產生。一旦吸引力、增強、利益與公平減少，便會由親密的階段中移出。

一、吸引力理論

　　無疑的你對某些人具有吸引力，對某些人則無。同樣地，某些人吸引你，而某些人則不然。如果你想驗證你對哪些人具有吸引力，哪些沒有；你可能會發現你的判斷有幾種類型，即使大部份的判斷可能出於潛意識的動機。

　　大部份的人被別人吸引基於三個主要的因素：引人注意之處（生理外觀及個性）、鄰近性及相似感。

㈠引人注意之處（生理外觀及個性）

　　當你說，「我覺得那個人很吸引人」，你要不是指⑴你覺得那個人外表吸引人，就是⑵你覺得那個人的個性或行為吸引人。一般來說，你大概會喜歡外表有吸引力而非外表沒吸引力的人，同時你大概會喜歡有令人愉快個性而非令人不悅個性的人。總之，你將正面的特質歸因於你覺得有吸引力的人，而將負面的特質歸因於你覺得沒吸引力的人。

　　正如一般人所想像的，在保加利亞、奈及利亞、印尼、德國和美國所做的研究發現，男人在考慮另一半時比女人更重視外表（Buss and Schmitt, 1993）。同樣地，在一項男同性戀約會行為的研究中發現，伴侶的外表是影響一個人享受約會的程度，及多想再和那個人約會的最重要因素（Sergios and Cody, 1985）。

　　那些被認為有吸引力的人同時也被認為是有能力的。有趣的是，那些被認為在傳播上有能力的人——做為一起工作的夥伴，社會上及生理上——同時也被認為更有吸引力（Duran and Kelly, 1988）。

㈡鄰近性

　　如果你仔細看看你覺得有吸引力的人，你大概會注意到這些人是住在你周遭或和你一起工作。譬如，在一項對學生住宿發展

有關人際間相互吸引有研究
發現你通常被周圍的人所吸
引。臨近性的因素可否解釋你
在大學中的友誼？可否解釋
你曾經有過的男女關係？

的友情研究中發現，學生的房間離得愈近，愈有可能成為朋友
（Festinger, Schachter, and Back, 1950）。同時，住在正對中
庭房間的學生比住在面對街道的學生有更多的朋友。會變成朋友
的人是那些有最多機會互動的人。

　　鄰近性影響吸引力的原因之一可能是你對離你近的人有正面
的期望，因此對這些人充滿喜愛及被吸引之情。鄰近性也讓你得
以瞭解別人。你喜歡你認識的人因為你比較可以推測他們的行
為，且或許因為他們似乎比完全陌生的人更不易讓你受驚（Ber-
ger and Bradac, 1982）。

　　另一個主張是單單在別人面前曝光就可以使我們對別人產生
正面的感覺（Zajonc, 1968）。在一項研究中（Saegert, Swap,
and Zajonc, 1973），將認為正參加一項味覺實驗的婦女暴露在
別人面前──有些十次、有些五次、有些二次、有些一次，有些
則完全沒有。結果顯示受試者對見過十次的人給最高評價，次高
是見過五次面，以下隨次數遞減。我們如何能期望單單經由暴露
來解釋這些結果？當最初的互動是有利或中立時，光是暴露似乎

會增加吸引力。當最初的互動是負面時，重複暴露確實會降低吸引力。

人際吸引的研究顯示，你會因和另一個人在身體上較接近而更被吸引。鄰近性這個因素能否有助於解釋你在大學之友情？能否有助於解釋你曾經有過的戀情？

(三)相似感

如果你能製造你的配偶，他或她的外表、行為及思想大概很像你。藉由你自己對人的吸引力，你肯定自己；你告訴自己你是值得被喜愛的。雖然有可能，但是你大概會被自己鏡中的樣子所吸引，被那些和你國籍、種族、能力、外在特徵、智力、態度等等相似的人所吸引。

如果你問一群朋友「誰會吸引他們」，他們大概會講非常受歡迎的人；事實上，他們大概會說是他們認得的最受歡迎的人。但是如果你觀察你的朋友，你會發現他們和外表與他們自己相當相似的人交往及建立關係。這種傾向，著名的匹配假說，預測雖然你可能會被外表最吸引人的人吸引，然而你會和外表魅力與你相似的人約會及結伴（Walster, Walster, and Berscheid, 1978）。直覺的說，這種說法似乎令人滿意。但是你會發現有些矛盾的地方，譬如，一個有吸引力的人卻和很沒吸引力的人約會。如果有這種情形，你可能是在尋求補償性因素，尋求足以補償外表吸引力的特質，明顯的例子如權勢、錢、權力、智力，及各種人格特質。

就吸引力來說，態度的相似特別重要。無疑的，態度相似的人彼此之間的吸引力會隨著時間而增加，態度不相似的人彼此之間的吸引力會隨著時間而減少（Neimeyer and Mitchell, 1988）。此外，態度相似似乎和婚姻的發生有關（Honeycutt, 1986）。我們特別會被那些和我們態度相似、喜惡和我們一樣的人吸引。愈重大的態度，相似感愈形重要。有極大且明顯不相似

感的人好像比非常相像的人更容易以離婚來結束婚姻（Blum-stein and Schwartz, 1983）。

就最初的吸引而言，態度的相似特別重要。態度的相似好像也預言關係的成敗，態度相似的人會隨著時間而增加彼此之間的吸引力，態度不相似的人會隨著時間而減少彼此之間的吸引力（Neimeyer and Mitchell, 1988）。同時，智力愈相似的人——他們對世界的看法愈相像——人際的吸引力愈大（Neimeyer and Neimeyer, 1983）。

雖然有人主張「物以類聚」，也有的人支持「敵對者相吸」。後者的概念是一種互補的原則。人們只在特定的情況下才會被不相像的人吸引。譬如，乖乖牌的學生尤其可以和活潑的老師相處得很好，但是卻不會找一個很好動的配偶。Theodore Reik在《心理學者眼中的愛》（1944）一書中說，我們和擁有我們喜愛卻缺乏特質的人相愛。譬如，內向的人如果為害羞所苦，就會被外向的人吸引。

雖然互補和相似兩種情況都直接存在，但是研究證據卻對相似感較有利。

㈣尋求親合策略

除了你能做的或說的事之外，有吸引力、鄰近性和相似感是影響人際吸引力的因素。此外，你可以用**表 17-1**（Bell and Daly, 1984）所列的尋求親合策略來增加你的吸引力。這些策略得自於要求人們「列出能讓別人喜歡他們所能做的或說的事」的研究；其他的受試者則被要求指出哪些事會讓別人討厭他們。因此，這些策略代表人們認為使我們對別人有吸引力，人們認為使人喜歡我們，人們認為使別人對我們持正面態度。

二、增強理論

根據增強理論，你和酬賞你的人發展關係，和不賞識你或真

表 17-1　尋求親合策略：如何讓人喜歡我們及對我們持正面的態度

利他主義：幫助他人。

表現出控制的樣子：像一個領導者，當失去控制時，顯出「在控制之下」。

表現出平等的樣子：呈現出自己和別人是平等的樣子。

舒服：和別人在一起時表現出很舒服和放鬆的樣子。

允許控制：允許他人在交往的活動中負起控制的任務。

維持對話的規範：和他人遵循有禮、共同對話的文化規範。

動力論：顯得主動、熱心和有動力。

讓人打開話匣子：刺激並鼓勵他人談談自己；加強他人的自我揭露及自我貢獻。

助長享受：確保和他人的活動是令人愉快且正面的。

接納他人：在你的社交活動及聚會中接納他人。

親密的感覺：創造出你和他人的關係比實際上還親密的印象。

傾聽：注意且主動的傾聽他人。

非語文直接性：傳達對他人的興趣。

敞開心胸：與他人放心暢談。

樂觀：表現出樂觀積極而非悲觀消極的樣子。

個人自主：對他人表現出像一個獨立且自由思考的個人。

身體吸引力：儘可能向他人表現出身體的吸引力。

表現出自己是有趣的：對他人表現出自己是值得認識的有趣的人。

好處的聯想：表現出你是和你交往就能夠給與好處的人。

自我概念的肯定：尊重他人及幫助他人以便對自己持正面的感覺。

自我設定：安排可以讓自己和他人時常交往的環境。

感性：對他人表達溫暖及同情。

相似感：展現出你和他人分享重要的態度和價值。

支持：在與他人的人際互動中表達支持的態度。

值得信賴：對他人表現出誠實且可信賴的樣子。

註：在這些定義中所用的「其他」一詞是「其他人或人們」的簡寫。

正使你痛苦的人避免或解除關係。

　　酬賞或增強可以是社會性的（譬如恭維或稱讚），或是物質的（譬如求婚者送禮最後贏得所愛之人的肯首）。但是酬賞也可能招致相反的結果。做得太過火的話，酬賞將失去效力且可能招

致不好的結果。不斷給你酬賞的人可能會變得太甜蜜或太難負擔，你會對他們所說的任何事打折扣。同時，如果酬賞要成功，應該要讓人覺得是出自誠心，而非基於自私的動機。

你也和你酬賞的人發展關係（Jacker and Landy, 1969; Aronson, 1980）。你變得喜歡因為你真的喜愛的人。人們需要藉由說服自己這個人是值得投入與可愛的來證明他們交往的方式。

你會在自己的互動中發現這種現象。在買了極貴的禮物或以你的方式幫了他們一個大忙之後，你大概提高你對這些人的喜愛程度。在這些及相似的情況下，你藉由相信這個人是值得費心交往來證明你的行為。否則，你必須承認你看走眼且浪費金錢和力氣在不值的人身上。

三、社會交換理論

社會交換理論，基於利益與損失的經濟模式，主張你發展各種能夠讓你獲得最大利益的關係（Chadwick-Jones, 1976; Gergen,Greenberg, and Willis, 1980; Thibaut and Kelley, 1959）。

酬賞－代價＝利益

酬賞是你付出代價獲得的東西。譬如，要獲得財物的酬賞，你必須工作而非玩樂。想在人際傳播課得A，你必須寫期末報告或比你想的更努力用功。想要升遷，你必須做不願意的事或加班工作。愛情、感情、地位、金錢、禮物、安全、社會承認、友誼、友情及親密只是你願意努力（換言之，付出）的少數例子。

代價是你通常想試著避免的那些事——那些你覺得不愉快或困難的事。加班工作、洗盤子和燙衣服、看你另一半覺得有趣但你覺得無聊的電視節目、穿令人不舒服的衣著，及幫你不喜歡的人的忙都算是代價。

用這個簡單的經濟模式，社會交換理論主張你尋求發展會帶給你最大利益的關係（友情或愛情），也就是說，酬賞大於代價的關係。根據這個理論，較好的關係是以最小的代價獲得我們最大酬賞的關係。

·比較等級

你以你應該避免這段關係的酬賞和利益的一般概念進入一段關係。那是你的比較等級，你覺得應該從關係的實際期望。譬如，在一項已婚夫婦的研究發現，大部份的人想當然爾地期望高度的信賴、相互尊重、愛及承諾。他們的期望隨著在一起的時間、隱私、性行為及溝通而明顯降低（Sabatelli and Pearce, 1986）。當你得到相等或超越這個比較等級的酬賞時，你會對你的關係感到滿意。

然而，你也會有另外的比較等級。也就是說，你大概會把你得自現有關係的利益，和你認為你能夠從另一個關係獲得的利益做比較。譬如，如果你認為你無法找到另一個適當的伴侶，即使現有的關係很糟糕，你似乎會繼續這段關係（Berscheid, 1985; 亦見第二十二章）。如果你覺得現在關係的利益少於你可以從另一段關係中獲得的利益，你會決定離開目前的關係，進入一段新的且可能更有利益的關係。

四、公平理論

公平理論引用社會交換理論的概念但更進步；它主張你發展及維持關係時，你所付出的比例，等同於你朋友的付出（Walster, Walster, and Berscheid, 1978; Messick and Cook, 1983）。一個公平的關係是參與的人獲得與代價成比例的酬賞。如果你比另一方在一段關係上做更多的努力，你會想公平的獲取相等的酬賞。無疑地，研究發現人想要公平且認為關係應該具備公平的特性（Ueleke et al., 1983）。

公平理論將焦點集中在每天都會發生的關係不滿來源上。譬如，在傳統的婚姻中，丈夫與妻子都有全職的工作，但妻子可能分擔了大部份的家事。因此，雖然雙方都得到相同的酬賞——同樣有好車、住在擁有三間臥室的屋子等等——妻子付出了較多的代價。根據公平理論，妻子將因為此關係缺乏公平性而不滿。我們可以在工作場合中看到兩個管理新兵有相同的互動；每個人都做同等量的工作（也就是每個人付出相同的代價），但是其中一人得到兩千美元的紅利（酬賞），另一人得到三千美元的紅利。很明顯地，不公平產生，因此會有不滿。

公平理論主張發展、維持，及滿意公平的關係。而你不去發展，就不會對人際關係滿意，甚至會將關係終止。關係愈不公平、愈不滿意，則關係終止的可能性愈大。

然而，要注意的是，公平是和西方文化資本主義導向一致的概念，譬如，人們是根據貢獻的多少來得到酬勞。你對組織或關係的貢獻愈大，你應該從中獲得的回報愈大。在其他的文化，均等或需要的原則可能行得通。根據均等，每個人不論個人貢獻如何都獲得同樣的酬賞。根據需要，每個人依照個人的需要獲取酬賞 (Moghaddam, Taylor, and Wright, 1993)。因此，在美國，公平與關係滿意度及關係容忍度有很大的相關 (Schafer and Keith, 1980)。但是，在歐洲，公平似乎和關係的滿意度或容忍度無關 (Lujansky and Mikula, 1983)。

譬如，在一項研究中，住在美國及印度的受試者，被要求將紅利分配給一個貢獻大但經濟情況良好的人及一個貢獻少但有經濟需要的人。他們的選擇是將紅利公平的分給兩個人（根據貢獻），平分，或根據需要 (Berman, Murphy-Erman, and Singh, 1985; Moghaddam, Taylor, and Wright, 1993)。結果見**表 17-2**。

表 17-2　公平的文化觀點

紅利的分配方法	美國受試者	印度受試者
公平分配	49%	16%
均等分配	34%	32%
依需要分配	16%	51%

發展關係：第一次接觸

　　或許關係發展最困難也最重要的方面是開始——與人相見、表現自己，及設法採取行動，在早期模式中，退出或進展到一個更親密的階段。在《親密關係》（1973）一書中，Murray Davis 指出第一次接觸包括六個步驟。除了檢視這些步驟，我們看看一些可以使第一次接觸更有效的傳播指導方針或原則（針對非語文與語文的互動）。

㈠**審核條件**

　　第一步是審核條件，這些讓你對想接觸的人做出適當選擇的特質。有些條件是容易察覺的，諸如美貌、穿著、首飾等等。其他的條件是不易察覺的，諸如個性、健康、財富、才能及智力。條件告訴你關於這個人及幫助你決定是否繼續最初的接觸。

㈡**決定清楚**

　　試著發現是否這個人是能夠接觸的。這個人有沒有戴結婚戒指？這個人是不是在等別人？

㈢**開始接觸**

　　開始非語文及語文的接觸。尋找另一方準備進行更進一步接

觸的指標。如果對你的問題給了是不是的簡單回答或眼神接觸不再繼續，你有相當好的指標這個人目前不準備和你繼續的接觸。然而，如果這個人給你詳盡的回答或反問你問題，那你得到類似「繼續」的回應。

如果你被認為是可選擇的──既非很難得到也非容易得到──你會比不被選擇或被選擇兩個極端的人顯得是更值得交往的（Wright and Contrada,1986）。

㈣使用綜合性話題

綜合性話題是會吸引他人和你的興趣，且會整合或讓你們兩人聯合。尋找無拘束資訊──關於你所觀察到的事或偶然談到的事──例如，大學鈴聲或鐘聲。這將提供可能的溝通話題。同樣地，一個隨性的談話可能包括這個人的職業、研究的領域，或運動的興趣，任何可以用來當作進一步互動的起點。用問問題（當然不能太好奇）來更加瞭解這個人並傳達你的興趣。

㈤創造良好的印象

表現出所謂「來找我」的樣子，你對別人來說是動人的、迷人的、有趣的。表現出你會讓別人想要繼續交往的樣子。

㈥建立第二次會面

如果你和你的新朋友或愛人似乎有所進展，就會開始第二次見面。這會隨著普通的見面（你星期五都會在這兒用餐嗎？）及特定的見面而有所不同（下個週末去海邊好嗎？）。**圖 17-2** 討論製造特殊的第二次見面或任何約會的過程。

在第一次碰面時，實際運用所有你學到的人際傳播原則。這裡有一些特別對第一次接觸的額外建議。雖然這些建議是分成非語文及語文兩方面來討論，但是記住在任何有效的最初見面中，兩者必須一起使用。

圖 17-2 這個流程圖致力於發展出歸納部份進行接觸的方式，同時回答學生們經常問到的一個問題。該圖是為了定義請求

尋求約會的過程

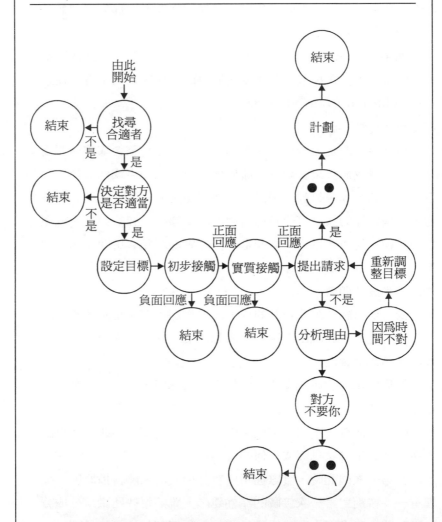

　　這個圖表是用來說明要求約會的過程，也藉此來回答一些學生常問的問題，其中指出一些要求約會的過程中之重要步驟。
　　這個圖表在描繪整個過程中有多正確呢？你會加入或減掉那些步驟呢？那些東西是必須的呢？那些不是呢？那些因素是最有效的呢？

約會的一些主要步驟或過程，而非指定一定會發生一成不變的特定結果。從「由此開始」開始，並根據你得自預期的約會的回答及回應來進行這個流程。

這個圖表代表請求約會過程的正確性如何？你會加入什麼步驟或程序？刪減什麼？哪些步驟是必要的？那些步驟是可選擇的？你覺得哪一個是區分有效和無效約會請求的最好因素？

一、非語文接觸

非語文傳播是關於你自己每一方面傳送給別人的訊息。根據這些訊息，別人很快且穩固的建立起對你的印象。

- 建立眼神接觸。眼神接觸是第一個傳送的非語文符號。眼神傳達對他人的知覺及興趣。當眼神持續接觸，微笑等表情表達你對他人的興趣及正面回應。
- 集中你的焦點。其餘的非語文動作應該避免被察覺。然而，注意不要太直接盯著人看，以免讓人不舒服。
- 縮短兩個人之間的距離。接近（不要令人不舒服）可以使你想交往的興趣變得明顯。
- 保持開放溝通的開放姿態，一種和他人互動的意願。雙手抱胸或雙手緊握放在胃上，通常被視為是不願讓他人進入你的空間。
- 加強正面的行為。加強對他人表示交往的興趣及互惠意願的行為。藉由正面回應、回答、點頭、微笑，或其他來表達你的善意回應。
- 避免過度暴露。非語文傳播在進行接觸或表示興趣，但是如果表現得太過火或沒有遵守直接的溝通可能會發生問題。因此，如果你想要進行語文接觸，在一段相當短的時間之後或等下一次再這樣做。

二、語文接觸

- 自我介紹。試著避免做陳腐的開場。最好簡單的說：「嗨！我的名字是派特。」
- 將注意力放在他人身上。讓他人專心的談論自己；很少人喜歡談論更多別的事情。
- 交換好處／酬賞。真誠以待但多對他人讚美及給予正面評價。多強調好的一面。這樣的行為有助於正面的第一印象，人比較會被積極的人吸引，且較喜歡積極正面的人，而比較討厭消極且負面的人。
- 有活力。透過回答時面帶適當的熱情、微笑、以不同的態度談話、姿勢及姿態自然、問適當的問題來展現你高度的活力，另一方面也展現你的主動參與。
- 避免負面及太親密的自我揭露。一步一步慢慢的進行一段關係。應該慢慢掏心並伴隨互相的掏心。在早期的關係中，任何太過親密或太負面的事會造成負面的印象。
- 避免是不是的問題、是不是的回答，及快速的問題。問開放的問題讓被問的一方可以多說一些。同樣地，盡量完整而不要只以是不是來回答問題。同時請注意不要表現以質問的方式問問題。

摘要	
關係理論	最初關係的步驟
吸引力理論 我們和那些我們認為有吸引力的人發展關係（生理上與個性），那些人是身體接近我們，且和我們很相似。 **尋求親合策略：**可以讓人喜歡我們對我們有好感的廣泛多樣行為。譬如： ・樂於助人 ・顯出可以控制狀況的樣子 ・表現出和人是平等的樣子 ・表現出輕鬆且安適的樣子 **增強理論** 我們和那些增援及酬賞我們的人發展關係。我們也喜歡那些我們酬賞的人。 **社會交換理論** 我們發展能夠讓我們獲得最大利益的關係，在這些關係中我們獲得的酬賞大於付出的代價。 **公平理論** 我們發展及維持一種酬賞和代價的比例近乎於另一方的關係。	・審查資格 ・決定清楚 ・開始接觸 ・選擇及開始溝通綜合性的問題 ・製造良好的印象 ・建立第二次見面。 **非語文接觸**，譬如： ・建立眼神接觸 ・集中注意力 ・保持開放的姿態 **語文接觸**，譬如： ・自我介紹 ・專心和人交談 ・交換好處／酬賞

第十八章
關係的惡化及解除

單元目標

在讀完本章之後，你應該能：

1. 解釋關係惡化的本質。
2. 解釋至少六種關係惡化的因素。
3. 定義至少五種描述關係惡化的傳播類型。
4. 解釋吸引力、增強、社會交換及公平理論如何解釋關係惡化。
5. 解釋處理關係結束的建議。

正如關係可能增長和進展，變得更強烈、更有意義，也可能減弱和衰退，變得更薄弱和無甚意義。在本章中我們將關注的是關係惡化及其部份原因。然後以此為基礎，我們檢視關係惡化特有的傳播模式。最後，我們考慮一旦關係真的結束能確實有效的一些建議。

即便考慮解除關係是人際關係的一個重要階段正隱含，這是一個真實存在的選擇。但是在其他的文化，關係——譬如，婚姻——是永久的，即使是開始發生問題也不能解除。對此類文化而言，更重要的議題是諸如「你如何維持一段有問題的關係？」「你怎麼做才能在一段不愉快的關係中生存？」「你如何能恢復一段令人困擾的關係？」（Moghaddam，Taylor，and Wright 1993）。

關係惡化的本質

關係惡化指的是將人連結在一起的牽絆變弱了。在關係的一端，關係可能只是很薄弱非親密；而在另一端，則是雙方分手且關係完全解除。介於這兩端之間有無限的可能，我們為了方便將其分成幾個階段。

關係惡化的過程可能慢慢進行也可能一下就發生。關係慢慢惡化可能發生在關係的一方正與新歡發展親密關係的情況，且此一新關係慢慢將舊愛排除在外。關係突然惡化可能發生於關係中重要的約定（例如，完全忠實的規定）被打破，且雙方明白關係不可能維持。

一、惡化的階段

研究人際關係的學者Steve Duck（1986）曾主張，你可以藉

由指出在關係惡化或解除中會經歷的階段,來好好瞭解關係惡化的過程。第一的過程是破裂階段,此時你對這段關係及對方感到不滿。

在內心階段,你私下產生對這段關係及彼此的不滿。慢慢地,你會和人分享你的感受,開始是相當陌生的人,最後是親密的朋友。

在兩人階段,你和對方討論你的問題,同時或許嘗試克服兩人之間的難題。

如果問題無法解決,且一旦你決定要退出這段關係,你便進入社會階段,此時你會和人分享你的不滿及退出關係的決定。在這個階段,你會試著求得他人的支持。你會尋求瞭解、同情及社會支持以便幫你度過這個分手時期。

第五及最後一個階段是死要面子階段,在這個階段你會自行創造這段關係的過去——它的開始、發展及解除。你這麼做的目的是要讓自己離這段關係遠一點,同時讓別人覺得你是值得同情或至少不是很壞的。

二、關係解除策略

當你想要退出一段關係,你需要一些方法來解釋——對你自己及對方。也就是說,你必須發展一套策略來脫離·段你不再感到滿意或有利的關係。**表 18-1** 列出五種主要的關係解除策略 (Cody,1982)。當你看過這個表,注意某些策略比其他策略有效,其端視你的最後目的來決定。譬如,如果採取縮減策略,先前的夥伴似乎還能維持朋友關係;但是當使用辯解或逃避策略之後,似乎不太可能還是朋友了 (Banks et al.,1987)。你可能也會覺得去指出那些你聽過或使用過的解除策略和這五種策略的適用程度是有趣的。

表 18-1　五種關係解除策略

策　略	功　用	例　子
好言相勸	維持良好的關係 向別人表示好感	「我真的很關心你，但是我還沒準備好進入更深的關係。」
負面認定技巧	為了分手而責怪別人 避免自己因分手被責備	「我無法忍受你的嫉妒心，不停地猜忌、監視我。我需要我的自由。」
辯解	為分手找理由	「我正要進入大學四年；沒道理不和別人約會。」
行為縮減	降低關係的強度	逃避；減少通電話；減少在一起的機會，特別是時間。
縮減	降低獨佔性及關係的強度	「我只是還沒準備好如此獨佔的關係。我認為我們應該再多看看其他人。」

Based on Michael J. Cody , "A Typology of Disengagement Strategies and an Examination of the Rose Intimacy. Reactions to Inequity and Relational Problems Play in Strategy Selection , " Communication Monographs 49 (1982) ; 148-170.

三、壞處及好處

當關係惡化或破裂，許多的負面後果會出現。最明顯的情況是，你在這段關係中享有的所有好處都失去了。不管最後對這段關係會有多麼不滿，大概也會有許多美好之處，但現在失去了。

同樣地，自尊也會喪失。你會覺得不值得或有罪惡感。你會責怪自己做錯了，沒有做對，或應該為你目前面對的失敗負責任。當然，同時似乎朋友及家人也會讓你不好過，可能暗示你是被責備的。

此外，有實際的問題存在。譬如，大部份關係破裂和經濟有關，而且你可能正面臨經濟上的問題。你自己付房租、學費，或貸款可能會有困難。如果是婚姻關係，關係破裂便有法律甚或宗教方面的含意。如果有小孩的話，情況會更複雜。

然而，並非所有的關係都應該繼續維持。並非所有的關係破裂都是不好的，而且很少，如果有的話，不適當的分手是全然錯誤的。在關係破裂時，可能很難去分辨，但是事後回頭看時通常會發現真是如此。

有些關係對一方或兩人而言是無益的，分手通常是最好的選擇。分手或許提供個人重新獨立及再次自立更生的機會。有些關係是如此吸引人，以至於很少有時間讓人想到自己、別人及關係本身（見第二十二章）。距離有時候有幫助，分手也提供發展新的交往及和不同類型的人探究不同類型關係的機會。

此處主要的重點是關係惡化不必然只有負面的結果。一般來說，全看個人是否能從逐漸衰退的關係中學得正面及有用的教訓。

關係惡化的若干原因

因為關係惡化的原因至少和關係中的人一樣多，非常難替任何特定的關係惡化定義出特定的原因。但是，有些一般性的原因——適合各種的關係破裂——可以被定義。

所有這些「原因」也可能是關係惡化的結果。譬如，當事情開始變質，個人可能會以身體上離開另一人作為回應。身體的分離隨即因為使人在情感與心理上更疏離而造成更進一步的惡化。同樣地，當其他惡化的徵兆出現時，兩人之間相互承諾的程度會減少。換言之，缺乏承諾也會造成進一步的惡化，譬如，透過減

少個人需要來解決衝突或讓溝通的管道暢通。

　　除了考慮上述的原因之外，回想第十六章討論過的建立關係時的重要因素，當這些因素不再出現可能會造成關係的惡化。例如，當孤獨感不再降低，當其中一人或兩人經常或一直感到孤獨，這段關係可能正朝著衰退的方向前進，因為這無法滿足其建立時能滿足的功能。

一、過度親密的要求

　　在大部份的關係——特別是那些有相當交情的關係——成員會彼此做很多親密的要求。這些要求包括期望對方會同情與心有同感、全神貫注的傾聽，或以同樣熱情分享別人的喜惡。這些親密的要求通常會限制個人的自由，而且是佔有的形式。總是有回應、總是心有同感、總是忠誠、總是注意是比其他更能控制的。在某些關係，親密聲言及要求是如此重要，以至於雙方個人本體有被佔有或破壞的危險。

二、第三者關係

　　有些關係的建立及維持是為了極大化快樂和極小化痛苦的。當這種終止的情況成為事實，這段關係很難有機會繼續下去。這些需要是如此重要，以至於當現存關係無法滿足時，人們便會向別處尋求滿足。當一段新關係能滿足這些需要，舊的關係可能會惡化。有時候，這可能是一種浪漫的興趣（進一步在「性方面問題」一節中討論）；其他時候，新關係可能是和父母，或通常和小孩。當一個人對情感或關照的需要，先前是由初級關係中的其他人給與，現在由朋友或小孩給與，初級關係可能會有問題。

三、關係改變

　　除了哪些一方面有益於關係建立另一方面有助關係解除的原

因之外，還有許多改變可以被提出來作爲關係惡化的原因。

不相容態度的發展、歧異頗大的興趣和能力，及主要目標的改變可能促成關係的惡化。同樣地，行爲的改變可能會造成困難，譬如，一個原本花許多時間在別人身上並發展關係的人，現在卻變得滿腦子的事業或學業，將會面臨重大的影響。有毒癮或酒癮的人將同樣爲關係帶來嚴重的問題。

四、不明的期望

Willaim Lederer（1984）指出，對「誰應爲何事負責」的不能解決爭議，「是衝突及分離最有力及普遍的原因」。爲小事如誰洗盤子或溜狗而爭執，通常隱藏著對於一些更重大無法解決期望的憤慨及恨意。

有時，每個人的期望可能是不切實際的，但是當事實進入關係後爭執會隨之發生。這種情況通常發生在早期的關係，例如，人們認爲他們會想要永遠在一起。當發現沒人有這種期望時，彼此會厭惡對方「減少中」的感覺。這種衝突的解決方法是證明原來的期望是不實際的，同時可以用實際且滿意的期望來取而代之。

另一種不確定的期望可能和傳統對性別角色的刻板印象有關。這種從高教育程度男女口中證實的發現，確實和朝向平等前進的行動相抵觸。譬如，根據Sara Yogev（1987）的研究指出：

> 傳統關於夫妻的性別角色是和婚姻滿意度有密切關係的，以及……對男人及女人而言，特別是女人，背離男人高於妻子這種期望的心理特質會降低婚姻的滿意程度。因此，當有人看到行爲的—社會的改變（例如，雇用更多女性，某些甚至是男人主宰的行業），任何性別的心理並未立即隨著行爲的改變而改變。

五、性方面的問題

　　很少有關係可以免除性的問題及因為性而產生不同差異的衝突。事實上，幾乎在所有新婚夫婦的研究中，性的問題是排名在前三大問題之中（Blumstein and Schwartz, 1983）。當這些夫婦隨後被問到他們的關係的時候，性的問題並未消失；他們只是較少討論。很明顯地，人們讓自己認命的忍受這個問題。譬如，在一項調查中，有八成的受訪者認為他們的婚姻是「非常快樂的」或「快樂的」，但是卻有將近九成的人說他們有性方面的問題（Friedman, 1978）。

　　雖然性行為的頻率和關係破裂無關，但是性滿意度卻有關。研究明白指出，性關係的品質，而非次數，是重要的（Blumstein and Schwartz, 1983）。當品質很差，外遇可能會發生。同樣的，研究明白指出，關係之外的戀情對所有的配偶，不論已婚或同居者，都會導致關係破裂（Blumstein and Schwartz, 1983）。

六、工作方面的問題

　　和任何一方工作有關的問題通常會使關係陷入逆境。這對所有的伴侶來說是錯不了的。對異性戀的伴侶（不論已婚或同居者），如果男性對女性的工作感到困擾——譬如，如果她賺得比他多或花很多時間在工作上——這種關係正面臨相當的麻煩。這不論對剛開始或已經發展得很好的關係而言皆是如此（Blumstein and Schwartz, 1983）。

　　《紐約時報》（24 February 1988）一項針對全美一千八百七十位受訪者所做的調查發現，「雖然有更多的婦女外出工作且較少待在家裡，她們還是主要的照顧給與者，而且是會注意他們全家如何吃、何時吃、吃什麼及在那裡吃的人」，該報告的結論是「家中平等的理想根本只是一個幻覺」。男人通常希望女人

工作,但不減低對她理家的責任,也不願意自己去負擔這樣的事。如果女人不能滿足這些期望,男人會變得憤慨;如果女人既得外出工作,又要負擔全部的家事,她會變得憤慨。這是一個誰也沒贏的情況,結果是關係受損。

七、財務上的困擾

在伴侶問題的調查中,財務困難會愈來愈嚴重。金錢對開始交往的伴侶來說是一個主要的禁忌話題,然而當他們決定進行這段關係時,這會成為他們面對主要問題的原因之一。有四分之一到三分之一的伴侶認為金錢是他們的主要問題,幾乎所有的人認為這是他們的主要問題之一。

或許金錢在關係中如此重要的原因,是它和權力有密切的關係。在關係中金錢帶來權力,一如其在商場中一樣。賺最多錢的人擁有最大的權力。譬如,這人可以在買貴重物品及與錢無關的決定時擁有最後的說話權力。金錢帶來的權力很快的擴及和錢無關的事情上。

金錢也因男女對它的基本看法不同而引發問題 (Blumstein and Schwartz, 1983)。對多數男人來說,金錢就代表了權力;對多數女人而言,金錢則是安全及獨立的象徵。對男人來說,金錢的累積是用來行使權力及影響力;對女人來說,金錢的累積是用來獲得安全感及降低對他人依賴的。伴侶對金錢的使用是浪費或投資的爭執是源於這種不同的看法。代表這種困難的最基本的等式是:

　　對金錢不滿意 = 對關係的不滿意

這對已婚和同居者及男同性戀者而言確實是如此,但對女同性戀者則非如此,她們似乎重視很多事,但和財務關係不大 (Blumstein and Schwartz, 1983)。這種差異讓部分學者假設 (雖然

沒有確切的證據），對於錢及錢與權力和關係滿意度等式的模式顧慮大多是男性的想法。

關係惡化中的傳播方式

一如關係發展，關係惡化包含特殊的傳播方式。這些傳播方式對關係的惡化做了部份的回應；我們傳達我們實行的方式，因為我們覺得我們的關係有麻煩。然而，這些傳播方式也是原因；我們使用的傳播方式通常會決定關係的命運。

一、退縮

或許最容易的傳播方式是退縮（Miller and Parks, 1982）。非語文方面，這種退縮是每個人需要較大的空間，以及當那個空間被侵犯時，調和的速度和其他不安的象徵會被激起。其他退縮的非語文象徵包括減少眼神接觸、碰觸、穿著相似，及展示諸如手環、照片，及戒指等物品（Knapp and Vangelisti, 1992）。

語文方面，退縮的象徵是愈來愈不想說和聽。有時，人們發出無意義的聲音（或類似的溝通）不是用來做溝通前的準備，相反的可能是用來避免面對重大的議題。

二、減少自我揭露

自我揭露的傳播明顯的減少。一旦關係正步向結束自我揭露不會被認為值得努力。你會限制你的自我揭露，因為你覺得別人不會接受，或不再被相信會給予支持或同情的回答。

在所有的描述關係惡化的傳播方式中，你認為哪一個對關係的最終存續傷害最大？你有設有觀察過關係惡化時男女傳播方式的差異？如果你在描述愛情關係及親子關係時，你的答案會不會有所不同？

三、防衛

曾經是以支持為特色的關係，現在卻普遍採取防衛的態度。在許多惡化的關係中，每個人互相責怪對方。我們想要保護我們的自我；我們想繼續相信我們不應該被責怪，那不是我們的錯。或許你多半以為你不是造成別人及自己痛苦的原因。

四、欺騙

當關係破裂時欺騙會增加。有時欺騙的形式是一種明白的謊言，被用來避免對諸如整晚在外不歸、不打電話，或被發現和不應該在一起的人出現在不該出現的地方。其他時候，謊言是因為羞恥的感覺產生的；你不會希望別人不想你。或許你想要拯救這

段關係，而且不想增加其他的障礙。欺騙的問題之一是會愈來愈容易說謊。最後，關係將籠罩不信任及不相信的氣氛。

五、評價行為

關係惡化時似乎會增加負面及減少正面的評價。你曾經稱讚他人的行為或想法，現在卻開始批評。通常行為並未有明顯的改變，而是你看待它們的方式改變了。曾經是可愛的行為現在變得討厭了；曾經認為是「與眾不同」之處如今變成不顧別人的想法。這種負面評價經常導致立即的爭吵與衝突；雖然衝突不見得是壞事，但是在關係惡化中衝突通常是無法收拾的。

在關係惡化階段，還有一個明顯的改變，那就是要求的形式（Lederer, 1984）。當關係開始惡化，對於愉快行為的要求會減少（你會做我喜歡的蛋糕給我嗎？）。同時，對停止令人不悅或負面行為的要求會增加（請你不要整晚佔著電話不放好嗎？）。

其他徵兆是有時緩慢，有時突然減少要求的社交細節，從「親愛的，可以請你幫我弄杯咖啡嗎？」，到「可拿些咖啡給我嗎？」，到「我的咖啡在那裡？」。

圖 18-1 節錄當我們進入或離開親密關係時發生（本章及前兩章討論過的）的傳播改變。這個圖的基本和最重要的重點是，傳播效益及滿意度會在我們進入親密關係時增加，而在我們離開親密關係時減少。

關於關係惡化與解除的理論說法

吸引力理論主張，當彼此覺得吸引力衰退到某種明顯的程度時，儘管吸引力對他們仍然很重要，關係會惡化且可能解除。當關係破裂，是較有吸引力的人離開（Blumstein and Schwartz,

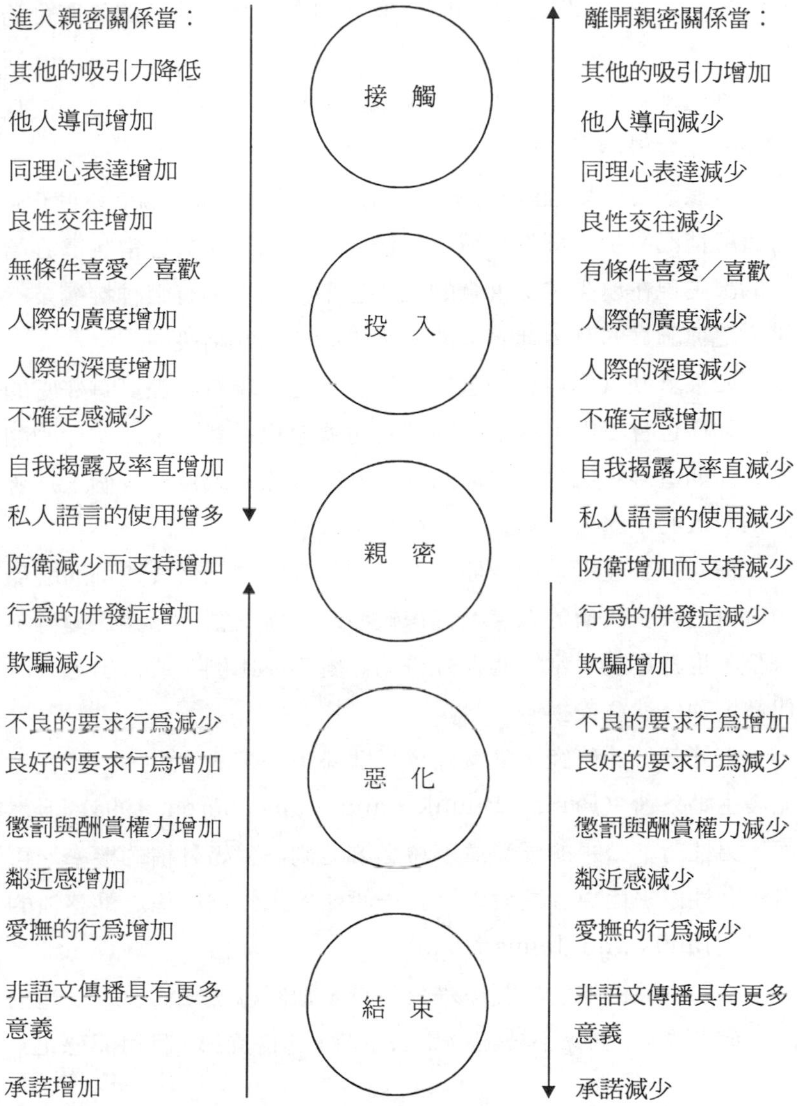

進入親密關係當：   離開親密關係當：

其他的吸引力降低 ……………… 接 觸 ……………… 其他的吸引力增加

他人導向增加 …………………………………………… 他人導向減少

同理心表達增加 ………………………………………… 同理心表達減少

良性交往增加 …………………………………………… 良性交往減少

無條件喜愛／喜歡 ……………… 投 入 ……………… 有條件喜愛／喜歡

人際的廣度增加 ………………………………………… 人際的廣度減少

人際的深度增加 ………………………………………… 人際的深度減少

不確定感減少 …………………………………………… 不確定感增加

自我揭露及率直增加 …………………………………… 自我揭露及率直減少

私人語言的使用增多 …………… 親 密 ……………… 私人語言的使用減少

防衛減少而支持增加 …………………………………… 防衛增加而支持減少

行為的併發症增加 ……………………………………… 行為的併發症減少

欺騙減少 ………………………………………………… 欺騙增加

不良的要求行為減少 …………………………………… 不良的要求行為增加
良好的要求行為增加 …………… 惡 化 ……………… 良好的要求行為減少

懲罰與酬賞權力增加 …………………………………… 懲罰與酬賞權力減少
鄰近感增加 ……………………………………………… 鄰近感減少

愛撫的行為增加 ………………………………………… 愛撫的行為減少

非語文傳播具有更多 …………… 結 束 ……………… 非語文傳播具有更多
意義 …………………………………………………… 意義

承諾增加 ………………………………………………… 承諾減少

圖18-1 各種關係的溝通

1983）。不可否認吸引力對關係發展的力量及失敗後關係惡化的影響。

強化理論主張當關係不再被認為有好處時關係會惡化，而且如果關係變得壞處比好處多時可能會解除。

根據社會交換理論，如果代價遠大於酬賞，你的關係會惡化。當這種情況發生，酬賞有減少的傾向。例如，過去經常且真心給與的讚美現在變少了；善意的批評也不復見；少有眼神接觸及微笑。這種酬賞的減少進一步使關係走向惡化的階段。

如果新歡（你現有的選擇）被認為比你現有關係更有好處的話，關係也會變得不穩定，同時有可能惡化。然而，即使你的關係比你期望得更低，除非你認為另一段關係（或自己一個人）會提供較大的好處，否則關係大概也不會解除。

根據公平理論，你會停留在你認為酬賞和代價成比例的關係中；付出較多代價的人應該獲得較多的好處。當一項關係變得不公平，也就是說，當一個人分得的好處不成比例，或付出過大的代價，關係就會受損。

根據部份的研究，當女性覺得關係不公平的時候，她們較可能發生婚外情（Prins，Buunk，and Van Yperen, 1994）。然而，男性對不公平的感受並不會影響他們發生婚外情的機率。再者，女性似乎比男性更會以終止一段關係來作為關係之外感情的結果（Janus and Janus, 1993）。

當對方覺得他們的關係是公平時，她們會繼續約會、一起生活，或結婚。當關係不被認為是公平時，關係受損，且可能惡化。

如何關係結束

當然，有些關係一定會結束。有時候只是一對情侶無法一直

在一起而已。有時候是有無法解決的問題存在。有時候是代價太
大而好處太少，或認為關係是有害的，逃避似乎是唯一的選擇。
不管特定的原因，關係破裂是難以處理的，同時會引起相當可觀
的壓力。你似乎會為一段曾經滿意、和對方親密、與對方長期約
會的關係破裂而感到很大的痛苦，而且覺得這段關係不太容易由
另一段關係所取代（Simpson, 1987）。無疑地，婚姻要比單純的
約會關係更複雜且更難解除（Cupach and Metts, 1986）。

　　有鑑於某些關係會結束的必然性及這種結束的重要性，在此
提供一些建議來平撫必然會經歷的痛苦。這些建議適用於所有關
係的終止——朋友或愛人之間的死亡、分離或關係破裂。

一、打破孤獨沮喪的循環

　　隨著關係結束而來的兩個最平常的感覺是孤獨和沮喪。這些
感覺是很重大的，看得很嚴重。請瞭解沮喪通常會導致重病。幸
運的是，在大部份的情況下，孤獨和沮喪的感覺只是暫時性的。
譬如，沮喪通常不會持續超過三或四天。同樣地，隨關係破裂而
來的孤獨感通常和特定的情境有關連，而且當情境改變時會減
輕。當沮喪確實持續、特別強烈，或妨礙你正常的官能時，就要
求助專業的協助。

二、暫時離開

　　當舊關係熱情尚未褪去或在還能客觀的評估新關係時，抗拒
跳入一段新關係的誘惑。同時，拒絕對所有關係做承諾，也不要
走極端。

　　讓自己暫時跳出來，自己重新開始你的關係。如果你正處於
一段長期的關係，你可能會把自己當成是團隊的一部份，情侶的
一部份。現在將自己視為是一個獨一無二的個體，目前雖然獨自
一人，但在不久的將來可以完全進入一段有意義的關係。

你是否曾經面對過一段最後解除的關係，你有沒有獲取任何教訓可以對別人有所幫助？事後聰明、眼力正常的你有沒有使不一樣的改變？

三、支持自尊

當關係失敗時，自尊通常會減弱。你可能會因為造成關係破裂而感到罪惡，或認為沒有好好把握住關係而覺得不妥。你可能會覺得自己是多餘的和沒人愛的。

請注意，當你處於一段已失敗的關係——即使你覺得自己是分手的主要原因——並不表示你是一個失敗者，同時也不表示你不能在一段新的不同的關係中成功。這只是表示這一個關係不對勁。而且（理想地）這是一個你可以從關於你自己和你關係行為中去獲取失敗的教訓。

四、去除或避免令人不適的象徵

在任何分手之後，有各式各樣可以喚起記憶的事物——譬如，照片、禮物及信。對付這些誘惑就是燒掉所有的舊照片和情書，要不然就是把它們丟掉，交給朋友保管或放在你看不到的小房間。如果可以的話，避免常常和這些東西在一起。這些象徵會勾起不愉快的回憶。在你取得和情緒的距離之後，你可以回頭享受這些曾經快樂的關係的紀念物。這個建議的支持是來自於研究顯示，你對破碎戀情的記憶愈清晰——主要是由這些關係象徵物所形成的記憶——你的沮喪似乎愈大（Harvey，Flanary，and Morgan, 1986）。

五、尋求支持

雖然許多人覺得他們應該獨自承擔後果（特別是，男性被教導成這是唯一「像男人」處理事情的方式），然而尋求他人的支持卻是關係結束引起的不愉快的最好解脫。告訴你的朋友及家人你的處境——如果你只喜歡用普通的語句——清楚的告訴別人你現在需要支持。找那些積極且對你有益的人，避免那些會用更陰沈語調描述世界的消極的人。弄清楚尋求支持與尋求建議之間的區別。如果你覺得你需要建議，請找專家。

六、避免重複負面的模式

許多人不斷重複錯誤。他們用同樣的無知、錯誤的偏見，及先前關係中使用的不切實際的期望，來進行第二、第三段的關係。得自失敗關係的認識可以讓我們避免重複相同的模式。

同時，不要變成劫數的預言家。不要將每段關係都看成是過去的延續。不要一遇到衝突就說「這回又完蛋了」。將每段關係視為是獨一無二的，同時不要用過去的經驗來做評斷。

摘要			
關係惡化的階段	關係惡化的原因	關係惡化的傳播型態	關係解除的處理原則
・破裂階段 ・內心階段 ・兩人階段 ・社會階段 ・死要面子階段	・過度親密的要求 ・三角關係 ・關係改變 ・不確定的期望 ・性方面的問題 ・尋求支持 ・工作方面的問題 ・財務上的困難	・退縮 ・減少自我揭露 ・防衛 ・欺騙 ・評價行為	・打破孤獨沮喪的循環 ・支持自尊 ・去除或避免令人不適的象徵 ・尋求支持 ・避免重複負面的模式

第十九章
關係的維繫和修復

單元目標

在完成這章以後，你應該能夠：

1. 闡釋關係維護的理由。
2. 闡釋原則如何被用來解釋關係的維繫。
3. 至少定義五種維繫的策略。
4. 解釋修復輪。
5. 解釋獨自一個人如何修復關係。

人與人之間的關係不是靜止的，它們不斷的在改變，不斷的在發展，不斷的變成不同的東西。在一種關係被建立之後，它需要被維繫，有時也需要被修復——在這一章我們包括了這兩個主題。

關係的維繫

　　人際關係的維繫和你去持續（維護，保持）部分關係的過程有很大的關係。當然，維繫的行為能夠提供許多的功能：

- ·保持關係原封不動，保留關係的原貌，避免關係的崩潰。
- ·保持現階段的關係，避免它將親密關係轉移成變淡或變濃。
- ·保持滿意的關係，在獎賞與懲罰之間維持一種適當的平衡。

　　某些人在進入一種關係之後，就認為這種關係要持續下去，除非重大變動的發生。因此，他們可能尋求避免任何重大的災難，而他們也不會想要去從事許多行為的維護。有些人卻很注重發生了什麼事，而以最快、最有效的方法尋求補救。大多數的人們介於以上兩者之間，當發現事情不對勁時會從事維護行為，而彼此的關係可能會更增進。

一、維繫關係的理由

　　維繫關係的理由有無數而且是多變的。這裡提到一些比較普遍和經常被引用的理由。

㈠感情的眷戀

　　最顯著的理由是互相愛戀的人想要保有他們的關係。他們不想再選擇其他的對象——他們滿足於現況而要繼續維持關係。某些情況來說，這些需求對愛戀和相互關愛是最重要的，但是在其

他狀況，這些需求可能就不是那麼正面了。例如，某人可能維持一種關係，因為這種關係提供了達到控制另外一個人的手段。另外一些人可能持續一種關係，因為它提供了自我的滿足，每個人根據他的特殊需求。

㈡方便

常常關係的維繫既不是為了愛戀，也不是為了需求的滿足，而只是為了方便的理由。父母親或許可能共同經營生意或共同擁有對他們都很重要的朋友。在這種情況下，兩人在一起總比彼此分離再經歷許多困難尋找同居的對象、別的生意夥人，或其他的社會夥伴更好。偶爾，兩個人對這種關係也都有認同感，而很少有任何困難，沒有誰欺騙誰的問題。有時，這種關係是一方付出極大的愛戀，而另一方只是便於接受罷了。

㈢孩子

由於孩子的加入常常使得關係得以繼續維持。孩子有時（幸運的或不幸的）來到世界上拯救了一種關係。有些情況他們的確如此。父母親保持在一起因為他們覺得不管對或錯，這樣對小孩子是最好的。而孩子也提供了社會可接受的——便利，經濟利益，害怕孤寂等蒙蔽真相的藉口。在沒有孩子的關係上，兩方面比較獨立自由，也較能依自己的需求選擇生活的方式。因此，這些個人可能一旦發現不是很愉快或不舒服時，就不會想去保有這種關係。

㈣恐懼

恐懼讓許多夫婦持續在一起生活。他們可能害怕外面的世界，可能害怕孤寂和面對其他（如「單身」）。他們可能還記得身處單身吧台前的恐怖，一夜的忍耐，和寂寞的周末。因此，他們可能選擇保有他們目前的關係而不作更好的選擇。有時恐懼可能來自社會的批評：「我們的朋友會怎麼說呢？他們會認為我是一個失敗者，因為我無法掌控另一個人。」有時恐懼關係著違反

宗教結果或父母親的教義。

㈤經濟上的考量

　　經濟的利益給與許多夫妻堅持在一起的動機。離婚和分居在情感上和經濟上都需要較多的花費。有些人害怕失和會花掉他們一半或更多的錢財。依照個人居住的所在和他們所喜愛的生活方式，單身的花費是比較高的。在紐約、費城、芝加哥、舊金山、波士頓和其他許多城市，單身的生活費用是非常昂貴的。許多夫婦生活在一起的目的，是避免面對額外的經濟問題。

㈥惰性

　　保有許多關係最主要的因素是惰性，保持休息的身體仍然在休息，活動的身體仍然在活動的趨向。許多人似乎只在進行安排好的計劃，他們從沒想過要改變原有的狀態；改變對他們來說似乎太麻煩了。媒體給與惰性極大的幫助。許多人很容易保留現有的關係，而從喜劇、戲劇，尤其從肥皂劇中尋求替代的滿足感，在劇中演員表現了觀賞者所有想做的事。

㈦約定

　　影響關係維繫的一個重要因素，是個人的許諾對彼此關係的程度。就某部份而言，所有關係的建立在於兩者約定的程度大小，彼此關係的強化常常直接關係到約定的程度，包括對關係可能惡化的抗拒。

　　當一種關係呈現惡化的現象，但仍有很強的約定來保有它的時候，他們可能會克服障礙扭轉情勢。而當約定很微弱的時候，他們會懷疑仍然在一起是否是好的理由，這樣會讓關係惡化得更快、更激烈。

1.財務上的約定

　　一種簽名型態的約定是金錢上的。一方面是一對情侶彼此發展一種強有力的約定關係，而共同經營他們的財務來源。事實上同居者他們沒有法律上合法的限制，共同使用他們的金錢只在他

們有了明確的約定之後。另一方面金錢上的共同負擔常會增強個
人對彼此和互相關係的約定。

2.時間上的約定

約定可能建立在時間上的考量。人們可能會覺得如果關係結
束，他們過去在一起生活的十或十五年都是白費了。大學生在三
或四年間和同一個人約會，常會覺得在時間上的投資相當好，而
希望持續這種關係，也希望進而發展成永久的關係。無論如何，
在一種關係上時間的花費並不是浪費，如果我們從中學習到了東
西。更重要的是，如果在彼此的關係上我們每天都得到極大的樂
趣，那比我們活十或二十年更有意義。結束一個四年不滿意的關
係，比在剩餘的生命中維持不滿意的關係要好得多了。

3.感情上的約定

有時約定是建立在情感上的投資，太多情感的能量都消耗在
彼此的關係上，而許多人也發現它是一個很難解決的問題。或者
人們可能有被束縛的感覺，因為他們彼此關心,在乎彼此的關心,
而覺得如果不管其他的問題和困難，他們的關係會更好、更有利
和更愉快。這是一種阻止和反抗關係惡化的約定。其他約定的建
立可能只保有關係的外在表相，而沒保留或挽救它的意義和親密
關係。

沒有一對情侶只為了一種理由在一起。通常有多種理由，它
包含了不同的激烈程度，和從一種關係到另一種關係的相異點。
顯然的，有更急迫的理由，那麼關係就會被保留，因為保留關係
的許多理由都是潛意識的，無論如何，很難發掘為什麼這對情侶
會在一起或分開，或去預測那種關係會持續下去,那種不會長久。

二、維繫的行為

為什麼持續關係的一個理由是人們試著讓它們維持著。研究
學者著重在人們在許多關係上使用的維繫策略。這裡列出四種一

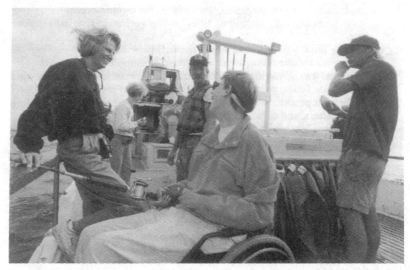

有什麼樣的行為得以用來維持友誼？用來維持愛情？象庭關係？你能列舉可以維繫這些關係但是你卻沒有做到的行為嗎？為什麼？

般的類型：

(1)專門社會性的行為，包括有禮貌的、高興的和友善的；避免挑剔的行為，而是妥協的，甚至包含了自我犧牲。專門社會的行為也包括了談論有關未來的分享：例如，說到關於未來的渡假或一起買個房子。

(2)講究儀式的行為，包括生日慶祝會和紀念日，討論過去快樂的時光，和在一個非常喜愛的餐廳吃飯。

(3)溝通的行為，包括說聲「你好嗎？」，他們也包括談論有關關係上的誠實、開誠布公和感受分享。在衝突中有建設性的反應是另一類型的溝通維繫策略。

(4)聚集的行為，包括一起花時間訪問共同的朋友，好像情侶一般一起做特殊的事情，而有時也沒為了做什麼在一起。

在最近兩個研究中定義了下列一些特殊的維繫技巧：

- 開誠布公：人們從事直接的討論和聆聽別人的意見——例如，自我揭露，談論關於人們想從關係中得到什麼，給與建議，和表達體諒之心。
- 保證：人們確定別人在關係中的重要性——例如，使別人安心，將對方放在第一位和表達愛意。
- 分享聯合的活動：和別人花費時間——例如，一起打球，一起參加活動，或只是談話。
- 正面的：人們試著愉快的和熱鬧的和別人互動——例如，握手，讓別人高興和為別人做有益的事。
- 卡片，信件，和打電話：人們可寄卡片或信件，或打電話給別人。
- 避免的事：人們遠離某人或某些事情——例如，和第三者一起做些事情，或不談論潛在敏感性的議題。
- 工作分享：人們和別人分擔許多工作——例如，一起清掃房子。
- 反社會的行為：人們不友善或壓制方式的行為——例如，喜怒無常或鹵莽的行動。
- 社會網：人們依賴朋友和親戚來支持和幫助許多不同的問題。

三、關於人際的維繫和原則

藉著管理人際溝通的原則，我們可以得到一個有趣的觀點。這個觀點是指一般我們所謂的關係——尤其是指友誼和愛情——常被一起提出來成為一些準則。當這些規則崩潰了，彼此的關係也會惡化，甚至瓦解。

關係中顯現出的原則適合一些功能。在觀念上，這些原則有

表 19-1 維繫友誼的六個規則

> 1.在朋友缺席的時候為他辯護。
> 2.分享成功的訊息和感受。
> 3.表明情感上的支持。
> 4.互相信任，互相傾吐。
> 5.適時給予幫助。
> 6.當你們兩個在一起的時候，試著讓朋友快樂。

助於成功的和破壞的關係行為的定義。此外，他們也精確的幫助瞭解為什麼關係會破裂和他們如何來修復。進一步來說，如果我們知道這些原則是什麼，我們較能將這些社會的技巧包含在人際關係的發展和維繫上。因為這些原則從一種文化到另一種文化都不相同，它需要對每個文化作獨特的定義，才能使不同文化間關係的發展和維繫更有效。

㈠友誼的規則

表 19-1 表示了友誼的一些重要的規則。當這些規則被遵循時，友誼變得堅固而相互滿意。當這些規則被毀棄時，朋友之間的友誼會受損而可能結束。

表 19-2 表示友誼失和重要的弊病。請注意到維繫友誼的一些規則完全相當於友誼失和的弊病。例如，情感上支持的表明對維繫友誼是很重要的，當沒有表現情感上的支持時，友誼會變得比較不滿意而可能會解散。這裡一般的假定是當重要的友誼規則被違反的時候，友誼就會被破壞。所以維繫的策略有賴於你對規則的認識，和有能力去應用適當的技巧。

㈡浪漫的原則

其他的研究定義了一些浪漫關係的建立和遵循的原則。Les-

表 19-2　友誼如何失和

1. 無法忍受朋友的朋友。
2. 在公眾面前批評朋友。
3. 在你自己和別的朋友之間偷偷的討論私事。
4. 不對朋友顯示任何正面的關心。
5. 不對朋友表露任何正面的支持。
6. 對朋友嘮叨不休。
7. 不相信或信賴朋友。
8. 不自願及時的幫助朋友。
9. 嫉妒或批評朋友的關係。

lie Baxter （1986）定義了八種主要的準則。Baxter主張這些準則保持在一起的關係，而當它破裂時也導致關係惡化，甚至瓦解。

　　一般的形式對每一個原則是「如果兩個人是在親密的關係時，他們應該……」

(1)相互承認彼此的特點。

(2)表達相似的態度、信仰、價值觀和興趣。

(3)強調彼此的自我價值的自尊。

(4)互相要開誠布公，真誠的和信賴的。

(5)互相保持忠貞和誠實的。

(6)有很多一起分享的時候。

(7)對他們相關的投資獲得相同的報償。

(8)在彼此的面前體驗了一種不可思議和無法解釋的「魔法」。

關係的修復

　　如果你想要去搶救一種關係，你可能會嘗試著去改變你的溝通模式，和實際上在這個課題上學習洞察力和技巧。首先，讓我們看些一般修復關係的方式，然後再來找出你想改變關係的最好辦法。

一、一般關係修復的策略

　　我們能夠藉著下列六個建議來檢視一種關係修復的策略，而這六種步驟剛好以拼成"REPAIR"這個字，以方便我們去瞭解，修復非僅一個步驟，而是多重步驟的過程（**圖 19-1**）：

(1)認識問題。

(2)從事有效的衝突解決的方式。

(3)提出可能的解決之道。

(4)彼此互相肯定。

(5)統合解決方法成為平常的行為。

(6)冒險。

㈠問題的認識

　　你的第一步是對問題知性的和感性的兩方面的定義和認知。詳述你目前的關係出了什麼狀況，而需要什麼改變會讓關係變得好一點。想像一種你所想要的關係的狀況，而和你現在的關係作個比較。如果理想的寫照被用來代替現在的狀況，請詳加敘述必須發生的改變。

　　如果關係再次的被維復而變得有益的，那麼在關係惡化階段的退卻和欺騙的溝通特徵必須用開放和誠實的方法來溝通。像沈

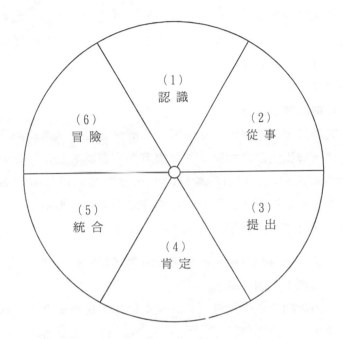

圖19-1　關係修復的輪狀圖

這輪狀圖似乎就是修護人際關係的過程，而修護人際關係
的最佳策略－重複不斷所有的過程，而輪狀圖的運轉並非
易事，不過一旦雙方都有意去修復彼此關係時，輪子會比
較容易轉動。

溺於酒精和毒癮的人，在推動治療之前，我們必須承認我們的問
題，而且我們必須誠實的面對問題的眞相。

　　試著從你的朋友的觀點來看問題，和讓你的朋友從你的觀點
來看問題。用體諒的、開放的心來交換這些觀點。擁有你自己的
感覺和想法，用「我」的敍述來對自己的感受負責，不要一昧責
怪你的朋友。

㈡從事有益的衝突解決

關於人際的衝突是人類生活關係無法避免的一部分。如果面對的是有利的策略，那麼衝突可能會被解決，而彼此的關係可能呈現出更強化、更有益的局面。如果破壞性的策略被運用了，那麼關係可能會變得更壞了。

㈢提出可能的解決之道

在問題被定義了之後，你需要討論解決之道，減低或消除困境的方法。尋找能讓你們雙贏的解決方法。嘗試著避免一方贏而一方輸的解決方法。用這種輸贏的方法會引起憤恨和敵意的情緒。例如，先前提到的財務問題是導致關係惡化的因素之一。根據《錢》雜誌在這個議題上有關的解決之道：

- 爲收入所得開個會，然後再看看你們花錢的方式。
- 在預算上作個協議。
- 按照你的目標作投資上的計劃：例如，送孩子上大學或退休。
- 在買東西或借錢之前和你的夥伴商量一下。
- 計劃性的投資讓焦慮的夥伴感到安心一些。

㈣彼此互相肯定

任何關係修復的策略應該有共同的支持性和正面的評價。例如，我們發現，快樂的夫婦他們從事較多正面行爲的交換，他們溝通的意見比不愉快的夫婦較一致，贊同，和有正面的影響力。很顯然的，這些行爲來自配偶互相正面的感覺。這些表示有助於增加彼此正面的關心。

肯定別人一種明顯的方法是一種正面的交談。顛倒負面溝通的模式。例如，談論你們意見相左的原因和可能補救的方法，來代替一昧的退縮。

另一種肯定別人的方法是誠實以對和避免欺騙。對於有關你

自己和關於彼此的關係要誠實。詢問自己你自己的行為如何助長
關係的惡化。你的夥伴的批評是公平的嗎？最重要的是誠實面對
問題所在。就像酒精中毒者，在治療以前你必須承認你有一種問
題。

　　加強正面評價的表示和減少負面評價的表達，有助於對你的
夥伴更加的肯定。正面的表示和態度有助於促進每個人對他的夥
伴正面的關懷。當你想要扭轉負面溝通模式的時候，讚美，正面
的撫摸和全部非口語的表達，尤其重要的是說「我在乎」。

　　可愛的行為也是一種肯定別人和增加利益交換的特殊方式。
可愛的行為是那些你從有關係的夥伴愉快接收到的小動作（像一
個微笑，使眼色，緊抱，和一個親吻）。珍愛的行為必須是：(1)
特別的且正面的；(2)著重在現在和未來，而不是和伴侶一直在過
去的相關議題上爭論；(3)能夠每天表現出來；(4)容易執行的。人
們可以列出他們每個人想接收到的珍愛的行為而互相交換列表。

　　然後每個人表現出伴侶想要的珍愛行為。起初這些行為可能
會顯得忸怩害羞和尷尬彆扭的。但過些時日，他們會變成互動中
很平常的一部分。

㈤統合解決的方法成為一般的行為

　　通常在爭論之後達成的解決方法只能保持短暫的時間，然後
伴侶又會回復到他們先前和沒有收益的行為模式。統合解決的方
式成為你的一般行為，他們必須變成你每天關係行為不可缺少的
部分，例如互相交換親切行為，讚美和可愛的行為必須成為你行
為關係的一部分。

㈥冒險

　　嘗試著孤注一擲的去改善任何關係。在沒有任何相當的相互
性前冒險的給與支持。第一個離席去化妝室或者說聲抱歉而離
席，都必須承擔某些風險，而願意去改變、去適應、去接受新的
挑戰和責任。

1.有關人際的技巧應用

經由這種修復的過程應用在你的人際溝通技巧上，讓他們成為你們平常互動的一部分。這裡設計了一些建議可以喚起你的記憶：

- 仔細的觀看相關的訊息有助於對動機和需求的釐清。回應這些訊息和訊息的內容。
- 和你的伴侶交換觀點，以你伴侶的立場來看狀況。
- 即使在衝突的情況也要學著用體諒的心和正面的態度回應。
- 擁有你自己的感受和想法。用「我」的敘述和對這些感覺負起責任。
- 用主動聆聽的技巧去幫助你的伴侶發掘和表達相關的想法和感受。
- 牢記無法改變的原則。在你可能說些以後會後悔的事以前仔細的想清楚。
- 保持溝通管道的暢通。有效的討論問題，協調解決，學習新的和較有利的溝通模式。

2.和解的策略

在和解策略的研究上仍然需要較多的洞察力來修復一種關係。這些策略著重在當關係破裂之後重建一種關係。這些策略和先前提到的維護技巧有一些重複的部分，這些技巧都是被用來強化仍然存在的一種關係。這裡有一套和解的策略。

在自然的情形上發生的，沒有作任何特殊動作的情況下和解就形成了。在第三者的調停下的策略上，可能建議來作調停或被視為中間人。

高效能的／最後通牒的策略包含控告或威脅，指出別人害怕的指控。沈默的／固執的策略包括在沒有提到特別的調停時要求

圖19-2 關係問題的刺激－回應概略圖

別人去做某件事情，例如，到公園散步。相互彼此互動的策略上
包括長談和參與開放的溝通。

在避免的策略上，伴侶作特別的努力，是為了免於導致關係
的破裂，像利用人性脆弱的一面，跟伴侶表白要和他在一起，表
白他仍然在乎或愛著對方，需要關係的繼續維繫，都是和解的策
略。

二、單獨方面關係的修復

從標點法原則（詳見第二章）最重要之一的修復含意和理想
的溝通模式，是循環的而不是直線的。讓我們來看一個例子：派
特非常會批評克麗絲，而克麗絲不管採攻擊或守勢，派特卻依然
是感覺遲頓的，消極且不支持的。如果你看到溝通的過程始於派
特吹毛求疵而克麗絲用攻擊的方式來回應，你所看到的模式表示
在**圖 19-2** 中。

從這個概略圖看來，停止無效的溝通模式唯一的方法是讓派
特停止批評。但是如果你是克麗絲而不能讓派特停止批評呢？如
果派特也不想停止吹毛求疵呢？

當你視溝通為循環的時，你會得到問題不同的概說。結果就
像**圖 19-3** 所呈現的樣子。

請留意沒有假說被當成起因的。唯一的假定是引起其他回應
的每個回應──每個回應都依靠先前部分的回應。因此，模式可

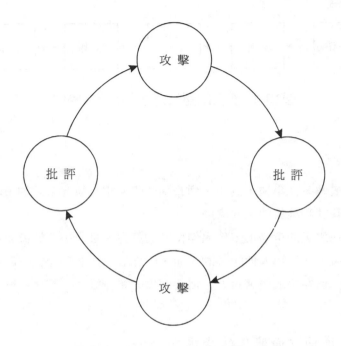

圖19-3 關係問題的循環概略圖

能在任何一點破裂，例如，克麗絲不作攻擊性的回應，派特可能
會停止批評。同樣，派特不作批評性的回應，克麗絲就能停止攻
擊。

由這個概略圖看來，每個人都能破壞一個沒有效用和有損害
的圓。顯然的，當兩方面改變他們沒有用的模式時，人際溝通關
係會更有效的改進。因此，縱使只有一方改變和開始用一種較有
利的模式溝通仍然能被改善。

摘要	
關係的維護：預防照顧的過程	關係的修復：糾正留心的過程
維護一種關係的理由： ・情感上的眷戀。 ・方便性。 ・孩子。 ・恐懼。 ・財務上的考量。 ・定罪。 ・維護的行為。	一般修復的策略： 1.認識問題。 2.從事有效的衝突解決的方法。 3.提出可能的解決之道。 4.彼此互相肯定。 5.統合解決方法成為普通的行 　為。 6.冒險。
關係的維繫依附在一套共同遵循的準則上，當原則破裂，則會導致關係惡化。	修復不需要一種「二人」的過程

第二十章
人際關係中的權力

單元目標

在完成這一章以後，你應該能夠：

1. 定義權力和解釋它的一般準則。
2. 定義權力的六種基石。
3. 至少說出六種能讓你的語言權力更動人的建議。
4. 解釋下列權力的使用方式，和你如何能有效的管理它們：沒有人是高高在上的，你欠了我的恩惠，隱喻，開什麼玩笑，和阻止想法的人。
5. 解釋獲得順從和抵制順從的策略。

能滲透入全部的人際關係和互動中。它影響了你做了什麼，什麼時候你做了它，和誰一起做。它影響了你對朋友的選擇，你的羅曼史，和你家人的關係。關於人際的能力是指一個人能控制別人行為的能力。因此，如果A的能力超越B，那麼A靠著這種能力可以來控制B的行為。

權力的原則

人際關係中的權力最好藉著一些討論來介紹它的最重要的原則，這些原則可幫助我們來解釋人與人之間的能力如何運作，和如何有效的使用管理它。

一、某些人比其他的人更有權力

在美國法律之下人人平等，因此每個人都享有受教育的權利，合法受到保護，和言論的自由。但是從其他方面說來每個人並非是平等的。有些人生來富有，有些人貧窮。有些人生來體格強健，外貌姣好而健康；有些人生來體格弱，較不吸引人而帶有多種遺傳性的疾病。

在這裡我們最重要的目的是有些人生來就有權力的，而有些人生來就知道自己沒有權力。總之，有些人控制別人，而有些人被別人控制。當然，世界並不是這麼單純；有些人在某種場合使用權力，有些人用在其他的地方。有些人在許多地方使用他們的權力，有些人只用了一些而已。

二、權力可以增強或減弱

雖然我們在任何特殊的場合，任何時候使用許多不同的權力，同樣地，亦可以用某種方式我們可以增加我們的權力。你可

以增加重量來增強你的身體的能力。你能學習協調的技巧來增強你在團體情況下的權力。你能學習溝通的原則來增加你的說服權力。權力也可以被減低。我們失去權力最普通的方法是嘗試失敗地去控制別人的行為。例如，一個人用懲罰來威脅你，然後沒有實現這個懲罰，就會失去權力。一個約會的伴侶試著口授宗教的準則，可能經由無效的影響或控制你的行為而失去權力。

三、權力伴隨著最少利害關係的原則

在任何人際關係中，擁有權力的人最少依賴被別人所掌控的獎賞和懲罰。例如，如果派特能夠遠離克麗絲所控制的報償，或能夠忍受克麗絲所給與的處罰，那麼派特就控制了這種關係。相反的，如果派特需要克麗絲所控制的獎賞，或者無法忍受克麗絲所給與的懲罰，那麼克麗絲就掌控了權力和彼此的關係。

一個人若是比較需要某種關係，那麼他所擁有的權力也會比較少。反之，如果一個人不是很需要一種關係，他所持有的權力就會比較大。例如，在一種戀愛的關係中，掌控較多權力的人比較容易接受關係的分離，一個不願接受分手的人擁有較少的權力，正因為他非常依賴彼此的關係，而從另外一方獲得報償。

另一種檢視這種原則的方法是藉著社會交換理論（參閱第十七章）。從這個觀點看來，在彼此的關係中，權力可被視為來控制重要的獎賞和犧牲的武器。掌控獎賞和懲罰的一方也就控制了關係。需要接受別人的報償和免於損失或懲罰的人，比較沒有權力也較易被另一方所控制。相反的，能夠有效的忽視報酬和損失的人，是比較沒有利害關係的人，因此在彼此的關係中也就擁有了掌控的權力。

權力的建立

權力呈現在全部的關係和全部的互相溝通中。但是權力的類別從一種情況到另一種,和從一個人到另外一個都有極大的不同。這裡我們定義了六種權力的型態。

一、參考的權力

當B希望像A一樣或者認同A,表示A的參考權力超過B。例如,哥哥的權力可能超過弟弟,因為弟弟總希望像哥哥一樣。弟弟假定如果他的行為舉止像哥哥,那麼他就更像哥哥了。一旦他決定這麼做,就很容易以大哥哥的身分在比他小的人身上使用影響力。參考的權力強烈的依賴吸引力和優越感上,當他們加強時,認同感也隨之增加。A和B是同性別,當A比較受歡迎和被敬重,而A和B有相同的態度和經驗時,A的參考權力顯然比B大得多。

在一個人順應別人的趨勢而不和其他的人相牴觸中,也可以看到參考的權力。例如,青少年看到團體中,他們的其他同儕吸食毒品,他們也比較會想去試試看。

二、合法的權力

當B相信A有權利來影響或控制B的行為時,表示A有超過B的合法權力。合法權力的產生是我們相信某些人應該有權力超越我們,因為他們是知名人物,所以有權利影響我們。合法的權力通常來自人們擁有的角色。老師常被認為有合法的權力,而宗教、老師無疑的有雙倍的權力。父母親被認為有控制孩子的合法權力。雇主、法官、經理、醫生和警官等都擁有合法的權力。

三、報酬的權力

　　如果Ａ有給與Ｂ報酬的權力，那麼Ａ的報酬權力超越Ｂ。報酬可能是物質的（金錢，獎勵，珠寶）或社交的（愛情，友誼，敬重）。如果我是在一個可以給你一些報酬的位置上，那麼在某種程度上我已經控制了你，因為你希望我能給你什麼。Ａ支配權力的程度和Ｂ所渴望的獎賞有直接的關聯。老師有操控學生的報酬權力，因為他們控制學生的分數、推薦信函、社會的認可等等。相反的，學生也有超越老師的報酬權力，因為他們掌控了社會的認可，學生對老師的評價，和其他多方面的報酬。父母親控制了孩子的報酬——食物，電視優先權，汽車權，宵禁的時間等等——因此保有報酬的權力。

四、強制的權力

　　當Ａ有給與懲罰或從Ｂ的身上除掉報酬的權力，是指Ａ的強制權力超過Ｂ。通常人們有報酬的權力時，也會具有強制的權力。老師不只能夠給與高分、好的推薦信和社會的認同的報酬，同時也可以給予低的分數、不好的推薦信和社會不認同的懲罰權力。父母親可能拒絕答應給與他們的孩子特權，因此他們擁有強制和報酬的權力。

　　強制權力的力量是依賴兩個因素：(1)可能被施加懲罰的大小。(2)不服從的結果所帶來可能的懲罰。如果只是給與輕微處罰的威脅，或者我們認為根本不會被懲罰，我們就不會想要去做我們該去做的事，相反的，如果給與嚴厲的懲罰威脅，我們就會比較自動的去做了。

・報酬對強制權力的一些影響

　　思考一下使用報酬和強制權力產生的一些結果。第一，報酬權力似乎會增加一個人的吸引力；我們喜歡能給我們報酬和實際

警察在開交通罰單時是展現何種傳播權威？在這張照片中是以何種非語文象徵來表現這種權威？

上真的給我們報酬的人。但是強制的權力卻降低了吸引力；我們不喜歡處罰和威脅懲罰我們的人，不管他們是不是真的懲罰我們。

　　第二，那些使用報酬權力的人不會受到像那些使用懲罰權力的人同樣的責難。當我們運用報酬權力時，我們是和滿足、快樂的個人交涉。當我們用高壓懲罰時，無論如何，我們必須準備招來憤怒和敵意，這些憤怒和敵意可能會在未來轉而朝向我們，而付出慘痛的代價。

　　第三，當給與報酬的時候，它表示了有效的運用權力和承諾，也就是我們獎賞了某人做了我們想要做的事。但是請留意在強迫權力的運用上，會呈現相反的結果。當給與懲罰的時候，它表示著強制權力是沒有效用的，而且也不被服從。

　　第四，當使用強制權力時，其他權力的基石常常會消失掉。

這似乎是一種在操控中自作自受的結果。我們可以看到一個人使用了強制權力的時候，就會擁有較少的專業的、合法的和參考的能力。而當報酬的權力被運用時，其他基礎權力反而會增強。

第五，在課堂上使用高壓的權力會減低了在學習上的認同和阻礙一般的學習效果。學生如果發覺老師在課堂上使用高壓（和合法）的權力，學生學習效果就會打折，對於這門課的滿意度和老師，也比較會有負面的態度；也就比較不喜歡再去選類似的課去上。總之，強制權力似乎是最後的手段，當我們使用它時應該小心的衡量它潛在的負面因素。

五、專業權力

如果B認為A有專門的技術或學識，那麼A的專業權力就超過了B。一個人具有專業的權力就會以某種方法來影響我們，否則就不會。進一步來說，所謂的權力通常是指特殊專長的項目。例如，當我們生病的時候，會被和我們病情有關具有專業權力的人的建議所影響——也就是醫生。但是我們不會被不具有和病情有關的專業權力的人所影響——像郵差或鉛管工人。我們認為律師的專業能力在法律方面，而精神科醫生的專業權力在心理方面，兩者不能混為一談。當我們沮喪或焦慮的時候，不會接受律師的建議，或當我們在進行合法的離婚手續或立遺囑的時候，也不會考慮精神科醫師的意見。

當專家被認為沒有偏見的時候，專業權力就會增強，也就是從影響我們之中個人並沒有得到什麼。而當專家被認為有先入為主的觀念時，專業權力就會減弱，也就是從我們的順從中得到了某些東西。

六、資訊或說服的權力

當B認為A有合邏輯的和說服的溝通權力時，A的資訊或說服

表 20-1　關於較動人的說話能力

建　議	例　子	理　由
避免猶豫	「我…哦…想說的是…嗯…這一個…嗯…是最好的。」	猶豫表示說話者似乎還沒準備好也不確定。
避免太多強調語氣	「這真的是最好的。」「它真的非常珍貴。」	太多的強調讓談話聽起來都一樣，而不知道什麼是該被強調。
避免喪失自我資格	「我並沒有讀完整篇文章，但是……」「我並沒有真正看到這個意外事件，但……」	喪失資格的人表示缺乏自信、能力，和一種不確定感。
避免附加問句	「那是一個非常好的電影，對不對？」「他很有才氣，你說對不對？」	附加問句是詢問別人的同意，因此表示兩個人需要再協商。
避免自我批評的陳述	「我對這不是很在行。」「這是我第一次公開演講。」	自我批評的陳述是一種缺乏自信和在大眾面前準備不充分的象徵。
避免俚語和粗野的表達	「＃＃！！＊＊＊！」「沒問題！」	俚語的和粗野的

權力就超越了B。我認為某人有資訊的權力是因為我相信他有說服我的權力。資訊或說服的權力也可藉著使用有力的演講來加強。一些動人的或無效的說話權力主要的特性呈現在**表 20-1**。

　　在前五種基礎能力上，個人擁有權力的特質是很重要的。在資訊權力上溝通的滿意是最重要的因素，而不影響行為者個人的特質。因此說話者表現了一種令人信服的主張，或者老師解釋了一個邏輯性的問題，都會影響了聆聽者，而和說話者或老師的個人特質沒有關係。

在任何已知的情形，你很少發現只用一種基本的權力，就可以影響其他的個人，而是許多權力一起被使用。如果你擁有專業的權力，那麼你或許也擁有資訊和合法的權力。如果你想要操控別人的行為，你可能會有三種基本的權力，而不會只依賴一種能力。從這個討論看來，某些人可以隨意的支配多種的基本權力，有些人就不能。這個重點讓我們回到最初的原則：有些人比其他的人更有權力。

·請留意負面的權力

當我們有某些想要的結果時，常常想試圖去影響別人，而有時負面的權力會擴大行為者受影響個人之間的差異。以上六種基本權力都有負面的影響力。例如，負面的參考權力發生在當兒子拒絕父親的要求而堅持自己的對立立場。當小孩子在懲罰的威脅下被警告不能做某些事情，他就會硬要做他被告訴不能做的事，這時我們就看到了負面的強制權力。懲罰的威脅讓被禁制的行為更具刺激性和挑戰性。

攻擊動作

因為所有的人際關係都存在於權力的層面上，全部的互動關係必定包含權力的策動和影響。因此許多研究學者定義了一些人際互動上所發生的攻擊動作或方法。這裡列舉了五種。

一、沒有人是高高在上的

這種權力的運用是個人拒絕去承認你的請求。這種手法的方式是不管你說了多少遍，而別人完全聽不進你所說的。一種普通的狀況是拒絕對回應說不，很明顯的可以在一個陳腐的男人雖然在女人屢次的拒絕之下，仍堅持向一個女性獻殷勤，可以看到這

種狀況。

有時「沒有人是高高在上的」的情況是忽略一般被社會接受的準則，像當你進入某人的房間時要先敲門或不可打開別人的信件或皮包。而使用這種攻擊動作的人卻表示了對這些規則的忽視：「我不知道你不要我看你的皮夾」或「你要我下次進你的房間敲門嗎？」

· **管理策略**

當你面對這種攻擊動作的時候，你會怎麼辦呢？一種常被使用的回應是不管攻擊動作而讓別人來操控話題和我們。有些人忽視攻擊動作，因為他們無法分辨它們像是持續的行為模式。他們不瞭解他人一再重複的行為是為了要維繫權力。另外有些人忽視這種行為是由於恐懼，害怕任何的反對聲浪會引起爭端。因此他們選擇比較沒有害的兩種弊病而忽視了攻擊的動作。

另一種回應被稱為中庸的攻擊動作。這類型的回應你視這種攻擊動作為孤立的情形（而不是一種行為模式）而去反對它。例如，你可能會簡單的說「沒有先敲門請不要進我的房間」或「沒有我的允許請不要看我的皮包」。

第三種回應被稱為合作的回應。在這種回應下你尋求去完成下列的事項：

· 表達你的感受。告訴他人你對他的行為感到氣憤、懊惱或困擾。

· 描述你所反對的行為。用語言的描述而非評價，來告訴他人你所反對的特殊行為，例如，看你的信函、進入你的房間沒敲門、堅持要擁抱你。

· 陳述一種你們雙方都能輕鬆生活在一起的共同回應。以一種合作的口吻告訴對方你要什麼，例如，「我要你在進我房間之前先敲門」、「我要你停止看我的書信」、「當我

告訴你停止時，我要你停止擁抱我」。

一種合作的回應到「沒有人是高高在上的」可能會有以下類似情形：「我很生氣（感情敘述）你一直打開我的信函，這個星期以來你已經打開過我的信有四次之多（敘述你所反對的行為）。我要你讓我打開自己的信件，如果裡面有任何關於你的事情，我會馬上讓你知道」（合作的回應敘述）。

在考慮剩下的四種攻擊行動的管理策略時，我們提供了合作回應的例子，因為它們是最難去形成的，而這些例子應該讓攻擊動作和合作的回應天性更清晰。

二、你受了我的恩惠

在這種攻擊行動中，某個人為你做了一些事情，然後要求某些事情的回報。這種手法經常被男人使用在和女人約會的花費上，而女人似乎就受他一些恩惠，因此經常要用性來回報他。同樣的情況是女人給了男人許多像在性愛上的、情感上的、金錢上的，然後要求婚姻來作回報。當然以上是兩種典型的例子，它們發生在許多的電影情節中，在受歡迎的小說中，在電視上，但是他們在真實生活中真是存在的。

另一個平常的例子是父母親為他們的孩子犧牲，同時也期盼回報。當孩子違背父母的期望而執意要去做某件事的時候時，他們會提醒孩子，他們給了些什麼恩惠：「我們已經做了許多的犧牲了，你怎麼可以放棄大學的課業呢？」或「我們為了讓你受教育這麼努力的工作，你竟然只得到這麼低的分數？」或「為什麼你不穿那件夾克？我花了兩個小時才修補好的」。

‧ 處理的策略

面對這種手法的使用者，共同的反應是用我們三部分的策略：感覺的陳述，你拒絕的行為描述，和共同聲明的敘述。

第一個反應可能是，「我很生氣你竟然這樣對我（感覺的陳述），我很生氣，當你要我做一件事的時候，你就開始提醒我應該對你盡的義務。你告訴我你為我做的每件事情，然後要求我應該要去做你想要我去做的（描述所拒絕的行為）。請不要為我做任何事情，因為你想要某些事情的回報。我不要有受到恩惠的感覺。我要去做我想做的事，因為我認為這樣對我最好，而不會因為沒有回報你為我所做的一切而有罪惡感（共同反應的敘述）」。

三、隱喻

隱喻是一種有趣的攻擊行動，有時候它很難被視為是一種權力策略去定義。例如，試想下列的情形，在團體中的某個人要和一個其他成員不喜歡的人約會，他們會有這樣的註解，像「你怎麼會和她出去呢？她真是個狗屎」或「你怎麼會和他約會呢？他真是個豬玀」。「狗屎」和「豬玀」都是隱喻。隱喻是種比喻之辭，也就是一個字詞被用來代替另一件事。在這裡的例子，「狗屎」和「豬玀」被用來替代人們的稱呼，是故意結合這些動物和人類最明顯的特徵（例如，醜陋的、懶散的）來引伸的。這裡的目的是讓個人處於劣勢，而不允許你有機會為他辯護。畢竟，和一個狗屎或豬玀為約會對象作辯護是很困難的一件事！

·處理的策略

處理隱喻三個部分的共同策略可能會像這樣：「我厭惡你叫珍是個狗屎，我非常喜歡她，而她也喜歡我。當你認為我的約會對象是豬玀或狗屎時，我感到真像一個失敗者（感覺的敘述）。你已經叫我以前約會的三個女人這些侮辱性的名稱了（敘述你所反對的行為）。如果你不喜歡和我約會的女人，請告訴我。但是請不要用豬玀或狗屎這些用語來侮辱他們或是我（共同反應的敘述）。」

四、別開玩笑了

在這個攻擊行動中，一個人藉著說「你在開玩笑」或一些相似的語詞「你不是認真的吧」、「你不是真心的吧」來攻擊別人。這裡的意圖是對別人的敘述表達了完全的不信任，以致讓個人和敘述似乎感到不適當或愚蠢。

這種攻擊行動常被用來攻擊一個人所說的和他平常給人的典型印象有極大的出入。例如，如果派特常被認為像機械般的性格，而克麗絲像藝術家般的氣質，當克麗絲就為什麼車子不動了提出建議時，派特可能會用這種攻擊行動來反對她。相反的，如果派特對一項藝術品和一齣戲劇提供了意見，克麗絲也可能用攻擊行動來反對他。

• 處理策略

適用在「你在開玩笑」的共同策略中，你可能會說：「當我在一個你比我知道更多的領域上提出一個意見時，你卻說『你不是認真的吧』、『你在開玩笑嗎？』，讓我覺得很生氣、很懊惱，感覺像個白癡似的（感受的陳述）。我寧願你告訴我為什麼你反對我而不是只告訴我，我是在開玩笑來打發我（共同反應的敘述）。」

五、阻止想法的人

阻止想法的人是企圖停止你的思考，尤其是停止讓你表達你的想法的攻擊行動。阻止想法的人可能會運用許多的方式。最常被使用的是干擾。在你結束你的意見以前，別人引出另外的話題來打擾你。其他阻止想法的人也包括了使用褻瀆的語言和提高某人的聲調來淹沒你的聲音。完全不管特殊的狀況，硬是將說話者的角色從你移轉到別人的身上。

• 處理的策略

共同策略可能會像這樣：「在我有機會完成我的想法之前，你卻阻擾了我，讓我覺得有挫折感（感受的陳述）。在前十分鐘你已經做了三次了（描述你所反對的行為）。我沒有打擾你，希望你也不要干擾我。請讓我完成我的想法，我也讓你完成你的，好嗎？（共同反應的敍述）」。

獲得順從和抵制順從

順從策略的運用很清楚的說明了權力被使用的方式。獲得順從的策略是影響別人去做你想要他們去做的事情的策略。抵制順從的策略是讓你說不或抗拒別人試圖影響你的策略。

一、獲得順從的策略

表 20-2 中呈現了十六種獲得順從的策略。在看這些策略的時候要記得順從的獲得也像全部的人際過程一樣，都包含了兩個人之間的互動。閱讀這份表之後可能會覺得這些策略是單方面的事件，也就是一個人用策略，而另一個人只是順從而已。事實上，最好的順從取得是被視為是一種互動、來回協商的過程，其過程就是衝突、和解、目標的再協商、策略的拒絕和許多其他的反應再加上簡單的順從，都是可能的獲得順從的方式。

例如，當兩個朋友捲入一場紛爭中，藉由訴諸利他主義會比訴諸罪行更有效的得到順從，但是這樣也會導致其他人的憤怒。

對他們來說，這些策略和回應也依賴在個人的性格和個人獨特的關係這兩方面上。你所使用的策略可能會對你發生作用，也可能會適得其反，完全依賴你、別人和人與人之間的關係。

表 20-2　獲得順從的策略

1. 先給與。　派特先獎賞克麗絲，然後要求順從。
   派特：我很高興你喜歡這頓晚餐。在城裡這間真的是最好的餐廳。等下一回到我的住處喝點東西或什麼的，如何？

2. 喜愛。　派特友善的幫助克麗絲有個好的心情。
   派特：（清洗完客廳和臥室之後）我真的想要輕鬆一下，和泰瑞去打幾局保齡球好嗎？

3. 答應。　如果克麗絲順應了派特的要求，派特答應獎勵克麗絲。
   派特：如果你願意離婚，我會給你任何你想要的東西，只要給我自由，你可以有房子、車子、股票和三個孩子。

4. 威脅。　派特為了克麗絲的不順從而威脅要懲罰她。
   派特：如果你不想離婚，妳將永遠見不到小孩。

5. 厭惡的刺激。　派特不斷的懲罰克麗絲而全憑克麗絲的順從停止懲罰。派特堅持歇斯底里的反應（尖叫和哭泣）當克麗絲同意順從的時候才會開始。

6. 正面的意見。　派特答應如果克麗絲順從了，那麼她將會理所當然地得到獎賞。
   派特：如果妳不在離婚的事和我論戰，它就是再簡單不過的一件事了。

7. 負面的意見。　派特認為克麗絲如果不順從，那麼得到懲罰是理所當然的。
   派特：如果你不聽醫生的指示，你將會終結在醫院中。

8. 正面的自我感受。　如果克麗絲順應了派特的請求，派特允諾克麗絲會覺得更好。
   派特：離婚之後，會覺得更好，沒有我你會過得更好。

9. 負面的自我感受。　如果克麗絲不順應派特的要求，派特認為克麗絲的感覺會更糟。
   派特：只有自私惹人厭的人才會強迫別人保持這種關係。如果妳不離婚妳將會後悔。

10. 正面的角色改變。　派特分配「好人」的角色給克麗絲，而主張克麗絲應該要順從，因為一個好人是會順服的。
    派特：當一種關係結束的時候，任何有智慧的人都會答應他們另一半的離婚。

11. 負面的角色改變。　派特分配「壞人」的角色給克麗絲，主張克麗絲應該要順從，因為只有壞人才不會順從。
    派特：只有殘酷和自私的神經的人才會阻擋了別人的幸福。

12.正面的尊重。　派特告訴克麗絲如果她順應了派特的要求，人們對克麗絲會表示較高的敬重。

派特：每個人將會尊敬你答應和我離婚的決定。

13.負面的尊重。　派特告訴克麗絲如果她不答應派特的要求，人們會認為都是克麗絲不好。

派特：如果你不參加聚會，每個人會認為你是個固執狂妄者

14.道德訴求。　派特表示克麗絲應該要順從，因為順從是道德的，而不順從是不道德的。

派特：一個有倫理道德的人不會阻擋了伴侶的自由和意志的追求。

15.利他主義的。　派特要求克麗絲順服因為派特需要這種順順（需要依賴克麗絲的協助和幫忙）。

派特如果你現在放棄大學的課業，我會覺得非常的失望。不要放棄，免得我受到傷害好嗎？

16.情義。　因為過去給克麗絲的許多恩惠，派特要求克麗絲服從。

派特：看看我們為了要送你上學犧牲有多少，你怎麼可以現在就放棄呢？

二、抵制順從的策略

你所認識的某個人要求你做你不想做的事，例如，借你的學期報告來抄寫一份，然後交給另外一位老師。這種研究在大學生中顯示了四種反應的原則。

在認同的處理上，你試著巧妙的處置作出要求的人的形象來拒絕，可能是負面的或正面的。在負面認同的處理上，你可描繪出作出要求的人是不理性或不公平的，而說「你要我對我的道德觀作妥協，那真是太不公平了」，或者你會告訴那個人說，他或她甚至也認為你也會做這種事，對你本身是傷害。

你可能也會用正面的認同來處理。讓作出要求的人感到他自己也很好來作出你的拒絕順從。例如，你會說：「這個題材你知

道的比我多，你自己一定可以將作業做得很好。」

　　另一種抵制順從的方式是不協商，直接對要求作出拒絕。你可簡單的說：「不，我不會將我的報告借出去。」

　　在可協商的條件下，你抵制順從的方法是提出一個折衷的方案（「我讓你看我的報告，但是不准抄」），或用另外的方式提出協助（「如果你寫好了初稿，我可以仔細的查看而試著提出一些意見」）。如果戀愛的一方提出去滑雪、渡周末，你可藉著你的感受而提出另一種選擇來拒絕；例如，「讓我們再邀一對加入，成為兩對男女的約會」。

　　另一種抵制順從的方式是經由辯解的理由。藉著引用順從或不順服可能的結果，來為你的拒絕辯護。如果你順從，你能列舉負面的結果（「我恐怕會被逮到，而這個科目就被當掉了」），或者在沒有你的順服下，你可引用正面的結果（「你真的會喜歡寫這篇報告；它太有意思了」）。

　　就像所有的人際溝通一樣，順從的獲得和抵制的全部因素都是互相依賴的；每個因素都互相影響。如果你想要得到順從，別人的反應將會影響你想要去影響的。反過來說，這些反應將會影響到你的反應，等等。你的關係的程度（它的類型，交往時間的長短，親密程度）都會影響你所使用的策略，而你所使用的策略也會影響你的關係。不適當的策略對彼此的關係有負面的作用，適當的策略則有正面的作用。

摘要			
能力的原則	能力的建立	獲得順從和抵制順從	攻擊動力
某些人比其他的人更有能力 能力可以增加或減少 能力伴隨著最少利害關係的原則	參照的：B 想要的像 A 一樣 正當的：B 相信 A 有權利去影響或控制 B 的行為 報酬：A 有能力對 B 獎賞 壓制：A 有能力去懲罰 B 專家：B 認為 A 是有知識的 資訊或說服：B 歸因於 A 有效的溝通能力	策略影響了你要別人去做的事情（例如，喜愛、允諾、威脅）或者讓你去抵制順從（例如，認同的處理，協商）	・沒有人是高高在上的 ・你受了我的恩惠 ・隱喻 ・開什麼玩笑 ・阻止想法的人 策略處理 ・感受的陳述 ・敘述你所拒絕的行為 ・共同反應的敘述

第二十一章
人際關係中的衝突

單元目標

在這一章結束之後，你將能夠瞭解：

1. 人際衝突的定義。

2. 分辨內容衝突和關係衝突的分別。

3. 鑑別衝突的正面和負面概念。

4. 解釋衝突解決的模式。

5. 鑑別和解釋至少六種衝突策略。

6. 解釋言語挑釁和爭辯。

若以最基本的型式而言，衝突是指一種意見不合。然而，人際衝突則是指相互關聯個人之間的意見不合，例如親近的朋友之間、愛人，或者是家庭的成員之間；其中「相互關聯」所強調的是人際衝突中處理的本質，是每一個人的立場和影響別人的事實，且在衝突中的立場是隨著關係的密切程度和互不相容的程度而有不同。

衝突的本質

衝突集中於：

- 追求的目標（我們希望你能進入大學，將來成為教師或醫師，而不是迪斯可舞者）。
- 分配資源，如金錢和時間（我想要利用退稅金來購買汽車，而非新的傢具）。
- 決定做什麼（我拒絕和傑佛森共進晚餐）。
- 經過深思熟慮適當的行為或合乎一個人的需要但不一定適合或合乎他人的需要（我討厭當你爛醉時、捏我時，或是在別人面前嘲弄我、對別人賣弄風情，及穿著煽情之類時）。

一、衝突的奧秘

在瞭解和處理人際衝突時的一個問題，就是我們可能用對衝突是什麼和衝突的意義錯誤的假設來處理衝突。舉例來說，你認為下列的敍述是真實的或虛假的：

- 如果兩個人在關係上有衝突，這是指他們的關係很壞。
- 衝突會傷害一段人際關係。

・衝突是不好的，因為其顯示了負面的自我，如小器、自我
控制的需求、不合理的期望。

以上這些看法，單純的答案通常是錯誤的。當然，上述三個
假設的含意可以是對的，但亦可能是錯的。衝突是人際關係中的
一部份，介於父母和子女、兄弟和姊妹、朋友、愛人或同僚之間。
當你能夠適當的處理衝突，則衝突本身的發生並不一定總是
會帶來許多的問題。一些處理衝突的方法更能夠解決困難並有效
改善關係，反之則易傷害彼此關係，也可能因此傷害了自尊，產
生悲觀的想法和疑神疑鬼（foster suspicion）。
同時，衝突不只顯示了你反向的一面，而且也是你使用的對
抗策略。因此，假如你用個人的方式攻擊別人，或是使用武力，
你便呈現出反向的一面。但是你也可以表現正面的自我：傾聽對
手觀點的努力，改變令人不悅的行為，和接受別人的缺點。

二、衝突的優點和缺點

因為人與人之間的差異及對事物的看法不同，所以人際間的
衝突是不可避免的。但衝突這件事的本身並沒有好壞的分別。更
甚之，人際衝突有其優點和缺點兩方面。

㈠缺點方面

衝突往往會激起對對手負面的看法，尤其是當此人是你所在
乎或深愛的人時，就會產生許多的問題。這些問題的其中之一，
是許多的衝突包含了不公平的競爭方式，其目的也多為傷害對
方。如果發生這樣的情況，則消極負面的感覺必然因此油然而生。
特別是在使用無建設性的策略時，衝突可能比在其他領域上更令
人耗盡精力。
同時，衝突會使你躲進自我保護的象牙塔裡，當你關閉心房
並且隱藏自己真正親密的感覺時，你將會妨礙有意義的溝通。因

為人們對親密感覺的需求是如此的強烈，因此一個可能的結果就是從一個或兩個群體中去尋找親密的感覺。這樣通常會引起衝突，相互的傷害和怨恨：如此反而增加了人際關係的負擔。

一旦這樣的負擔增加，則人際互動的酬賞將變得難以交換，如此可能變成負擔增加，報酬卻降低的情形。這樣情況的結果就是關係的不斷惡化而終至分離收場。

(二)優點方面

人際衝突的最主要一個優點就是能夠逼使你正視問題並努力去解決。一個有建設性衝突策略的使用，將有助於你建立更堅強、健康和比從前更滿意的關係。

如果衝突能夠被有效的解決，那麼衝突能使你陳述你想要的或因此而得到它。舉例來說，如果我想要花錢購買一台新車（舊車我已經無法信任了），而你卻想把錢花在渡假上（你想要改變一下生活的步調）。從這個例子上我們的衝突和解決方式，我們可以學到什麼是彼此真正想要的：在這個例子中，是一部無法信任的車子和一個打破規律生活的期待。我可能想要一部實用的車子或是便宜的新車，而你卻想要一個不算太長或是便宜的假期。如此一來，我們似乎可以買一部二手車，再來一段便宜的機車之旅。這樣的解決方案將可同時滿足雙方，形成一個「雙贏」的解決方式：雙方都贏了，也都各自得到自己想要的。

衝突也能夠預防從痛苦中產生的敵意和怨恨。告訴妳我很困擾妳和同事在工作中講了兩個小時的電話，而沒有留一些時間給我。如果我沒有表達，則我的困擾和怨恨將大增，而這種默許的行為也似乎將會使電話鈴聲不斷地重複。

我們的衝突和解決方式是，我們應停止怨恨的增加。過程中，我們應讓對方瞭解我們自己的需要：當我結束工作回到家，我需要更多的關注而妳卻必須檢閱白天的工作以確信它已完成。假如我們都能夠瞭解彼此需要的正當性，則解決的方案就能夠被釐

清。也許電話和我希望被關注的需求有交集的時候，也許我應該延遲這個需求直到妳結束工作。或者我應該中止妳的工作而滿足我的需求；或者是採用雙贏的解決方式，即讓雙方的需求交集。

進一步思考，當我們試著在人際關係中解決衝突時，我們知道這段關係是值得去努力的。換句話說，我們能夠克服衝突。然而這或許是個期望：當我們為了面子或滿足自我的需要而正視衝突，則正視衝突這件事所指的將是一種關懷、承諾和保護關係的慾望。

三、內容衝突和關係衝突

使用先前發展的概念，我們將能夠區別內容衝突和關係衝突。內容衝突的重心在通常不在團體之外，而置身於衝突之中的對象、事件和人物；它包括了很多的議題。如我們每天會爭吵的議題：一部受歡迎電影的價值，電視要看哪一台，上次考試的公平性，或是工作陞遷，和儲蓄的方法等。

關係衝突則是如同以下的情境：弟弟並不服從他哥哥；或是兩個同伴希望對他們的假期安排能有對等的溝通方式；或者母親和女兒之間希望能對女兒的生活方式做一番好好的討論。這裡所指的衝突主要不在兩個人之間關係的外在因素，而在有關初級關係（primary relationship）和建立正確行為規則議題上的一種指示。

在教科書中，內容衝突和關係衝突可以被輕易的區別，但在真實生活中卻並非如此，因為許多的衝突都同時擁有兩者的元素在內。但是假若我們能夠瞭解附屬於內容衝突和關係衝突的議題，則我們將可更加瞭解衝突的本質，並且可以更有效的處理衝突的問題。

一個解決衝突的模式

在**圖 21-1** 中，我們可以更完整的解釋衝突，並提供一個有效解決衝突的模式。

一、定義衝突

接下來我們來解釋較顯而易見的內容衝突議題（哪一個人應該準備三餐，或應該送小孩到學校上課，或應該把狗移開等）和基礎的關係衝突議題（如避免家庭工作的責任，或忽視對小孩的責任，或是我的時間較值錢等）。

用抽象的概念是難以處理和解決衝突的定義，所以我們再用具體的關係來解釋這些抽象的問題。如先生認為其妻子是冷漠的原因，只是因為她從不打電話到先生的公司，也從不在先生回家時親吻他，或是不在宴會上牽他的手。諸如此類的行為事實上是可以被理解和處理的。但在抽象的概念上，「冷漠」卻依然是有閃躲的意思。

藉由上述的過程，我們應試著從別人的觀點來瞭解衝突的本質。試著使用「觀點接受」（perspective-taking）技巧。為什麼你的同伴會打擾你？為什麼你的鄰居會抱怨送小孩去上學？為什麼你的母親會堅持你必須把小狗帶走？

千萬不要試著去解讀別人的心理，多用問問題的方式來求證你從別人觀點所產生的問題。問的問題應該要直接而且乾脆，如「我必須在九點鐘之前和三個重要的客戶見面，為什麼妳還堅持我必須把小狗帶走？」。

讓我們以一個實例來探討。這個衝突圍繞在派特（Pat）不想和克麗絲（Chris）的朋友在一起，派特不喜歡克麗絲的朋友，

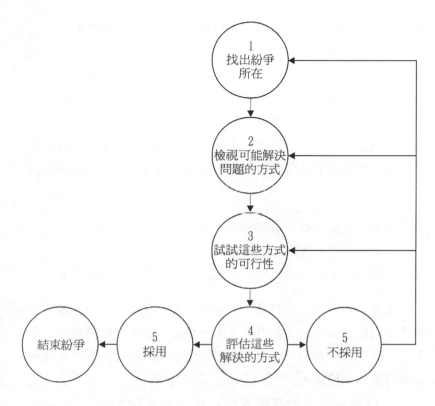

圖21-1　解決紛爭的步驟

但克麗絲卻投身於他們的行列中。派特認為克麗絲的這些朋友是令人感到不悅和無聊的，但克麗絲卻認為他們很棒又有趣。

二、檢驗可能的解決方案

　　透過各種不同的解決方案，大部分的衝突都有許多可能的解決方法。在這個階段中，我們將試著釐清許多可能的解決方案。

　　首先，試著去尋找最能夠雙贏的解決方案：雙贏的解決方案就是求取雙方都能接受的方案。盡量避免雙方之中只有單方面能

贏的方案，因為這些方案將容易引起挫敗和怨恨的困難關係。

再者，在檢驗這些可能的方案時，應小心衡量每一個方案所帶來的價值和報償。大部分的方案都包含了對個人或團體相互之間的利益（在這之後，我們或許該移開小狗）。找尋一個雙方需要和符合雙方利益的方案是最好的。

然而在此同時，你也應該先檢驗任何可能的方案，選擇並嘗試看看。透過以上的說明，我們再回頭來看看派特和克麗絲的例子。

方案一：克麗絲不該再和他的朋友有任何的互動。
方案二：派特應該和克麗絲的朋友互動。
方案三：克麗絲應該在沒有派特的時候再去見他的朋友。

方案一和方案二都是有輸有贏的方案。在方案一中，派特是贏家而克麗絲是輸家；在方案二中，克麗絲贏了但派特卻輸了。至於方案三則有各種可能，雙方都有輸和贏的機會，底下就讓我們更詳細的來檢驗。

一個檢驗方案的有趣方法是利用學者Edward deBono (1987) 所發展的批判性思考帽 (critical-thinking hats) 的方法。這六個思考帽包含了部份技巧，用來解釋、分析和檢驗問題及方案。每一個思考帽都可以幫助你從不同的觀點來思考問題。接下來我們就來看看這六個思考帽。

(1)事實帽 (the fact hat) 是將焦點擺在資料上，以事實證據來指出問題所在。例如，什麼是和衝突有關的資料？派特應如何得知更多有關克麗絲喜歡和這群朋友在一起的原因？克麗絲要如何找出派特不喜歡他朋友的真正原因？
(2)感覺帽 (the feeling hat) 主要是以感覺、情緒和直覺來關心問題。例如，你對問題的感覺如何？當克麗絲和朋友

在一起時,派特的感覺如何?當派特拒絕和克麗絲的朋友
碰面時,克麗絲的感覺又如何?

(3)反面論證帽(the negative argument hat)會將你放在
折磨的一邊。例如,假如克麗絲繼續在沒有派特的情況下
和朋友在一起,則他們的關係將如何變壞?如果派特仍堅
持拒絕和克麗絲的朋友互動,他們的關係將如何惡化?

(4)積極利益帽(the positive benefits hat)要求你從對自
己有利的角度出發。例如,如果克麗絲沒有和派特去見這
些朋友,克麗絲可以得到什麼機會?新的安排可以讓派特
和克麗絲得到什麼好處?什麼情況的發生對雙方是最好
的?

(5)創新帽(the creative new idea hat)主要是對問題加
入新的想法。例如,對於這個問題有什麼其它的方式?有
沒有什麼其他的方案是可行的?

(6)控制思考帽(the control of thinking hat)可以幫助你
分析什麼是你已經做的或什麼是你該做的。這點可以幫助
你回想自己的思考過程並加以綜合思考的結果。例如,你
是否已適當的解釋問題?你是不是花了太多的時間在關注
不重要的議題?你是不是有足夠的關注在可能的負面效果
上?

三、測試和解決

先將方案在心中先檢驗一下。現在的感覺如何?明天又會如
何感覺?對此一方案你是否感到自在?當克麗絲獨自和朋友進行
社交活動時,派特是否感到舒服?一些克麗絲的朋友也許是吸引
人的;這會不會造成派特和克麗絲之間關係的困難?克麗絲的作
法是否造成人們太多的流言?克麗絲是否有罪惡感?還是在沒有
派特的時候,克麗絲和朋友在一起也很愉快?

然後再實際地去檢驗這些方案。把方案放在實際的操作中檢驗可行性。它是如何運作的？如果這方案不可行，便應放棄它尋找新的方案。讓每一個方案都有同等的選擇機會，同時當情況明朗後，也不應過度堅持無法解決衝突的方案。

　　也許克麗絲應該在沒有派特的時候出去和朋友見面試試看這個方案。結果如何？朋友們對於克麗絲和派特的關係的看法如何？克麗絲是否能接受這個新經驗？派特的感覺又是如何？會不會感到嫉妒、寂寞或是有被遺棄的感覺？

四、驗證方案

　　試問方案能否幫助解決衝突？情況在嘗試方案後是否比原本的方案好？分配你的感覺和方案的驗證效果。

　　派特和克麗絲現在應該要分享他們對解決方案的觀點。這個方案是否讓他們感到舒服？雙方對於此方案的付出是否增加？付出和酬賞是否平均分擔？有沒有其他更有效的解決方案？

五、接受或拒絕方案

　　假如你已經決定接受某一個方案，那就是說你可能會將它變成日後的處理模式。如果你覺得對衝突而言，這並不是正確的決定，那你就應該繼續檢測方案或重新定義衝突。

　　讓我們來看看如果派特確實對下述方案感到高興的情況。派特如果接受，則他也可以擁有同等的時間和大學同儕見面。下一次當克麗絲決定和朋友見面時，派特也能和大學同學一起出去遊戲。如此克麗絲將會感到很自在。克麗絲可以解釋成這個雙方分開獨自去會見朋友的方式，是一個令雙方都感到滿意的決定。

　　然而假定派特和克麗絲都不喜歡這個決定，則他們應該試著再找出另一個可能的方案，或重新定義問題再尋求解決之道。

　　經由這個過程，我們可以發現，避免衝突或是選擇傷害的衝

突策略，可能會因此毀壞了彼此的關係。下一次發生同樣的情形，就別忘了使用這些能幫助你解決衝突，甚至改善關係的策略。

衝突管理策略

之前我們已經介紹了多種衝突解決的技巧。例如，傾聽就是一種在衝突情境中常用的技巧（詳見第四章）。同樣的，多使用「我」的訊息將比用「你」的訊息（詳見第六章）更易建立有效的個人衝突解決方案（Noller and Fitzpatrick，1993）。當然，還有人格特質的影響（詳見第六章）。

底下的討論重點在較無建設性的策略上。

一、迴避和對抗行動

迴避包括了實際身體的躲避；例如，離開衝突的環境（走到公司的另一個部門），開始睡覺，或開大收音機的音量來蓋過談話。迴避同時也包括了情緒和智力上的避免，也包括了任何足以引起衝突議題心理上的逃避。男人通常較常使用這個策略，否認這樣有任何的錯誤（Haferkamp，1991-92）。

拒絕溝通（nonnegotiation）也是一種迴避的特別形式。這是指你對於別人的指控拒絕去討論或甚至不去聆聽。這時，拒絕溝通將是為了促使別人讓步改變其觀點。除了避免議題之外，我們應試著成為衝突中主動的角色。這表示讓雙方冷靜不一定是需要的。然而，這是表示如果你想要解決衝突，就必須更積極一點。

這包括你必須在溝通過程中改換你的立場。當一個主動的談話者和聆聽者，說出你的感覺並專心的聆聽對方的感覺。

另一部分有關主動對抗（active fighting）則包括了對你的想法和感覺負責的態度。例如，當你不同意對方的觀點或是當你

發現對方行為上的缺點時，應確實說出你的感覺，譬如「我並不同意你的說法……」或「當你如何時我並不喜歡」，避免使用將自己排除在外的說法，如「每個人都認為你是錯的」或「克麗絲認為你不應該……」。

二、強迫和溝通

當衝突發生時，很多人都不喜歡處理溝通，而喜歡採用強迫別人接受其觀點的方式。強迫的方式可能是情緒上或是身體上的，此技巧就常被使用。在這些案例中，議題可能被迴避，而使得某一方用強迫的方式「贏」了。

超過百分之五十的單身或已婚的夫婦表示，在他們的關係中曾有身體上的暴力經驗。假如我們加上言語暴力（如威脅要把某人丟出去），則在單身者身上的暴力經驗比例將超過百分之六十，已婚夫婦將超過百分之七十（Marshall and Rose，1987）。在另一個研究中，在四一○個大學生樣本中，有百分之四十七表示在約會關係中存在暴力（Deal and Wampler，1986）。且在大部分的關係中，暴力使用都是相互的：每一個人都有可能使用暴力。

在案例中，如果只有一個人使用暴力，則研究的結果可能就衝突了。上述大學生的研究發現，如果只有一方使用暴力，則多半攻擊者是女性（Deal and Wampler，1986）。先前的研究也發現相同的性別差異（Cate et al.,1982）。這個結果卻反駁了一般人相信的男性常是施暴的一方的觀念。對此，一個可能的解釋是在我們的社會中，女人比較容易接受一般人認為的「受害者」角色，而較不願去表示這個意見。換言之，女人是施暴者的觀念卻不是容易被記憶的。雖然在刻板印象中，女性比男性更缺少侵略性，然而這個研究似乎重寫了女性的侵略行為（Deal and Wampler，1986；Gelles，1981）。不過，其他的研究也發現男

性確實比女性更喜歡使用強迫的方式達到消除差異的目的（Deturck，1987）。

　　強暴是另一種強迫的形式。這個領域的研究顯示令人擔心的發現。克爾斯登夫婦（Kersten and Kersten，1988）的研究指出，「強迫的約會性愛是所有強暴形式中最常見的」。一項研究大學校園中強迫和暴力行爲的調查指出，有超過一半的女性學生表示，她們曾受到言語上的威脅、身體脅迫或是身體上的虐待。其中更有超過百分之十二的女性直指她們曾遭受強暴（Barrett，1982；Kersten and Kersten，1988）。在另一個有關大學校園中性侵害的調查也發現，有百分之四十五的女性指她們是性侵害、性虐待或曾受到毆打威脅等犯罪的受害者。同時，另一項研究也指出，有百分之四十二的男性承認，他們曾強迫對方發生性關係。

　　而其中一個令人感到困惑的結果，是許多的暴力受害者竟將之視爲一種愛的表現，爲了某些理由，她（他）們把毆打、言詞威脅或強暴視爲對方對她（他）們全心全意愛的表徵（詳見第二十二章）。很多的受害者事實上接受她（他）們自己是造成暴力的原因，而不是對方（Gelles and Cornell，1985）。

　　雖然令人不解，但害怕可能是最佳的解釋。根據至少一項研究指出，位於大學年齡的男性，有百分之五十一的男性宣稱，如果他們不會被捕的話，他們會強暴女性。

　　研究指出了一個過去我們不曾重視的衝突議題，也是我們急欲去辨明和避免的。上述研究證明了一種現存、潛在的病徵，也是大學課本沒有著墨的部分。當然，意識到此一問題的第一步便是要瞭解問題並戰勝它。

　　而唯一真正能解決問題的方法是溝通，包括使用武力、交談和聆聽；一種開放的、神入的和積極的態度是較可行的。

三、責備和神入

因為引起大部分衝突的原因有許多，任何試圖去釐清其中單一或兩個因素的都必定失敗。然而，一個常見的方式卻是責備他人。例如，夫婦倆責備小孩帶給他們上警局的困擾。父母可能除了處理衝突本身之外，也會因子女帶來的困擾而互相責備。如此的責備當然對解決問題或是幫助小孩毫無幫助。

常常當你在責備別人時，你會歸因於別人的動機。於是當別人忘記你的生日，而這個疏忽也妨礙了你的計劃時，你其實應歸咎於忘記的這個行為上。試著不要去介意或解讀別人的動機，如「好吧，既然你不在乎我；如果你真的在乎我，你就不應該忘記我的生日」。

或許責備的最好替換方式是神入。嘗試去感覺別人的感受，並考慮別人所處的情境；試著去考慮別人身處的情境，或甚至是當你身處他的情境時的情況。

然後，應展現你神入後的瞭解。在你神入對方的感覺之後，應在適當的時機驗證這個感覺。如果你的同伴覺得受到傷害或感到氣憤，而你確信這個感覺是合理且適當的時候，你應該表示：「你有權利感到氣憤，我不該稱呼令堂是累贅，但我仍不想和她一起去渡假」。有效的表達是不須在衝突中表示相同的意見。你的陳述對方一定能感覺，且你也得到了適當的認可。

四、壓制對手的戰術（silencers）和促進坦率的表白

壓制對手也是一種衝突的技巧。在許多現存的例子中，最好的例子就是哭泣。當一個人無法處理衝突或是沒有獲勝的希望時，他或她便可能以哭泣來壓制對手。

另一個壓制的策略是假裝一種誇張的情緒反應：叫喊或是尖叫，或假裝失去控制，或是發展成「生理」上的反應，如頭痛或

所有人際傳播學者都建議，當人與人有衝突時，討論與溝通是修復彼此關係最好的辦法。這種作法會有什麼正面與負面的結果？在別的文化背景中，學者也會作同樣的建議嗎？

不能呼吸便是常見的方式。使用這個方式的最大問題是在於你永遠不知哪一種策略才是你能夠使用並獲勝的方式。然而不論你用的是哪一種方法，衝突依然是存在而未被解決的。

我們應鼓勵別人自由而坦率的表達他自己的意見，也表達自己的意見。避免用權力壓制的策略或抑制表達意見的自由。

例如，應避免如第二十章所示的「懶得理你」或「你發誓」的策略。這些策略將使人情緒低落和破壞人際間的平等關係。

五、粗麻布袋和焦點

粗麻布袋從字面上指的是麻布做的大袋子，在這裡指的是把牢騷裝起來以避免在別的時間發作。直接的原因可能是相當的簡單（或是看起來像是第一次發生），如一個人沒有先打電話回家又晚回家。除了抱怨之外，粗麻布袋卸下了所有過去的抱怨，你忘記的生日，你晚餐抵達時間晚了，旅館房間忘記保留等等。如同你從經驗中所得知的，粗麻布袋只是裝滿了埋怨；其結果是使兩個人堆積對彼此的不滿。經常地，原來的問題便沒有辦法獲得改善。於是乎，怨恨和敵意就逐漸升高了。

聚焦在現在的議題而不要去關心兩個月前的事情（如存在粗麻布袋中的議題）。同時，把焦點放在和你起衝突的人，而不要把焦點放在和你衝突的人的母親、子女或是朋友上。

六、巧妙處理和自然發生

一個巧妙的處理可以避免衝突。人們總是企圖使衝突轉變成為迷人的。而巧妙的處理就可以使人變成善於接受和缺乏鬥志的心智。巧妙的處理也可以使他或她要求較弱的抵抗。所謂巧妙處理的原則是建立在一個特別好的行動中，以及你希望給人們的意圖。

而且，試著以自然發生的情況來表達你的感覺。記得人際衝突不是在打仗，沒有必要一定要贏。主要的目的是為了增進彼此的瞭解和達成雙方都能接受的決定。

七、個人的拒絕和接受

在個人拒絕中，一個人會保留他的愛和感情。他或她會試圖在爭論中打倒別人以取回自己的面子。在此情況下，個人為了使別人感到沮喪，會努力的表現出冷漠和漠不關心。譬如，一個人

希望讓別人去質疑她或他自己的自我價值，所以就用挫其銳氣的方式讓他自認為沒有價值，這是一種簡單的「拒絕」方式。

除此之外，也應對別人和雙方的關係之間表現出積極的感覺。在任何衝突中，很多苛刻的話——這些稍後你可能會感到後悔的話——就可以因此而改變。或許有些話不得不說或不溝通，但他們卻可以用正面積極的說辭來抵消。如果你正和心愛的人冷戰，請記得你對抗的對象是你深愛的人，所以你應該用如下的方式表達：「我是如此的愛你，但是我實在不想和你的母親一起去渡假。我是想單獨地和你在一起。」

八、打腰帶以上或以下

許多的職業拳擊手在腰部都有一條大皮帶，如果你攻擊他的腰帶之下，將會使他受到極大的傷害。而如果你所攻擊的是在腰帶之上時，他才能夠專注的與你對抗。在大部分的人際關係中，特別是在長期的對峙中，你更必須清楚的知道界限在哪裡。例如前面所舉的例子，你如果攻擊的是派特不能生小孩的事情，就算是攻擊「腰帶之下」。或者是你攻擊克麗絲常換工作是失敗的，也是打擊他內心的弱點。而如此攻其不備打腰帶以下會引起許多不必要附加的問題。我們應試著指攻擊對手能夠專注的地方。關係衝突的目的不是要戰勝對方而讓對手失敗，更進一步說，是為了解決問題和增進彼此的關係。保持這個首要的目標永遠是清楚的，特別是當你感到生氣或受到傷害時。

言詞攻擊和爭論

一個在衝突上特別有趣的觀點是來自於言詞攻擊和爭論的作用上（Infante and Rancer，1982；Infante and Wigley，

1986；Infant，1988)。認識這兩個觀念將有助於我們瞭解事物錯誤發展的原因，和一些你能在衝突中使用而且確實能改善關係的方法。

一、言語挑釁

言語挑釁是一個你能藉由引起別人心理上的痛苦和攻擊別人的自我概念而贏得爭論的方法。它是用尋求玷辱個人的自我觀念而否定他的一種形式。接下來，我們就利用一些標尺來自我測試一下。

攻擊人格特質或許因為可以使別人承受心理上的痛苦，也是一種最常被使用的言詞攻擊策略。其他的策略則包括了攻擊別人的能力、背景和生理表徵，詛咒，戲弄，嘲笑，威脅，咒罵和使用其他不同的非語言符號 (Infante et al., 1990)。

一些研究者指出，除非因言語挑釁而被激起，對手的意向通常包含了隱藏其內的憤怒 (Infante, Chandler，and Rudd，1988)。有一些證據顯示，人們在有暴力威脅的婚姻中，言詞攻擊的比例比在沒有暴力威脅婚姻中的比例為高。

言語挑釁並不能夠幫助解決衝突，終歸是減少人們使用它的可靠性，而增加了攻擊目標的可靠性 (Infante, Hartley，Martin，Hinggins，and Hur，1992)；你可能想要知道人們為什麼要使用言語挑釁。到底在任何事情中，什麼是引導言語挑釁行為的原因？最常引致的原因是因別人的言語挑釁行為而有的反應。另一個原因是因不喜歡某人、憤怒、感到不能有力發言、一個變質的討論、被教導要如此反應、感到被傷害或感到心情不好 (Infante, Riddle，Horvath，and Tumlin，1992)。

二、爭論

相對於習慣用法，「爭論」這個詞所指的是比避免更進一步

你的言語挑釁是如何？

前言：這些標尺是設計來測量人們如何從別人身上獲得依從。每一個陳述都指向你企圖去影響別人的真實感覺。試著使用如下的標尺測試自己。

1＝幾乎完全不對
2＝極少部分是對的
3＝有時是對的
4＝通常是對的
5＝幾乎總是對的

_____1.當我攻擊別人的想法，我會極度去攻擊他的智力。

_____2.當一個人是很頑固的時候，我會用侮辱來軟化他的頑固。

_____3.當我想要影響別人時，我會非常努力地避免讓別人對自己感到笨拙。

_____4.當別人拒絕去做一件我知道很重要的工作時，如果沒有很好的原因，我會告訴他們這麼做是沒有道理的。

_____5.當別人做了一件我認為很愚蠢的事情時，我會會試著和善的對待他。

_____6.假如我試著去影響的是我認為值得的人，我會攻擊他的人格特質。

_____7.當別人有拙劣的行為時，我會侮辱他們使他們能有適當的行為。

_____8.我會試著讓人們覺得他自己很好，甚至是當他們做出很愚蠢的事情時。

_____9.當人們在重要的事情上容易改變立場時，我會生氣並對他們說重話。

_____10.當別人指責我的缺點時，我仍能夠保持良好的心情去面對並試著不去反駁。

_____11.當別人侮辱我，我由於斥責仍能感到樂趣。

_____12.當我很不喜歡某人時，我會盡量不說出來。

_____13. 當別人做事很愚蠢時，我喜歡取笑他們以刺激他們的智力。

_____14. 當我攻擊別人的想法時，我會試著不去傷害他們的自我觀念。

_____15. 我認爲爭論是一件令人興奮的智力挑戰。

_____16. 當別人做事情很殘忍或卑賤時，我會攻擊他的人格特質以幫助他改正他的行爲。

_____17. 我拒絕加入包括人格特質的討論。

_____18. 當沒有任何事情是在影響時，我會尖叫或叫喊以獲得他們的動向。

_____19. 當我不能去反駁別人的立場時，我會試著令他們採取守勢以減弱他們的立場。

_____20. 當爭論轉移到人身攻擊時，我會非常努力地轉移話題。

評分：依照下列步驟評量你的言語挑釁分數
 1. 將下列題目的分數相加：第 2、4、6、7、9、11、13、16、18、19 題。
 2. 將下列題目的分數相加：第 1、3、5、8、10、12、14、15、17、20 題。
 3. 以 60 減去步驟 2 的總合得分。
 4. 將步驟 1 和步驟 3 的分數相加，得分即爲你的言語挑釁分數。

假如你的分數是介於 59 到 100 分之間，你的言語挑釁分數算是較高的；假如你的分數是介於 39 到 58 分之間，你的言語挑釁分數算是中等的；假如你的分數是介於 20 到 38 分之間，你的言語挑釁分數算是較低的。
在計算分數時，幾個題目之間的連結是可以注意的。哪一個不適當的行爲是你的傾向？高度同意標尺（指 4 或 5 分）在題目 2、4、6、7、9、11、13、16、18、19 和低度同意標尺（指 1 或 2 分）在題目 1、3、5、8、10、12、14、15、17、20，可以幫助你注意你有的顯著的言語挑釁行爲。回想你先前的遭遇當你使用言語挑釁時的情況。當你和別人互動時採用這些行爲的影響是什麼？和別人的關係之間有何影？哪一種方式是你在接受觀點時較常使用的？這些方法能否更有效改善關係？

的涵化（cultivated）特性。爭論是你想要爭辯想法觀點的願望，你的企圖是表達你對重要議題的想法。不同於言語挑釁，那是一種處理立場不同的方法。在你閱讀底下所介紹的如何增進爭論的能力之前，請先做附上的自我測試：「你是如何爭論的？」

　　一般說來，在測驗上得到較高分的，會在爭論議題上有較強的意圖表達自己及和別人爭辯對抗的立場。高分者看起來像是較喜歡爭論、爭執，並有求勝的企圖。不令人感到意外的是，喜歡爭論者也對別人的勸服有較強的抵抗能力，同時也較能夠對別人的勸服訴求產生大量的反面論證（Kazoleas，1993）。

　　得分較低者則是會盡量試著避免和別人爭論的人。這樣的人在經驗中感到滿足感不是來自於爭論而是避免爭論。不喜歡爭論者視爭論爲不悅和無法令人滿意的。因此，毋庸置疑的，此人對於有效爭論的能力感到缺少自信。處於中庸者則同時擁有高爭論者和低爭論者兩者之間的特質。

　　發展此一量表的學者指出，高（喜歡）爭論者和低（不喜歡）爭論者都有可能感到溝通的困難。例如喜歡爭論者可能認爲爭論是必須的，但也太常發生及太過強制了。相反的，不喜歡爭論者可能在必須爭論時也選擇了退縮。根據皮爾森（Persons）積差相關在中庸者的部分顯示，很多的爭論是不必要且重複的；因此在能避則避但無法避免時，應儘可能的採用人際溝通技巧。同時，在不喜歡爭論者和在婚姻暴力中有言語挑釁經驗的人中，人們爭論的技巧也較不熟練。

　　以下是一些有關學習爭論和阻止爭論變質的方法：

- 儘可能客觀的對待反對意見，避免專擅。因爲如果某人接受了你詮釋觀點的方式，則他也會用同樣的方式對待你。
- 避免攻擊其他的人（也包括別人的爭論）；假若攻擊能帶給你戰術上的利益，應試著將重心放在議題上，而不要放

你是如何爭論的？

前言：這份問卷包含了引起爭議議題的題目。根據你個人的頻率情況選擇以下標尺。

1=幾乎完全不對
2=極少部分是對的
3=有時是對的
4=通常是對的
5=幾乎總是對的

_____1.當爭論發生後，我會擔心與我爭論的人會對我產生負面的印象。

_____2.爭辯具爭議性的議題可以改善我的智力。

_____3.我喜歡避免衝突。

_____4.當我與人爭論時，我是精力充沛並情緒激昂的。

_____5.每當我結束一段爭論，我會告誡自己下次不要再發生。

_____6.對我而言，與人爭辯比解決它更容易產生問題。

_____7.當我在爭論中獲勝時，我會感到愉快。

_____8.當我和別人結束爭論，我感到緊張及沮喪。

_____9.我對爭議性的議題爭論樂在其中。

_____10.當我知道將會與人爭論時，我會感到不悅。

_____11.我對悍衛自己的觀點樂在其中。

_____12.我對於能夠從一開始就保持一個議題爭論感到興趣。

_____13.我不願意錯失任何一個足以和別人爭論爭議性議題的機會。

_____14.我喜歡和我極少意見相左的人在一起。

_____15.我認為爭論是一件令人興奮的智力挑戰。

_____16.我發現我自己不能夠在爭論中想出有力的觀點。

_____17.在與人爭論一個爭議性的議題後，我常感到滿足並精神充沛。

_____18.我有能力與人爭論。

_____19.我極力避免與人爭論。

_____20.當我引導一個爭議性議題的爭論之後，我常常感到興奮。

評分：

　1.將下列題目的分數相加：第 2、4、7、9、11、13、15、
　　17、18、20 題。

　2.以 60 減去步驟 1 的總合得分。

　3.將下列題目的分數相加：第 1、3、5、6、8、10、12、
　　14、16、19 題。

　4.將步驟 2 和步驟 3 的分數相加，所得總分即為你的爭論分數。

得分詮釋：

　分數介於 73 至 100 之間是高（喜歡）爭論者

　分數介於 56 至 72 之間是中庸者

　分數介於 20 至 55 之間是低（不喜歡）爭論者

在人格特質上。

• 不斷重申別人競爭的美意，並在適當時候加以致意。

• 避免打斷別人的話，允許別人在你反應前完全陳述他的立
　場。

• 注重平等（詳見第六章）並強調你和他的相似論點。先著
　重論點重疊的部分，再攻擊不同的論點。

• 表現對別人立場、態度或觀點的興趣。

• 避免陳述自己的立場太過情緒化，如使用過大的音量或插
　嘴都是不恰當的。

• 允許別人保留他的面子，千萬不要侮辱他人。

衝突之前和之後

如果你想要讓衝突變成有建設性，則考慮以下的幾個假設，將有助於預先準備衝突的發生，並使用這些以增長關係。

一、衝突之前

首先，應試著私底下衝突。當你在眾人面前激起衝突，你等於是引起了許多不同的問題。當有第三者存在時，相信你也不希望完全的誠實；你可能會希望保存面子或甚至必須不計任何代價獲勝。如此將使得你運用策略以贏得爭論比確實解決衝突還重要。你可能因此專注於形象上而忽略了解決問題這件更重要的事。而且，你可能會走極端而在眾人面前使你的同伴難堪；而這樣的難堪將使人產生怨恨和敵意。請再確定你已經準備要對抗。避免衝突的發生在最不適當的時刻，如此你才有時間選擇何時解決它。當你的配偶在辛苦了一天的工作後回到家，此時就不是解決衝突的好時刻。確定在手邊你已沒有其它相關的問題，並已決定處理它。

知道你要對抗的是什麼。有時人們在關係中生氣並感到受傷害，是因為他們把自己的挫敗發洩到別人身上。衝突中心的問題（如沒有蓋子的牙膏條）常只是表達生氣的一個託詞。任何企圖解決這個「問題」都注定要失敗，因為引起問題的焦點不在這上面。所以，問題的焦點必須提出的其實是潛藏的憤怒、怨恨和挫敗感。

只對抗可以解決的問題。斥責過去的行為，或是家族成員，或你不能控制的情境，都是無濟於事的；除此之外，它還會產生額外的困擾。因為這些問題我們無能為力，因此再多的努力也是

白費。通常表現一個人的挫敗感及不滿足感都會被隱藏。

二、衝突之後

再衝突被解決之後，仍有許多的工作要做。應從衝突解決的過程中去學習。例如，你是否能分辨使情況惡化的對抗策略？你或你的配偶是否需要一段冷卻期？你是不是能夠告訴我何時次要的議題會變成主要的？避免衝突會不會使情況更糟？什麼樣的議題特別麻煩且可能引起困擾？他們能不能被避免？

保持能夠透視衝突。在你開始定義衝突的關係之前，應小心處理；避免因錯誤而造成盛怒的發展。衝突在大部分的關係中只佔據了婚姻生活的極小部分，然而，人們卻往往醞釀很久。因此，不要讓衝突暗中破壞你或你的配偶的自尊。別因為你和別人有爭論或失去一場爭論的勝利，而視你自己、配偶或你的關係是失敗的。

對抗你的消極感覺。在人際衝突之後，消極的感覺常應運而生。常常因為不公平的策略運用在別人身上，而使得這種感覺升高。例如，個人的拒絕、巧妙的處理或強迫。在未來應下定決心避免這種因責備的不公平策略，並同時釋放罪惡感。如果你認為這有幫助，和你的配偶討論這種感覺甚至是去治療。

另外，應增加酬賞的交換和珍視能印證積極感覺的行為，並且表現出對抗衝突的態度及保存和活躍關係的企求。

摘要			
衝突的本質	解決衝突模式	衝突策略	言語挑釁和爭論
內容和關係衝突：相關個人之間因正面或負面的結果或因重點在內容（個人之外的議題）或關係（個人關係之間的議題）的差別而生的意見不同。	解釋衝突 檢視可能的方案 測試方案 檢驗可能的方案 接受或拒絕方案	避免和積極的抗爭 強迫和溝通 責備和神入 粗麻布袋和聚焦 個人的拒絕和接受 攻擊腰帶之上或之下	言語挑釁：一種藉由使人心裡痛苦以贏得爭論的策略。 爭論：對一個觀點爭執的願望，說出你對顯著議題的想法。

第二十二章
機能障礙關係和人際傳播

單元目標

讀完這一章，你將能夠知道：

1. 解釋語言虐待和釐清其主要特質。
2. 識別在辨識和辱罵爭執的問題。
3. 識別處理辱罵的假設。
4. 解釋成癮關係。
5. 識別處理耽溺關係的建議。

在本書中，所有有關有效和滿足的關係主題都已介紹過。然而，在我們瞭解了屬於比較有建設性和健康的關係之後，對於位在光譜末端的另一面，屬於比較破壞性或不健康的部分，也是我們該關注的。因此，在本章之中，兩個機能障礙關係是本章要關注的──言語虐待關係和成癮關係。

雖然這兩種關係形式極為不同，但也非互不相容的。事實上，它們有許多的共同點。當你讀完這一章，記得分類關係如虐待或成癮是很重要（也很難）的第一步，因為如此的分類將直接面對一個人被否定的漫長歷史。然而，這樣的分類也可能會模糊了你自己情境的獨特性，無法顯示出該情境在教科書中定義的特點和意義。記住不要讓分類模糊了這個領域（確實的行為類型）。

言語虐待關係

在閱讀這一章之前，你應該先做伴隨的自我測試「你是不是言語虐待者？」。它能夠幫助你檢驗自己的行為和任何你關注的夥伴的行為。此一自我測驗的內容是獨立於討論之前，因此能夠使你更客觀的評估你的關係。

在言語虐待的人際類型中，透過以下的探討將可更幫助我們瞭解。由五個特質所列出的兩個題目，將包含在自我測試中。

·言語虐待

1.缺乏坦白

(1)拒絕顯露感覺。

(2)當寂靜發生時，仍拒絕承認有任何問題（「沒事，我只是不想講話」，「看比賽吧！我實在沒有心情談」）。

(3)不鼓勵配偶表達感情（「不要像神經病一樣好不好？為什麼你總是把『感覺』掛在嘴邊，就不能保留在心底

你是言語虐待者嗎？

簡介：根據你自己的關係行為來回答以下的問題，並選擇較接近的選項。在回答問題之前，先選定特定的關係夥伴，如朋友、愛人、配偶或家庭成員，並以你和他的關係來回答。在問題中，「配偶」只是為了解說的方便。

當我和我的朋友互動時，我通常會：

1A.顯示我的感覺。

1B.隱瞞我的感覺。

2A.傾聽並鼓勵配偶表達他或她的感覺。

2B.不鼓勵表達感情。

3A.當配偶在重要議題表達和我不同的感覺、態度或信仰時，我會干擾他或她。

3B.當配偶在重要議題表達和我不同的感覺、態度或信仰時，我會試著去瞭解。

4A.假定我的配偶知道我瞭解他或她要說什麼。

4B.告訴配偶我知道從他或她的觀點要說什麼。

5A.檢驗並儘可能的批評配偶的失敗或令人不滿的表現。

5B.當配偶失敗或是他或她表現不佳時，我會表現對他或她的支持。

6A.明確地表達我對某些議題的立場和解釋。

6B.暫時性的提出我對一些議題的立場和解釋。

7A.對我們的關係和互動持正面的態度。

7B.對我們的關係持負面的態度。

8A.極少稱讚我的配偶。

8B.經常稱讚我的配偶。

9A.著重我自己較佔優勢的知識或能力。

9B.著重我和配偶的平等。

10A.說比我聽的時候多。

10B.說和聽的時間差不多。

評分：在發展這個測驗中，言語虐待的特質是從人際效度的五個特質發展而來的。這五個特質分別是坦白、神入、稱讚、積極和公平。這些特質我們已經在第五章的人類模式說明過。在 3、4、5、6、9、10 題中，如果你回答的是 A，在 1、2、7、8 題中回答的是 B，則給自己 1 分。回答 A 的題目如果超過五題或更多，則表示你在言語虐待的溝通上，至少是跟適當的人之間應該有所改進。

假如你想要探討的是配偶的潛在言語虐待，你可能必須要求你的配偶來做相同的測驗。你和配偶可以利用題目來討論在各種情況下，你們最有可能的反應方式。你也可以考慮哪一個回答可能引起顯而易見的言語虐待，再下一步是去思考哪一些行為可能如何的改變。確實的使別人知道他們的言語虐待所造成的潛在危險。在某些案例中，可能會因這些刺激而增加被虐待或甚至是暴力的機會。所以應在安全的環境下小心地討論這些議題。

嗎？」） 或是不鼓勵對感覺和想法的分享。

(4)避免對配偶感情表達做反應。

(5)避免對他們自己的想法和感覺負責，並喜歡歸咎於別人，彷彿自己沒有錯誤（「每個人都認為你應該提出」；「沒有人喜歡你的穿著」；「好吧，都是你的選擇讓我們一團亂」）。

2.缺乏神入

(6)因配偶的否定或因和自己堅持的態度和信仰之不同而感到厭煩（「你如何能夠這麼說？」；「你開什麼玩笑？」）。

(7)拒絕去瞭解任何對配偶溝通的認識。

(8)拒絕適當的承認配偶的感覺（「你真是個呆子」；「你總是在抱怨」）。

(9)只單獨專注在說了什麼而忽略了整體的訊息。

(10)拒絕檢驗或確認他們配偶感覺的想法。

3.缺乏支持

(11)判斷他們配偶的成就（「現在一切都好轉了，比以前好多了」）。

(12)判評他們配偶的缺點（「你永遠也不可能修好水管」；「你現在害怕嘗試新的東西，對不對？」）。

(13)用具決定性的、確定的及不可交換的方式陳述自己的立場（「哈林登（Harrington）是這個工作的最佳人選，就這麼決定了！」）。

(14)當有錯誤發生時，就假定一定是配偶犯錯（「你又做錯了什麼？」）。

(15)假定配偶不論嘗試什麼一定會失敗（「有什麼好操心的，反正你知道你從未完成過」）。

4.缺乏積極

(16)認定自己和配偶之間的關係是負面的。

(17)拒絕稱讚配偶值得稱讚的功業。

(18)指責配偶的執拗（「如果你老是嘮嘮叨叨，我如何能完成什麼事？」）

(19)使用不雅的名字來稱呼配偶或其行為（「喂！大耳朵來一下」；「笨蛋一定是你的名字」）。

(20)對配偶和他們的想法、感覺漠不關心。

5.缺乏公平

(21)以優勢壓過對方（「我學的是會計，而你卻連自己支票簿都無法支配控制」）。

(22)高談闊論比配偶傾訴的時間還多，並打斷配偶的話以中斷他或她的想法。

(23)拒絕稱讚配偶的話具有可靠性或有價值（「你是說經濟學

嗎？真可笑」）。

㉔對行為下最後通牒（「你如果不想去倫敦，那就從此忘了
度假這件事」）。

㉕下命令比要求還多（「你要出去前給我一杯咖啡」；「記
得買大胡桃回來，我討厭你每次買的香草精」）。

一、言語虐待的特質和影響

言語虐待可以定義成透過封閉、非神入、不支持、負面和不
公平方式的溝通，持續地攻擊別人自我概念和自尊的形式。

它有許多的概念類似於第二十一章介紹的言語挑釁。根據In-
fante（1988）的定義，言語挑釁是「一種攻擊個人自我概念的傾
向，特別是對特定議題的立場」。言語挑釁會引起的是爭論或衝
突，言語虐待則是有關對待別人的方式。兩者的相同處在於皆攻
擊別人的自我概念。

有三個基本特質是我們應該釐清的。第一，要構成言語虐待，
其行為必須是持續的，以單純的言語或是可經證實的虐待（如詛
咒某人）。言語虐待是指利用人際關係中重複的形式——以一致
的行為使其衰弱——來虐待（相反的，言語挑釁則是指特別的訊
息如攻擊別人的人格特質或是生理表徵〔Infante，1988〕）。

第二，言語虐待攻擊的是別人的自我概念。例如不只指的是
其不良行為，且此不良行為指的是別人的自我形象。一項不易批
評和檢驗的行為卻被直指為另一個人的自我概念。言語虐待所指
涉的比內容更有相關，其重點不在於內容所指為何，更常牽涉到
的是微不足道的瑣事。他們定義的人格特質是在他們批評的個人
形象上，而他們定義的方式也在彼此的關係上。

第三，言語虐待包括了各種不同的傳播類型，這些能夠被便
利的以人際影響的五種特質的暴力來聚集。這不是指不能被辨認
的其他類型。在這裡，五種特質的焦點在於提供有關人際行為類

性騷擾

性騷擾在關係中不只是單指性行為上，也包括在溝通的行為上。所以，將性騷擾擺在機能障礙關係上來探討比較適合。

什麼是性騷擾？

Ellen Bravo 和 Ellen Cassedy（1992）定義性騷擾為「用性的方式來騷擾別人；施暴者加諸性於別人，而此人並未要求或表示歡迎此行為」。這個不受歡迎的行為可能包括或不包括觸摸。它可能也包括了言語、繪成圖畫、雕刻或甚至只是注視（不是隨便看看，是一種含有「我想脫光妳的衣服」之類的凝視）。

其他的研究者說，性騷擾是指一種引導：在平常象徵性的攻擊經驗，或在一種我們不想要的言語批評的關係中，被未經允許的觸摸和要求性行為（Friedman, Boumil, and Taylor, 1992）。

Attorneys 則以法律的觀點來看，「性騷擾是任何不受歡迎的性行為的進行或是在工作中引導一種脅迫、富敵意或攻擊性的工作環境」（Petrocelli and Repa, 1992）。

平等工作機會委員會（The Equal Employment Opportunity Commission, EEOC）對性騷擾的定義如下：

不受歡迎的性行為的進行，要求性行為關係並用其他言語或生理上含有性特質的引導，其組成為：(1)包括

在明指或隱含的個人職業中產生順服。(2)利用職業決定
來影響個人使其順從。(3)有目的、不合理的指責其工作
表現或引導一個脅迫、富敵意或攻擊性的工作環境
(Friedman, Boumil, and Taylor, 1992)。

根據Petrocelli和Repa (1992) 的說法，則我們可以認
為性騷擾組成的行為是：

1. 以性為本質的：如性行為、圍繞性話題的笑話。
2. 不合理的：如一個普通人會拒絕的行為。
3. 劇烈或滲透的：如身體上的調戲或創造脅迫的環境。
4. 不受歡迎或具有攻擊性的：如你讓別人知道是在攻擊
   你並且想停止這個行為。

有56％的高國中男生及75％的高國中女生表示，他們成
為包括明指含性的言論、笑話或手勢的目標。42％的男生和
66％的女生表示他們是有關包括了性的觸摸、撫摩和捏掐的
受害者。下面的表展現出主要的行為和學生們表示他們是這
些行為受害者的比例：

行為	男生	女生
含有性的言論或注視	56%	76%
觸摸、撫摩或捏掐	42%	65%
有意圖性的性侵害	36%	57%
散播有關性的流傳	34%	42%
用力拉扯衣服	28%	38%
展示或強迫接受性器官	34%	31%
在公眾中有關他們的性的訊息	16%	20%

學生表示性騷擾的影響會讓他們不想去學校，不願和同學交談，增加注意或學習的困難，獲得較低的分數或甚至考慮要換學校；這特別是指年輕的男同性戀者和女同性戀者。事實上，在紐約已經建立了一個特別的高中——哈維牛奶高中（Harvey Milk School）——以收容曾被性騷擾的男同性戀和女同性戀者。在那裡，他們可以擁有自己的環境。

性騷擾的一些迷思

迷思：一些人歡迎性騷擾。

事實：這不可能會是真的，它不只是不受歡迎的，人們也不願受別人支配。

迷思：在技術上，只有女性會被性騷擾。

事實：雖然大部分性騷擾的案例是針對女性，但其實也可能是男人被性騷擾，或是女人被女人性騷擾。性騷擾通常的對象是男或女同性戀者，但是因為他們的情感取向，所以多半發生在小學校園中。

迷思：性騷擾是無害的玩笑。

事實：如果用神入的方式來看，將你自己擺到性騷擾的情境中，相信這個迷思很快就會止息。

迷思：最好處理性騷擾的方式就是忽視它的存在。

事實：這似乎不是個好方法；性騷擾似乎不會因為你的忽視而停止。在許多的案例中，忽視性騷擾可能會使其他的人也接受它。

迷思：根據性騷擾的行為來看，它可能是有意圖的。

事實：以人際上和合理的觀點來看，這不是真實的。一個行為構成性騷擾，必須判斷在行為的基本面上，而非其意圖

性。例如，福瑞得（Fred）可能認為它的性笑話是非常有趣的，且每個同事都很喜歡，所以他繼續說黃色笑話。但瑪琍亞（Maria）可能就認為這些笑話是具有攻擊性的（許多合理的專家會加上的：瑪琍亞是個講理的人或判定是個講理的人），則它就構成了性騷擾。

迷思：性騷擾並不是非法的。

事實：事實上，一九六四年的公民權利法案中，非法的性騷擾是指透過分別宗教、人種、膚色、來源國家或性別。而一九九一年的公民權利法案則視被騷擾的受害者有資格匯集傷害。

　　要決定是否受到性騷擾，Memory VanHyning（1993）認為你可以藉由回答以下的問題來幫助你客觀地而非情緒地解釋自己的情境。

1.這是真的嗎？這個行為看起來有沒有這個意思？
2.和工作有關嗎？這個行為和你做的一些事有關嗎？或者會影響你的工作方式？
3.你是否拒絕過這個行為？你有沒有清楚地拒絕這些別人給你而你不想要的行為？
4.訊息類型是否是不斷的？有沒有一直持續的訊息？

避免性騷擾行為

　　有三個方法可以避免性騷擾，也可以幫助你分別性騷擾的概念，並防止性騷擾的發生。

　　1.第一個方法是，是否別人在工作中並不喜歡你的性動

作、黃色故事或笑話，及有關性的手勢。

2.聆聽並檢視任何和性有關的討論的這些負面的反應
（例如，第六章）。當然，在過程中如果有疑問就問
問題，並使用觀點檢查技巧（第三章）。

3.避免去說或做你認為父母、配偶或小孩及可能在工作
中一起的那些人的攻擊性行為。

對於性騷擾該做什麼

當你相信你正遭受性騷擾，你覺得你可以做些什麼？以
下是一些在這個領域工作的學者所提供的方法（Petrocelli
and Repa, 1992; Bravo and Cassedy, 1992; Rubenstein,
1993）：

1.告訴施暴者。堅決地告訴他（她）你不歡迎這樣的行
為，並質疑這個攻擊性的行為。

2.搜集證據。也許從別人那裡也能證實一些相同的騷擾
經驗，或是一些具攻擊性的行為。

3.使用在組織中適當的管道。大部分的組織都有處理不
平牢騷的管道。這個步驟在大部分的案例中可以減緩
更進一步的騷擾。如果不行，你可以考慮更進一步的
作法。

4.申請有關處理申訴的組織或政府單位的幫助或是儘可
能的採取法律行動。

5.不要指責自己。許多類似的被虐待者，可能會指責自
己，認為你對騷擾有責任。然而，你也許會需要的是
從朋友或受過訓練的專家處獲得感情支持的治療。

型的簡介描述。如同身體虐待和攻擊其身體，言語虐待也攻擊和衰弱其自我形象。事實上，很多人會宣稱言語虐待比身體傷害更具傷害和更具有破壞性。在許多案例中，身體虐待更容易被發現。言語虐待更容易長時間的留下傷痕，有時甚至長達人的一生。在一份年齡從十九到六十四歲，共二百三十四個曾受傷的女性樣本的研究中，有一百五十九個人表示曾受言語虐待（在這份研究中，言語虐待的定義是嘲笑、嫉妒和虐待的威脅，婚姻的威脅，顯見的限制和財產的損害），顯示了言語虐待比身體虐待更多 (Follingstad et al.,1990)。

更多的研究發現，妻子在言語虐待中，特別是咒罵和攻擊別人的人格特質和能力，也經歷了較多的關係暴力 (Infante，Sabourin，Rudd，& Shannon，1990)

假如你在言語虐待關係中，很難感到好過，更應該對自我形象持正面的態度，或去感受自己的能力、成功或是價值。不論你自己的生理表徵，聰明的能力，專家般的技術或情緒的穩定性為何，你都很難在言語虐待關係中保持正面的自我形象。

二、覺察及與言語虐待搏鬥的問題

言語虐待是很難被察覺和抑制的。人們可能以處在言語虐待關係中而不自知；一個人可能可以輕易的指出不適合的感覺，或沒有發現這樣的感覺所帶給配偶負面批評的持續轟炸。舉一個不同的例子來說，配偶可能會在一段靜默之後，因擔心讓配偶感覺挫敗或不適合而拒絕表達他或她的感覺，或者是說「沒事」。但是，重複探究後就會發現潛藏的問題，一個慢慢浮現的問題，那就是敵意。「沒事，該死」，結果可能是使配偶輕易地相信，「我製造了一個以前不存在的問題」。

相同的，配偶在檢驗後可能會相信能支持表面證據的批評。這點最有可能發生在浪漫愛情的關係中，而這樣的批評也常被用

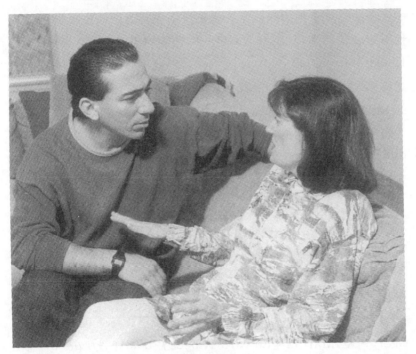

男人與女人使用不同的辱罵方式嗎？對辱罵也有不同的反應嗎？為什麼會有不同呢？

來說明愛情的背景和性別的吸引上。這樣的結果可能是「活該，她（他）愛我，所以就算不是真的，她（他）也不會批評我」。

　　另一個問題是言語虐待的控訴通常是否定並產生攻擊的結果。「只是因為我想安靜，我就必須被辱罵？你瘋了是不是？你在妄想？」無理的控訴心理狀態的不平衡指會輕易的引起另外一個問題；因為你引起了一個足以令你更安靜的議題。

　　還有一個問題，如同前面已舉的例子，言語虐待可能處理的只是平凡的問題。例如，買什麼口味的冰淇淋，當呆子或是完成一件毫無意義的事情的表情。例如一個被虐待的女人，給了如下

的例子：「如果他看見我當衛生紙快用完時就把衛生紙擺上去，他一定會沒看到，且認為這真是一件愚蠢的事情」（*Newsweek*，12 October，1992，92）。因為你認為此事是平凡的，就直接把這些事貼上「平凡」的標籤。其結果是造成歸因這些事是不重要的。然而，其隱含的意義是如之前所說過的，會超過了內容本身的意義，成為攻擊別人的自我概念，且包含了許多的言語虐待在內，因而忽略了在關係上言語虐待內容所隱含的意義所造成重要和潛在傷害的經驗。

三、處理言語虐待

也許處理任何煩人的人際行為的第一步是意識到問題的存在。你必須先瞭解它，也必須視其在你自己人際互動中的位置。在言語虐待的案例中，你必須能夠清楚的分辨每一個人，包括虐待者和被虐待者。當然，兩個人都可能同時是虐待者和被虐待者。George & Martha在Edward Albee的*"Who's Afraid of Virginia Woolf？"*中有一個關於一對夫婦的好例子是指出兩者是平等的虐待者和被虐待者。事實上，在言語虐待中沒有什麼定義上的相關性。

如同之前所說的，言語虐待經常被虐待者否認。這是由於虐待者特別容易採納防衛和否定（雖然不可能發生）的觀點，同時除了不易分辨彼此的關係之外，也是由於這個觀點是根深柢固的。要分辨究竟是配偶的錯，或者是因為你一般的傾向是找出問題來批判兩者之間的本末關係也是不容易的。一個有用的方法是尋求別人對此一問題的看法。如果他們對行為的解釋也是虐待的話，那就可能是真的。

第二步是在你自己的人際關係認明言語虐待行為的顯著結果。例如，是否經常的批評使你撤消並失敗地表達自己？或讓你不快樂？是否妨礙你嘗試新事物或妨礙擴充你的天份和能力。是

否因缺乏神入而產生自我懷疑？是否負面態度會使你消極？這不是一些可以坦率考慮的主題，但如果想要戰勝和釐清言語虐待的影響，則討論卻是基本的。

確實的察覺潛在的危險。與虐待者討論可能會帶來更大的虐待行為，甚至是身體的虐待，而無法引導一個理性的討論。因此你可以選擇一個可以安全討論的地方，例如一個有支持者隨時在旁的地方。

第三步才是去改變其行為。假設言語虐待類型不是分離的和被打擾過的心靈產物，那麼要改變這些行為必須可以證明不比改變其他行為更加困難才行。藉由本書的區別（尤其是第六章），創造和增加坦率、神入、支持、正面態度和平等的技巧就是有關的工具。相同的，有效的衝突解決技巧（第二十一章）和處理權利遊戲（第二十章）將可以有助於正視和徹底改變這些破壞性的行為類型。

如果言語虐待仍在繼續或如果你不斷受苦，或者你不能夠改變這些類型，你可能可以尋求專家的幫忙。大學學生服務人員應是一個可以利用的地區性資訊來源。當然，其他替代性的地方也可以終結這個關係。關於這個部分我們已經在第十八章討論過。

當然，有許多的人仍存在言語虐待的關係中，是許多為遭遇過的人所無法理解的。然而，卻有許多的理由使得這些人仍留在這樣的關係中（Johnson，1993）。例如，這些人可能會相信他或她能夠改變虐待者的行為，或者是對這種虐待是習以為常的。這些人也可能是因為害怕他或她小孩或自己的安危。而且，施虐者也並不總是在虐待，在大部分的關係互動中，可能是充滿了愛、神入和支持的。

成癮關係

如同在言語虐待一節中，伴隨的自我測試可以幫助你測試你是否已經在成癮關係中。

成癮關係的組成包括了極廣的關係範圍。它包含了一些廣泛不同的人際行為的嗜好。根據一個研究的看法，成癮是指「任何強迫發生，且限制個人慾望自由的習慣行為。它是由對特定事物慾望的依戀、折磨所組成」（May，1988）。注意成癮不同於強烈慾望或對某些事物的感覺。其主要分別的特質在於「自由」。在強烈慾望和感覺中，你仍然擁有自由表達和自由介入的權利。但在成癮關係中，你已失去自我控制的自由。

根據Anne Wilson Schaef（1990）的研究，成癮關係概念已帶來了廣泛的討論，並且他的理論模式使用在這裡，成癮關係可以總結成一些超過三個的嗜好：性、空想和關係。

如吸毒成癮、性癖好等都需要矯正。治療性癖好的方法是由性著手，確定這種治療是永遠且有效的。性癖好因對性的著迷已經高度地和普遍地引導他或她的人生。事實上，真正的親密並不能滿足他們，也不是他們想要的。再一次地，如同毒品一般，追逐性高潮主宰了一個人的生活。在健康的關係中，它應該是建立在有滿足感的性關係中（第十八章）；但在成癮關係的世界中，則是追求一種暫時滿足的性關係。

空想成癮是指活在自己建構的世界中，在此世界中，幻想多過於真實。一些空想成癮者更進一步有浪漫的幻想。對空想成癮者來說，「沈溺在求愛的樂趣中是最大的樂趣」；會在鮮花中、在燭光晚餐中，還有一段浪漫的旅程。正常來說，在非成癮關係中，這些浪漫的經驗被視為是真實親密的預備動作。而要終止空

你正在成癮關係中嗎？

簡介：用最符合你的行為關係的選擇來回答下列的問題。想想和你有特定關係的夥伴，如朋友、情侶或家族成員，並回答每個題目轉換成你和這些朋友的關係；其中「配偶」只是為了說明的方便。

1.當我對於我自己和我的關係誠實時，我比較願意相信：
　　A.我不能夠活著而不能夠沒有這段關係。
　　B.經過一段合理的復原時間之後，假如關係已破裂，我仍會感覺很好。

2.當我對於我自己和我的關係誠實時，我比較願意相信：
　　A.我真是一個沒有價值的人，有時連我自己都覺得驚奇為什麼配偶仍和我在一起。
　　B.我真是一個有價值的人，而且我的真是幸運能夠擁有我。

3.一般說來，我會考慮我的關係如同：
　　A.表現得很親密，實際上則缺乏親密。
　　B.持續擁有真實且深入的親密關係。

4.我有時會覺得我的關係是：
　　A.缺乏親密。
　　B.有意義的親密關係。

5.一般說來，我會表示：
　　A.我獨立於我的關係之外。
　　B.我依靠我的關係。

6.一般說來，我傾向於感覺：
　　A.對於目標一向腦袋清楚且正確。
　　B.糊塗且缺少焦點和清楚的思考。

7.一般說來，我關係的溝通是（有關我是誰，我像什麼和我在關係中想要什麼）：
　　A.太常不誠實了。
　　B.只有少數時候不誠實。

8.在我的關係中，我會：

A.小心注意給配偶的印象。

B.自動自發的行動；我感覺什麼就表現什麼。

9.每次超過時間（over time），我就會變得：

A.較少的要求並樂意贊許配偶。

B.較多的要求並不樂意贊許配偶。

10.一般說來，我願意顯示我的關係特點如同：

A.他人取向（關注其他人）。

B.以自我為中心（關注自己）。

評分：這份測試是源自於成癮現象的文獻和成癮關係（Schaef，1986，1990；Beattie，1987）。也是由人際效果的特點組織而成，有關自信、直接、表達的、互動處理和他人取向等由實用模式發展而來的（Spitzberg and Hecht，1984）。關於這個部份，我們在第六章有詳細的討論。回答可以指出如下的成癮關係。

回答 A 的有：

1.問題 1 和 2（表示缺少自信和自尊）。

2.問題 3 和 4（表示缺少真正或直接的親密，即使是已有具體的親密形象）。

3.問題 7 和 8（表示缺少表達、無力、不願意或甚至害怕真誠和誠實的表達）。

回答 B 的有：

4.問題 5 和 6（表示缺少互動處理的技巧，無力處理相互滿意的關係和發展從屬的關係）。

5.問題 9 和 10（這些回答表示缺乏他人取向，只關心自己；不過相反的是有關成癮關係的陳述。例如個人把焦點完全放在配偶身上而不在自己身上。只專注在自己或配偶身上，而從健康與否來分辨這個關係）。

在言語虐待的自我測驗中，它可以有助於你和你的配偶的討論。例如，你可以要求你的配偶也回答相同的問題。然而，我們也必須指出這麼做的危險性。假如你的配偶有暴力傾向，當你們一起面對這種資訊的形式時，你可能必須選擇不與他討論，至少不在沒有他人的情況下為之。

想成癮，只有靠他們自己。

　　很多的關係成癮者會沈溺在一段關係的念頭上。如許多人已經在談戀愛中卻仍追求再一次戀愛的念頭，並試著成為一段關係。他們變得被擁有一段關係所困擾，形成擁有固定的伴侶或愛人，結婚或已經是父母的關係。其他的關係成癮者也和關係同伴沈迷在特定的關係中。他們所思考的任何事或做任何事都在這個人的身上圍繞，他們也會為了維持關係而做任何事。

　　然而，成癮關係可能包括如下的任何或是所有的類型。基本上，他們是藉由性、空想和關係本身，使你如此的專注和著迷，以致喪失自己的獨立性。你會變得完全專注在嗜好上，而忘了要自我成長和自我發展。你的成癮關係已經變得比你自己還重要了。如果你小心地注意成癮關係者的行為，你會發現他們缺少實用或行為模式（第六章）中所指的，處理成癮關係中自信、直接、互動處理、能表達和他人取向等的人際效果特質。

·處理成癮關係

　　根據Schaef（1990）的定義，成癮關係是「我們社會的規範。我們已經被成癮關係附著的行為攪亂了對真愛的定義」。如果你的關係看起來已成癮，以及假如你對這段關係並不開心，以下有幾個步驟可以幫助你增強我們前面提到的人際效果模式中的五個特質；他們都必須一起去做，改變其中任何一個都會影響其它的。因此，舉個例子來說，當你發展自信，你就可能會減少控制你給別人印象的需要。不過，你將會變得更有自信讓別人看見真正的你。

　　這個建議如果是完整的，將會要求一個人接受廣泛的重新訓練，也許包括專業顧問或治療師的輔助。不要懷疑本書中這短短的篇章提供了足以改變終身的行為類型。這裡的討論指出了在行為上獲取不同觀點的方法，瞭解你的關係行為的方法和他們會如

何的影響你。

　　首先，應發展你自己的自信與自尊。大部分的人在成癮關係中都缺乏自信，但最基本的卻是應該建立自信。一位研究者指出，「爲了感覺更好，我們應該學習如何愛我們自己，並保持自己的自尊」。這個滿足的感覺是自我尊敬和自我接受的副產品（Peabody，1989）。利用自我肯定來成長，循序漸進以追求成功，並且瞭解和確信你不一定要每件事都要被愛或要成功，只要自己在自尊層面去討論（第七章），這些才是好的開始。

　　再者，分辨假親密關係和眞親密關係的差別，並試著去瞭解爲什麼假親密關係可以比眞親密關係更能令你感到舒服也是很重要的。

　　假親密關係是只有親密的表現而已；它看起來像親密關係，但卻沒有眞誠的感覺交換，沒有自我的眞愛和其他許多眞正親密關係的特質。性、浪漫幻想和關係成癮都相當不同於愛和親密。害怕親密的關係似乎只會減低你發展較大的自信。

　　第三，建構你的關係行爲以使你和你的配偶都能同感滿足。如果你只是一再的放棄自己的需要，而去滿足配偶的需要，那麼你們將不能享有互惠的原則來處理你們的互動。除此之外，你正在創造一段試著去控制對方行爲和保留自己的行爲的關係（雖然這是透過幸福和滿足來建構），但這麼做其實你只是在消耗自己。在這種情況下，有兩種事情可能發生：一個是你把配偶訓練成只有透過你，或是把她或他的需要擺到你面前時才能達到滿足。一個是你變成容易怨恨，因爲你自己的需要永遠達不到。

　　平衡他人取向及自我取向之間，並將之涵化入內心之中。眞正的滿足是雙方都能夠滿足。因爲許多人都是以自我爲中心，所以他人取向就特別重要，而且多關注別人也可以抵抗這種傾向。顯然的，你的主要工作是照顧好你自己，而第二個工作就是照顧好你跟配偶的關係。

第五，涵化表達的能力。和自己談談也和配偶談一談。Mel-
ody Beattie（1987），一個在相互依賴和成癮關係領域中的領袖
人物就建議你：「感覺自己的感受」。你的感覺對於瞭解一般的
自己，及在特定情況下有任何成癮的傾向是非常重要的。

　　成癮關係的一個主要問題是，這個關係和問題從來不被公開
的討論（相同的還有相互依賴、疾病溝通、酒精中毒或吸毒成癮
等都不被允許討論）。例如，我們都知道父親喝太多酒了，但沒
有人會談到這件事。然而，如果你的成癮關係要改變，那麼就必
須要討論它。但仍不厭其煩要提醒的是，如果你的配偶的心理狀
態仍未考慮這個議題前，小心而坦率的討論可能會製造潛在的危
險。

　　接下來我們來討論有關正確溝通感覺的幾個干擾因素。以下
幾個是你必須知道的：

(1)社會規範。如果你是在美國長大，你一定知道許多人以皺
　　眉來表示情緒，尤其是男人。當代的傳播研究顯示，男人
　　比女人較少使用語言或非語文的方式來表達情緒。所以你
　　應該要知道，對男人來說，有許多文化負面的因素要求男
　　人不要坦率的表達情緒。

(2)害怕使自己受傷害。情緒的表達易暴露自己的弱點，使自
　　己被別人攻擊。表露自己也害怕因別人的漠不關心和遲鈍
　　感覺所傷害。所以害怕自己受傷害（不論是真的或是偽裝
　　的）常會阻礙情緒的表達。

(3)拒絕。拒絕對自己和別人承認自己有情緒是一種文化教育
　　我們處理情緒的方式。但當我們想要忽視它的時候，它卻
　　依然存在。

(4)不適當的溝通能力。也許對情緒有效傳播的最重要干擾因
　　素是缺乏溝通的能力。治療的方法和技巧都在本章之中。

你能區別有建設性的浪漫關
係和耽溺的浪漫關係之間的
不同嗎？你能從文學或報紙
中舉出耽溺的關係的例子
嗎？

在溝通你的感覺時，考慮如下包含的因素，不用去考慮它們
看起來是否適當：

(1)描述你的感覺；不要去測試它們：「我感到生氣」、「我
　　受到傷害」、「我感到害怕」。

(2)描述你感覺的強度：「我生氣到想哭」。

(3)擁有自己的感覺，並對它負責。使用我──訊息，避免使
　　用你──訊息，特別是在用自己的感覺去指責別人時。

(4)描述任何能影響或刺激你去做的感覺：「當我認為我沒有
　　屬於我自己的朋友時，我真的感到生氣。」

(5)描述任何你想聽到再去做的事：「我也有一個晚上想出
　　去」，「我需要你支持我回到學校以獲得學位」。

摘要		
機能障礙關係	言語虐待	成癮關係
會毀滅一個人或是兩個個體之間的關係。	此種機能障礙關係的特質是一種持續攻擊別人自我概念或自尊的類型，其傳播是透過 ・封閉的 ・非神入的 ・非支持性的 ・負面的 ・非平等的	此種機能障礙係是指一個人被性、浪漫等關係本身纏住，以致認為自己是不重要的。其傳播的特質是： ・缺乏自信 ・不善表達 ・不能處理相互的滿足感 ・幾乎只關注自己

第二十三章
朋友和愛人

單元目標

待看完此一章後，你應該可以：

1. 定義友誼及其三種類型。
2. 辨認友誼發展的三個階段及顯示每個階段溝通的特質。
3. 描述在友誼中性別的差異。
4. 定義愛的主要構成要素。
5. 定義ludus、Storge、Mania、Pragma、Eros 和 Agape。
6. 描述在愛情中性別的差異。

在所有的人際關係中，毫無疑問的，朋友、愛人和家庭是最重要的。在這一章中我們涵蓋了朋友、愛人和家庭。在一章中，將朋友和愛人放在一起似乎是適合的，因為人們視愛是從友誼中很自然的一種進展，兩種關係也都具有許多相同的功能，如減少孤獨帶來興奮和安全。

朋　友

友誼已引起詩人、小說家、藝術家等人的注意和想像。我們最具影響力的大眾媒介——電視中，友誼已變成和浪漫的搭擋同等重要的劇情。友誼現在已吸引部分人際傳播研究者的注意，**表23-1** 顯示了一些發現可闡釋上述部分的主題。在此表中，必須考慮這些結果為何被獲得及有何意涵是他們所要發展、維持及彌補。在你的生活中，你會遇到許多人，但在這麼多人中，你只會發展出少數的關係，你可稱其為友誼，雖然只有形成少數的友誼，但他們卻是很重要的。

一、友誼的本質

友誼是一種在個人之中，有默契地產生及相互尊重的一種人際關係。友誼是一種人與人之間的關係，溝通互動必須發生在人之中，更進一步說，人際關係涉及了一種對個人的關注（Wright，1978，1984）。朋友對別人的反應視為一完整的個人，是一獨特的、真誠的、不能替代的個體。

友誼必須是相互而來的，因此強調他們不能被自己或他人所破壞，一旦破壞進入這種關係之中，它便不再被稱作友誼。愛情關係、婚姻關係、父子關係及所有可能的關係都是不可被破壞或生產的，但友誼卻會提高每個人的潛能，並且友誼是可以多產的。

表 23-1　關於在友誼之研究發現的萃選

1. 年輕的單身女性較年輕已婚的男性更常和他的朋友碰面（Farrell and Rosenberg，1981）。
2. 女性在其友誼中較男性更善於表達，男性談論的話題關於商業、政治、運動，女性則喜歡談論感情和關係方面的議題（Fox，and Auerbach，1985）。
3. 當女性被問及在其友誼中獲得最重要的利益；對話是被強調的並包括以一種支持的方式傾訴，增加自信的感覺及確認他們的經驗（Johnson，and Aries，1983）。
4. 男性和女性在對朋友的人際關係的特性之排列是沒有差異的（Albert and Moss，1990）。
5. 人格的相似在選擇朋友中，並不是一強烈的基礎。但需求和信仰的相似人性則有發現（Henderson and Furnhan，1982）。朋友間擁有不同的態度為新近的友誼喜歡，然而，建立相似態度的友誼是被喜歡的（McCarthy and Durk，1976）。
6. 大學生的朋友平均數目大約為 2.88 至 9.1；對老人來說，其平均為 1 與 12.2（Adams，1987）。

友誼是對雙方相互尊重的，如果我們要稱他為朋友，喜歡他是最基本的。朋友的三種主要特性：真誠、情感上的支持，及分享彼此間的共同興趣（Blieszner & Adams，1992）可測試這種尊重。

在北美的友誼是一種選擇，你選擇（在限制中）誰是你的朋友，城市的密度、溝通的容易及流動遷徙，讓友誼成為自發的、可選擇的，但在世界上的許多地方——距離都市中心幾哩遠的小村落，那裡是人們出生、居住、死亡，不須冒險的地方，在此，你可容易地和你村落中的人建構關係。在這裡，你不須選擇特定的人互動交往而去忽略某些人，你必須和社區的成員互動並構築關係，因為這些人是你唯一可接觸的。

㈠友誼的描述

友誼還可以進一步藉由分辨任一種友誼關係的特性來定義

(Davis，1985)：

- 樂趣：朋友可從彼此的社交活動得到樂趣。
- 接受：朋友間要彼此接受，朋友不可試圖改變朋友變成另一個人。
- 相互幫助：朋友間互相幫助與支持。
- 告知秘密：朋友間應分享彼此間的情感與經驗。
- 瞭解：朋友瞭解什麼是重要的及為什麼朋友會有如此的行為，朋友是他們朋友的行為與情感的預測者。
- 信任：朋友應互相信任。
- 尊重：朋友應互相尊重，一個人應假設另一個人可在做決定時有好的判斷。
- 自發的動作：朋友不必自我監控，朋友應自然的表達他們的情感，不要擔心他們的表達會對其友誼造成不利。

Goethe以諒解定義友誼：

這個世界是如此空寂
如果人們只想到山、河流與
城市，但如果知道有一個人
他會想和我一同思考及感覺
且某個人，也許在遠方
心靈上卻和我相近
這會讓地球對我而言
是一可棲息的園地

(二)友誼的三種類型

並非所有的友誼都是相同的，但是他們如何不同？回答這個問題的一種方法是透過分辨友誼的三種主要類型：互惠、接納（理解）和聯合結交。

表 23-2　最常提到有關朋友的特質

朋友的特質	回答的比率
保持信心	89%
忠誠	88
熱情的	82
扶持的	76
坦然的	75
幽默	74
願意花時間在你身上	62
獨立	61
是個聊天的好對象	59
聰明	57

　　互惠的友誼是理想的類型，其特徵是忠貞、自我犧牲、交互影響和慷慨。互惠的友誼是建立在平等上：每個個體在利益互惠上達成這種關係平等的分享。接納性的友誼在對照上，在施與受上不平衡：一個人是主要的給與者，另一個則是主要的接受者，然而這種不平衡是絕對的，因為其中一個人從這種關係裡獲得某些東西。這兩種的不同需要，獲得的一方和失去的一方的感情是滿意的，這種友誼可能發生在老師和學生或醫生和病人之中。事實上，在地位上的不同是發展接納性友誼的要點。聯合結交的友誼是短暫的一種，它可以被描寫當成一種友善的關係，並非一種真正的友誼。聯合結交的友誼是我們常常和同班同學、鄰居或同事的種類。它沒有偉大的忠貞、沒有大的信任、沒有重要的施與受，聯合結交是友好的但不是熱切的。友誼的定義和類型可以被看出在被要求認同他們覺得朋友是最重要的特點的人的反應裡。這些反應在**表 23-2** 被提出，是得自 *"Psychology Today"* 自四萬個回答中調查的（Parlee，1919）。當你檢查這表單，你將發現這些特質的每一項和剛被描述的友誼的類型做相配是容易的。

表 23-3　十種最常被定義和朋友分享的活動

1. 一種親密的談話。
2. 有一朋友要求你爲他／她做某一件事。
3. 一起到餐廳用餐。
4. 要求朋友爲你做某些事。
5. 在家或朋友家中一起用餐。
6. 一起去看電影、遊玩或音樂會。
7. 一起去喝酒。
8. 購物。
9. 運動。
10. 觀看運動。

二、友誼的需要

在 *"Psychology Today"* 的調查中，這四萬份從廣泛數目的回答，他們和朋友的分享超過先前的幾個題目內容所涵蓋。**表 23-3** 中提到的十個活動幾乎時常被這些回答提到。當可以從表單鑑別時，友誼可以視爲提供相同的需求，也就是所有關係可以提供的（減少無止境的寂寞，以刺激爲條件，和激發自我知識）。

你發展或繼續友誼去滿足那些只能被某些人滿足的需要，以你的經驗或語言爲基礎，你選擇當朋友的那些人都是能滿足你基本增長需求的，選擇朋友在基本需求滿足上和選擇一個配偶、員工或任何一個可以在某一地位上滿足你需求的人是相似的。因此，舉例而言，假如你需要當受注意的中心或受歡迎，你可能選擇可以允准你，甚至可以激勵你去當中心的朋友，或那些口頭上或非口頭上表示「你是受歡迎的」的朋友。

當你的需求改變，你看待友誼的特質也會改變，在許多例子中，老朋友會從你的核心跳出，並由新朋友或一些能滿足他需求的替代者來補充你的需求。

我們可以以五種價值與報酬代表我們透過友誼所要尋求的：

(1)朋友有其功利的價值：一個朋友或許有其特殊的才能、技術及資源，而那對我們是有用的，可成就我們某些目的或需求。例如，我們可以和某些人成為朋友，他可以幫助我們得高分，解決個人問題或找到一個好工作。

(2)朋友有確認價值：一個朋友的行為就像一面鏡子，可幫我們看出我們的個人價值，並幫助我們確認我們的屬性。例如，一個朋友也許可以更清楚的看到我們的領導能力、運動能力或幽默感。

(3)朋友有自我支持的價值：被以一種支持的、鼓勵及幫助的態度肯定，朋友可幫助我們檢視自己是一個有用的、稱職的人。

(4)朋友有刺激的價值：朋友可以介紹新觀念及新的觀點給我們，或幫助我們開展世界觀，朋友可以帶我們和不熟悉的議題、概念和經驗相接觸，如現代藝術、外國文化、新的食物。

(5)朋友有安全的價值：朋友不會傷害另一個人，或強調另一個人的缺點，因為這種安全的價值，朋友可以自由地公開地互動，不必擔心背叛或負面的回應。

三、在友誼發展中的階段和溝通力

友誼在階段的發展是超過時間的，有時友誼的最後是陌生人，或兩人剛碰面反而成為親密的朋友。這些極端到底是怎麼一回事？

當你從最初的階段進展到親密的友誼，溝通的深度與廣度都會增加（見第十七章），你所談論的議題會越來越接近核心，相同的，溝通主題的數目會增加，就如同友誼變得更親密，當深度

和廣度增加，你從友誼所得到的滿意也會增加。

　　前面（第十六章）在關係中，變動的緊張概念已被探討過，它指出了在其之中有緊張性，像自主和聯結成為一體的需求，也必須和他人連結。人際研究者William Rawlins（1983）爭議著，友誼也可藉由動態的緊張關係而定義，在之中的一種緊張關係，如去開啓或揭露人思考與感覺的動力。另一方面是藉由不要揭露個人資訊來保護自己的動力，同樣的，有一種介於開放的與率直的對朋友並謹慎的緊張關係，這種矛盾更清楚的指出了友誼並不只是遵循一種途徑，甚至更公開或坦白，這並不是說公開或坦白不能增進你從最初的友誼發展到更親密的友誼。它是可以的，但這模式並不是遵循一筆直的途徑，在友誼的發展過程中，有一些緊張關係會定期地限制公開和坦白。

　　接下來將探討友誼發展的三種階段，伴隨前面（第六章）所提及十種有效的人際溝通之特性，在此的假設是說指當友誼從最初的接觸及認識，經過非正式的友誼進展到親密的友誼，其有效的人際溝通特點就會增加，無論如何，並無假設指出親密的友誼是必要的類型，或者他們就比非正式或暫時的關係更好，其實，我們需要各種類型。

㈠**最初的接觸和相識**

　　友誼發展的第一階段很明顯的是最初的見面，這並不表示先遇到所發生的是不重要的——正好相反。事實上，你與他人友誼之前的歷史，你的個人需求及你對友誼發展的準備在決定關係的發展上是非常重要的。

　　在最早的階段，有效的人際溝通通常只是一小部分，你是看守，而不是公開或會表達的，如果你揭露自己各方面可能會有負面影響，因為你尚不知道另一個人，你的能力或自我對他人是有限的，而這種關係——在此一階段至少是短暫的——因為另一個人對你而言，尚不是非常瞭解、支持、正面、平等都很難顯現這

種特質。在此階段少有眞誠，人們視自己是非分離的，而不是一個單位，這自信可能是個人人格的一種功能，更甚於這種關係的功能，因爲這種關係是新的，而且因爲人們對彼此都不是很瞭解，其互動是尷尬的，像冗長的沈默、討論不確定的主題，談論者和傾訴者的互換。

(二)非正式的友誼

在第二階段中，則存暫一個二元的意識，有一清楚的「我們」的感覺是一起的，在此一階段中你參與活動是一單元而不是分離的個體，一個非正式的朋友是指有一個人，我們可以和他一起去看電影、一起坐在自助餐廳或課堂中，或一起從學校騎車回家。在此非正式友誼的階段中，有效的人際溝通特質開始變得更清楚，你開始公開的表達自己，並對另一個人的表白感興趣，對於他／她的溝通，你開始擁有自己的感情、思考及反應，因爲你開始瞭解這個人，你強調和展示有意義的他人取向，在對他人或相互的溝通情況下，你也展示支持並發展一眞誠的、正面的態度，當你學習這個人的需求，你可以更有效率的撫慰。在此階段中，兩人的互動是對等的，你可以用自信的、合適的眼神去接觸，亦即用彈性的肢體語言來溝通。

(三)親密的友誼

在此親密的友誼階段中，有一種非正式友誼的強化，你和你的朋友看待彼此爲唯一具有排他的因素產生，而你們每個在親密友誼中可得到更大的利益（如感情支持）（Hays，1989）。

因爲你們更瞭解彼此（像你更知道另一個人的價值、意見、態度），你們對對方的不確定感會降低。你們更可以正確的預測他人的行爲，這種知識只會讓互動變得更有意義，相同的，你可以更正確的解釋他人的非語言訊息，並利用這種訊息來引導你的互動——避免在特定時間的特定主題或在面部表達的基礎上提供安慰。

在此階段中，你可以交換情感的訊息，包括表達對他人的喜歡、愛與關心，公開和表達是較明確的。你可以變得更他人的取向，並願意爲他人犧牲，你可以爲這朋友的利益而超出自己的原則，同樣的，你的朋友也會這麼爲你做。你重視並會與其交換觀點，而且你希望你的朋友也會重視你，以一種正面的、眞誠的感情來對朋友，你的支持與撫慰變成自發的，因爲你視自己爲唯一排外的個體，平等和直接是清楚的證據，你視這個朋友爲生命中重要的人，衝突——在所有親密關係中——不可避免的變成很重要可運作和解決的方式。

你願意公開地、自信地對這個人回答並擁有你的感情及思考。你的支持及積極是你對這個人的感覺所做的眞誠的表達。每個人在親密友誼中是平常的，彼此可以是創始的、積極的、消極的。每個人可以是說話的人或傾訴的人。

㈣友誼中性別的差異

也許最好的發現——已在我們對自我表白的討論中註明過——就是女性比男性更善於自我表白。這種差異在男性及女性的友誼中也有。男性朋友較女性朋友不常自我表白及較少有親密的說話內容。

女性較男性更常和其朋友擁有情感上的行爲（Hays，1989）。Hays指出這種差異還可解釋爲男性在最初及維持親密友誼中會有較大的困難，女性則有較多非正式的溝通，她們也較男性更常和她們的朋友分享較多的親密與信任、溝通，在所有形式和功能中，似乎是女性友誼中比較重要的層面。

當男性和女性被要求評估他們的友誼，女性評估她們的同性友誼在一般的品質、親密度、樂趣與自然中比男性高。男性，相反的，在評估他們同性的友誼在品質、樂趣和滋養中比男性高，而男性和女性在評估他們對異性的朋友的親密度上則是相似的。這種差異有可能是：我們的社會對男性友誼的猜疑，也就是較不

允許男性和另一男人有親密的關係。

　　男性的友誼通常建立在共享的活動中，參加球賽、玩牌、在公司規劃音樂，而女性的友誼則是建立在情感的分享、支持及個人主義上。在相同的地位，在不舒適的情境中保護自己朋友的意願，在學術上的精通，甚至在玩密碼的熟練都和男性—男性朋友之間的關係有關，但不是女性對女性或男性對女性的朋友（Griffin & Sparks，1990）。也許對男性而言，這種相似性是一種規範，但不是對女性或異性的友誼。

　　男性和女性發展成或維持其友誼的方法在幾年後會改變，也許會有更大的差異或者相似性會增加，同時，在目前性別的差異的研究中，我們不可誇大這些差異並小心看待這些差異，彷彿他們是非常重要的，好像友誼研究者Paul Wright（1988）所說：避免刻板印象造成錯誤。

　　更進一步來說，友誼研究學者警告，當我們發現差異，這些理由對他們都不是清楚的（Blieszner & Adams，1992）。在此發現中有一有趣的例子就是，中年男子較中年女子擁有較多的朋友，且女性擁有較多親密的朋友（Fischer & Oliker，1983）。但這是為什麼？男性有較多朋友是因為他們比女性更友善，或是因為他們有更多的機會來發展他們的友誼？女性擁有較多親密的朋友是因為她們有較多機會追求這樣的友誼，或是因為她有較好的心理能力？

情　人

　　在所有人際關係特質中，沒有一個像愛那麼重要，「我們都是因為愛而出生」，著名的英國首相Disraeli如是說，「這是一種生存的原則」。它也是一種人際關係的發展、維持，而有時會由

溝通而破壞。

一、愛的本質

　　許多研究致力於分辨愛的構成要素，是什麼構成愛的經驗？
何者是最重要的？這裡有兩個很合理的解釋。首先，在美國來說
它應該是你愛某人墜入愛河並和自己所選擇的人結婚。在其他地
方，浪漫的關係和婚姻仍是被安排的，在印度的某些地方，小孩
通常在六或七歲左右結婚，也許這是家庭與家庭間維繫或使其更
強大的方式，很有趣的是，在印度，這些透過安排而結婚的人，
和自己選擇而結婚的人，經過五年之後，前者對愛的強度大於後
者（Gupta & Singh，1982；Moghaddam，Taylor,& Wright，
1993）。

㈠情感與專心

　　Keith Davis（1985）分辨兩種行為的集群：情感集群與關
心集群：

> (1)情感集群包括魅力（情人彼此之間的專注）、排他（相互
> 的約定），和對性的情慾（他們想接觸的慾望）。
> (2)關心集群包括給予最多（為情人犧牲）與對情人的支持
> （由對情人的興趣與成功的支持可知）。

㈡親密、情感與承諾

　　Robert Sternberg（1986，1988）提出三種構成要素：親
密、情感與承諾：

> (1)親密（和Davis的關心集群相呼應）：是愛的情感方面，
> 包括分享、溝通和相互支持，是一種接近與連結的感覺。
> (2)情感是動機的方面（和情感集群相呼應）且包括身體的吸
> 引和浪漫的情慾。

(3)承諾（和關心集群相呼應）：是認知的方面，包括對情人
　　所做的決定。

　　當你有一關係只是親密的，你擁有的是一喜歡的關係，當你
只有情感，你擁有的是一種魅力的關係，當你只有承諾，你擁有
的是空虛的愛情。當你擁有三種特質，且程度都相同，你所擁有
的是一份完全的愛。

二、愛的種類

　　當我們要考慮愛的種類，你可能要自我測試「你是哪一種類
型的情人」。

㈠Eros（浪漫式）：美麗與性愛

　　像Narcissus（希臘神話中的美少年），他和他自己的影子
相戀，這種愛情強調的是美麗與身體上的吸引，就像Narcissus這
種愛有時是種對美麗理想的意象，其在真實中是很難得到的，所
以，這種愛通常是未能實現的。

㈡Ludus（逸樂式）：娛樂與樂趣

　　這種類型的人視愛情為遊戲，他們認為愛情是有趣的，可以
像玩遊戲一般，他／她越能玩這個遊戲，越多的愛可以享受，對
這類型的而言，愛情並不被認為是很認真的，他們是自我控制的，
這種情人會意識到管理愛情的需求而不是允許它去控制她／他。
這種情人和男女朋友在一起的時間在於他／她是有趣的，當這個
樂趣消失時，就是要換男女朋友的時候了。他們常換男女朋友，
也許是因為他們視愛情如遊戲。性的貞節並不是最重要的，他們
希望她或他的男女朋友也擁有（也許在未來）有其他男女朋友，
而在他們的關係中，若偶然發生也不要難過。

㈢Storge（長跑式）：和平與緩慢

　　就像Ludus、Storge（希臘神話中的人名）缺少情感和強

你是哪一種類型的情人？

簡介：以下的各種敘述，如果你相信此敘述，認爲那是你對愛的正確態度，你回答「對」，反之則答「錯」。

_____1.我的情人和我都有身體的主權。

_____2.我覺得我的情人和我對彼此都是有意義。

_____3.我的情人和我互相瞭解。

_____4.我的情人符合我的理想標準。

_____5.對於我對情人的承諾，我試著對我的他或她保持一些不確定感。

_____6.我相信我的情人不知道我不會傷售他。

_____7.我的情人如果知道有些事我已和別人做過，他或她會很難過。

_____8.當我的情人對我過於依賴，我會有一點反彈。

_____9.一定要真誠，我們的愛要首先關心。

_____10.我希望和我的情人永遠是朋友。

_____11.我們的愛是一種很深刻的友誼，不是一種虛構的情緒。

_____12.我們的愛是最令人滿意的，因爲它是從一良好的友進發展而來。

_____13.在選擇我的情人時，我相信以一相同的背景去愛一個人最好的。

_____14.在選擇情人的一個主要因素就是考慮他／她對我的家庭如何反應。

_____15.在選擇伴侶的一個重要因素即是她／他有良好的父母。

_____16.在選擇情人時，須考慮他／她對我的職業的反應。

_____17.的情人和我有什麼事不對勁時，我的胃很難過。

_____18.候我會因和我的情人相愛而感到非常的興奮，以致睡不著覺。

_____19.當我的情人不注意我時，我會感到痛苦。

_____20.如果我懷疑我的情人和其他人在一起，我便無法放鬆。

度,這類型的人和他們認識的人會建立一種友善的關係,可以分享興趣和活動,他們的愛是慢慢發生的,性在這類型的關係中發展得很慢,當它來時亦沒有很重要,這種情人的好處就是不必苦惱性的障礙。這類型的情人很少說「我愛你」或記起一些浪漫的過程,如第一次的約會,第一次孤獨的週末,第一次以語言表達對愛的感覺等。這種愛是一種明朗化的思考與感覺的漸進過程,這種改變看似緩慢且逐步發展,它通常很難正確的定義在任何時間點上的關係為何。

㈣Pargma(實際式):實際的和傳統的

　　這種情人是實際的,並尋求一種漸進的關係,這種情人需要適合且一種他們的需求及情慾可被滿足的關係,這種極端中,他們就好像一個人會寫下他們想要的人的特質,並去尋求符合的人。這種情人關係它男女朋友的社會資格尤甚於個人特質,像家

庭和背景對他們而言是很重要的。他所依賴的不是只有感情，他們會想結婚安定下來，他們視愛情是一有用的關係，可以使餘生過得更好，所以這種情人常常問：「這個人是否有好工作？」「這個人會煮飯嗎？」「這個人對我的事業會不會有幫助？」不必驚訝的，這種情人的關係很少變差，這可能是因爲這種人會仔細的挑選出他們的伴侶並強調其相似性，也許他們直覺的發現，一些實證已肯定的，相同的人之間的關係和那些相異性很大的人相比較不會破裂，另一個原因可能是這種情人有現實的期待。

㈤Mania（狂熱式）：**得意洋洋與意氣消沈**

這種類型特質是極端的，有高有低，有上有下，這種情人愛得很強烈，且同時間會強烈的擔心並害怕失去這份愛情，這種恐懼通常阻礙了他們從這種關係中得到的許多樂趣。這種愛是困擾的，這種情人必須完全擁有他所愛的人，同樣的，他也需要被擁有，被對方深深的愛慕著，自我的價值從被愛中而來，而不是從其他的滿足，因爲愛是重要的。在此關係中，危險的訊息常被忽略，這種人眞誠地相信，如果有愛，就沒有其他的事了。

㈥Agape（無私、博愛式）：**慈悲的與無私的**

Agape（希臘神話中的人名）是慈悲的、無私的、自我付出的愛。它是沒有理性的，也沒有歧視的。這種情人所愛的可能是和他或她沒有密切關係的，他會愛上路上的陌生人，事實上，他們是不會再相遇的。這是一種心靈上的愛，他們並不會期待所付出的愛有所回報。Jesus，Buddha，Gandhi便散佈這種愛。

這類型的人給他人他們所需的愛，甚至有許多困難或個人的困境，例如，如果一個人在愛的關係中，喜歡自由甚於和另一個人住在一起，這種情人便會離開。而他們也會希望這種新的關係是成功的。如果這帶給他們所愛的人不快樂，或痛苦，他們也會不快樂。

這種類型的人比較是一種哲學上的愛，而不是一種我們大部

愛與溝通

　　Herbert A. Otto，人類潛能改變的領袖之一，在"Love Today" (1972) 中指出，在愛情溝通中所做兩種似是而非的結論：(1)混亂與清楚；(2)增進清楚與瞭解。然而有些情人卻指出很難瞭解一個人的意思；不過許多人則指出，他們現在已可以瞭解他們伴侶。

愛的語文指標

　　我們傾向於誇大自己所愛的人的美德而縮小他或她的缺點，我們分享感情的經驗並溫柔地交談，以一種謙虛的方式，如「請」、「謝謝」及相似的語詞。我們常運用「人際溝通」這種類型的溝通，包括了我們要保密從他處傳來的秘密與訊息，只限於此特殊的關係中的 (Knapp, Ellis, & Williams, 1980)。研究者已研究「關係──特殊訊息」間的例子，其稱之為個人成語。而這些字、片語、與姿勢指為有特殊關係者在傳達意義時所使用 (Hopper, Knapp, & Scott, 1980)。當外界的人試圖使用這些個人成語時，其表達可能不適當，有時甚至是對隱私的侵犯。

　　研究者提供一些有趣的預測，在他們分析個人成語的基礎 (Hopper, Knapp, & Scott, 1980)，他們預測個人成語較常發生在當一對情侶希望強調關係的承諾與創造他們之間的結合之時；而當這種關係已經存在一段時間後，這種個人成語的運用就會減少。最後，當這些成語是在關係不好時被使用，這些成語可能是虛假的。

情人喜歡有意義的自我表白（第八章），和非情人或那些正面臨破碎邊緣的人相比，情人之間有更多肯定，較少不確定。情人也會高度注意什麼對他所愛的人是適合的，什是不適合的。他們知道如何報答，但也知道如何給對方懲罰。簡言之，情人知道怎麼做才可獲得喜歡的回應。

愛的非語文指標

　　我們已在電影中看過瘋狂的戀人凝視彼此的雙眼，這種表達集中眼部的接觸也許是最明顯的非語文指標。情人互相依靠著對方，縮小彼此身體的距離並阻止外在可能的干擾，這種身體上的接近（甚至是空間上的重疊）產生了情感上的接近。

　　戀愛中的人喜歡打扮自己，特別是和戀人碰面的時候。

　　情人的語言甚至有一種不同的聲音特質，有一些證明顯示，性興奮時會增加鼻子的黏膜，這種鼻子的特質會進入聲中，影響聲音（M. Davis, 1973）。

　　也許全部中最明顯的非語文行為是禁忌的消除，如抓手、剔牙、挖耳朵，更有趣的是，這些人通常在和情人達到一永久的關係後又恢復原狀。

　　情人間的接觸更頻繁也更親密，他們更常使用連結的信號。非語文姿勢顯示人們是一起的，如牽手、搭肩走路、親吻等。情人的穿著有時會相同，衣服的風格甚至顏色的挑選都比那些不是戀人的人相近。

　　情人如何和他所愛的人溝通？這裡有六種最常提到的方式，並伴隨受訪者對每項題目感覺百分比情形（Marston, Hecht, & Robers, 1987）。

如何溝通愛

愛的訊息	受訪者運用這些 訊息的百分比
面對面或在電話中告訴他「我愛你」	79%
為另一個人做特別（或傳統的）事，如 　送卡片或送花	49%
支持、瞭解，且對愛人是有吸引力的	43%
觸摸所愛的人—如牽手或擁抱	42%
在一起	31%
協調，把事情談開，合作	13%

分的人都可達到的。事實上，John Alan Lee（1973）指出，「很不幸地，我尚未見到任何應答者涉入，甚至是一短暫的愛情關係，而這種關係是我不用評定就可分類的，他是Agape的一例」。

　　每一種愛都可和另一種相結合而形成新的或不同的形勢，這六種，無論如何，分辨了愛情的主要類型並說明了任何一種愛情關係的複雜性。這六種方式對於不同的人需要不同的事，每個人以獨特的方式尋求滿足應更清楚。愛情對你可能是無生命的、瘋狂的或無聊的，但對別人而言，可能是理想的。同時，其他人在你尋求愛情中，也許會看見許多相同卻負面的特質。

　　愛情的改變：一種關係可能從Pragma開始發展至Ludus或Eros，一種關係可能從Erotic發展到Mania或Storge，人際傳播研究者Steve Duck（1986）視愛情為一發展的過程，有三個主要

的階段：

    (1)最初的吸引：Eros，Mania，Ludus。

    (2)Storge（當關係發展時）。

    (3)Pragma（當關係結合發展時）。

三、愛情中性別的差異

在我們的文化中，男女在愛情中的差異是很大的，在詩、小說與大眾媒體中，對男性和女性墜入愛河、被愛與結束戀愛的關係都被描寫得有很大的差異。在愛情中，女性通常被視為是完全投入的；然而男性則被認為，愛情對他們來說只是生活中的一部份。就像Lord Byron在 *"Don Juan"* 中提到的，男人的愛是男人生活中的一部份，卻是「女人的全部」；女人被描繪成是有感情的，男人則是富邏輯性的。女人被認為愛得很強烈，男人則是愛得不完全。

㈠愛情的程度

社會心理學家Zick Rubin（1973）透過使用問卷設計來調查愛情，其結果發現，男性和女性在戀愛經驗上有相似的程度。無論如何，女性在對待和他們同性的朋友上，較男性有更強烈的愛，這也許可以反映出在性別之間的一種真實差異。或者他可能是社會對男性限制的一種功能。男性並不被允許他把愛分給另一個男人，至少他會被視為是同性戀或者和他的同伴是不同的。女性在將她們的愛分給其他女性的時候，則被允許有較大的自由。男女在她們所喜歡的愛情類型上也是不同的（Hendrick et al., 1984）。例如，在前面所提及的愛情自我測驗中，男性在Erotic及Ludic的愛情類型中得分較高，然而女性在Manic，Pragmatic及Storgic的愛情類型中得分較高，至於在Agape的愛情類型上則無差異。

表達愛的方式會因文化、關係或人而有所不同，如果你需要離開你的愛人一
段時間，你會怎麼說？你會怎麼做？你希望對方跟你說什麼？

(二)浪漫的經驗與態度

女性通常較男性較早擁有第一次的浪漫經驗，對女性而言，
第一次被迷惑的平均年齡是13歲，男性是13.6歲。女性初戀的年齡
是17.1歲，男性是17.6歲（Kirkpatrick & Caplow，1945；Hen-
drick et al., 1984）。

和一般迷思相反的，研究發現，男性比女性更強調浪漫的感
覺（Kirkpatrick & Caplow，1945）。例如大學生會被問及以下
的問題：「如果一個男孩或女孩擁有你喜歡的特質，但是你並沒
有和他相戀，你會和他結婚嗎？」大約有三分之二的男性回答不
會。這似乎顯示出，許多人都很關心愛情與浪漫。不過，少於三
分之一的女性回答不會。更進一步來說，當男女被調查有關她們
對愛情的觀點時，不管是實際的或浪漫的，結果發現，已婚女性

較不浪漫（Knapp，1984）。近來的研究對男性比較浪漫的這個觀點更加確認。例如，男性較女性更相信一見鍾情，愛情是結婚的基礎、克服障礙的基礎，並深信她們的伴侶及關係會更美好（Sprecher & Metts，1989）。這種差異似乎增進了浪漫關係的發展，即男性變得更浪漫，女性變得比較不浪漫（Fengler，1974）。

四、浪漫的破碎

一般的迷思認為，愛情的破碎起因於男人的外遇，但是研究並不支持這個觀點。調查指出只有15％的男人認為，愛情的破碎是因為他們對另外的人有興趣。然而32％的女性卻覺得這是愛情破裂的原因。這個發現和他們伴侶的感覺是一致的。有30％的男人（但只有15％的女人）認為，他們的伴侶對其他人有興趣是愛情破裂的原因。最常被提到的原因就是，彼此間的興趣消失了：47％的男性及38％的女性認為這是破裂的原因（Blumstein & Schwartz，1983）。

從他們對破碎和浪漫的反應中，我們發現女性和男性有相同點也有不同點。例如女性和男性傾向回想較愉快的回憶，及重訪一些過去的地方。無論如何，男性對於以前的女友是比較具有幻想的，並且他們對於這種破裂關係的反應是比較不切實際的。

摘要	
友誼	愛情
定義：一種介於兩個人可以相互增進和相互尊重的人際關係。	定義：含有激情和關懷（K. Davis）及親密、戀情和承諾的感覺。
類型和目的 類型 ・互惠 ・接納（理解） ・聯合結交 目的 ・聯合價值 ・肯定價值 ・自我支持價值 ・刺激價值 ・安全價值	愛情類型 ・Eros：愛是訴諸五官和性愛 ・Ludus：愛如遊戲 ・Storge：愛是伴侶關係 ・Mamia：愛是著迷和擁有 ・Agape：愛是自我給予和利他的
性別差異 ・女性和女性之間分享較多的親密 ・男性的友誼是建立在活動的分享上	性別差異 ・男性在 erotic 和 ludic 兩種類型的愛情上得分較高；女性則在 manic、pragmatic 和 storgic 上得分較高 ・男性的浪漫主義比女性高

第二十四章
初級與家庭關係

單元目標

讀完這章以後，你應該能夠：

1. 定義家庭與初級關係。
2. 分辨所有初級關係中一般的五個特質。
3. 定義與辨別傳統的、獨立的和分離的關係。
4. 表現四六溝通模式以表現初級關係之特徵。
5. 描述與改善初級與家庭關係溝通的五個階段。

我們都曾經有一段時期是屬於家庭的一份子。某些我們的經歷曾是愉悅的、正面的，而且是值得回憶的。而其餘的也可能是令我們不悅或讓人憶起傷痛的。部分人際溝通模式的謊言會操作著家庭。這個單元的設計便是有關於如何使家庭互動更有效及更有利的理解，以提供最佳的認知。

初級關係與家庭：自然與人格

假使你必須為家庭下一定義，你可能會著重在一個家庭中包含的丈夫、妻子及一個或更多的小孩。當報告時，你可能要增加家庭中的許多親戚、兄弟姊妹、祖父母、伯父母等。但仍還有不同的關係存在於家庭之中。一個很明顯的例子是單親家庭。從一九九一年來的統計顯示，在美國超過六千七百萬的家庭中，有五千二百多萬個家庭是由兩個成人作主，一千一百七十萬是靠一個女人支持，而三百萬則是單靠一個男人支持。另外一個明顯的例子是同居。大部分的同居者像結過婚的人一般一起生活。這是絕對的性義務，在家庭中可能有小孩，它們可能一起分擔財物上的責任，分享彼此的時光、空間等。這種婚姻與傳統關係相對照，除了婚姻是由一個宗教組織、地域或是兩者皆有外，同居關係則取決於雙方的認同與否。

在《美國夫婦論》（*American Couples*）中，社會學家Philip Blumstein 和 Pepper Schwartz共同發表了如下的看法：儘管同居關係在現今的社會中只佔了所有一同居住在一起者（包括婚姻、未婚）中的約2－3.8%，但同居者數目卻在增加中。

一點點可以支持的證據是在所有一同居住的人當中，男性年齡在二十五歲以下者有增加的趨勢，佔所有居住者的7.4%。在瑞典這個性思想前衛的國家中，同居佔所有的同住者的12%。

另一個例子是以家庭夥伴居住在一起的男性和女性同性戀者。這些夫妻有許多的小孩是來自異性的組織，透過人工受精或收養。雖然正確的統計不一定很有把握，但是在男同性戀者和女同性戀者之間的人工受精似乎是比媒體所報導的更常見。研究發現證明，男同性戀和女同性戀者被報導的比例是70%，但有超過80%的男同性戀者更常被報導（佔所有數目中的4%到16%。此數據是根據這個研究所使用的定義）。總結先前的研究和發現，Blumstein 和 Schwartz（1983）指出，對同性戀者來說，它們有堅強的抱負，希望能在異性戀世界中組成同性戀家庭。

溝通的原則則適用在傳統的核心家庭（由父母和子女所組成的家庭）上和這些關係中。在以下的討論中，初級關係指的是介於夫婦、情人和家族成員兩個原則性團體之間的關係。而家庭的意思是指廣義的，包括了子女、親屬和其他重要他人之間的關係。**表 24-1** 提供了在家庭傳播研究中學者的定義。所有的初級關係和家庭都能夠進一步的以這些關係類型的各種特質來加以定義。

一、定義角色

初級關係的伴侶對於角色有很清楚的認知，每個人都被期待扮演和他人或其他關係有關的角色。每個人都可獲得文化和社會團體的規範，也都大概知道他或她自己的義務、職責、權利和責任。伴侶的角色可能包括了賺錢、煮飯、打掃家裡、照顧家庭及裝飾家裡，或是食物採買者、金錢管理者，甚至是木匠等等。

有時候，這些角色是共享的。不過，每個人還是都有他對特定工作及對其他人的主要責任。大部分的異性伴侶會將這些角色分開：男人是賺錢的人，也是維持家庭的人；而女人則是煮飯、照顧小孩還有理家的人。不過這些對高學歷還有高社經地位的人來說，就沒有那麼真實了，他們會改變傳統的角色分配。無論如何，在男同性戀與女同性戀當中，對男女刻板印象的角色描述已

表 24-1　家庭的定義

這裡有幾種家庭的定義是研究者在家庭溝通中所使用的。你可以發現很有趣的是它可能和你自己的定義是依樣的。然後，你可以和以下所陳述的相比較。哪些關係是你自己的定義中有的，但卻是這些定義中沒有的。哪些關係又是你自己定義中沒有的而這些定義中有的？

人通常會和其他的人以某種關係住在一起，但卻不是長久的，這是由婚姻或親戚關係所組成的。

　　　　——《家庭對話：家庭中的人際關係》（Beebe and Masterson , 1986）

在人的網絡中，人們會分享它們的生活；會因為婚姻、血統、承諾、合法或其他的關係而連結在一起。它們會認為它們自己是一個家庭，而且會分享對未來的期待。

　　　　——《家庭溝通：凝聚力與改變》（Galvin and Brommel , 1991）

一個親密的團體，他們會產生一種對家庭或對團體的認同感，會有強烈的忠誠與情感，而且會有過去與未來的經驗。

　　　　——《家庭關係中的溝通》（Noller and Fitzpatrick , 1993）

一個有組織、理性交換的團體，通常會佔據一個居住的地方，並且擁有一種對人際意向的匯集。

　　　　　　　　——《家庭中的溝通》（Pearson , 1993）

一個多產的社會系統至少包括了兩個相互依賴的個人。他們會藉由同樣的居住環境（同時間或不同時間）及相同的歷史而連結在一起。他們會與他人分享彼此的情感。

——《瞭解家庭溝通》(Yerby , Buerkel-Rothfuss and , Bochner ,1990)

不復見。心理學者Letitia Anne Peplau（1988）在他對研究文獻的解釋中指出，科學性的研究已經醫治且推翻了這種迷思。大部分的男同性戀關係並沒有順從傳統的男性和女性的角色。反之，角色的彈性和反串則是常見的模式。所以，對現今的同性戀者來說，傳統異性戀者的婚姻已不再是個具優越性的模式。

二、責任的認定

　　有些團體會視自己對其他團體有特定的義務和責任。在一個國家中的個人，並沒有相同的義務，就好像初級關係一樣，他們也有情感上的責任。當我們的伴侶受挫的時候，可以提供安慰，分享他們的快樂，感覺他們的痛苦，提高他們的情緒。每個人也都有暫時的義務就是要為他人保留時間。時間的共享對所有的關係而言似乎是重要的，雖然說每對情侶對這些的定義是不同的。

三、分享過去與未來

　　初級關係會有一個共享的過去及對未來的展望。對一個要變成初級關係的成員，一定有一些歷史，一些有意義過去的互動。這個互動可以讓成員彼此更瞭解對方，甚至更愛對方。同樣的，個人會視這種關係為一個有可能的未來，儘管研究者預測有一半目前剛進入第一次婚姻的伴侶會離婚（這個比例較第二次婚姻高）。在所有適婚年齡者中，46%有離婚的經驗。大部分的人在進入婚姻的關係中時都是很理想化的，至少認為是永恆的。

四、生活空間的分享

　　在我們的文化中，在初級人際關係中的人，通常會分享相同的生活空間。當生活空間不被分享的時候，這種情況通常被視為是不正常的或者是短暫的。甚至那些在重要時刻分開居住的人會認為分享彼此的空間是一種理想，而且事實上在某些時候還是會分享某些時刻的空間。在某些文化中，男女並不會分享相同的生活空間，女性可能和小孩住在一起，而男性則居住在公共的社區中。

關係的種類

　　雖然每種關係都是獨特的，但是還是有一些初級關係的種類可以被定義（Fitzpatrick，1983，1988；Noller & Fitzpatrick，1993）。這種類型是從一系列的研究而來，包括跨文化研究（Noller & Hiscock，1989），共有八個方面：

(1)傳統主義的意識型態：這個範圍的人所指的是他們相信傳統的性別角色。

(2)不確定性與善變的意識型態：這範圍是指不可預測的而且是容易改變的。

(3)分享：這個範圍的人會彼此分享他們的感覺並且善於自我表白。

(4)自主性：這個範圍的人指的是他們會保有自我。

(5)無法區別的空間：這個範圍的人指的是他們擁有自己的空間和隱私。

(6)暫時的規律性：這個範圍的人是一起運用他們的時間的。

(7)衝突的避免：個人會尋求避免衝突與對抗。

(8)自負：每個人都擁有他或她自己的權利。

　　從這個觀點，你可能希望檢視你自己對焦慮的關心和形式。如果你有一個理想的伴侶，你或許希望能讓他一起完成這個測驗，然後再比較你們回答的結果。

　　從一千對情侶對這八個方面的回答發現，有三種主要的關係類型是可以被分辨的：傳統的、分離的，與獨立的。

對關係的理解

簡介：依同意的程度，逐題回答以下 24 個敘述。如果你是非常同意，就圈「高」；如果你是還算同意，就圈「中」；如果你覺得只有一點同意，就圈「低」。從現在開始，不要考慮位於一欄右邊的不同立場，只須注意事實。注意在某些案例中都不只有兩面，如果你同意的出現了兩次，就都可以圈選。

（一）傳統的意識型態

1.女人應在婚後冠上夫姓。	高	中	低
2.我們的結婚紀念日對我我而言是非常重要的。	高	中	低
3.我認爲我們的社會在法律中和我們的慣例制度中恢復信仰。	高	中	低

（二）不確定性與善變的意識型態

4.在婚姻封閉不應該有任何限制或強迫他人自由。	高	中	低
5.理想的關係是新鮮的、幽默的和自發的。	高	中	低
6.在關係中，每個人都應該試著去建立屬於他自己最佳的節奏和時間表。	高	中	低

（三）分享

7.我們會告訴其他人我們有多愛他或關心他人。	高	中	低
8.當我感到情緒低落時，我的配偶會令我感到安心和舒服。。	高	中	低
9.我認爲我們比其他的夫婦擁有更多的樂趣。	高	中	低

（四）自主性

10.我有自己私密的空間（書房/工作台/工作房）。	高	中	低
11.我的配偶有他自己的工作空間。	高	中	低
12.我認爲一個人有一些他自己和別人分離的工作空間是一件重要的事。	高	中	低

（五）無法區別的空間

13.假和他或她出現在我的面前，我可以自由地打　　　高　中　低
　　斷他目前正專心從事的事。

14.我不用徵求配偶的允許就可以拆閱他的私人信　　　高　中　低
　　件。

15.我不用先知會我的配偶就可以邀請朋友到家裡。　　高　中　低

（六）暫時的規律性

16.我們每天都在相同的時間一起吃飯。　　　　　　高　中　低

17.在家裡，我們會保持公平規定的時間計劃。　　　高　中　低

18.我們每天提供相同的主餐。　　　　　　　　　　高　中　低

（七）衝突的避免

19.如果我能夠避免去爭論一些問題，這些問題就　　　高　中　低
　　會消失。

20.在我們的關係中，我認為製造衝突比避免衝突　　　高　中　低
　　更好。

21.為了避免傷害你的配偶，一個人最好隱藏他真　　　高　中　低
　　實的感覺。

（八）自負

22.我的配偶強迫我做一些我不想做的事。　　　　　高　中　低

23.我喜歡在朋友面前或公共場所爭論。　　　　　　高　中　低

24.我的配偶試圖說服我做一些我不想做的事。　　　高　中　低

評分：回答第一欄的是傳統的特質，回答此欄的數目顯示你同意和
近似於傳統的程度；回答第二欄的是獨立的特質；回答第三欄的是
分離的特質。

一、傳統的

　　傳統夫婦就如同這個詞彙所表示的，傳統有許多各種不同的方式，例如，他們分享一個基本的信仰體系和生活哲學，他們視他們倆個人如同一個整體而不是分離的個體；他們是互相依賴的，且他們相信爲了維持好的關係，個人的獨立性可以有所犧牲。傳統者相信，彼此的分享能夠減少分離。例如，他們花了許多的時間在一起吃飯、關心家庭；且最重要的是，視他們自己和對方是統一的。這樣的伴侶擁有傳統的性別角色，且很少會有角色衝突，很少權力上的鬥爭及衝突，是因爲每個人在關係當中都知道並且遵循著一個特定的角色。傳統者視他們的關係是永恆的，而且是容易適應的，他們很少考慮到分開或離婚。

　　在他們的溝通中，彼此之間都有高度的回應；他們彼此依靠對方，互相微笑、談天。雖然他們被要求彼此間要公開並且可以自由的表達弱點，但事實上，他們的自我表白大部分是正面多於負面的。

二、獨立的

　　和傳統者相反的，獨立的人強調他們的個體性。關係雖然是很重要的，但個人的一致性卻是更重要的。有強烈自我的感覺對他們而言是最基本的。這種關係的存在是爲了給予個體滿意。雖然他們花很多時間在一起，但他們卻不是儀式化的，例如有時間表。每個人都會花時間和外面的朋友在一起，獨立的視他們自己爲有兩種性別的特質的，就好像他們會結合了男性和女性的傳統特質。他們之間的溝通是有所回應的，雖然他們並不會完成彼此的對話，但是卻常會打斷別人的話。他們會公開地發生衝突，而且並不害怕。他們的表白是很廣泛的，而且是高度危險且負面的表白；而這是不會發生在傳統者身上的。獨立者視他們自己的關

係是很容易調整的。

三、分離的

　　分離的人居住在一起，但是他們看待他們的關係爲一種方便的事情，而不是一份有默契的愛或是緊密的感覺。他們似乎不太喜歡在一起，而且事實上，只有在某些時間會在一起，比如吃飯或者假期的聚會。對這些分離者來說，擁有他們自己生理與心理的空間是很重要的。他們很少分享彼此的感覺，他們似乎喜歡走他們自己想要走的方式。他們試著避免衝突和表達負面的情感，但是當衝突出現時，通常會形成人身攻擊。

　　分離者對於性別角色擁有傳統的價值與信仰，而且每個人試著要跟隨爲每個角色所設計的行爲。他們認爲他們的關係是日常生活中的一部份，而不是要創造一份濃烈的愛情，對這種類型最好的描述在於每個人視自己是分離的個體，而不是我們之中的一部份。

　　除了以上這三種類型，我們還發現了其他混合的類型，例如，分離傳統型的夫婦，就是指一個是傳統的，另一個是分離的類型。另一個常見的類型是傳統獨立的類型，這是指一個相信以傳統的觀點來看待關係，另一個則是以自主獨立的觀點。

家庭初級關係和溝通類型

　　要認識初級關係的另一種方法就是把焦點集中在溝通模式，而不是放在態度與信仰，就如同前面所討論的，以下將討論四種溝通模式。

一、平等模式

平等模式多存在理論上比實際上，但卻是一個檢驗初級關係中的傳播之一個很好的開始。在平等模式中，每個人都享有同等的傳播，每個人在關係中的角色也是同等的。然而，每個人都是根據相似的相信程度。每個人對其他人的想法一見和信仰都是公開的。每個人都會自我表白，這種溝通是公開的、誠實的、直接的，而且是自由的。在這裡面沒有所謂的意見領袖與追隨者，沒有意見給與者或意見尋求者，而且雙方都是公平地扮演這些角色。因為這種基本的平等，這種溝通交換是平等的。例如，問題被發問的次數、自我表白的深度及頻率、觸摸或眼神凝視這些非語文行為。對雙方而言，次數都是一樣的。

雙方在決策過程中是平等的，比較不重要的例如，去看電影；比較重要的例如送小孩去上學、上教會、買房子等。在平等的關係中，衝突有時候也會發生，但不會對個人或這個關係發生威脅。他們被視為是想法、意見和價值的交換。這些衝突本質上是令人滿意的（第二十一章），而且在這個關係領域中的人少有爭鬥。

如果這個關係的溝通模式是沒有勝負的，並備用來表示個人的訊息，那麼從每個人中，將會散發出相同的方向。更進一步說，如果方向可以被不同的形式來分類，他們可能也會相同，**圖 24-1**(a)就是這個部分的代表。

二、平衡分離模式

圖 24-1(b)顯示了平衡分離模式。在平衡分離模式中，平等的關係依然存在，但每個人卻在不同的領域擁有權力。每個人在不同的領域看起來都像專家。例如，在傳統的核心家庭中，在事業和政治方面，丈夫擁有高度的信任，妻子則擁有在看管小孩和烹飪上的高度信任感。儘管這些類型可能改變，但我們仍可在許多

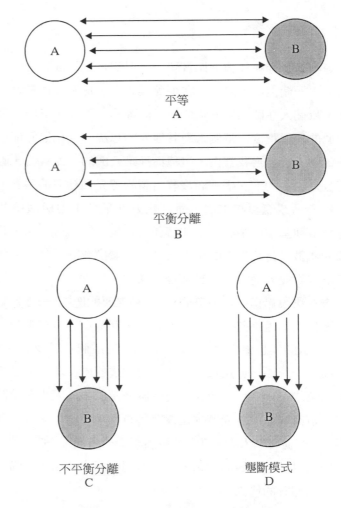

平等
A

平衡分離
B

不平衡分離
C

壟斷模式
D

圖24-1　在初級關係中的傳播模式

傳統的家庭中看到。

　　衝突似乎對他們沒有什麼威脅，因為他們都是每個領域的專家。因此，輸贏結果可能在衝突一開始前就決定了。

三、不平衡分離模式

如圖 24-1 (c)所描述的，在不平衡分離模式中，一個人掌握了支配權，掌握了相互傳播之間的大半區域，使他看起來像個專家。在很多的組合中，這個專家決定控制的形式。所以，在不平衡分離模式中，一個人在關係中是制式地被控制，一個則是減少被控制。在一些例子中，這些人通常是較聰明或擁有較多的知識，但在許多例子中，他或她則是更具有身體上的吸引力或有較高的收入。較不具吸引力或低收入的配偶總是試想對方會補償，因此允許另一個人贏得爭論或是以他或她的方式來做決定。

控制者有較多的主張，告訴另一個人該做什麼或應做什麼，也較有自由表達意見和主控遊戲權力的權利。他們很少尋求別人的意見，而被控制者則是發問者、尋求意見者和取決意見領袖決策的人。

四、壟斷模式

圖 24-1 (d)則顯示了壟斷模式。在壟斷模式中，一個人看起來像是權威主宰。這個人訓誡別人比溝通多。極少可能使這個人發問尋求勸告，而且他通常是最後意見的決定者。這種類型的夫妻，其爭論是很少的，因為兩個人早已知道誰是老闆和爭論誰會獲勝。當權威者被挑戰時，衝突是很劇烈的。衝突會如此劇烈的原因在於個人沒有排練接納衝突解決的機會。他們不知道如何去爭論或如何樂意的表達不同意，所以他們的爭論常使用傷害對方的形式。

控制者通常告訴配偶做什麼和不能做什麼。控制者說得多，比被控制者也說了更多相關另一個人獨立的評論（Palmer，1989）。被控制者必須遵循他人的允許，表達給意見領袖和做決定，幾乎就如同小孩遵循無所不知、具無上權力的父母。

五、初級關係的類型與模式的反應

在思考這三種初級關係的三種類型與四種模式時，要定義它是很容易的。但我們有許多決定基於潛意識的因素，而且我們的動機並不總是富邏輯性和成熟的。在一關係中，快樂、滿意的形成會隨個人涉入而改變，例如，一個平等的模式可能在一關係中給與滿意，這種關係的類型和模式可能讓你感到快樂，可能讓你的父母及子女感到不快樂。這種因素一個較清楚的認定對瞭解或賞自己和他們的關係是基本的。

改進在初級關係和家庭中的溝通

運用相同的原則能夠改善初級人際關係的傳播和其他情境中的傳播。然而如果要更有效，則應將這些原則使用在單一的初級關係情境中。這節的目的是建議你其他額外的能夠改善在關係中的傳播有效原則們已經在第十八章中介紹過。

一、神入的瞭解

如果要建立有意義的傳播，我們必須學習從別人的觀點來觀察世界，去感受別人的痛苦和不安全感，和去經驗別人的愛和害怕。如果一個初級關係或家庭想要使其團體成為有意義和有生產力的聯合的話，則神入一種基本的構成要素。例如一個人被允許，甚至是被鼓勵去解釋如何和為何他們看世界，他們的關係和問題。

二、自我表白

自我表白的重要性在於發展和保留一些有意義的、重複的人

你怎麼定義家庭？你的定義與**表24-1**之定義有何不同？照片中的人對你來說構成一個家庭嗎？

際關係。收回所有的自我表白可能不總是有效的（Noller & Fitzpatrick，1993）。此時，如果這些表白可能引起負面的理解或以某些方式傷害彼此的關係時，它可能會被省略，例如，過去的不謹慎，察覺個人的不適當。

在考慮決定自我表白時，任何可能的效果都會被考慮，但也必須考慮包含的道德因素，特別是當別人有權知道可能影響他或她做決定的行為和想法時。大部分的關係可能從存感覺的自我表白中得到較大的利益，而不是過去性經驗或過去心理狀態的細節。分享感覺也能夠幫助別人多去重視別人。當這些自我表白產生之後，每個人就能夠更加瞭解別人的觀點。

三、坦率的改變

任何重要的關係中，都會有為數頗多在個人和關係上的顯著改變。因為人們在關係上是相互關聯的，對別人有一定的影響，所以一個人改變將可能使另一個人也因此而改變。經常性的要求改變包括了如給與更多關注、更常稱讚和更坦率的表達感覺（Noller，1982）。願意對這些改變反應和更具彈性及接納都能夠增加關係的滿意度（Noller & Fitzpatrick，1993）。

四、公平的對抗

我們知道的衝突是不可避免的，他是每一個有意義的人際關係的基本部分。也許我們該遵循的最普遍的規則就是公平的對抗。不計代價的贏，擊倒對方，用某人的方式，諸如此類方式應少用在初級關係或家庭上。除此之外，聯合、承諾和互相瞭解必須被代用。例如，如果我們和別人必須對一個意見有所衝突，而我們又必須要贏，讓對方輸，則這個衝突一定會傷害至少一人，有時雙方都會受到傷害。在這種情形下，敗者會受到傷害而且常會報復，因此可以說根本沒有人獲勝。然而，如果我們衝突的目的是為了解決問題及達到某種形式的相互認識，也沒有人必須被傷害，反而甚至可以從彼此觀念或期望的接觸而減少不同的利益。

五、合理的

一些人會期望他們的關係是完美的。不論是被媒體影響，或自許要比某人的父母擁有更好的關係，或者是有錯誤的信仰認為別人的關係比自己的好；很多人會期望和尋求完美。當然，這樣的要求是肇因於失望和不滿現存的關係。心理學者John DeCec-co (1988) 指出，關係應被合理的顯示特點：需求和期望的合理，避免每一個慾望都能實現的不切實際幻想，如此這段關係將不會去消耗配偶精力和使他們經常感到不滿。

摘要			
初級關係的特質	初級關係的類型	傳播類型	溝通改善
定義角色 責任釐清 共享歷史和未來 共享居住空間	傳統的 獨立的 分離的	平等 平衡分離 不平衡分離 壟斷	神入 自我表白 坦率改變 公平對抗 理性的

參考書目

Adams, Linda, with Elinor Lenz (1989). *Be Your Best.* New York: Putnam.

Adams, R. G. (1987). Patterns of Network Change: A Longitudinal Study of Friendships of Elderly Women. *The Gerontologist* 27:222–227.

Addeo, Edmond G., and Robert E. Burger (1973). *Egospeak: Why No One Listens to You.* New York: Bantam.

Adler, Mortimer J. (1983). *How to Speak, How to Listen.* New York: Macmillan.

Adler, Ronald B. (1977). *Confidence in Communication: A Guide to Assertive and Social Skills.* New York: Holt, Rinehart & Winston.

Adler, Ronald B., Lawrence B. Rosenfeld, and Neil Towne (1989). *Interplay: The Process of Interpersonal Communication.* 4th ed. New York: Holt, Rinehart & Winston.

Akmajian, A., R. A. Demers, and R. M. Harnish (1979). *Linguistics: An Introduction to Language and Communication.* Cambridge, Mass.: MIT Press.

Albert, S. M., and M. Moss (1990). Consensus and the Domain of Personal Relationships Among Older Adults. *Journal of Social and Personal Relationships* 7:353–369.

Alberti, Robert E., ed. (1977). *Assertiveness: Innovations, Applications, Issues.* San Luis Obispo, Calif.: Impact.

Alberti, Robert E., and Michael L. Emmons (1970). *Your Perfect Right: A Guide to Assertive Behavior.* San Luis Obispo, Calif.: Impact.

Alberts, J. K. (1988). An Analysis of Couples' Conversational Complaints. *Communication Monographs* 55:184–197.

Altman, Irwin (1975). *The Environment and Social Behavior.* Monterey, Calif.: Brooks/Cole.

Altman, Irwin, and Dalmas Taylor (1973). *Social Penetration: The Development of Interpersonal Relationships.* New York: Holt, Rinehart & Winston.

Andersen, Peter A., and Ken Leibowitz (1978). The Development and Nature of the Construct Touch Avoidance. *Environmental Psychology and Nonverbal Behavior* 3:89–106. Reprinted in DeVito and Hecht (1990).

Ardrey, Robert (1966). *The Territorial Imperative.* New York: Atheneum.

Argyle, Michael (1983). *The Psychology of Interpersonal Behavior.* 4th ed. New York: Penguin.

Argyle, Michael (1988). *Bodily Communication.* 2d ed. New York: Methuen.

Argyle, Michael and J. Dean (1965). Eye Contact, Distance and Affiliation. *Sociometry* 28:289–304.

Argyle, Michael and Monika Henderson (1984). The Rules of Friendship. *Journal of Social and Personal Relationships* 1 (June):211–237.

Argyle, Michael and Monika Henderson (1985). *The Anatomy of Relationships: And the Rules and Skills Needed to Manage Them Successfully.* London: Heinemann.

Argyle, Michael, and R. Ingham (1972). Gaze, Mutual Gaze, and Distance. *Semiotica* 1:32–49.

Arliss, Laurie P. (1991). *Gender Communication.* Englewood Cliffs, N.J.: Prentice-Hall.

Arnold, Carroll C., and John Waite Bowers, eds. (1984). *Handbook of Rhetorical and Communication Theory.* Boston: Allyn & Bacon.

Aronson, Elliot (1980). *The Social Animal.* 3d ed. San Francisco: W. H. Freeman.

Asch, Solomon (1946). Forming Impressions of Personality. *Journal of Abnormal and Social Psychology* 41:258–290.

Authier, Jerry, and Kay Gustafson (1982). Microtraining: Focusing on Specific Skills. In *Interpersonal Helping Skills: A Guide to Training Methods, Programs, and Resources,* edited by Eldon K. Marshall, P. David Kurtz, and Associates, 93–130. San Francisco: Jossey-Bass.

Axtell, Roger (1993). *Do's and Taboos Around the World.* 3d ed. New York Wiley.

Aylesworth, Thomas G., and Virginia L. Aylesworth (1978). *If You Don't Invade My Intimate Zone or Clean Up My Water Hole, I'll Breathe in Your Face, Blow on Your Neck, and Be Late for Your Party.* New York: Condor.

Ayres, J. (1983). Strategies to Maintain Relationships: Their Identification and Perceived Usage. *Communication Quarterly* 31:62–67.

Ayres, Joe (1986). Perceptions of Speaking Ability: An Explanation for Stage Fright. *Communication Education* 35:275–287.

Bach, George R., and Peter Wyden (1968). *The Intimacy Enemy.* New York: Avon.

Bach, George R., and Ronald M. Deutsch (1979). *Stop! You're Driving Me Crazy.* New York: Berkeley.

Backrack, Henry M. (1976). Empathy. *Archives of General Psychiatry* 33:35–38.

Balswick, J. O., and C. Peck (1971). The Inexpressive Male: A Tragedy of American Society? *The Family Coordinator* 20:363–368.

Banks, Stephen P., Dayle M. Altendorf, John O. Greene, and Michael J. Cody (1987). An Examination of Relationship Disengagement: Perceptions, Breakup Strategies, and Outcomes. *Western Journal of Speech Communication* 51 (winter): 19–41.

Bavelas, Janet Beavin (1990). Can One Not Communicate? Behaving and Communicating: A Reply to Motley. *Western Journal of Speech Communication* 54 (Fall):593–602.

Barker, Larry, R. Edwards, C. Gaines, K. Gladney, and F. Holley (1980). An Investigation of Proportional Time Spent in Various Communication Activities by College Students. *Journal of Applied Communication Research* 8:101–109.

Barna, LaRay M. (1985). Stumbling Blocks in Intercultural Communication. In Samovar and Porter (1985), 330–338.

Barnlund, Dean C. (1970). A Transactional Model of Communication. In *Language Behavior: A Book of Readings in Communication,* compiled by J. Akin, A. Goldberg, G. Myers, and J. Stewart. The Hague: Mouton.

Barnlund, Dean C. (1975). Communicative Styles in Two Cultures: Japan and the United States. In *Organization of Behavior in Face-to-Face Interaction,* edited by A. Kendon, R. M. Harris, and M. R. Key. The Hague: Mouton.

Baron, Robert A., and Donn Byrne (1984). *Social Psychology: Understanding Human Interaction.* 4th ed. Boston: Allyn & Bacon.

Barrett, Karen (1982). Date Rape. *Ms.,* September, 48–51.

Bartholomew, Kim (1990). Avoidance of Intimacy: An Attachment Perspective. *Journal of Social and Personal Relationships* 7:147–178.

Basso, K. H. (1972). To Give Up on Words: Silence in Apache Culture. In *Language and Social Context,* edited by Pier Paolo Giglioli. New York: Penguin.

Bate, Barbara (1988). *Communication and the Sexes.* New York: Harper & Row.

Bateson, Gregory (1972). *Steps to an Ecology of Mind.* New York: Ballantine.

Baxter, Leslie A. (1983). Relationship Disengagement: An Examination of the Reversal Hypothesis. *Western Journal of Speech Communication* 47:85–98.

Baxter, Leslie A. (1986). Gender Differences in the Heterosexual Relationship Rules Embedded in Break-up Accounts. *Journal of Social and Personal Relationships* 3:289–306.

Baxter, Leslie A. (1988). A Dialectical Perspective on Communication Strategies in Relationship Development. In *Handbook of Personal Relationships,* ed. Steve W. Duck. New York: Wiley.

Baxter, Leslie A. (1990). Dialectical Contradictions in Relationship Development. *Journal of Social and Personal Relationships* 7 (February): 69–88.

Baxter, Leslie A. (1992). Root Metaphors in Accounts of Developing Romantic Relationships. *Journal of Social and Personal Relationships* 9 (May): 253–275.

Baxter, Leslie A. and C. Bullis (1986). Turning Points in Developing Romantic Relationships. *Human Communication Research* 12 (Summer):469–493.

Baxter, Leslie A. and Eric P. Simon (1993). Relationship Maintenance Strategies and Dialectical Contradictions in Personal Relationships. *Journal of Social and Personal Relationships* 10 (May):225–242.

Baxter, Leslie A., and W. W. Wilmot (1984). "Secret Tests": Social Strategies for Acquiring Information About the State of the Relationship. *Human Communication Research* 11:171–201.

Beach, Wayne A. (1990). On (Not) Observing Behavior Interactionally. *Western Journal of Speech Communication* 54 (Fall):603–612.

Beattie, Melody (1987). *Co-Dependent No More.* New York: HarperCollins.

Beatty, Michael J. (1986). *Romantic Dialogue: Communication in Dating and Marriage.* Englewood, Colo.: Morton Publishing Co.

Beatty, M. (1988). Situational and Predispositional Correlates of Public Speaking Anxiety. *Communication Education* 37:28–39.

Beck, A. T. (1988). *Love Is Never Enough.* New York: Harper & Row.

Beebe, Steven A. and John T. Masterson (1986). *Family Talk: Interpersonal Communication in the Family.* New York: Random House.

Beier, Ernst (1974). How We Send Emotional Messages. *Psychology Today* 8:53–56.

Bell, Robert A., and John A. Daly (1984). The Affinity-Seeking Function of Communication. *Communication Monographs* 51:91–115.

Bell, Robert A., and N. L. Buerkel-Rothfuss (1990). S(he) Loves Me, S(he) Loves Me Not: Predictors of Relational Information-Seeking in Courtship and Beyond. *Communication Quarterly* 38:64–82.

Berg, John H., and Richard L. Archer (1983). The Disclosure-Liking Relationship. *Human Communication Research* 10:269–281.

Berger, Charles R., and James J. Bradac (1982). *Language and Social Knowledge: Uncertainty in Interpersonal Relations.* London: Edward Arnold.

Berger, Charles R. and Richard J. Calabrese (1975). Some Explorations in Initial Interaction and Beyond: Toward a Theory of Interpersonal Communication. *Human Communication Research* 1 (Winter):99–112.

Berger, Charles R., and Steven H. Chaffee, eds. (1987). *Handbook of Communication Science.* Newbury Park, Calif.: Sage.

Berman, J. J., V. Murphy-Berman, and P. Singh (1985). Cross-Cultural Similarities and Differences in Perceptions of Fairness. *Journal of Cross-Cultural Psychology* 16:55–67.

Bernstein, W. M., W. G. Stephan, and M. H. Davis (1979). Explaining Attributions for Achievement: A Path Analytic Approach. *Journal of Personality and Social Psychology* 37:1810–1821.

Berscheid, Ellen (1985). Interpersonal Attraction. In *Handbook of Social Psychology,* edited by G. Lindzey and E. Aronson, 413–484. New York: Random House.

Berscheid, Ellen, and Elaine Hatfield Walster (1974). A Little Bit About Love. In *Foundations of Interpersonal Attraction,* edited by T. L. Huston. New York: Academic Press.

Berscheid, Ellen, and Elaine Hatfield Walster (1978). *Interpersonal Attraction.* 2d ed. Reading, Mass.: Addison-Wesley.

Bibby, Cyril (1967). The Art of Love. In *The Encyclopedia of Sexual Behavior,* edited by Albert Ellis and Albert Abarbanel. New York: Hawthorn.

Birdwhistell, Ray L. (1970). *Kinesics and Context: Essays on Body Motion Communication.* New York: Ballantine.

Blieszner, Rosemary, and Rebecca G. Adams (1992). *Adult Friendship.* Newbury Park, Calif.: Sage.

Blumstein, Philip, and Pepper Schwartz (1983). *American Couples: Money, Work, Sex.* New York: Morrow.

Bochner, Arthur (1978). On Taking Ourselves Seriously: An Analysis of Some Persistent Problems and Promising Directions in Interpersonal Research. *Human Communication Research* 4:179–191.

Bochner, Arthur (1984). The Functions of Human Communication in Interpersonal Bonding. In Arnold and Bowers (1984).

Bochner, Arthur, and Clifford Kelly (1974). Interpersonal Competence: Rationale, Philosophy, and Implementation of a Conceptual Framework. *Communication Education* 23:279–301.

Bochner, Arthur, and Janet Yerby (1977). Factors Affecting Instruction in Interpersonal Competence. *Communication Education* 26:91–103.

Bok, Sissela (1978). *Lying: Moral Choice in Public and Private Life.* New York: Pantheon.

Bok, Sissela (1983). *Secrets.* New York: Vintage.

Borisoff, Deborah, and Lisa Merrill (1985). *The Power to Communicate: Gender Differences as Barriers.* Prospect Heights, Ill.: Waveland Press.

Bourland, D. D., Jr. (1965–66). A Linguistic Note: Writing in E-prime. *General Semantics Bulletin* 32–33:111–114.

Bourland, D. David, Jr. (1992). E-Prime and Un-Sanity. *Etc.: A Review of General Semantics* 49 (Summer):213–223.

Bradac, James J., John Waite Bowers, and John A. Courtright (1979). Three Language Variables in Communication Research: Intensity, Immediacy, and Diversity. *Human Communication Research* 5:256–269.

Bravo, Ellen and Ellen Cassedy (1992). *The 9 to 5 Guide to Combating Sexual Harassment.* New York: Wiley.

Brecher, Edward M. (1969). *The Sex Researchers.* Boston: Little, Brown.

Brommel, Bernard (1990). Personal Communication.

Brougher, Toni (1982). *A Way with Words.* Chicago: Nelson-Hall.

Brown, Charles T., and Paul W. Keller (1979). *Monologue to Dialogue: An Exploration of Interpersonal Communication.* 2d ed. Englewood Cliffs, N.J.: Prentice Hall.

Bruneau, Tom (1985). The Time Dimension in Intercultural Communication. In Samovar and Porter (1985), 280–289.

Bruneau, Tom (1990). Chronemics: The Study of Time in Human Interaction. In DeVito and Hecht (1990), 301–311.

Buber, Martin (1958). *I and Thou.* 2d ed. New York: Scribner's.

Bugental, J., and S. Zelen (1950). Investigations into the "Self-Concept." I. The W-A-Y Technique. *Journal of Personality* 18:483–498.

Bull, Peter (1983). *Body Movement and Interpersonal Communication.* New York: Wiley.

Burgoon, Judee and Jerold L. Hale (1988). Nonverbal Expectancy Violations: Model Elaboration and Application to Immediacy Behaviors. *Communication Monographs* 55:58–79.

Burgoon, Judee K., David B. Buller, and W. Gill Woodall (1989). *Nonverbal Communication: The Unspoken Dialogue.* New York: Harper & Row.

Burns, D. D. (1980). *Feeling Good.* New York: New American Library.

Burns, D. D. (1985). *Intimate Connections.* New York: Morrow.

Buss, David (1989). Sex Differences in Human Mate Preferences: Evolutionary Hypotheses Tested in 37 Cultures. *Behavioral and Brain Sciences* 12:1–49.

Buss, David M., and David P. Schmitt (1993). Sexual Strategies Theory: An Evolutionary Perspective on Human Mating. *Psychological Review* 100 (April): 204–232.

Butler, Pamela E. (1981). *Talking to Yourself: Learning the Language of Self-Support.* New York: Harper & Row.

Camden, Carl, Michael T. Motley, and Ann Wilson (1984). White Lies in Interpersonal Communication: A Taxonomy and Preliminary Investigation of Social Motivations. *Western Journal of Speech Communication* 48:309–325.

Canary, Daniel J. and Laura Stafford (1994). *Communication and Relational Maintenance.* Orlando, Fla.: Academic Press.

Canary, Daniel J., Laura Stafford, Kimberley S. Hause, and Lise A. Wallace (1993). An Inductive Analysis of Relational Maintenance Strategies: Comparisons Among Lovers, Relatives, Friends, and Others. *Communication Research Reports* 10 (June): 5–14.

Canary, D. J., and L. Stafford (1994). Maintaining Relationships Through Strategic and Routine Interaction. In *Communication and Relational Maintenance,* edited by D. J. Canary and L. Stafford. New York: Academic Press.

Cappella, Joseph N. (1987). Interpersonal Communication: Definitions and Fundamental Questions. In Berger and Chaffee (1987), 184–238.

Cappella, Joseph N. (1993). The Facial Feed-back Hypothesis in Human Interaction: Review and Speculation. *Journal of Language and Social Psychology* 12 (March–June): 13–29.

Carpenter, David, and David Knox (1986). Relationship Maintenance of College Students Separated During Courtship. *College Student Journal* 20 (spring): 86–88.

Cate, R., J. Henton, J. Koval, R. Christopher, and S. Lloyd (1982). Premarital Abuse: A Social Psychological Perspective. *Journal of Family Issues* 3:79–90.

Cegala, Donald J., Grant T. Savage, Claire C. Brunner, and Anne B. Conrad (1982). An Elaboration of the Meaning of Interaction Involvement. *Communication Monographs* 49:229–248.

Chadwick-Jones, J. K. (1976). *Social Exchange Theory: Its Structure and Influence in Social Psychology.* New York: Academic Press.

Chaikin, A. L., and V. J. Derlega (1974). Variables Affecting the Appropriateness of Self-Disclosure. *Journal of Consulting and Clinical Psychology* 42:588–628.

Chanowitz, B. and E. Langer (1981). Premature Cognitive Commitment. *Journal of Personality and Social Psychology* 41:1051–1063.

Cherry, Kittredge (1991). *Hide and Speak: How to Free Ourselves from Our Secrets.* San Francisco, Calif.: HarperSanFrancisco.

Chesebro, James, ed. (1981). *Gayspeak.* New York: Pilgrim Press.

Cialdini, Robert T. (1984). *Influence: How and Why People Agree to Things.* New York: Morrow.

Clark, Herbert (1974). The Power of Positive Speaking. *Psychology Today* 8:102, 108–111.

Clement, Donald A., and Kenneth D. Frandsen (1976). On Conceptual and Empirical Treatments of Feedback in Human Communication. *Communication Monographs* 43:11–28.

Cline, M. G. (1956). The Influence of Social Context on the Perception of Faces. *Journal of Personality* 2:142–185.

Cline, Rebecca J. and Carol A. Puhl (1984). Culture and Geography: A Comparison of Seating Arrangements in the United States and Taiwan. *Journal of International Relations* 8:199–219.

Cody, Michael J. (1982). A Typology of Disengagement Strategies and an Examination of the Role Intimacy, Reactions to Inequity, and Relational Problems Play in Strategy Selection. *Communication Monographs* 49:148–170.

Cody, Michael J., P. J. Marston, and M. Foster (1984). Deception: Paralinguistic and Verbal Leakage. In *Communication Yearbook 7,* edited by R. N. Bostrom, 464–490. Newbury Park, Calif.: Sage.

Collins, B. E., and B. H. Raven (1969). Group Structure: Attraction, Coalitions, Communication, and Power. In *The Handbook of Social Psychology,* 2d ed., edited by Gardner Lindzey and Elliot Aronson, 102–204. Reading, Mass.: Addison-Wesley.

Condon, John C. (1974). *Semantics and Communication.* 2d ed. New York: Macmillan.

Condon, John C., and Yousef Fathi (1975). *An Introduction to Intercultural Communication.* Indianapolis, Ind.: Bobbs-Merrill.

Cook, Anthony (1993). How Couples Can Avoid Money Misunderstandings. *Money* (July): 92.

Cook, Mark (1971). *Interpersonal Perception.* Baltimore: Penguin.

Cook, Mark, ed. (1984). *Issues in Person Perception.* New York: Methuen.

Cooley, Charles Horton (1922). *Human Nature and the Social Order,* rev. ed. New York: Scribner's.

Cozby, Paul (1973). Self-Disclosure: A Literature Review. *Psychological Bulletin* 79:73–91.

Craig, Mary E., Seth C. Kalichman, and Diane R. Follingstad (1989). Verbal Coercive Sexual Behavior Among College Students. *Archives of Sexual Behavior* 18 (October): 421–434.

Cupach, William R., and Sandra Metts (1986). Accounts of Relational Dissolution: A Comparison of Marital and Non-Marital Relationships. *Communication Monographs* 53 (December): 311–334.

Dainton, M., and L. Stafford (1993). Routine Maintenance Behaviors: A Comparison of Relationship Type, Partner Similarity, and Sex Differences. *Journal of Social and Personal Relationships* 10:255–272.

Daly, John A., and James C. McCroskey, eds. (1984). *Avoiding Communication: Shyness, Reticence, and Communication Apprehension.* Newbury Park: Calif.: Sage.

Davis, Flora (1973). *Inside Intuition.* New York: New American Library.

Davis, Keith E. (1985). Near and Dear: Friendship and Love Compared. *Psychology Today* 19:22–30.

Davis, Murray S. (1973). *Intimate Relations.* New York: Free Press.

Davis, Ossie (1973). The English Language Is My Enemy. In *Language: Concepts and Processes,* ed., Joseph A. DeVito. Englewood Cliffs, N.J.: Prentice-Hall, pp. 164–170.

Davitz, Joel R., ed. (1964). *The Communication of Emotional Meaning.* New York: McGraw-Hill.

Deal, James E., and Karen Smith Wampler (1986). Dating Violence: The Primacy of Previous Experience. *Journal of Social and Personal Relationships* 3:457–471.

deBono, Edward (1987). *The Six Thinking Hats.* New York: Penguin.

DeCecco, John (1988). Obligation versus Aspiration. In *Gay Relationships,* John DeCecco, ed., New York: Harrington Park Press.

Deetz, Stanley, and Sheryl Stevenson (1986). *Managing Interpersonal Communication.* New York: Harper & Row.

DeFrancisco, Victoria (1991). The Sound of Silence: How Men Silence Women in Marital Relations. *Discourse and Society* 2: 413–423.

Derlega, Valerian J., and J. H. Berg, eds. (1987). *Self-Disclosure: Theory, Research, and Therapy.* New York: Plenum Press.

Derlega, Valerian J., Barbara A. Winstead, Paul T. P. Wong, and Michael Greenspan (1987). Self-Disclosure and Relationship Development: An Attributional Analysis. In *Interpersonal Processes: New Directions in Communication Research,* edited by Michael E. Roloff and Gerald R. Miller, 172–187. Newbury Park, Calif.: Sage.

Derlega, Valerian J., Stephen T. Margulis, and Barbara A. Winstead (1987). A Social-Psychological Analysis of Self-Disclosure in Psychotherapy. *Journal of Social and Clinical Psychology* 5:205–215.

Deturck, Mark A. (1987). When Communication Fails: Physical Aggression as a Compliance-Gaining Strategy. *Communication Monographs* 54:106–112.

DeVito, Joseph A. (1970). *The Psychology of Speech and Language: An Introduction to the Study of Psycholinguistics.* New York: Random House.

DeVito, Joseph A. (1974). *General Semantics: Guide and Workbook.* Rev. ed. DeLand, Fla.: Everett/Edwards.

DeVito, Joseph A. (1986a). *The Communication Handbook: A Dictionary.* New York: Harper & Row.

DeVito, Joseph A. (1986b). Teaching as Relational Development. In *Communicating in College Classrooms,* edited by Jean Civikly, 51–60. New Directions for Teaching and Learning, no. 26. San Francisco: Jossey-Bass.

DeVito, Joseph A. (1989). *The Nonverbal Communication Workbook.* Prospect Heights, Ill.: Waveland Press.

DeVito, Joseph A. (1990). *Messages: Building Interpersonal Communication Skills.* New York: Harper & Row.

DeVito, Joseph A., ed. (1973). *Language: Concepts and Processes.* Englewood Cliffs, N.J.: Prentice Hall.

DeVito, Joseph A., ed. (1981). *Communication: Concepts and Processes.* 3d ed. Englewood Cliffs, N.J.: Prentice Hall.

DeVito, Joseph A., and Michael L. Hecht, eds. (1990). *The Nonverbal Communication Reader.* Prospect Heights, Ill.: Waveland Press.

Dickson-Markman, Fran (1984). How Important Is Self-Disclosure in Marriage? *Communication Research Reports* 1:7–14.

Dillard, James Price (1988). Compliance-Gaining Message-Selection: What Is Our Dependent Variable? *Communication Monographs* 55:162–183.

Dillard, James Price, ed. (1990). *Seeking*

Compliance: The Production of Interpersonal Influence Messages. Scottsdale, Ariz.: Gorsuch Scarisbrick.

Dindia, Kathryn (1987). The Effects of Sex of Subject and Partner on Interruptions. *Human Communication Research* 13:345–371.

Dindia, Kathryn and Daniel J. Canary (1993). Definitions and Theoretical Perspectives on Maintaining Relationships. *Journal of Social and Personal Relationships* 10 (May): 163–174.

Dindia, Kathryn, and Mary Anne Fitzpatrick (1985). Marital Communication: Three Approaches Compared. In *Understanding Personal Relationships: An Interdisciplinary Approach,* edited by Steve Duck and Daniel Perlman, 137–158. Newbury Park, Calif.: Sage.

Dindia, Kathryn, and Leslie A. Baxter (1987). Strategies for Maintaining and Repairing Marital Relationships. *Journal of Social and Personal Relationships* 4:143–158.

Dion, K., E. Berscheid, and E. Walster (1972). What Is Beautiful Is Good. *Journal of Personality and Social Psychology* 24:285–290.

Dodd, Carley H. (1982). *Dynamics of Intercultural Communication.* Dubuque, Iowa: William C. Brown.

Dodd, David H., and Raymond M. White, Jr. (1980). *Cognition: Mental Structures and Processes.* Boston: Allyn & Bacon.

Dosey, M. and M. Meisels (1976). Personal Space and Self-Protection. *Journal of Personality and Social Psychology* 38:959–965.

Dosser, David A., Jr., Jack O. Balswick, and Charles F. Halverson, Jr. (1986). Male Inexpressiveness and Relationships. *Journal of Social and Personal Relationships* 3:241–258.

Drass, Kriss A. (1986). The Effect of Gender Identity on Conversation. *Social Psychology Quarterly* 49 (December):294–301.

Dreyfuss, Henry (1971). *Symbol Sourcebook.* New York: McGraw-Hill.

Driscoll, R., K. E. Davis, and M. E. Lipetz (1972). Parental Interference and Romantic Love: The Romeo and Juliet Effect. *Jour-nal of Personality and Social Psychology* 24:1–10.

Drummond, Kent and Robert Hopper (1993). Acknowledgment Tokens in Series. *Communication Reports* 6 (Winter):47–53.

Dubois, Betty Lou, and Isabel Crouch (1975). The Question of Tag Questions in Women's Speech: They Don't Really Use More of Them, Do They? *Language and Society* 4:289–294.

Duck, Steve (1986). *Human Relationships.* Newbury Park, Calif.: Sage.

Duck, Steve (1988). *Relating to Others.* Milton Keynes, England: Open University Press.

Duck, Steve, ed. (1982). *Personal Relationships. 4: Dissolving Personal Relationships.* New York: Academic Press.

Duck, Steve, and Robin Gilmour, eds. (1981). *Personal Relationships. 1: Studying Personal Relationships.* New York: Academic Press.

Dullea, Georgia (1981). Presents: Hidden Messages. *New York Times,* 14 December, D12.

Duncan, Barry L. and Joseph W. Rock (1991). *Overcoming Relationship Impasses: Ways to Initiate Change When Your Partner Won't Help.* New York: Plenum Press/Insight Books.

Duncan, S. D., Jr. (1972). Some Signals and Rules for Taking Speaking Turns in Conversation. *Journal of Personality and Social Psychology* 23:283–292.

Duran, R. L., and L. Kelly (1988). The Influence of Communicative Competence on Perceived Task, Social, and Physical Attraction. *Communication Quarterly* 36:41–49.

Eakins, Barbara, and R. Gene Eakins (1978). *Sex Differences in Communication.* Boston: Houghton Mifflin.

Edgar, T., and M. A. Fitzpatrick (1988). Compliance-Gaining in Relational Interactions: When Your Life Depends on It. *Southern Speech Communication Journal* 53 (summer): 385–405.

Egan, Gerard (1970). *Encounter: Group Processes for Interpersonal Growth.* Belmont, Calif.: Brooks/Cole.

Ehrenhaus, Peter (1988). Silence and Symbolic Expression. *Communication Monographs* 55 (March): 41–57.

Ekman, Paul (1965). Communication Through Nonverbal Behavior: A Source of Information About an Interpersonal Relationship. In *Affect, Cognition and Personality,* edited by S. S. Tomkins and C. E. Izard. New York: Springer.

Ekman, Paul (1985). *Telling Lies: Clues to Deceit in the Marketplace, Politics, and Marriage.* New York: W. W. Norton.

Ekman, Paul, and Wallace V. Friesen (1969). The Repertoire of Nonverbal Behavior: Categories, Origins, Usage, and Coding. *Semiotica* 1:49–98.

Ekman, Paul and Wallace V. Friesen (1978). *The Facial Action Coding System.* Palo Alto, Calif.: Consulting Psychologists Press.

Ekman, Paul, Wallace V. Friesen, and S. S. Tomkins (1971). Facial Affect Scoring Technique: A First Validity Study. *Semiotica* 3:37–58.

Ekman, Paul, Wallace V. Friesen, and Phoebe Ellsworth (1972). *Emotion in the Human Face: Guidelines for Research and an Integration of Findings.* New York: Pergamon Press.

Ellis, Albert (1988). *How to Stubbornly Refuse to Make Yourself Miserable About Anything, Yes Anything.* Secaucus, N.J.: Lyle Stuart.

Ellis, Albert, and Robert A. Harper (1975). *A New Guide to Rational Living.* Hollywood, Calif.: Wilshire Books.

Elmes, Michael B., and Gary Gemmill (1990). The Psychodynamics of Mindlessness and Dissent in Small Groups. *Small Group Research* 21 (February): 28–44.

Epstein, N., J. L. Pretzer, and B. Fleming (1987). The Role of Cognitive Appraisal in Self-Reports of Marital Communication. *Behavior Therapy* 18:51–69.

Exline, R. V., S. L. Ellyson, and B. Long (1975). Visual Behavior as an Aspect of Power Role Relationships. In *Nonverbal Communication of Aggression,* edited by P. Pliner, L. Krames, and T. Alloway. New York: Plenum Press.

Faber, Adele, and Elaine Mazlish (1980). *How to Talk so Kids Will Listen and Listen so Kids Will Talk.* New York: Avon.

Falk, Dennis R., and Pat N. Wagner (1985). Intimacy of Self-Disclosure and Response Processes as Factors Affecting the Development of Interpersonal Relationships. *Journal of Social Psychology* 125:557–570.

Farrell, M. P., and S. D. Rosenberg (1981). *Men at Midlife.* Westport, Conn.: Auburn House.

Fengler, A. P. (1974). Romantic Love in Courtship: Divergent Paths of Male and Female Students. *Journal of Comparative Family Studies* 5:134–139.

Festinger, L., S. Schachter, and K. W. Back (1950). *Social Pressures in Informal Groups: A Study of Human Factors in Housing.* New York: Harper & Row.

Filley, Alan C. (1975). *Interpersonal Conflict Resolution.* Glenview, Ill.: Scott, Foresman.

Fischer, C. S., and S. J. Oliker (1983). A Research Note on Friendship, Gender, and the Life Cycle. *Social Forces* 62:124–133.

Fishman, Joshua A. (1972). *The Sociology of Language.* Rowley, Mass.: Newbury House.

Fiske, Susan T., and Shelley E. Taylor (1984). *Social Cognition.* Reading, Mass.: Addison-Wesley.

Fitzpatrick, Mary Anne (1983). Predicting Couples' Communication from Couples' Self-Reports. In *Communication Yearbook 7,* edited by R. N. Bostrom, 49–82. Newbury Park, Calif.: Sage.

Fitzpatrick, Mary Anne (1988). *Between Husbands and Wives: Communication in Marriage.* Newbury Park, Calif.: Sage.

Floyd, James J. (1985). *Listening: A Practical Approach.* Glenview, Ill.: Scott, Foresman.

Folger, Joseph P., and Marshall Scott Poole (1984). *Working Through Conflict: A Communication Perspective.* Glenview, Ill.: Scott, Foresman.

Follingstad, Diane R., et al. (1990). The Role of Emotional Abuse in Physically Abusive Relationships. *Journal of Family Violence* 5 (June): 107–120.

Fox, M., M. Gibbs, and D. Auerbach (1985). Age and Gender Dimensions of Friendship. *Psychology of Women Quarterly* 9:489–501.

Fraser, Bruce (1990). Perspectives on Politeness. *Journal of Pragmatics* 14 (April):219–236.

Freedman, Jonathan (1978). *Happy People: What Happiness Is, Who Has It, and Why.* New York: Ballantine.

French, J. R. P., Jr., and B. Raven (1968). The Bases of Social Power. In *Group Dynamics: Research and Theory,* 3d ed., edited by Dorwin Cartwright and Alvin Zander, 259–269. New York: Harper & Row.

Frentz, Thomas (1976). A General Approach to Episodic Structure. Paper presented at the Western Speech Association Convention, San Francisco. Cited in Reardon (1987).

Friedman, Joel, Marcia Mobilia Boumil, and Barbara Ewert Taylor (1992). *Sexual Harassment.* Deerfield Beach, Fla.: Health Communications, Inc.

Friedman, Meyer, and Ray Rosenman (1974). *Type A Behavior and Your Heart.* New York: Fawcett Crest.

Frye, Jerry K. (1980). *FIND: Frye's Index to Nonverbal Data.* Duluth: University of Minnesota Computer Center.

Furnham, Adrian, and Stephen Bochner (1986). *Culture Shock: Psychological Reactions to Unfamiliar Environments.* New York: Methuen.

Gabor, Don (1989). *How to Talk to the People You Love.* New York: Simon & Schuster.

Gabrenya, W. K., Jr., Y. E. Wang, and B. Latane (1985). Social Loafing on an Optimizing Task: Cross-Cultural Differences among Chinese and Americans. *Journal of Cross-Cultural Psychology* 16:223–242.

Galbraith, J. K. (1983). *The Anatomy of Power.* Boston: Houghton Mifflin.

Galvin, Kathleen, and Bernard J. Brommel (1991). *Family Communication: Cohesion and Change.* 3d ed. Glenview, Ill.: Scott, Foresman.

Gangestad, S. and M. Snyder (1985). To Carve Nature at Its Joints: On the Existence of Discrete Classes in Personality. *Psychological Review* 92:317–349.

Garner, Alan (1981). *Conversationally Speaking.* New York: McGraw-Hill.

Gelles, R. (1981). The Myth of the Battered Husband. In *Marriage and Family 81/82,* edited by R. Walsh and O. Pocs. Guildford: Dushkin.

Gelles, R., and C. Cornell (1985). *Intimate Violence in Families.* Newbury Park, Calif.: Sage.

Gergen, K. J., M. S. Greenberg, and R. H. Willis (1980). *Social Exchange: Advances in Theory and Research.* New York: Plenum Press.

Gibb, Jack (1961). Defensive Communication. *Journal of Communication* 11:141–148.

Gilmour, Robin, and Steve Duck, eds. (1986). *The Emerging Field of Personal Relationships.* Hillsdale, N.J.: Lawrence Erlbaum.

Gladstein, Gerald A., et al. (1987). *Empathy and Counseling: Explorations in Theory and Research.* New York: Springer-Verlag.

Glucksberg, Sam and Joseph H. Danks (1975). *Experimental Psycholinguistics: An Introduction.* Hillsdale, N.J.: Lawrence Erlbaum.

Goffman, Erving (1967). *Interaction Ritual: Essays on Face-to-Face Behavior.* New York: Pantheon.

Goffman, Erving (1971). *Relations in Public: Microstudies of the Public Order.* New York: Harper Colophon.

Goldberg, Philip (1968). Are Women Prejudiced Against Women? *Trans-action* 6:528–530.

Goleman, Daniel (1992). Studies Find No Disadvantage in Growing Up in a Gay Home. *New York Times,* 2 December, C14.

Gonzalez, Alexander, and Philip G. Zimbardo (1985). Time in Perspective. *Psychology Today* 19:20–26. Reprinted in DeVito and Hecht (1990).

Gordon, Thomas (1975). *P.E.T.: Parent Effectiveness Training.* New York: New American Library.

Goss, Blaine (1985). *The Psychology of Communication.* Prospect Heights, Ill.: Waveland Press.

Goss, Blaine, M. Thompson, and S. Olds (1978). Behavioral Support for Systematic Desensitization for Communication Apprehension. *Human Communication Research* 4:158–163.

Graham, Jean Ann, and Michael Argyle

(1975). The Effects of Different Patterns of Gaze, Combined with Different Facial Expressions, on Impression Formation. *Journal of Movement Studies* 1 (December): 178–182.

Graham, Jean Ann, Pio Ricci Bitti, and Michael Argyle (1975). A Cross-Cultural Study of the Communication of Emotion by Facial and Gestural Cues. *Journal of Human Movement Studies* 1 (June): 68–77.

Greif, Esther Blank (1980). Sex Differences in Parent-Child Conversations. *Women's Studies International Quarterly* 3:253–258.

Grice, H. P. (1975). Logic and Conversation. In *Syntax and Semantics.* Vol. 3, *Speech Acts,* edited by P. Cole and J. L. Morgan, 41–58. New York: Seminar Press.

Griffin, Em, and Glenn G. Sparks (1990). Friends Forever: A Longitudinal Exploration of Intimacy in Same-Sex Friends and Platonic Pairs. *Journal of Social and Personal Relationships* 7:29–46.

Gu, Yueguo (1990). Polite Phenomena in Modern Chinese. *Journal of Pragmatics* 14 (April):237–257.

Gudykunst, W. B. (1989). Culture and the Development of Interpersonal Relationships. In *Communication Yearbook 12,* edited by J. A. Anderson, 315–354. Newbury Park, Calif.: Sage.

Gudykunst, W. B., ed. (1983). *Intercultural Communication Theory: Current Perspectives.* Newbury Park, Calif.: Sage.

Gudykunst, William B. (1991). *Bridging Differences: Effective Intergroup Communication.* Newbury Park, Calif.: Sage.

Gudykunst, W. B., and Y. Y. Kim (1984). *Communicating with Strangers: An Approach to Intercultural Communication.* New York: Random House.

Gudykunst, William B. and Stella Ting-Toomey with Elizabeth Chua (1988). *Culture and Interpersonal Communication.* Newbury Park, Calif.: Sage.

Guerrero, Laura K. and Peter A. Andersen (1991). The Waxing and Waning of Relational Intimacy: Touch as a Function of Relational Stage, Gender and Touch Avoidance. *Journal of Social and Personal Relationships* 8 (May):147–165.

Guerrero, L. K., S. V. Eloy, and A. I. Wabnik

(1993). Linking Maintenance Strategies to Relationship Development and Disengagement: A Reconceptualization. *Journal of Social and Personal Relationships* 10:273–282.

Gupta, U., and P. Singh (1982). Exploratory Studies in Love and Liking and Types of Marriages. *Indian Journal of Applied Psychology* 19:92–97.

Haferkamp, Claudia J. (1991–92). Orientations to Conflict: Gender, Attributes, Resolution Strategies, and Self-Monitoring. *Current Psychology: Research and Reviews* 10 (winter): 227–240.

Haggard, E. A., and K. S. Isaacs (1966). Micromomentary Facial Expressions as Indicators of Ego Mechanisms in Psychotherapy. In *Methods of Research in Psychotherapy,* edited by L. A. Gottschalk and A. H. Auerbach. Englewood Cliffs, N.J.: Prentice Hall.

Hale, Jerold, James C. Lundy, Paul A. Mongeau (1989). Perceived Relational Intimacy and Relational Message Content. *Communication Research Reports* 6 (December): 94–99.

Hall, Edward T. (1959). *The Silent Language.* Garden City, N.Y.: Doubleday.

Hall, Edward T. (1963). System for the Notation of Proxemic Behavior. *American Anthropologist* 65:1003–1026.

Hall, Edward T. (1966). *The Hidden Dimension.* Garden City, N.Y.: Doubleday.

Hall, Edward T. (1976). *Beyond Culture.* Garden City, N.Y.: Anchor Press.

Hall, Edward T., and Mildred Reed Hall (1987). *Hidden Differences: Doing Business with the Japanese.* New York: Anchor Books.

Hall, Edward T. (1983). *The Dance of Life: The Other Dimension of Time.* New York: Anchor Books/Doubleday.

Hall, J. A. (1984). *Nonverbal Sex Differences.* Baltimore: Johns Hopkins University Press.

Hamachek, Don E. (1982). *Encounters with Others: Interpersonal Relationships and You.* New York: Holt, Rinehart & Winston.

Haney, William (1973). *Communication and Organizational Behavior: Text and Cases.* 3d ed. Homewood, Ill.: Irwin.

Haney, William (1981). Serial Communica-

tion of Information in Organizations. In De-
Vito (1981), 169–182.

Hart, R. P., and D. M. Burks (1972). Rhetori-
cal Sensitivity and Social Interaction. *Com-
munication Monographs* 39:75–91.

Hart, R. P., R. E. Carlson, and W. F. Eadie
(1980). Attitudes Toward Communication
and the Assessment of Rhetorical Sensitiv-
ity. *Communication Monographs* 47:1–22.

Harvey, John H., Rodney Flanary, and
Melinda Morgan (1986). Vivid Memories
of Vivid Loves Gone By. *Journal of Social
and Personal Relationships* 3:359–373.

Hastorf, Albert, David Schneider, and Judith
Polefka (1970). *Person Perception*. Read-
ing, Mass.: Addison-Wesley.

Hatfield, Elaine, and Jane Traupman (1981).
Intimate Relationships: A Perspective from
Equity Theory. In Duck and Gilmour
(1981), 165–178.

Hayakawa, S. I., and A. R. Hayakawa (1989).
Language in Thought and Action. 5th ed.
New York: Harcourt Brace Jovanovich.

Hays, Robert B. (1989). The Day-to-Day
Functioning of Close Versus Casual Friend-
ships. *Journal of Social and Personal Rela-
tionships* 6:21–37.

Hecht, Michael (1978a). The Conceptualiza-
tion and Measurement of Interpersonal
Communication Satisfaction. *Human Com-
munication Research* 4:253–264.

Hecht, Michael (1978b). Toward a Conceptu-
alization of Communication Satisfaction.
Quarterly Journal of Speech 64:47–62.

Hecht, Michael, and Sidney Ribeau (1984).
Ethnic Communication: A Comparative
Analysis of Satisfying Communication. *In-
ternational Journal of Intercultural Rela-
tions* 8:135–151.

Hegstrom, Timothy (1979). Message Impact:
What Percentage Is Nonverbal? *Western
Journal of Speech Communication*
43:134–142.

Heiskell, Thomas L., and Joseph F. Rychlak
(1986). The Therapeutic Relationship: In-
experienced Therapists' Affective Prefer-
ence and Empathic Communication. *Jour-
nal of Social and Personal Relationships*
3:267–274.

Henderson, M., and A. Furnham (1982). Simi-
larity and Attraction: The Relationship Be-
tween Personality, Beliefs, Skills, Needs,
and Friendship Choice. *Journal of Adoles-
cence* 5:111–123.

Hendrick, Clyde, Susan Hendrick, Franklin H.
Foote, and Michelle J. Slapion-Foote
(1984). Do Men and Women Love Differ-
ently? *Journal of Social and Personal Rela-
tionships* 1:177–195.

Hendrick, Clyde, and Susan Hendrick (1990).
A Relationship-Specific Version of the
Love Attitudes Scale. In *Handbook of
Replication Research in the Behavioral and
Social Sciences* (special issue), edited by J.
W. Heulip, *Journal of Social Behavior and
Personality* 5:239–254.

Henley, Nancy M. (1977). *Body Politics:
Power, Sex, and Nonverbal Communica-
tion*. Englewood Cliffs, N.J.: Prentice Hall.

Hertzler, J. O. (1965). *A Sociology of Lan-
guage*. New York: Random House.

Heseltine, Olive (1927). *Conversation*. Lon-
don: Methuen.

Hess, Eckhard H. (1975). *The Tell-Tale Eye*.
New York: Van Nostrand Reinhold.

Hess, Eckhard H., Allan L. Seltzer, and John
M. Schlien (1965). Pupil Response of
Hetero- and Homosexual Males to Pictures
of Men and Women: A Pilot Study. *Journal
of Abnormal Psychology* 70:165–168.

Hewitt, John, and Randall Stokes (1975). Dis-
claimers. *American Sociological Review*
40:1–11.

Hickson, Mark L., and Don W. Stacks (1989).
*NVC: Nonverbal Communication: Studies
and Applications*. 2d ed. Dubuque, Iowa:
William. C. Brown.

Hocker, Joyce L., and William W. Wilmot
(1985). *Interpersonal Conflict*. 2nd ed.
Dubuque, Iowa: William C. Brown.

Hockett, Charles F. (1977). *The View from
Language: Selected Essays, 1948–1974*.
Athens: University of Georgia Press.

Hoijer, Harry, ed. (1954). *Language in Cul-
ture*. Chicago: University of Chicago
Press.

Hollender, Marc, and Alexander Mercer
(1976). Wish to Be Held and Wish to Hold
in Men and Women. *Archives of General
Psychiatry* 33:49–51.

Honeycutt, James (1986). A Model of Marital
Functioning Based on an Attraction Para-
digm and Social Penetration Dimensions.

Journal of Marriage and the Family 48 (August): 51–59.

Hopper, Robert, Mark L. Knapp, and Lorel Scott (1981). Couples' Personal Idioms: Exploring Intimate Talk. *Journal of Communication* 31:23–33.

Hosman, Lawrence A. (1989). The Evaluative Consequences of Hedges, Hesitations, and Intensifiers: Powerful and Powerless Speech Styles. *Human Communication Research* 15:383–406.

Huffines, LaUna (1986). *Connecting with All the People in Your Life.* New York: Harper & Row.

Hymes, Dell (1974). *Foundations in Sociolinguistics: An Ethnographic Approach.* Philadelphia: University of Pennsylvania Press.

Illinois Coalition Against Sexual Assault (spring 1990). *Coalition Commentary.* Urbana: Illinois Coalition Against Sexual Assault.

Infante, Dominic A. (1988). *Arguing Constructively.* Prospect Heights, Ill.: Waveland Press.

Infante, Dominic (1993). Personal Communication.

Infante, Dominic and Andrew Rancer (1982). A Conceptualization and Measure of Argumentativeness. *Journal of Personality Assessment* 46:72–80.

Infante, Dominic and C. J. Wigley (1986). Verbal Aggressiveness: An Interpersonal Model and Measure. *Communication Monographs* 53:61–69.

Infante, Dominic A., Teresa A. Chandler, and Jill E. Rudd (1989). Test of an Argumentative Skill Deficiency Model of Interspousal Violence. *Communication Monographs* 56 (June): 163–177.

Infante, Dominic A., Andrew S. Rancer, and Deanna F. Womack (1990). *Building Communication Theory.* Prospect Heights, Ill.: Waveland Press.

Infante, Dominic A., Teresa Chandler Sabourin, Jill E. Rudd, and Elizabeth A. Shannon (1990). Verbal Aggression in Violent and Nonviolent Marital Disputes. *Communication Quarterly* 38 (fall): 361–371.

Infante, Dominic A., Bruce L. Riddle, Cary L. Horvath, and S. A. Tumlin (1992). Verbal Aggressiveness: Messages and Reasons. *Communication Quarterly* 40 (spring): 116–126.

Infante, Dominic A., Karen C. Hartley, Matthew M. Martin, Mary Anne Higgins, Stephen D. Bruning, and Gyeongho Hur (1992). Initiating and Reciprocating Verbal Aggression: Effects on Credibility and Credited Valid Arguments. *Communication Studies* 43 (fall): 182–190.

Infante, Dominic A., Teresa Chandler Sabourin, Jill E. Rudd, and Elizabeth A. Shannon (1990). Verbal Aggression in Violent and Nonviolent Marital Disputes. *Communication Quarterly* 38 (fall): 361–371.

Insel, Paul M., and Lenore F. Jacobson, eds. (1975). *What Do You Expect? An Inquiry into Self-Fulfilling Prophecies.* Menlo Park, Calif.: Cummings.

Jacobson, W. D. (1972). *Power and Interpersonal Relations.* Belmont, Calif.: Wadsworth.

Jaksa, James A., and Michael S. Pritchard (1988). *Communication Ethics: Methods of Analysis.* Belmont, Calif.: Wadsworth.

Janus, Samuel S., and Cynthia L. Janus (1993). *The Janus Report on Sexual Behavior.* New York: Wiley.

Jaworski, Adam (1993). *The Power of Silence: Social and Pragmatic Perspectives.* Newbury Park, Calif.: Sage.

Jecker, Jon, and David Landy (1969). Liking a Person as a Function of Doing Him a Favor. *Human Relations* 22:371–378.

Jensen, J. Vernon (1985). Perspectives on Nonverbal Intercultural Communication. In Samovar and Porter (1985), 256–272.

Johannesen, Richard L. (1971). The Emerging Concept of Communication as Dialogue. *Quarterly Journal of Speech* 57:373–382.

Johannesen, Richard L. (1990). *Ethics in Human Communication.* 4th ed. Prospect Heights, Ill.: Waveland Press.

Johnson, C. E. (1987). An Introduction to Powerful and Powerless Talk in the Classroom. *Communication Education* 36:167–172.

Johnson, F. L., and E. J. Aries (1983). The Talk of Women Friends. *Women's Studies International Forum* 6:353–361.

Johnson, Otto, ed. (1994). *The 1994 Informa-*

tion *Please Almanac,* New York: Houghton Mifflin.

Johnson, Frank A. and Anthony J. Marsella (1976). Differential Attitudes toward Verbal Behavior in Students of Japanese and European Ancestry. *Genetic Psychology Monographs* 97 (February): 43–76.

Johnson, Scott, A. (1993). *When "I Love You" Turns Violent: Emotional and Physical Abuse in Dating Relationships.* Far Hills, N.J.: New Horizon Press.

Johnson, Wendell (1951). The Spoken Word and the Great Unsaid. *Quarterly Journal of Speech* 37:419–429.

Jones, E. E., et al. (1964). *Social Stigma: The Psychology of Marked Relationships.* New York: W. H. Freeman.

Jones, E. E., and K. E. Davis (1965). From Acts to Dispositions: The Attribution Process in Person Perception. In *Advances in Experimental Social Psychology,* edited by L. Berkowitz, vol. 2, 219–266. New York: Academic Press.

Jones, E. E., Leslie Rock, Kelley G. Sharver, and Lawrence M. Wad (1968). Pattern of Performance and Ability Attribution: An Unexpected Primacy Effect. *Journal of Personality and Social Psychology* 10:317–340.

Jones, Stanley (1986). Sex Differences in Touch Communication. *Western Journal of Speech Communication* 50:227–241.

Jones, Stanley, and A. Elaine Yarbrough (1985). A Naturalistic Study of the Meanings of Touch. *Communication Monographs* 52:19–56. A version of this paper appears in DeVito and Hecht (1990).

Jourard, Sidney M. (1966). An Exploratory Study of Body-Accessibility. *British Journal of Social and Clinical Psychology* 5:221–231.

Jourard, Sidney M. (1968). *Disclosing Man to Himself.* New York: Van Nostrand Reinhold.

Jourard, Sidney M. (1971a). *Self-Disclosure.* New York: Wiley.

Jourard, Sidney M. (1971b). *The Transparent Self.* Rev. ed. New York: Van Nostrand Reinhold.

Joyner, Russell (1993). An Auto-Interview on the Need for E-Prime. *Etc.: A Review of General Semantics* 50 (Fall): 317–325.

Kanner, Bernice (1989). Color Schemes. *New York Magazine,* 3 April, 22–23.

Kazoleas, Dean (1993). The Impact of Argumentativeness on Resistance to Persuasion. *Human Communication Research* 20 (September): 118–137.

Kearney, P., T. G. Plax, V. P. Richmond, and J. C. McCroskey (1984). Power in the Classroom IV: Alternatives to Discipline. In *Communication Yearbook 8,* edited by R. N. Bostrom, 724–746. Newbury Park, Calif.: Sage.

Kearney, P., T. G. Plax, V. P. Richmond, and J. C. McCroskey (1985). Power in the Classroom III: Teacher Communication Techniques and Messages. *Communication Education* 34:19–28.

Keating, Caroline F., Alan Mazur, and Marshall H. Segall (1977). Facial Gestures Which Influence the Perception of Status. *Sociometry* 40 (December): 374–378.

Keenan, Elinor Ochs (1976). The Universality of Conversational Postulates. *Language in Society* 5 (April): 67–80.

Kelley, H. H. (1967). Attribution Theory in Social Psychology. In *Nebraska Symposium on Motivation,* edited by D. Levine, 192–240. Lincoln: University of Nebraska Press.

Kelley, H. H. (1973). The Process of Causal Attribution. *American Psychologist* 28:107–128.

Kelley, H. H. (1979). *Personal Relationships: Their Structures and Processes.* Hillsdale, N.J.: Lawrence Erlbaum.

Kelley, H. H., and J. W. Thibaut (1978). *Interpersonal Relations: A Theory of Interdependence.* New York: Wiley/Interscience.

Kennedy, C. W., and C. T. Camden (1988). A New Look at Interruptions. *Western Journal of Speech Communication* 47:45–58.

Kersten, K., and L. Kersten (1988). *Marriage and the Family: Studying Close Relationships.* New York: Harper & Row.

Keyes, Ken, Jr., and Penny Keyes (1987). *Gathering Power Through Insight and Love.* St. Mary, Ky.: Living Love.

Kim, Young Yun (1988). Communication and

Acculturation. In Samovar and Porter (1988), 344–354.

Kim, Young Yun, ed. (1986). *Interethnic Communication: Current Research.* Newbury Park, Calif.: Sage.

Kim, Young Yun (1991). Intercultural Communication Competence. In *Cross-Cultural Interpersonal Communication,* ed., Stella Ting-Toomey and Felipe Korzenny. Newbury Park, Calif.: Sage, pp. 259–275.

Kim, Young Yun, and William B. Gudykunst, eds. (1988). *Theories in Intercultural Communication.* Newbury Park, Calif.: Sage.

Kirkpatrick, C., and T. Caplow (1945). Courtship in a Group of Minnesota Students. *American Journal of Sociology* 51:114–125.

Kleinke, Chris L. (1978). *Self-Perception: The Psychology of Personal Awareness.* San Francisco: W. H. Freeman.

Kleinke, Chris L. (1986). *Meeting and Understanding People.* New York: W. H. Freeman.

Knapp, Mark L. (1984). *Interpersonal Communication and Human Relationships.* Boston: Allyn & Bacon.

Knapp, Mark L., and Mark Comadena (1979). Telling It Like It Isn't: A Review of Theory and Research on Deceptive Communication. *Human Communication Research* 5:270–285.

Knapp, Mark L., Donald Ellis, and Barbara A. Williams (1980). Perceptions of Communication Behavior Associated with Relationship Terms. *Communication Monographs* 47:262–278.

Knapp, Mark L., and Judith Hall (1992). *Nonverbal Behavior in Human Interaction.* 3d ed. New York: Holt, Rinehart & Winston.

Knapp, Mark L., and Anita Vangelisti (1992). *Interpersonal Communication and Human Relationships.* 2d ed. Boston: Allyn & Bacon.

Knapp, Mark L., and G. R. Miller, eds. (1985). *Handbook of Interpersonal Communication.* Newbury Park, Calif.: Sage.

Kochman, Thomas (1981). *Black and White: Styles in Conflict.* Chicago: University of Chicago Press.

Komarovsky, M. (1964). *Blue Collar Marriage* (New York: Random House).

Korda, M. (1975). *Power! How to Get It, How to Use It.* New York: Ballantine.

Korzybski, A. (1933). *Science and Sanity.* Lakeville, Conn.: The International Non-Aristotelian Library.

Kramarae, Cheris (1981). *Women and Men Speaking.* Rowley, Mass.: Newbury House.

Kramer, Ernest (1963). Judgment of Personal Characteristics and Emotions from Nonverbal Properties. *Psychological Bulletin* 60:408–420.

Krug, Linda (1982). Alternative Lifestyle Dyads: An Alternative Relationship Paradigm. *Alternative Communications* 4:32–52.

LaBarre, W. (1964). Paralinguistics, Kinesics, and Cultural Anthropology. In *Approaches to Semiotics,* edited by T. A. Sebeok, A. S. Hayes, and M. C. Bateson, 191–220. The Hague: Mouton.

LaFrance, M., and C. Mayo (1978). *Moving Bodies: Nonverbal Communication in Social Relationships.* Monterey, Calif.: Brooks/Cole.

Lahey, B. B. (1989). *Psychology.* Dubuque, Iowa: William C. Brown.

Laing, Ronald D., H. Phillipson, and A. Russell Lee (1966). *Interpersonal Perception.* New York: Springer.

Lakoff, Robin (1975). *Language and Woman's Place.* New York: Harper & Row.

Lambdin, William (1981). *Doublespeak Dictionary.* Los Angeles: Pinnacle Books.

Langer, Ellen J. (1978). Rethinking the Role of Thought in Social Interaction. In *New Directions in Attribution Research,* vol. 2, edited by J. H. Harvey, W. J. Ickes, and R. F. Kidd, 35–58. Hillsdale, N.J.: Lawrence Erlbaum.

Langer, Ellen J. (1989). *Mindfulness.* Reading, Mass.: Addison-Wesley.

Lanzetta, J. T., J. Cartwright-Smith, and R. E. Kleck (1976). Effects of Nonverbal Dissimulations on Emotional Experience and Autonomic Arousal. *Journal of Personality and Social Psychology* 33:354–370.

Latane, B., K. Williams, and S. Harkins (1979). Many Hands Make Light the Work: Causes and Consequences of Social Loafing. *Journal of Personality and Social Psychology* 37:822–832.

Leathers, Dale G. (1986). *Successful Nonverbal Communication: Principles and Applications*. New York: Macmillan.

Lederer, William J. (1984). *Creating a Good Relationship*. New York: W. W. Norton.

Lederer, William J., and D. D. Jackson (1968). *The Mirages of Marriage*. New York: W. W. Norton.

Lee, John Alan (1973). Styles of Loving. *Psychology Today* 8:43–51.

Lee, John Alan (1976). *The Colors of Love*. New York: Bantam.

LeVine, R., and K. Bartlett (1984). Pace of Life, Punctuality, and Coronary Heart Disease in Six Countries. *Journal of Cross-Cultural Psychology* 15:233–255.

Levinger, George (1983). The Embrace of Lives: Changing and Unchanging. In *Close Relationships: Perspectives on the Meaning of Intimacy,* edited by George Levinger and Harold L. Raush, 1–16. Amherst: University of Massachusetts Press.

Lips, H. M. (1981). *Women, Men, and the Psychology of Power*. Englewood Cliffs, N.J.: Prentice Hall.

Littlejohn, Stephen W. (1989). *Theories of Human Communication*. 3d ed. Belmont, Calif.: Wadsworth.

Loftus, Elizabeth F. (1979). *Eyewitness Testimony*. Cambridge, Mass.: Harvard University Press.

Loftus, Elizabeth F., and J. C. Palmer (1974). Reconstruction of Automobile Destruction: An Example of the Interaction Between Language and Memory. *Journal of Verbal Learning and Verbal Behavior* 13:585–589.

Loftus, Elizabeth F., and J. Monahan (1980). Trial by Data: Psychological Research as Legal Evidence. *American Psychologist* 35:270–283.

Lorenz, Konrad (1937). Imprinting. *The Auk* 54:245–273.

Luft, Joseph (1969). *Of Human Interaction*. Palo Alto, Calif.: Mayfield.

Luft, Joseph (1970). *Group Processes: An Introduction to Group Dynamics*. 2d ed. Palo Alto, Calif.: Mayfield.

Lujansky, H. and G. Mikula (1983). Can Equity Theory Explain the Quality and Stability of Romantic Relationships? *British Journal of Social Psychology* 22:101–112.

Lukens, J. (1978). Ethnocentric Speech. *Ethnic Groups* 2:35–53.

Lurie, Alison (1983). *The Language of Clothes*. New York: Vintage.

Lyman, Stanford M., and Marvin B. Scott (1967). Territoriality: A Neglected Sociological Dimension. *Social Problems* 15:236–249.

McCarthy, B., and S. W. Duck (1976). Friendship Duration and Responses to Attitudinal Agreement-Disagreement. *British Journal of Clinical and Social Psychology* 15:377–386.

McCornack, Steven A., and Malcolm R. Parks (1990). What Women Know That Men Don't: Sex Differences in Determining the Truth Behind Deceptive Messages. *Journal of Social and Personal Relationships* 7:107 118.

McCroskey, James C. (1982). *Introduction to Rhetorical Communication*. 4th ed. Englewood Cliffs, N.J.: Prentice Hall.

McCroskey, James, and Lawrence Wheeless (1976). *Introduction to Human Communication*. Boston: Allyn & Bacon.

McCroskey, James C., and Virginia P. Richmond (1983). Power in the Classroom I: Teacher and Student Perceptions. *Communication Education* 32:175 184.

McCroskey, James C. and Virginia P. Richmond (1990). Willingness to Communicate: Differing Cultural Perspectives. *Southern Communication Journal* 56 (Fall): 72–77.

McCroskey, James, Virginia P. Richmond, and Robert A. Stewart (1986). *One on One: The Foundations of Interpersonal Communication*. Englewood Cliffs, N.J.: Prentice Hall.

McCroskey, James C., S. Booth-Butterfield, and S. K. Payne (1989). The Impact of Communication Apprehension on College Student Retention and Success. *Communication Quarterly* 37:100–107.

McCroskey, James C., and John Daly, eds. (1987). *Personality and Interpersonal Communication*. Newbury Park, Calif.: Sage.

McGill, Michael E. (1985). *The McGill Report on Male Intimacy*. New York: Harper & Row.

MacLachlan, John (1979). What People Really Think of Fast Talkers. *Psychology Today* 13:113–117.

McLaughlin, Margaret L. (1984). *Conversation: How Talk Is Organized.* Newbury Park, Calif.: Sage.

McLaughlin, Margaret L., Michael L. Cody, and C. S. Robey (1980). Situational Influences on the Selection of Strategies to Resist Complicance-Gaining Attempts. *Human Communication Research* 1:14–36.

Mahl, George F., and Gene Schulze (1964). Psychological Research in the Extralinguistic Area. In *Approaches to Semiotics,* edited by T. A. Sebeok, A. S. Hayes, and M. C. Bateson. The Hague: Mouton.

Majeski, William J. (1988). *The Lie Detection Book.* New York: Ballantine.

Malandro, Loretta A., Larry Barker, and Deborah Ann Barker (1989). *Nonverbal Communication.* 2d ed. New York: Random House.

Malinowski, Bronislaw (1923). The Problem of Meaning in Primitive Languages. In *The Meaning of Meaning,* edited by C. K. Ogden and I. A. Richards, 296–336. New York: Harcourt Brace Jovanovich.

Marsh, Peter (1988). *Eye to Eye: How People Interact.* Topside, Mass.: Salem House.

Marshall, Evan (1983). *Eye Language: Understanding the Eloquent Eye.* New York: New Trend.

Marshall, Linda L., and Patricia Rose (1987). Gender, Stress, and Violence in the Adult Relationships of a Sample of College Students. *Journal of Social and Personal Relationships* 4:229–316.

Marston, Peter J., Michael L. Hecht, and Tia Robers (1987). True Love Ways: The Subjective Experience and Communication of Romantic Love. *Journal of Personal and Social Relationships* 4:387–407.

Martel, Myles (1989). *The Persuasive Edge.* New York: Fawcett.

Marwell, G., and D. R. Schmitt (1967). Dimensions of Compliance-Gaining Behavior: An Empirical Analysis. *Sociometry* 39:350–364.

Marwell, Gerald and David R. Schmitt (1990). An Introduction. In *Seeking Compliance: The Production of Interpersonal Influence Messages,* ed. James Price Dillard. Scottsdale, Ariz.: Gorsuch Scarisbrick, pp. 3–5.

Masheter, Carol, and Linda M. Harris (1986).

From Divorce to Friendship: A Study of Dialectic Relationship Development. *Journal of Social and Personal Relationships* 3:177–189.

Maslow, Abraham, and N. L. Mintz (1956). Effects of Esthetic Surroundings: I. Initial Effects of Three Esthetic Conditions upon Perceiving "Energy" and "Well-Being" in Faces. *Journal of Psychology* 41:247–254.

Matsumoto, David (1991). Cultural Influences on Facial Expressions of Emotion. *Southern Communication Journal* 56 (Winter): 128–137.

May, Gerald G. (1988). *Addiction and Grace.* San Francisco: HarperSanFrancisco.

Maynard, Harry E. (1963). How to Become a Better Premise Detective. *Public Relations Journal* 19:20–22.

Mehrabian, Albert (1968). Communication Without Words. *Psychology Today* 2:53–55.

Mehrabian, Albert (1976). *Public Places and Private Spaces.* New York: Basic Books.

Mehrabian, Albert (1978). *How We Communicate Feelings Nonverbally.* A *Psychology Today* cassette. New York: Ziff-Davis.

Mencken, H. L. (1971). *The American Language.* New York: Knopf.

Merton, Robert K. (1957). *Social Theory and Social Structure.* New York: Free Press.

Messick, R. M., and K. S. Cook, eds. (1983). *Equity Theory: Psychological and Sociological Perspectives.* New York: Praeger.

Midooka, Kiyoshi (1990). Characteristics of Japanese Style Communication. *Media, Culture and Society* 12 (October):477–489.

Millar, Frank E. and L. E. Rogers (1987). Relational Dimensions of Interpersonal Dynamics. In *Interpersonal Processes: New Directions in Communication Research,* ed. Michael E. Roloff and Gerald R. Millar, eds. Newbury Park, Calif.: Sage, pp. 117–139.

Miller, Casey, and Kate Swift (1976). *Words and Women: New Language in New Times.* Garden City, N.Y.: Doubleday.

Miller, Gerald R. (1978). The Current State of Theory and Research in Interpersonal Communication. *Human Communication Research* 4:164–178.

Miller, Gerald R. (1990). Interpersonal Communication. In *Human Communication:*

Theory and Research, edited by G. L. Dahnke and G. W. Clatterbuck, 91–122. Belmont, Calif.: Wadsworth.

Miller, Gerald R. and Judee Burgoon (1990). In DeVito and Hecht (1990), pp. 340–357.

Miller, Gerald R., and Malcolm R. Parks (1982). Communication in Dissolving Relationships. In Duck (1982), 127–154.

Miller, Mark J. and Charles T. Wilcox (1986). Measuring Perceived Hassles and Uplifts among the Elderly. *Journal of Human Behavior and Learning* 3:38–46.

Miller, Rodney, A. Reynolds, and Ronald E. Cambra (1987). The Influence of Gender and Culture on Language Intensity. *Communication Monographs* 54:101–105.

Miller, Sherod, Daniel Wackman, Elam Nunnally, and Carol Saline (1982). *Straight Talk.* New York: New American Library.

Miner, Horace (1956). Body Ritual Among the Nacierma. *American Anthropologist* 58:503–507.

Mintz, N. L. (1956). Effects of Esthetic Surroundings: II. Prolonged and Repeated Experience in a "Beautiful" and "Ugly" Room. *Journal of Psychology* 41:459–466.

Moghaddam, Fathali M., Donald M. Taylor, and Stephen C. Wright (1993). *Social Psychology in Cross-Cultural Perspective.* New York: W. H. Freeman.

Molloy, John (1975). *Dress for Success.* New York: P. H. Wyden.

Molloy, John (1977). *The Woman's Dress for Success Book.* Chicago: Follet.

Molloy, John (1981). *Molloy's Live for Success.* New York: Bantam.

Montague, Ashley (1971). *Touching: The Human Significance of the Skin.* New York: Harper & Row.

Montgomery, Barbara M. (1981). The Form and Function of Quality Communication in Marriage. *Family Relations* 30:21–30.

Montgomery, M. (1986). *An Introduction to Language and Society.* New York: Methuen.

Moriarty, Thomas (1975). A Nation of Willing Victims. *Psychology Today* 8:43–50.

Morris, Desmond (1967). *The Naked Ape.* London: Jonathan Cape.

Morris, Desmond (1972). *Intimate Behavior.* New York: Bantam.

Morris, Desmond (1977). *Manwatching: A Field Guide to Human Behavior.* New York: Abrams.

Morris, Desmond (1985). *Bodywatching.* New York: Crown.

Morris, Desmond, Peter Collett, Peter Marsh, and Marie O'Shaughnessy (1979). *Gestures: Their Origins and Distribution.* New York: Stein & Day.

Motley, Michael (1988). Taking the Terror Out of Talk. *Psychology Today* 22:46–49.

Motley, Michael T. (1990a). On Whether One Can(not) not Communicate: An Examination via traditional communication postulates. *Western Journal of Speech Communication* 54 (winter):1–20.

Motley, Michael T. (1990b). Communication as Interaction: A Reply to Beach and Bavelas. *Western Journal of Speech Communication* 54 (fall):613–623.

Mulac, Anthony, Lisa B. Studley, John W. Wiemann, and James J. Bradac (1987). Male/Female Gaze in Same-Sex and Mixed-Sex Dyads: Gender-Linked Differences and Mutual Influence. *Human Communication Research* 13 (Spring):323–344.

Mulac, A., J. M. Wiemann, S. J. Widenmann, and T. W. Gibson (1988). Male/Female Language Differences and Effects in Same-Sex and Mixed-Sex Dyads: The Gender-Linked Language Effect. *Communication Monographs* 55:315–335.

Naifeh, Steven, and Gregory White Smith (1984). *Why Can't Men Open Up? Overcoming Men's Fear of Intimacy.* New York: Clarkson N. Potter.

Naisbitt, John (1984). *Megatrends: Ten New Directions Transforming Our Lives.* New York: Warner.

Neimeyer, Robert A., and Greg J. Neimeyer (1983). Structural Similarity in the Acquaintance Process. *Journal of Social and Clinical Psychology* 1:146–154.

Neimeyer, Robert A., and Kelly A. Mitchell (1988). Similarity and Attraction: A Longitudinal Study. *Journal of Social and Personal Relationships* 5 May: 131–148.

Newsweek (1992). The Wounds of Words: When Verbal Abuse Is as Scary as Physical Abuse. 12 October, 90–92.

Nichols, Ralph (1961). Do We Know How to

Listen? Practical Helps in a Modern Age. *Communication Education* 10:118–124.

Nichols, Ralph, and Leonard Stevens (1957). *Are You Listening?* New York: McGraw-Hill.

Nierenberg, Gerald, and Henry Calero (1971). *How to Read a Person Like a Book.* New York: Pocket Books.

Nierenberg, Gerald, and Henry Calero (1973). *Metatalk.* New York: Simon & Schuster.

Noller, Patricia (1982). Couple Communication and Marital Satisfaction. *Australian Journal of Sex, Marriage, and Family* 3:69–75.

Noller, Patricia, and Harley Hiscock (1989). Fitzpatrick's Typology: An Australian Replication. *Journal of Social and Personal Relationships* 6:87–92.

Noller, Patricia, and Mary Anne Fitzpatrick (1993). *Communication in Family Relationships.* Englewood Cliffs, N.J.: Prentice Hall.

Norton, Robert, and Barbara Warnick (1976). Assertiveness as a Communication Construct. *Human Communication Research* 3:62–66.

Notarius, Clifford I., and Lisa R. Herrick (1988). Listener Response Strategies to a Distressed Other. *Journal of Social and Personal Relationships* 5:97–108.

Oberg, K. (1960). Cultural Shock: Adjustment to New Cultural Environments. *Practical Anthropology* 7:177–182.

O'Hair, D., M. J. Cody, and M. L. McLaughlin (1981). Prepared Lies, Spontaneous Lies, Machiavellianism, and Nonverbal Communication. *Human Communication Research* 7:325–339.

O'Hair, D., M. J. Cody, B. Goss, and K. J. Krayer (1988). The Effect of Gender, Deceit Orientation, and Communicator Style on Macro-Assessments of Honesty. *Communication Quarterly* 36:77–93.

O'Hair, Mary John, Michael J. Cody, and Dan O'Hair (1991). The Impact of Situational Dimensions on Compliance-Resisting Strategies: A Comparison of Methods. *Communication Quarterly* 39 (summer):226–240.

Otto, Herbert A., ed. (1972). *Love Today: A New Exploration.* New York: Delta.

Palmer, M. T. (1989). Controlling Conversations: Turns, Topics, and Interpersonal Control. *Communication Monographs* 56:1–18.

Parlee, Mary Brown (1979). The Friendship Bond. *Psychology Today* 13 (October):43–54, 113.

Patterson, Brian, and Dan O'Hair (1992). Relational Reconciliation: Toward a More Comprehensive Model of Relational Development. *Communication Research Reports* 9 (December): 119–130.

Peabody, Susan (1989). *Addiction to Love: Overcoming Obsession and Dependency in Relationships.* Berkeley, Calif.: Ten Speed Press.

Pearce, W. Barnett, and Steward M. Sharp (1973). Self-Disclosing Communication. *Journal of Communication* 23:409–425.

Pearson, Judy C. (1980). Sex Roles and Self-Disclosure. *Psychological Reports* 47:640.

Pearson, Judy C. (1993). *Communication in the Family,* 2d ed. New York: Harper-Collins.

Pearson, Judy C., and Brian H. Spitzberg (1990). *Interpersonal Communication: Concepts, Components, and Contexts,* 2d ed. Dubuque, Iowa: William C. Brown.

Pearson, Judy C., Lynn H. Turner, and William Todd-Mancillas (1991). *Gender and Communication.* 2d ed. Dubuque, Iowa: William C. Brown.

Pease, Allen (1984). *Signals: How to Use Body Language for Power, Success, and Love.* New York: Bantam.

Penfield, Joyce, ed. (1987). *Women and Language in Transition.* Albany: State University of New York Press.

Pennebacker, James W. (1991). *Opening Up: The Healing Power of Confiding in Others.* New York: Morrow.

Peplau, Letitia Anne (1988). Research on Homosexual Couples: An Overview. In *Gay Relationships,* edited by John DeCecco, 33–40. New York: Harrington Park Press.

Peplau, Letitia Anne, and Daniel Perlman, eds. (1982). *Loneliness: A Sourcebook of Current Theory, Research, and Therapy.* New York: Wiley/Interscience.

Perlman, Daniel, and Letitia Anne Peplau (1981). Toward a Social Psychology of Loneliness. In *Personal Relationships. 3: Personal Relationships in Disorder,* edited by Steve Duck and Robin Gilmour, 31–56. New York: Academic Press.

Petrocelli, William and Barbara Kate Repa (1992). *Sexual Harassment on the Job.* Berkeley, Calif.: Nolo Press.

Pilkington, Constance J., and Deborah R. Richardson (1988). Perceptions of Risk in Intimacy. *Journal of Social and Personal Relationships* 5:503–508.

Pittenger, R. E., C. F. Hockett, and J. J. Danehy (1960). *The First Five Minutes.* Ithaca, N.Y.: Paul Martineau.

Plutchik, R. (1980). *Emotions: A Psycho-Evolutionary Synthesis.* New York: Harper & Row.

Prather, H., and G. Prather (1988). *A Book for Couples.* New York: Doubleday.

Prins, K. S., B. P. Buunk, and N. W. Van Yperen (1994). Equity, Normative Disapproval, and Extramarital Sex. *Journal of Social and Personal Relationships* 50, in press.

Prisbell, Marshall (1986). The Relationship Between Assertiveness and Dating Behavior Among College Students. *Communication Research Reports* 3 (December): 9–12.

Purnell, Rosentene B. (1982). Teaching Them to Curse: A Study of Certain Types of Inherent Racial Bias in Language Pedagogy and Practices. *Phylon* 43 (September): 231–241.

Rabin, Claire, and Dvora Zelner (1992). The Role of Assertiveness in Clarifying Roles and Strengthening Job Satisfaction of Social Workers in Multidisciplinary Mental Health Settings. *British Journal of Social Work* 22 (February): 17–32.

Rank, H. (1984). *The PEP Talk: How to Analyze Political Language.* Park Forest, Ill.: Counter Propaganda Press.

Rankin, Paul (1929). Listening Ability. *Proceedings of the Ohio State Educational Conference's Ninth Annual Session.*

Raven, B., C. Centers, and A. Rodrigues (1975). The Bases of Conjugal Power. In *Power in Families,* edited by R. E. Cromwell and D. H. Olson, 217–234. New York: Halsted Press.

Rawlins, William K. (1983). Negotiating Close Friendship: The Dialectic of Con-

junctive Freedoms. *Human Communication Research* 9 (spring): 255–266.

Rawlins, William K. (1989). A Dialectical Analysis of the Tensions, Functions, and Strategic Challenges of Communication in Young Adult Friendships. *Communication Yearbook/12,* edited by James A. Anderson, 157–189. Newbury Park, Calif.: Sage.

Reardon, Kathleen K. (1987). *Where Minds Meet: Interpersonal Communication.* Belmont, Calif.: Wadsworth.

Reed, Warren H. (1985). *Positive Listening: Learning to Hear What People Are Really Saying.* New York: Franklin Watts.

Reik, Theodore (1944). *A Psychologist Looks at Love.* New York: Rinehart.

Reisman, John (1979). *Anatomy of Friendship.* Lexington, Mass.: Lewis.

Reisman, John M. (1981). Adult Friendships. In *Personal Relationships. 2: Developing Personal Relationships,* eds. Steve Duck and Robin Gilmour. New York: Academic Press, pp. 205–230.

Rich, Andrea L. (1974). *Interracial Communication.* New York: Harper & Row.

Richards, I. A. (1951). Communication Between Men: The Meaning of Language. In *Cybernetics, Transactions of the Eighth Conference,* edited by Heinz von Foerster.

Richmond, Virginia P., and J. C. McCroskey (1984). Power in the Classroom II: Power and Learning. *Communication Education* 33:125–136.

Richmond, Virginia P., L. M. Davis, K. Saylor, and J. C. McCroskey (1984). Power Strategies in Organizations: Communication Techniques and Messages. *Human Communication Research* 11:85–108.

Richmond, Virginia P., J. C. McCroskey, and Steven Payne (1987). *Nonverbal Behavior in Interpersonal Relationships.* Englewood Cliffs, N.J.: Prentice Hall.

Richmond, Virginia P., and J. C. McCroskey (1989). *Communication: Apprehension, Avoidance, and Effectiveness.* 2d ed. Scottsdale, Ariz.: Gorsuch Scarisbrick.

Riggio, Ronald E. (1987). *The Charisma Quotient.* New York: Dodd, Mead.

Roach, K. David (1991). The Influence and Effects of Gender and Status on University

Instructor Affinity-Seeking Behavior. *Southern Communication Journal* 57 (fall): 73–80.

Robinson, W. P. (1972). *Language and Social Behavior.* Baltimore: Penguin.

Rodriguez, Maria (1988). Do Blacks and Hispanics Evaluate Assertive Male and Female Characters Differently? *Howard Journal of Communication* 1:101–107.

Roger, Derek and Willfried Nesshoever (1987). Individual Differences in Dyadic Conversational Strategies: A Further Study. *British Journal of Social Psychology* 26 (September):247–255.

Rogers, Carl (1970). *Carl Rogers on Encounter Groups.* New York: Harrow Books.

Rogers, Carl, and Richard Farson (1981). Active Listening. In DeVito (1981), 137–147.

Rogers, Everett M. (1983). *Diffusion of Innovations.* 3d ed. New York: Free Press.

Rogers, Everett M., and Rekha Agarwala-Rogers (1976). *Communication in Organizations.* New York: Free Press.

Rogers, L. E., and R. V. Farace (1975). Analysis of Relational Communication in Dyads: New Measurement Procedures. *Human Communication Research* 1:222–239.

Rogers-Millar, Edna and Frank E. Millar (1979). Domineeringness and Dominance: A Transactional View. *Human Communication Research* (spring):238–246.

Rosenfeld, Lawrence (1979). Self-Disclosure Avoidance: Why I Am Afraid to Tell You Who I Am. *Communication Monographs* 46:63–74.

Rosenfeld, Lawrence, Sallie Kartus, and Chett Ray (1976). Body Accessibility Revisited. *Journal of Communication* 26:27–30.

Rosenthal, Peggy (1984). *Words and Values: Some Leading Words and Where They Lead Us.* New York: Oxford University Press.

Rosenthal, Robert, and L. Jacobson (1968). *Pygmalion in the Classroom.* New York: Holt, Rinehart & Winston.

Rosnow, Ralph L. (1977). Gossip and Marketplace Psychology. *Journal of Communication* 27 (winter):158–163.

Rossiter, Charles M., Jr. (1975). Defining "Therapeutic Communication." *Journal of Communication* 25:127–130.

Rothwell, J. Dan (1982). *Telling It Like It Isn't: Language Misuse and Malpractice/What We Can Do About It.* Englewood Cliffs, N.J.: Prentice Hall.

Rowland-Morin, Pamela A., and J. Gregory Carroll (1990). Verbal Communication Skills and Patient Satisfaction: A Study of Doctor-Patient Interviews. *Evaluation and the Health Professions* 13:168–185.

Ruben, Brent D. (1985). Human Communication and Cross-Cultural Effectiveness. In Samovar and Porter (1985), 338–346.

Ruben, Brent D. (1988). *Communication and Human Behavior.* 2d ed. New York: Macmillan.

Rubenstein, Carin (1993). Fighting Sexual Harassment in Schools. *New York Times,* 10 June, C8.

Rubenstein, Carin, and Philip Shaver (1982). *In Search of Intimacy.* New York: Delacorte.

Rubin, Jeffrey, and Warren F. Shaffer (1987). Some Interpersonal Effects of Imposing Guilt Versus Eliciting Altruism. *Counseling and Values* 31 (April): 190–193.

Rubin, Rebecca B., and Elizabeth E. Graham. (1988). Communication Correlates of College Success: An Exploratory Investigation. *Communication Education* 37:14–27.

Rubin, Rebecca B. and Randi J. Nevins (1988). *The Road Trip: An Interpersonal Adventure.* Prospect Heights, Ill.: Waveland Press.

Rubin, Theodore Isaac (1983). *One to One: Understanding Personal Relationships.* New York: Viking.

Rubin, Zick (1973). *Liking and Loving: An Invitation to Social Psychology.* New York: Holt, Rinehart & Winston.

Rubin, Zick, and Elton B. McNeil (1985). *Psychology: Being Human.* 4th ed. New York: Harper & Row.

Ruesch, Jurgen, and Gregory Bateson (1951). *Communication: The Social Matrix of Psychiatry.* New York: W. W. Norton.

Rusbult, Caryl E. and Bram P. Buunk (1993). Commitment Processes in Close Relationships: An Interdependence Analysis. *Journal of Social and Personal Relationships* 10 (May):175–204.

Sabatelli, Ronald M., and John Pearce (1986). Exploring Marital Expectations. *Journal of*

Social and Personal Relationships
3:307–321.

Saegert, Susan, Walter Swap, and Robert B. Zajonc (1973). Exposure, Context, and Interpersonal Attraction. *Journal of Personality and Social Psychology* 25:234–242.

Samovar, Larry A., Richard E. Porter, and Nemi C. Jain (1981). *Understanding Intercultural Communication*. Belmont, Calif.: Wadsworth.

Samovar, Larry A., and Richard E. Porter, eds. (1985). *Intercultural Communication: A Reader*, 4th ed. Belmont, Calif.: Wadsworth.

Samovar, Larry A., and Richard E. Porter, eds. (1988). *Intercultural Communication: A Reader*. 5th ed. Belmont, Calif.: Wadsworth.

Sanders, Judith A., Richard L. Wiseman, and S. Irene Matz (1991). Uncertainty Reduction in Acquaintance Relationships in Ghana and the United States. In *Cross-Cultural Interpersonal*, ed., Stella Ting-Toomey and Felipe Korzenny. Newbury Park, Calif.: Sage, pp. 79–98.

Sanford, John A. (1982). *Between People*. New York: Paulist Press.

Sapadin, Linda A. (1988). Friendship and Gender: Perspectives of Professional Men and Women. *Journal of Social and Personal Relationships* 5:387–403.

Sargent, J. F., and Gerald R. Miller (1971). Some Differences in Certain Communication Behaviors of Autocratic and Democratic Leaders. *Journal of Communication* 21:233–252.

Sashkin, Marshall, and William C. Morris (1984). *Organizational Behavior: Concepts and Experiences*. Reston, Va.: Prentice Hall, Reston Publishing.

Satir, Virginia (1972). *Peoplemaking*. Palo Alto, Calif.: Science and Behavior Books.

Satir, Virginia (1983). *Conjoint Family Therapy*. 3d ed. Palo Alto, Calif.: Science and Behavior Books.

Schachter, Stanley (1964). The Interaction of Cognitive and Physiological Determinants of Emotional State. In *Advances in Experimental Social Psychology*, vol. 1, edited by Leonard Berkowitz. New York: Academic Press.

Schaef, Anne Wilson (1986). *Co-Dependence*. New York: HarperCollins.

Schaef, Anne Wilson (1990). *Addictive Relationships*. New York: HarperCollins.

Schaefer, Charles E. (1984). *How to Talk to Children About Really Important Things*. New York: Harper & Row.

Schafer, R. B. and P. M. Keith (1980). Equity and Depression Among Married Couples. *Social Psychology Quarterly* 43:430–435.

Schatski, Michael (1981). *Negotiation: The Art of Getting What You Want*. New York: New American Library.

Schegloff, E. (1982). Discourses as an Interactional Achievement: Some Uses of "uh huh" and Other Things that Come Between Sentences. In *Georgetown University Roundtable on Language and Linguistics*, edited by Deborah Tannen. Washington, D.C.: Georgetown University Press, pp. 71–93.

Scherer, K. R. (1986). Vocal Affect Expression. *Psychological Bulletin* 99:143–165.

Schmidt, Tracy O., and Randolph R. Cornelius (1987). Self-Disclosure in Everyday Life. *Journal of Social and Personal Relationships* 4:365–373.

Schramm, Wilbur (1988). *The Story of Human Communication: Cave Painting to Microchip*. New York: Harper & Row.

Seaver, W. B. (1973). Effects of Naturally Induced Teacher Expectancies. *Journal of Personality and Social Psychology* 28:333–342.

Sergios, Paul A., and James Cody (1985). Physical Attractiveness and Social Assertiveness Skills in Male Homosexual Dating Behavior and Partner Selection. *Journal of Social Psychology* 125 (August): 505–514.

Shannon, J. (1987). Don't Smile When You Say That. *Executive Female* 10:33, 43. Reprinted in DeVito and Hecht (1990), 115–117.

Sheppard, James A. and Alan J. Strathman (1989). Attractiveness and Height: The Role of Stature in Dating Preferences, Frequency of Dating, and Perceptions of Attractiveness. *Personality and Social Psychology* 15 (December): 617–627.

Shimanoff, Susan (1980). *Communication*

Rules: Theory and Research. Newbury Park, Calif.: Sage.

Shuter, Robert (1990). The Centrality of Culture. *Southern Communication Journal* 55 (spring): 237–249.

Siavelis, Rita L., and Leanne K. Lamke (1992). Instrumentalness and Expressiveness: Predictors of Heterosexual Relationship Satisfaction. *Sex Roles* 26 (February): 149–159.

Sillars, Alan L., and Michael D. Scott (1983). Interpersonal Perception Between Intimates: An Integrative Review. *Human Communication Research* 10:153–176.

Simpson, Jeffry A. (1987). The Dissolution of Romantic Relationships: Factors Involved in Relationship Stability and Emotional Distress. *Journal of Personality and Social Psychology* 53 (October): 683–692.

Singer, Marshall R. (1987). *Intercultural Communication: A Perceptual Approach.* Englewood Cliffs, N.J.: Prentice Hall.

Siu, R. G. H. (1984). *The Craft of Power.* New York: Quill.

Small, Jacquelyn (1990). *Becoming Naturally Therapeutic.* New York: Bantam.

Smith, L. J., and L. A. Malandro (1985). *Courtroom Communication Strategies.* New York: Kluwer Law Book Publishers.

Snyder, C. R. (1984). Excuses, Excuses. *Psychology Today* 18:50–55.

Snyder, C. R., Raymond L. Higgins, and Rita J. Stucky (1983). *Excuses: Masquerades in Search of Grace.* New York: Wiley.

Snyder, Mark (1986). *Public Appearances, Private Realities.* New York: W. H. Freeman.

Snyder, Mark (1987). *Public Appearances/ Private Realities: The Psychology of Self-Monitoring.* New York: W. H. Freeman & Co.

Solomon, Michael R. (1986). Dress for Effect. *Psychology Today* 20:20–28.

Sommer, Robert (1969). *Personal Space: The Behavioral Basis of Design.* Englewood Cliffs, N.J.: Prentice Hall, Spectrum.

Sommer, Robert (1972). *Design Awareness.* Englewood Cliffs, N.J.: Prentice Hall.

Spencer, Ted (1993). A New Approach to Assessing Self-Disclosure in Conversation.

Paper presented at the Annual Convention of the Western Speech Communication Association, Albuquerque, New Mexico.

Spencer, Ted (1994). Transforming Relationships Through Everyday Talk. In *The Dynamics of Relationships,* Vol. 4, *Understanding Relationships*, edited by Steve Duck. Newbury Park, Calif.: Sage.

Spitzberg, Brian H., and Michael L. Hecht (1984). A Component Model of Relational Competence. *Human Communication Research* 10:575–599.

Spitzberg, Brian H., and William R. Cupach (1984). *Interpersonal Communication Competence.* Newbury Park, Calif.: Sage.

Spitzberg, Brian H., and William R. Cupach (1989). *Handbook of Interpersonal Competence Research.* New York: Springer-Verlag.

Sprecher, Susan (1987). The Effects of Self-Disclosure Given and Received on Affection for an Intimate Partner and Stability of the Relationship. *Journal of Social and Personal Relationships* 4:115–127.

Sprecher, Susan, and Sandra Metts (1989). Development of the "Romantic Beliefs Scale" and Examination of the Effects of Gender and Gender-Role Orientation. *Journal of Social and Personal Relationships* 6:387–411.

Stafford, L., and D. J. Canary (1991). Maintenance Strategies and Romantic Relationship Type, Gender, and Relational Characteristics. *Journal of Social and Personal Relationships* 8:217–242.

Staines, Graham L., Kathleen J. Pottick, and Deborah A. Fudge (1986). Wives' Employment and Husbands' Attitudes Toward Work and Life. *Journal of Applied Psychology* 71:118–128.

Steil, Lyman K., Larry L. Barker, and Kittie W. Watson (1983). *Effective Listening: Key to Your Success.* Reading, Mass.: Addison-Wesley.

Steiner, Claude (1981). *The Other Side of Power.* New York: Grove.

Sternberg, Robert J. (1986). A Triangular Theory of Love. *Psychological Review* 93:119–135.

Sternberg, Robert J. (1988). *The Triangle of Love: Intimacy, Passion, Commitment.* New York: Basic Books.

Stillings, Neil A., et al. (1987). *Cognitive Science: An Introduction.* Cambridge, Mass.: MIT Press.

Sunnafrank, Michael (1989). Uncertainty in Interpersonal Relationships: A Predicted Outcome Value Interpretation of Gudykunst's Research Program. In *Communication Yearbook 12,* edited by J. A. Anderson, 355–370. Newbury Park, Calif.: Sage.

Swensen, C. H. (1973). *Introduction to Interpersonal Relations.* Glenview, Ill.: Scott, Foresman.

Swets, Paul W. (1983). *The Art of Talking so That People Will Listen.* Englewood Cliffs, N.J.: Prentice Hall, Spectrum.

Taylor, Dalmas A., and Irwin Altman (1987). Communication in Interpersonal Relationships: Social Penetration Processes. In *Interpersonal Processes: New Directions in Communication Research,* edited by M. E. Roloff and G. R. Miller, 257–277. Newbury Park, Calif.: Sage.

Tersine, Richard J., and Walter E. Riggs (1980). The Delphi Technique: A Long-Range Planning Tool. In *Intercom: Readings in Organizational Communication,* edited by Stewart Ferguson and Sherry Devereaux Ferguson, 363–373. Rochelle Park, N.J.: Hayden Books.

Thayer, Stephen (1988). Close Encounters. *Psychology Today* 22:31–36. Reprinted in DeVito and Hecht (1990), 217–225.

Thibaut, J. W., and H. H. Kelley (1959). *The Social Psychology of Groups.* New York: Wiley. Reissued (1986). New Brunswick, N.J.: Transaction Books.

Thomlison, Dean (1982). *Toward Interpersonal Dialogue.* New York: Longman.

Thompson, S. C., and H. H. Kelley (1981). Judgments of Responsibility for Activities in Close Relationships. *Journal of Personality and Social Psychology* 41:469–477.

Thorne, Barrie, Cheris Kramarae, and Nancy Henley, eds. (1983). *Language, Gender, and Society.* Rowley, Mass.: Newbury House.

Tolhuizen, James H. (1986). Perceiving Communication Indicators of Evolutionary Changes in Friendship. *Southern Speech Communication Journal* 52:69–91.

Tolhuizen, James H. (1989). Communication Strategies for Intensifying Dating Relationships: Identification, Use, and Structure. *Journal of Social and Personal Relationships* 6 (November): 413–434.

Trager, George L. (1958). Paralanguage: A First Approximation. *Studies in Linguistics* 13:1–12.

Trager, George L. (1961). The Typology of Paralanguage. *Anthropological Linguistics* 3:17–21.

Trenholm, Sarah (1986). *Human Communication Theory.* Englewood Cliffs, N.J.: Prentice Hall.

Trower, P. (1981). Social Skill Disorder. In *Personal Relationships* 3, edited by S. Duck and R. Gilmour, 97–110. New York: Academic Press.

Truax, C. (1961). A Scale for the Measurement of Accurate Empathy. Wisconsin Psychiatric Institute Discussion Paper no. 20, Madison.

Tschann, J. M. (1988). Self-Disclosure in Adult Friendship: Gender and Marital Status Differences. *Journal of Social and Personal Relationships* 5:65–81.

Tubbs, Stewart L. (1988). *A Systems Approach to Small Group Interaction.* 3d ed. New York: Random House.

Ueleke, William, et al. (1983). Inequity Resolving Behavior as a Response to Inequity in a Hypothetical Marital Relationship. *A Quarterly Journal of Human Behavior* 20:4–8.

Ullmann, Stephen (1962). *Semantics: An Introduction to the Science of Meaning.* New York: Barnes & Noble.

VandeCreek, Leon, and Lori Angstadt (1985). Client Preferences and Anticipations About Counselor Self-Disclosure. *Journal of Counseling Psychology* 32:206–214.

VanHyning, Memory (1993). *Crossed Signals: How to Say No to Sexual Harassment.* Los Angeles: Infotrends Press.

Veenendall, Thomas L., and Marjorie C. Feinstein (1990). *Let's Talk About Relationships: Cases in Study.* Prospect Heights, Ill.: Waveland Press.

Verderber, Rudolph F., and Verderber, Kathleen S. (1989). *Inter-Act: Using Interpersonal Communication Skills.* Belmont, Calif.: Wadsworth.

Victor, David (1992). *International Business Communication.* New York: HarperCollins.

Walster, E., and G. W. Walster (1978). *A New Look at Love.* Reading, Mass.: Addison-Wesley.

Walster, E., G. W. Walster, and E. Berscheid (1978). *Equity: Theory and Research.* Boston: Allyn & Bacon.

Wardhaugh, R. (1985). *How Conversation Works.* New York: Basil Blackwell.

Watson, Arden K., and Carley H. Dodd (1984). Alleviating Communication Apprehension Through Rational Emotive Therapy: A Comparative Evaluation. *Communication Education* 33:257–266.

Watson, Kittie W., and Larry L. Barker (1984). Listening Behavior: Definition and Measurement. In *Communication Yearbook 8,* edited by Robert N. Bostrom, 178–197. Newbury Park, Calif.: Sage.

Watzlawick, Paul (1977). *How Real Is Real? Confusion, Disinformation, Communication: An Anecdotal Introduction to Communications Theory.* New York: Vintage.

Watzlawick, Paul (1978). *The Language of Change: Elements of Therapeutic Communication.* New York: Basic Books.

Watzlawick, Paul, Janet Helmick Beavin, and Don D. Jackson (1967). *Pragmatics of Human Communication: A Study of Interactional Patterns, Pathologies, and Paradoxes.* New York: W. W. Norton.

Webster, E. (1988). The Power of Negative Thinking: Twenty-two Convenient Ways to Bury an Idea. *Etc.: A Review of General Semantics* 45:246–249.

Weinberg, Harry L. (1959). *Levels of Knowing and Existence.* New York: Harper & Row.

Weiner, Bernard (1985). An Attributional Theory of Achievement, Motivation, and Emotion. *Psychological Review* 92:548–573.

Weiner, Bernard, J. Amirkhan, V. S. Folkes, and J. A. Verette (1987). An Attributional Analysis of Excuse Giving: Studies of a Naive Theory of Emotion. *Journal of Personality and Social Psychology* 52:316–324.

Weinstein, Eugene A., and Paul Deutschberger (1963). Some Dimensions of Altercasting. *Sociometry* 26:454–466.

Wells, Theodora (1980). *Keeping Your Cool under Fire: Communicating Non-Defensively.* New York: McGraw-Hill.

Wertz, Dorothy C., James R. Sorenson, and Timothy C. Heeren (1988). "Can't Get No (Dis) Satisfaction": Professional Satisfaction with Professional-Client Encounters. *Work and Occupations* 15 (February):36–54.

Wessells, Michael G. (1982). *Cognitive Psychology.* New York: Harper & Row.

West, Candace and Don H. Zimmerman (1977). Women's Place in Everyday Talk: Reflections on Parent-Child Interaction. *Social Problems* 24 (June):521–529.

Wheeless, Lawrence R., and Janis Grotz (1977). The Measurement of Trust and Its Relationship to Self-Disclosure. *Human Communication Research* 3:250–257.

Wiemann, John M. (1977). Explication and Test of a Model of Communicative Competence. *Human Communication Research* 3:195–213.

Wiemann, John M., and P. Backlund (1980). Current Theory and Research in Communicative Competence. *Review of Educational Research* 50:185–199.

Wiemann, John M., A. Mulac, D. Zimmerman, and S. K. Mann (1987). Interruption Patterns in Same-Gender and Mixed-Gender Dyadic Conversations. Paper presented at the Third International Conference on Social Psychology and Language, Bristol, England. Cited in Mulac, Wiemann, Widenmann, and Gibson (1988).

Williams, Andrea (1985). *Making Decisions.* New York: Zebra.

Wilmot, William W. (1987). *Dyadic Communication.* 3d ed. New York: Random House.

Wilson, Glenn, and David Nias (1976). *The Mystery of Love.* New York: Quadrangle/New York Times.

Wilson, R. A. (1989). Toward Understanding E-prime. *Etc.: A Review of General Semantics* 46:316–319.

Wolf, Florence I., Nadine C. Marsnik,

William S. Tacey, and Ralph G. Nichols (1983). *Perceptive Listening*. New York: Holt, Rinehart & Winston.

Won-Doornink, Myong-Jin (1985). Self-Disclosure and Reciprocity in Conversation: A Cross-National Study. *Social Psychology Quarterly* 48:97–107.

Wood, John, ed. (1974). *How Do You Feel?* Englewood Cliffs, N.J.: Prentice Hall.

Wood, Julia T. (1982). Communication and Relational Culture: Bases for the Study of Human Relationships. *Communication Quarterly* 30:75–83.

Wright, John, ed. (1990). *The Universal Almanac*. New York: Andrews & McMeel.

Wright, J. W. and L. A. Hosman (1983). Language Style and Sex Bias in the Courtroom: The Effects of Male and Female Use of Hedges and Intensifiers on Impression Formation. *Southern Speech Communication Journal* 48:137–152.

Wright, Paul H. (1978). Toward a Theory of Friendship Based on a Conception of Self. *Human Communication Research* 4:196–207.

Wright, Paul H. (1984). Self-Referent Motivation and the Intrinsic Quality of Friendship. *Journal of Social and Personal Relationships* 1:115–130.

Wright, Paul H. (1988). Interpreting Research on Gender Differences in Friendship: A Case for Moderation and a Plea for Caution. *Journal of Social and Personal Relationships* 5:367–373.

Wright, Rex A., and Richard J. Contrada (1986). Dating Selectivity and Interpersonal Attraction: Toward a Better Understanding of the "Elusive Phenomenon." *Journal of*

Social and Personal Relationships 3:131–148.

Yerby, Janet, Nancy Buerkel-Rothfuss, and Arthur P. Bochner (1990). *Understanding Family Communication*. Scottsdale, Ariz.: Gorsuch Scarisbrick.

Yogev, Sara (1987). Marital Satisfaction and Sex Role Perceptions Among Dual-Earner Couples. *Journal of Social and Personal Relationships* 4:35–45.

Yun, Hum (1976). The Korean Personality and Treatment Considerations. *Social Casework* 57:173–178.

Zajonc, Robert B. (1968). Attitudinal Effects of Mere Exposure. *Journal of Personality and Social Psychology Monograph* Suppl. 9, no. 2, pt. 2.

Zanden, James W. Vander (1984). *Social Psychology*. 3d ed. New York: Random House.

Zimbardo, Philip A. (1977). *Shyness: What It Is and What to Do About It*. Reading, Mass.: Addison-Wesley.

Zimmer, Troy A. (1986). Premarital Anxieties. *Journal of Social and Personal Relationships* 3:149–159.

Zimmerman, Don H. and Candace West (1975). Sex Roles, Interruptions and Silences in Conversations. In *Language and Sex: Differences and Dominance,* eds. B. Thorne and N. Henley. Rowley, Mass: Newbury House.

Zuckerman, M., R. Klorman, D. T. Larrance, and N. H. Spiegel (1981). Facial, Autonomic, and Subjective Components of Emotion: The Facial Feedback Hypothesis Versus the Externalizer-Internalizer Distinction. *Journal of Personality and Social Psychology* 41:929–944.

Zunin, Leonard M., and Natalie B. Zunin (1972). *Contact: The First Four Minutes*. Los Angeles: Nash.

名詞索引

人際傳播   心理學叢書 19

著　　者☞ Joseph A. DeVito

譯　　者☞ 沈慧聲

出 版 者☞ 揚智文化事業股份有限公司

發 行 人☞ 葉忠賢

責任編輯☞ 賴筱彌

登 記 證☞ 局版北市業字第 1117 號

地　　址☞ 台北市新生南路三段 88 號 5 樓之 6

電　　話☞ 886-2-23660309　886-2-23660313

傳　　真☞ 886-2-23660310

印　　刷☞ 偉勵彩色印刷股份有限公司

初版二刷☞ 2000 年 1 月

I S B N ☞ 957-8446-61-6

法律顧問☞ 北辰著作權事務所　蕭雄淋律師

網　　址☞ http://www.ycrc.com.tw

E-mail ☞ tn605547@ms6.tisnet.net.tw

定　　價☞ 新台幣 550 元

國家圖書館出版品預行編目資料

人際傳播 / Joseph A. DeVito 作；沈慧聲譯.
--初版. --臺北市 ： 揚智文化 ,1998[民 87]
面 ： 公分. – (心理學叢書 ：19)
參考書目：面
含索引
ISBN 957-8446-61-6(平裝)

1.人際關係

177.3   87000655